TABLEAUX GÉNÉALOGIQUES

NOTICES

ET

DOCUMENTS INÉDITS

87 0 1

AU SOUTIEN

DU MÉMOIRE OÙ IL EST FAIT MENTION DE PLUSIEURS FAMILLES ÉTABLIES A VITRÉ

ET PAROISSES ENVIRONNANTES

AUX XVe, XVIe, XVIIe ET XVIIIe SIÈCLES

Tome I

« Ne désabvouons pas la Fortune
et condition de nos aïeux et ostons ces sottes imaginations qui
ne peuvent faillir à quiconque
a l'impudence de les alléguer. »
(MONTAIGNE).

PREMIER FASCICULE

VITRÉ
Imprimerie LECUYER FRÈRES, rue des Fossés

1890

TABLEAUX GÉNÉALOGIQUES

NOTICES

ET

DOCUMENTS INÉDITS

TABLEAUX GÉNÉALOGIQUES

NOTICES

ET

DOCUMENTS INÉDITS

AU SOUTIEN

DU MÉMOIRE OU IL EST FAIT MENTION DE PLUSIEURS FAMILLES ÉTABLIES A VITRÉ

ET PAROISSES ENVIRONNANTES·

AUX XVe, XVIe, XVIIe ET XVIIIe SIÈCLES

> « Ne desadvouons pas la Fortune
> et condition de nos aieux et os-
> tons ces sottes imaginations qui
> ne peuvent faillir à quiconque
> a l'impudence de les alléguer. »
> (MONTAIGNE).

VITRÉ
Imprimerie LÉCUYER FRÈRES, rue des Fossés
1889

« *Nos pères ont travaillé pour nous ; ils ont tracé le sillon de nos voies et nous rencontrons en y marchant les plantes fécondes ou amères qu'ils y ont semées* (LACORDAIRE). *Comme les fruits tiennent de la sève et de leurs branches, si nous scavons quelque chose, cela, par droit de nature, est descendu de nos pères à nous* (PASQUIER). *Donc, que nos enfants connaissent ceux desquels ils sont descendus de père et de mère et qu'ils soient incités à prier Dieu pour leurs âmes et à bénir la mémoire de ceux qui, avec la grâce de Dieu, ont fait honneur à leur maison. Ne ressemblons pas aux bêtes brutes qui mangent les fruits tombés des arbres, sans lever les yeux vers les arbres d'où ils tombent; remercions le Créateur, auteur de tout bonheur et de tous biens, vray arbre qui produit les bénédictions de la terre et du ciel.* » (Journal d'André Lefebvre D'ORMESSON, doyen du Conseil d'État, 1576-1665.)

Honnêtes et filials propos! de nature à justifier Jean de Gennes du Mée, Guillaume de Gennes La Grange, Louis Le Moyne de la Morandière, Pierre du Perron de Tesnières et ces autres généalogistes vitréens dont nous voulons éditer ou utiliser les travaux.

GUILLAUME FRAIN, né vers 1500 (1), épouse PERRINE MAZURAIS (2). — 1er degré du *Mémoire gén.*

Jean Frain, marié à Andrine Huré (3), sieur et dame des Hayes.	Guillemette Frain, mariée à Robert Beschu, sieur et dame de la Villedemeaux (4).	Pierre Frain de la Poultière, qui continua la filiation.	Jeanne Frain.	Mathurine Frain.	Jean Frain (le jeune), marié à Olive Malherbe (5).
					Marie Frain, mariée à Guy le Coutreulx (6), sieur du Breil-Marie.

(1) FRAIN du XVe et du XVIe siècle dont le degré de parenté avec leurs contemporains et leurs homonymes ci-dessus n'a pu jusqu'ici être déterminé.

Guillaume Frain, vicaire perpétuel de Notre-Dame en 1517, né en 1473; — Jacques Frain, fils de Guyon et de Jeanne Ravenel, né le 21 juillet 1566; — Michel Frain, fils de Jacques et de Julienne Caré, né le 23 juillet 1576; — Pierre Frain, marié à Olive Gouverneur; — André Frain, marié à Marie Le Moyne, fille de Jacques, 1588; — Catherine Frain, fille d'André et de Marie Le Moyne, née en 1589; — Sébastien Frain et femme vendent à Pierre Frain et à Julienne Lamharé sa femme, maison Court et jardin situés à la Poultière, près Vitré (avant 1580).

SAIS

Jehan Frayn, fils de Jacques et de Johanne de Montalembert (16 avril 1532).

ARGENTRÉ

l'abian Frin est parrain de Fabian d'Argentré et de Guillaume Lescamba (23 juillet 1507); Marc Frin, fils d'André et de Jeanne Hamelin, né le 15 février 1564.

(2) **Mazurais.** Sur cette famille consulter Dom Morice, *les Ligueurs de la ville de Vitré*, t. III *des Preuves*, col. 1508; Paris-Jallobert, *Journal historique de Vitré*, p. 46, 571; Frain, *les Familles de Vitré*, p. 64, 70, 102; Frain, *Mémoire généalogique*, p. 22, 53; Pontillé, historique du diocèse de Rennes, t. VI, p. 502. (b)

Perrine Mazurais, femme de Guillaume Frain, avait pour neveu et nièces : Guillaume Mazurais, sieur de Chalet, procureur des bourgeois en 1599, député aux États de Bretagne tenus à Vannes, prévot de la Confrérie des Marchands d'outre-mer, 1613-1614; — Guillemette Mazurais (voir sa descendance au tableau II); — Françoise Mazurais (voir sa descendance au tableau II).

(b) Elle s'est alliée aux Le Moyne, Geffrard, Mozel de la Pouparlais, Le Febvre, etc.

(3) **Jean Frain** au nombre des ligueurs de la ville de Vitré (Dom Morice, col.1508, t. III), membre de la Confrérie des Marchands d'outre-mer.

Obligation sur Guillaume Alexandre, de Jarzé. — 1589 (l'année du siège de Vitré).

Sachent tous que par devant Nicollas Herpin, notaire en l'isle de Ré a esté présent et personnellement estably Guillaume Alexandre, marchant marinier demeurant en l'isle de Gerzé, *maistre après Dieu* du navire nommé *le Vollant* du dit lieu estant de présent en cette isle, lequel de son bon gré, consentement, volonté, a cognu et confessé debvoir et être tenu justement à sire Jean Frain, marchant, demeurant en la ville de Vitré en Bretaigne, estant de présent en la dite isle, présent stippullant et acceptant la somme de cent-quatre-vingt escus d'or soleil à cause et pour raison de la vente et livraison de un cent et demi de sel, mesure de......, que le dit Alexandre a confessé avoir vu et reçu du dit Frain, mis et chargé au dict navire de manière que du dit nombre de sel; le dit maitre s'en est tenu pour content, bien payé et en a quitté et quitte le dit Frain, renonçant à toutes exceptions quelconques, et laquelle somme de cent quatre-vingt escus sol, le dit Alexandre...... sera tenu de bailler et payer au dict Frain dedans quinze jours après que le dit navire sera arrivé au lieu de Saint-Malo en la Bretaigne, où le dit maitre est prêt d'aller avec le dit navire pour mener le dit sel et du prochain voyage que le dit navire fera, ce sera pour aller au dict lieu de Saint-Malo et non ailleurs, sauf les dangers de la mer et pour lequel voyage tant seulement le dit Frain a pris la risque et adventure de la dite somme sur le dit sel; laquelle risque commencera lorsque le dit navire fera voile, partant de Chefdebois près La Rochelle, pour aller au dict lieu de Saint-Malo et aussy par ces présentes le dit Alexandre a confessé debvoir justement au dict Frain la somme de vingt escus sol, à cause de...... faist par cy devant par le dit Frain au dict Alexandre, comme il l'a dit et confessé et s'en est contenté et laquelle somme de vingt escus sol, le dit maitre pour ce personnellement estably a promis; sera tenu de bailler et paier au dict Frain dedans six sepmaines ou plustôt si le dit navire est arrivé au dict lieu de Saint-Malo et pour lesquels vingt escus le dit Frain ne prend aucun risque et, pour tout ce que dessus est dit, faire, tenir et garder à peine de tous dépens, dommaiges et intérêts, le dit Alexandre a obligé et oblige au dict Frain tous ses biens et choses, meubles et immeubles présent et advenir quelconque et son corps tenir prison et a renoncé à toutes choses à ces présentes contraires, promis, juré, tenir et garder; dont à sa requête il en a esté jugé et condamné par les dits notaires. — Faict et passé au dict bourg de Saint-Martin de la dite isle, en la maison du dit notaire, avant midy, en présence de : Jehan Minault, Jehan Jamoy, marchants, demeurant au dict bourg, le 12e jour de juillet 1589, ainsi signé avec les notaires : Jehan Frain, Guillaume Alexandre, Jehan Jamoy, I. Herpin, notaire.

Le 24 juin 1586, un fils de J. Frain et d'Andrine Huré fut nommé par Pierre Frain, sieur de la Poultière. — Sur les Huré, alliés aux Lambaré, Seré, Le Moyne, du Verger, Geffrard, Burel, voir : 1° *Journal historique de Vitré*, p. 51, 561; 2° *Les Familles de Vitré*, p. 26, 95, 103, 119; 3° *Le Mémoire généalogique*, p. 17, 18; — Jeanne Huré épousa Guyon Geffrard, lequel mourut le 12 may 1606. — 3 janvier 1612. Contrat de mariage entre André Huré, sieur de la Massonnais, fils de Mathurin Huré, sieur du dit lieu et de Guillemette du Verger et Jeanne Seré de la Sibonnière, fille de Mathurin et de Guillemette Charil. De ce mariage issut Bernardine Huré, mariée à Gilles Le Moyne de la Rousselière, syndic de Vitré. — Le 28 juin 1634, Jean Burel et Guillemette Huré, demeurant à *la Fosse de Nantes*, vendent à Jean Geffrard du Pavillon une maison située proche et joignant le bas de la rue du Vieil-Bourg, touchant autre maison à Guillaume Logeais et à André de Gennes Jariais et occupée par le sieur Jortix, ministre (a), Daniel Le Febvre du Fougeray et Marye Malherbe. L'acte au rapport de Julien Leroy. — Un Huré et un Burel furent en 1602 aux Moluques avec Frotet de la Bardelière.

(a) Ce ministre eut des démêlés forts vifs avec son collègue de Pestère. Il était originaire de La Rochelle et exerça à Vitré de 1626 à 1645.

_____

(4) **Bechu.** Famille alliée aux Le Faucheur, Frain, Le Moyne, Sigay, Gauvain, Charil, Duchemin, etc. — Armoiries : de gueules à une fasce d'argent accompagnée de trois roues de même. De Courcy, t. I, p. 47, *Armorial de 1696*. — Sur eux, voir : le *Journal historique de Vitré*, p. 555; le *Mémoire généalogique*, p. 18, 52, 138; les *Familles de Vitré*, p. 133; le *Répertoire de Bio-Bibliographie bretonne*, par R. Kerviler, p. 312, etc. ; — Jean d'Argentré, fils de Floridas et de Flore Bechu, né le 3 janvier 1565; — Bertrand Bechu, fils de Louis et de Julienne Lescambu, 1567 (registres d'Argentré); — Un Becheu, procureur fiscal du marqu de Sévigné en 1701.

(5) Les **Malherbe** se sont alliés aux Jollays, du Perron, Le Corvaisier, de Montalembert, Charil, Seré du Teil, Biard de la Gilaudais, de Girard, de Châteauvieux, Denys de Trobriand, Guyot, Lecoq, Bertin, etc.; — André Malherbe, fils de Jean et de N. Le Clavier, né le 27 juillet 1558. Ce Jean Malherbe, marchand d'outre-mer en 1558 (registres de la Confrérie de l'Annonciation). Jean Malherbe Terchanderie décéda le 16 mars 1607. Il avait atteint sa 80° année le 21 février, ce qui reporte sa naissance à 1527; — Macé Malherbe est au nombre des ligueurs de la ville de Vitré, condamnés par le Sénéchal de Rennes. — Sur cette famille, voir : Dom MORICE, t. III des *Preuves*, col. 1508; le *Journal historique de Vitré*, p. 298; les *Familles de Vitré*, p. 22, 34, 85, 100, 101, 126, etc.; le *Mémoire généalogique*, p. 18, 57, 72, 84, 174, 164, 197, 212; *Armorial général de Bretagne*, par BRIANT DE LAUBRIÈRE, p. 199 : d'hermine à trois roses de gueules (Armorial de 1696); DE COURCY, *Armorial*, t. II; *Pouillé*, historique du diocèse de Rennes, t. I, p. 234, 251; t. II, p. 54; t. IV, p. 139, 686; t. V, p. 7, 309, 361; t. VI, p. 473. — Marguerite Malherbe, fille de Jacques et de Perrine Main, née le 21 décembre 1562. — Noble homme Julien de Marcille de Launay et de la Roche, fils de Marin et d'Artuse de Poys, marié le 29 novembre 1576 à *Anastasie Malherbe*, fille de Jacques et de Perrine Main; — Marguerite Malherbe, fille de Jacques et de Perrine Main, née le 21 décembre 1562. — Le 18 janvier 1578, Guyon Malherbe nomme Guy de Marcille, fils de noble homme Julien et d'Anastasie Malherbe (registres d'Argentré).

---

(6) Les **Le Couvreulx** se sont alliés aux Besnardays, Ravenel, Le Clavier, Le Tavernier, de Moucheron, — Sur eux, voir : *Mémoire généalogique*, p. 19; *Mœurs et Coutumes des Familles bretonnes*, t. II.

Perrine Le Couvreulx, dame des Touches, épousa René Le Clavier de la Goupillière. Ce Le Clavier, né le 3 août 1575, eut pour parrain Gabriel Besnardays. Il alla en Espagne et y mourut le 24 août 1612. — Georges Le Couvreulx de la Gérardière et Marie Le Gouverneur de la Mousserie tiennent sur les fonds du baptême Georges Le Clavier, fils des précédents, né le 30 mai 1602. — Jeanne Le Couvreulx, dame du Porche et Mathurin Seré de la Sibonnière furent parrain et marraine de Mathurin Le Clavier, né le 9 février 1609. — Suzanne Le Couvreulx, dame des Ferrières et Jean de Montalembert de la Mousserie nommèrent Jean Le Clavier, né le 22 avril 1612. — De Jeanne Le Couvreulx, mariée à Étienne Le Tavernier, sieur du Porche, issurent : 1° Suzanne Le Tavernier, mariée à Julien Geffrard de Lentillère; 2° Étienne Le Tavernier, conseiller au Parlement de Bretagne, tué au siège de La Rochelle en 1628. Il avait épousé Julienne de la Blinaye. On disait ces Le Tavernier parents du célèbre voyageur Jean-Baptiste Tavernier, écuyer, baron d'Aubonne, chambellan du grand Électeur. (Note trouvée dans une généalogie des Geffrard, dressée par P. du Perron de Tesnière). — Perrine Le Couvreulx fut mariée à noble homme Georges de Moucheron. Les Le Tavernier comme ces Moucheron venaient d'Anvers. — Nicolas Le Couvreulx, fils de François et de Renée Ravenel, naquit le 15 décembre 1557. — Étiennette Le Couvreulx, veuve de Jean Bernardays Billonière, est chargée de nourrir 4 posvres (répartition de 1507). La même répartition mentionne Michel Le Couvreulx et Jean Le Couvreulx Fougeray. — Nicolas Le Couvreulx de la Marouinais passait pour le plus grand corps et le plus haut homme qui eust été en Bretagne. Voir *Mœurs et Coutumes des Familles bretonnes*, t. II. p. 39. — Pierre Le Couvreulx, notaire en 1618, signe le contrat de mariage de René Lambaré de Laigrière et de Suzanne de Gennes.

II

N** MAZURAIS

Perrine Mazu-
, mariée à Guil-
laume Frain.

Gilles Mazurais, marié à N.

Guillemette Mazurais, mariée en 1591 à Pierre Geffrard du Pavillon (1).

Jeanne Geffrard.

Jean Geffrard du Pavillon, marié
à Guillemette Vincent.

Guillaume Geffrard du Pavillon,
né le 3 janvier 1550, marié en
1587 à Jacquine Le Faucheur.

Pierre Geffrard épousa, le 7 janvier
1618 Renée Hardy (2).

(1) Le Pavillon, manoir et fermes, situés en la paroisse Sainte-Croix de Vitré, près la ligne ferrée allant à Châteaubriant. L'une de ces fermes appartient à cette heure à M. Isidore Rupin, du chef de sa mère, née Charil de Villanfray; l'autre est à Mme de Rengervé, née Hardy de Beauvais. — Pierre Geffrard était né le 31 janvier 1573. Son frère André épousa Étiennette Guy, fille de Jean Guy et de Marie Le Moyne, sieur et dame de la Fon-cherie. Son grand-père, Jean Geffrard, avait pour frères Guyon Geffrard du Bourg et Jacques Geffrard. — Jean Geffrard est au nombre des fondateurs de la Confrérie des marchands d'outre-mer. Plusieurs de son nom furent au XV°, au XVI° et au XVII° siècles prévosts de cette célèbre association. — Les Geffrard de la Barre et de Lentillière restés dans le Tiers-État prirent pour armes en 1696, les premiers : de gueules à uné main d'argent tenant une sphère d'or surmonté de deux étoiles d'argent; les seconds : d'or à un chevron d'azur. — Les Geffrard de la Motte et du Plessix anoblis portaient losangé d'argent et de gueules.

(2) Renée Hardy était fille de Guy Hardy et de Marie Le Febvre.

Descendance de FRANÇOISE MAZURAIS de Châlet, mariée à Gilles Le Moyne de la Borderie (1).

Mathurin Le Moyne de la Borderie, marié à Jacquine Geffrard (2), le 3 février 1617.

Gilles Le Moyne de la Borderie, marié à Marie Richard, d'Ernée.

René Le Moyne de la Borderie, marié à Marie Marion (4).

Renée Le Moyne de la Borderie épousa François Bidault (3), sieur des Landes de Laval.

Gilonne Bidault épousa Paul-Augustin Hay, seigneur de Tizé (5).

Mathurin Le Moyne de la Borderie, marié à demoiselle Thérèse Lasnier de la Valette (6).

Jean Le Moyne de Gilles Le Moyne de la Borderie, archidiacre du Désert, vicaire général du diocèse de Rennes (7).

Marie Le Moyne (8) de la Tuchelais, marié à N. du Verger de la Morandière.

Marie Le Moyne, mariée à Pierre Guedé (9) du Bourgneuf.

Le Moyne, marié à Le Moyne, mariée à du Reste de Guingamp.

René du Verger de la Gravelle (voir sa descendance au tableau suivant.)

Hay de Tizé, m. s. h. Jeanne-Marguerite Hay, mariée au chevalier des Nétumières, chevalier de Saint-Louis.

René Le Moyne de la Borderie, marié à Susanne Béchu.

Dlle Le Moyne, mariée à M. Tranchant des Tulais (11).

Dlle du Reste, mariée à Floyd de Tréguibé (10).

Marie-Félix-Pau-N. Hay des Nétuline Hay, mariée mièvres, marié à Toussaint-Ch.- à M. de Lorgeril, Fr. de Cornulier. officier de marine.

Dlle Le Moyne de Mathurin Le la Borderie, ma- Moyne de la Borderie, riée à écuyer Le derie, marié à Voyer des Aul- Jeanne Rallier nais (12). (13).

Jean-Marie Le Moyne de la Borderie, marié à Pauline Hévin.

Waldeck Le Moyne de la Borderie, ancien maire de Vitré, conseiller général, chevalier de la Légion d'honneur.

Arthur Le Moyne de la Borderie, membre correspondant de l'Institut, ancien député d'Ille-et-Vilaine, commandeur de l'ordre de St-Grégoire-le-Grand, marié à Marie de la Bigne-Villeneuve.

Dlle Le Moyne de la Borderie, mariée à Charles-Stanislas-Daniel de Vauguion, ancien lieutenant de vaisseau, chef d'escadron d'artillerie de l'armée de la Loire, officier de la Légion d'honneur, député de la Mayenne à l'Assemblée Nationale, maire de Cossé-le-Vivien, décédé à Versailles le 20 avril 1871.

(1) Le mari de Françoise Mazurais, Gilles Le Moyne de la Borderie, était fils de Mathurin Le Moyne le Tertre et de Gillette Le Febvre, petit-fils de Mathurin Le Moyne de la Borderie et de Jacquine Houdry, arrière petit-fils d'André Le Moyne Sironérie et de Thomine Bernardays, neveu de Jean Le Moyne Gasniais, marié à Perrine Le Gouverneur. — La Borderie, terre et manoir situés en la paroisse d'Étrelles, aux de Cornillé avant 1513 et vendue par eux à Mathurin Le Moyne, marchand de Vitré (voir généalogie de la maison de Cornulier). — Sur cette branche des Le Moyne, consulter le Pouillé du diocèse de Rennes; le Journal historique de Vitré; les Familles de Vitré; les Recherches sur Changé Lès-Laval; les Filles de la Sainte-Vierge à Rennes, depuis leur fondation jusqu'à nos jours; l'Armorial de Bretagne, par M. DE COURCY, donnant pour armes aux de la Borderie: d'or à 3 chicots écotés d'azur, au chef de même chargé de trois allerions d'or. — Gilles Le Moyne de la Borderie fut prévot de la Confrérie de l'Annonciation, 1607-1608. René Le Moyne de la Borderie eut la même charge pour 1686-1687, et Mathurin Le Moyne de la Borderie en 1723. — En 1766, un de la Borderie fut procureur du Roy syndic à Vitré.

(2) Jacquine Geffrard était fille de Guillaume et de Marie Servois. Elle naquit le 20 octobre 1601, épousa le 3 février 1617 et mourut le 17 janvier 1670.

(3) Sur les Bidault consulter les Recherches sur Changé Lès-Laval, par le Chanoine GUILLIER. Ils se ramifiaient en Bidault des Landes, de Glatigné de la Pestardière.

(4) Marie Marion était fille de Jean Marion, sieur du Pré, et de Mathurine Guy; petite-fille de Mathurin Marion, sieur de La Fontaine et de Renée du Verger; arrière petite-fille de Sébastien Marion et de Jeanne Croizé.

(5) Gilonne Bidault des Landes et le Chevalier de Tizé épousèrent le 21 mai 1709. Le chevalier était frère de Jean-Paul Hay, seigneur des Nétumières, et fils de Paul Hay et d'Élisabeth de Brehan. Il mourut le 15 décembre 1748, âgé de 66 ans, et fut inhumé aux Dominicains. Son acte de décès le dit capitaine de la Noblesse de l'Évêché de Rennes, ancien capitaine dans le régiment des Cravates.

(6) Thérèse Lasnier appartenait à une vieille famille de Laval divisée en plusieurs branches : Lasnier des Plantes, Lasnier du Plessix, Lasnier de la Valette. Thérèse était décédée en 1749. A cette date, en effet, ses enfants étaient au nombre des héritiers de Marie-Anne Lasnier et comme tels demandant la licitation des immeubles de leur parenté. Ils étaient représentés par Louis Lasnier, sieur des Brosses, gentilhomme servant son altesse Monseigneur le duc d'Orléans, faisant pour Mathurin Le Moyne de la Borderie, tuteur et garde naturel desdits mineurs. Parmi leurs cohéritiers se trouvait Marguerite Duchemin de la Brochardière, épouse de Pierre Frain de la Motte, procureur fiscal de la Baronnie de Vitré, lequel descendait aussi des Mazurais, Recherches sur Changé Lès-Laval, t. II, p. 355.

(7) Jean Le Moyne de la Borderie fut vicaire-général sous Mgr. de Vauréal et Mgr. des Noës, il était archidiacre du Désert, official, scholastique du diocèse. Il mourut le 6 avril 1764, âgé de 66 ans. On l'inhuma dans le caveau de la cathédrale.

(8) Gilles Le Moyne de la Tachelais fut prévot de la Confrérie des Marchands d'outre-mer.

(9) Pierre Guedé du Bourgneuf était conseiller du Roy, élu au siège de l'élection de Laval.

(10) Originaires d'Angleterre, portaient : d'argent au chevron de sable accompagné de 3 corneilles de même, représentés, en 1878, par Théodose-François-Marie Floyd de Tréguibé, colonel en retraite, officier de la Légion d'honneur et commandeur de Saint-Grégoire le Grand.

(11) Tranchant des Tullais porte d'argent au lien d'azur, armé lampassé et couronné de gueules à trois fasces d'azur brochant. — René Guy Tranchant, chevalier, seigneur des Tullais, mari de Marie-Henriette Le Moyne de la Tuchelais, était chevalier de Saint-Louis et commmissaire des gentilshommes de Bretagne.

(12) Le Voyer des Aulnais : d'argent à la fleur de lys de sable.

(13) René Le Moyne de la Borderie et Jeanne-Pélagie-Modeste Rallier, dame des Outmes, fiancèrent en 1779. René Le Moyne est dit à cette date mousquetaire du Roy réformé. Sur les Rallier, voir: Notice sur Fougères, par MAUPILLÉ; Notice sur Rallier du Batys, maire de Rennes, par DECOMBE. — On lit dans le Pouillé historique du diocèse de Rennes, t. VIII, p. 309 : « En l'année 1634, Mathurin Le Moyne de la Borderie donna 51 livres pour la Confrérie du Port du Saint-Sacrement. » Le 29 août 1678, René Le Moyne de la Taschelais, faisant pour son frère Pierre Le Moyne, sieur de la Stardière, se trouvant alors en Espagne, fonda une messe pour tous les vendredis en la chapelle de Pérouse. Plus tard, le 26 septembre 1681, le même, exécutant le testament de ce frère décédé en Espagne, augmenta la fondation précédente de deux autres messes. Profanée pendant la Révolution, cette chapelle a été rétablie par la famille Le Moyne de la Borderie et bénite solennellement le 25 mars 1826.

Descendance de FRANÇOISE MAZURAIS de Châlet, mariée à Gilles Le Moyne de la Borderie.

Mathurin Le Moyne, marié à Jacquine Geffrard,

Gilles Le Moyne de la Borderie, marié à Marie Richard.

René Le Moyne de la Borderie, marié à Marie Marion.

Renée Le Moyne de la Borderie, mariée à François Bidault, sieur des Lances (voir tableau III).

Mathurin Le Moyne de la Borderie, marié à D᷊ᵉ Lasnier de la Valette (voir tableau III).

Jean Le Moyne de la Borderie, archidiacre du Désert.

Gilles Le Moyne de la Tachelais.

D᷊ᵉ Le Moyne, marié à René du Verger, de la Gravelle.

Le Moyne, mariée à M. Guesdé, du Bourgneuf.

Le Moyne, mariée à M. du Reste, de Guingamp.

Thérèse du Verger, mariée à Charles de Girard de Châteauvieux (1).

René-Charles de Girard de Châteauvieux, marié: 1° à Blandine, Malherbe; 2° à Anne-Louise Berny (2).

Charles de Girard.

Auguste de Girard.

Basile de Girard, marié à D᷊ᵉ du Bouëtiez de Kerorguen (3).

Thérèse de Girard, mariée à son cousin Eugène de Girard de Châteauvieux.

Dieudonné de Girard de Châteauvieux, marié à Pélagie Le Vayer de la Morandais (4).

Hector de Girard de Châteauvieux (6).

Auguste de Girard de Châteauvieux, marié à Loïde de Mergot.

Eugène de Girard de Châteauvieux, marié à Thérèse de Girard ci-contre.

Aymeric de Girard de Châteauvieux, marié à Jeanne Magon de la Gervaisais.

Caroline de Girard de Châteauvieux, mariée: 1° à M. de Viasté; 2° au docteur Drouadenne.

Aigline de Girard de Châteauvieux, mariée au baron Survonf.

Blandine de Girard, mariée à Paul Hardouin (5).

Blandine Hardouin, mariée à Hippolyte Dubois de la Cotardière (7).

Anthony de Girard de Châteauvieux, marié à Berthe de Fayères (8).

Paul Hardouin épouse Joséphine Ridouel.

Valentin Dubois de la Cotardière, lieutenant-colonel de Dragons, marié à D᷊ᵉ Mathilde Petit.

Hippolyte Dubois de la Cotardière, marié à Marie Frain de la Gaulayrie.

Blandine Dubois de la Cotardière, mariée à François Charil de Villanfray.

Angèle Dubois de la Cotardière, mariée à Albert Descoqs.

(1) Les **de Girard,** originaires de Languedoc, portent d'azur à la tour d'argent à 3 donjons, maçonnée de sable au chef de gueules chargé d'une étoile d'or accostée à dextre d'un lion issant d'or et à senestre d'un croissant renversé d'argent. — M. l'abbé Paris-Jallobert, en son *Journal historique de Vitré*, a donné, p. 384, l'acte de décès de Charles de Girard de Châteauvieux, époux de Thérèse-Ursule-Perrine du Verger, inhumé le 27 décembre 1779 en présence d'Étienne-François-Pierre Daniel du Jarday, cousin-germain du défunt par alliance, de René-François Le Moyne de la Borderie, ancien officier d'infanterie, cousin-germain de Thérèse du Verger. L'acte énonce comme suit les ascendants de Charles de Girard : il était fils de Charles-Richard de Girard et d'Anne-Marie du Verger de Ruillé ; petit-fils de Jacques de Girard de Châteauvieux et de dame Marguerite Le Moyne, fille de Pierre Le Moyne, sieur de Grands-Prés, et de Marguerite Le Moyne ; arrière petit-fils de noble Hector de Girard et de Marguerite de Pellet, demeurant en 1669 en leur château de la Motte, paroisse de Sainte-Croix de Valfrancesque, diocèse de Mende. Ledit Hector, fils de noble homme Jean de Girard et d'Anne de Quabriac. — Jacques de Girard, époux de Marguerite Le Moyne, dirigeait en 1686 les forges établies à Pouancé en 1655 par Charles de Cossé-Brissac, voir : *Dictionnaire historique de Maine-et-Loire*, par C. PORT, t. III, p. 169.

(2) René-Charles naquit en 1713 ; son premier mariage eut lieu en 1772 ; le second, avec Anne Berny, en 1785.

(3) Basile de Girard naquit en 1754, il épousa en 1803.

(4) Dieudonné de Girard, né en 1773, épousa en 1803. De son mariage issurent 7 enfants, savoir : 1º Dieudonné, décédé en 1882 ; 2º Élise ; 3º Julie ; 4º Émilie ; 5º Thérèse ; 6º Blandine de Girard, mariée au baron du Fougerais ; 7º Ernestine de Girard, mariée : 1º à N. de Saint-Michel ; 2º à son parent de Girard de Coëhorn.

(5) Née en 1775, elle épousa Paul Hardouin en 1803 et mourut en 1807.

(6) Hector de Girard né en 1789, fut tué au passage de la Beresina. — Son frère Auguste, né en 1788, se maria en 1840. — Eugène de Girard, né en 1799, épousa sa cousine, Thérèse de Girard, en 1826.

(7) Blandine Hardouin, née en 1806, mariée en 1837 à H. Dubois de la Cotardière. (Dates dues à l'obligeance de M. A. Charil de Villanfray).

(8) Anthony de Girard de Châteauvieux a épousé en 1865. Il a eu deux fils : Gérard et Pierre ; une fille : Odette, mariée en 1888 au comte Louis de Villeneuve-Esclapion. (*France illustrée* de novembre 1888. Échos des Familles).

Les registres des paroisses de Vitré livrent, en outre, les indications suivantes : « 18 octobre 1760, Charles Girard de Châteauvieux, de Pouancé, fils de Jacques, décédé au Château dans l'appartement de la Tour de Dol, 69 ans. — Charles-Hector-Auguste-Louis Girard de Châteauvieux, fils de René Sénéchal de Saudecourt et de Marcillé, 1ᵉʳ septembre 1774. »

V

PIERRE FRAIN de la Poultière (1), marié à Julienne Lambaré (2). — 2ᵉ degré du *Mémoire gén.*

Estienne Frain, sieur de la Poultière, qui continua la filiation.	Paul Frain.	Guillemette Frain.	Jeanne-Marie Frain, mariée à Michel Guérin, sieur de la Salmandière (3).	Andrine Frain (4), mariée à Georges Brouessin, sieur des Barons (5), 20 janvier 1608.

Aveu rendu au Prieur de Notre-Dame par Pierre Frain, fils de Guillaume Frain, 1584.

Par devant nous, notaires de la Cour de Vitré, a comparu en personne honorable homme *Pierre Frain*, marchand résidant au fauxbourg Saint-Martin du dit Vitré, lequel a cognu et confessé être homme et subjet de messire *Julien Le Roulx*, prieur commendataire du dit prieuré de Notre-Dame de Vitré, et de luy tenir en sa cour et juridiction du dit prieuré de Notre-Dame, en ses fiefs vitréais, scavoir: une maison située au dit fauxbourg Saint-Martin, composée de deux corps de logis, l'un devant et l'autre derrière, et de cours et étables, esquels logis il y a salles, cuisines, descharges, chambres, cabinets, greniers, avec le jardin au derrière des dites choses, les dites maisons, cours et jardin, joignant d'un costé la maison, cour et pourpris de Nicolas Courtin et sa femme, et d'autre costé la maison cy après déclarée et au dit Frain appartenant, et à celle de *Jean du Verger, sieur de Gaillou*; et par le devant habite la rue du dit fauxbourg Saint-Martin et par derrière habite le dit jardin et celuy de *Guillemette Berte*, veuve feu *André Godart*; et à celuy de *François Lebez* et autres, mesme à la rue Hellerie, ainsy que les dites choses se poursuivent et comportent et par luy acquises d'honorables gens *Georges Le Moyne et Adrienne de la Massonnaie*, sa compagne, sieur et dame de la Grossière, par contrat rapporté entre eux le vingtième jour du mois d'aoust, 1577, signé: *H. Desprez et Charil*, notaires des Cours de Rennes et Vitré. Plus confessé tenir autre maison située au dit fauxbourg Saint-Martin, composée de boutique au devant et d'allée au costé, de salle et cellier par bas, de trois chambres et greniers au dessus, joignant d'un costé la maison du dit du Verger et d'autre costé habite le derrière de grande maison cours et pourpris de celles cy-devant déclarées, et par le devant habite la rue et pavé du dit fauxbourg Saint-Martin. ainsy que la dite maison se poursuit et comporte et par le dit Frain acquise des dits Le Moyne et femme, par contract rapporté par les cours de Rennes et de Vitré, de *H. Desprez et Charil*, notaires d'ycelles, en date du 24ᵉ jour d'aoust 1577. — Outre confessé tenir une quantité de maison située au dit fauxbourg Saint-Martin et au derrière d'icelle maison, composée de longe par bas, cellier au bout, chambre et grenier dessus, cour et jardin au derrière, o le droit de passage par l'allée de devant de la dite maison; et tout ainsy qu'icelles choses se poursuivent et comportent et par luy retirées de *René Le Cocq*, l'aîné, sieur des Croix, auquel deffunts *Guillaume Frain et Perrine Mazurais*, sa femme, père et mère du dit Pierre Frain, les avaient venduez et transportées par retrait en fait et rapporté par les dites cours de Rennes et de Vitré; sa de *Burel et Charil*, notaires d'ycelles, en date du cinquième jour de juillet 1572; à cause et pour raison desquelles choses cy devant, le dit Frain confesse devoir au dit sieur Prieur, outre obéissance et septain denier, scavoir: pour la première maison, dépendances d'icelles, deux deniers de rente annuelle et pour le regard de la seconde maison, deux deniers de rente en pareil, annuelle, et pour le regard de la tierce maison, jardin et dépendances, sept deniers, obole de rente annuelle, et le tout par chacun an. Lesquelles rente et redevances le dit Frain promet et s'oblige sur l'hypothèque et obligation du fond des dites choses, biens et amandements qui y seront faits, payer et continuer chacun an; protestant augmenter ou diminuer au présent aveu et terme si plus y a employé ou omis à y employer et les montrer au dit sieur Prieur ou son receveur ou officiers, si requis est. Et ainsy l'a voulu, consenti, promis et juré tenir. Nous parlant, les y avons l'authorité de notre dite cour o soumission et prorogation de juridiction de luy, juré pour luy et ses hoirs, jugé et condamné, tesmoing le scel des contrats d'icelle apposé aux présentes. — Fait et grcé à Vitré au tablier de *Jean Hercé*, notaire soussigné, le huitième jour de mars mil cinq cent quatre-vingt-quatre, o le seing du dit Frain, signé: *Pierre Frain, Hercé et Burel*, et scellé. — Le dit aveu receu en l'audience du Prieuré de Notre-Dame, le quatorze mars mil cinq cent quatre-vingt-quatre, signé: *Duchesne et Lambaré*.

Mathurin Charil, sieur de Pontdavy, alloué, lieutenant général civil et criminel de la Baronnie de Vitré, scavoir faisons, que sur le requisitoire de noble maistre *Jean Frain*, sieur de la Motte (a), avocat fiscal d'icelle, nous nous sommes en sa compaignie, transportés au thresor et archives du château au parchemin du huitième mars mil cinq cent quatre-vingt-quatre, secrétaire du dit thresor ou estans, il nous a représenté l'original d'un aveu en nous avons rapporté le présent procès-verbal, lequel fait rediger au dit Deligné et relaissé le dit aveu au dit thresor, le seizième jour de mars mil six cent quatre-vingt-seize.

CHARIL.

DELIGNÉ.

Jean FRAIN.

(a) Avait pour bisaieul: Pierre Frain de la Poultière; pour trisaieul: Guillaume Frain.

(1) Pierre **Frain** entra dans la Confrérie des Marchands d'outre-mer en 1573, (voir notre *Mémoire généalogique*, p. 221 et 222). Chassé de Vitré par les Huguenots en 1589, il parut devant la Communauté de Rennes le 27 mars de la dite année (lundi saint), pour demander au nom de Mercœur deux petites pièces d'artillerie (voir *Journée des Barricades* et la *Ligue à Rennes*, par ROPARTZ, p. 92 et 93 ; les *Vauborel Normands et Bretons*, p. 46). En 1597, il obtint une sauvegarde du duc de Mercœur (voir *Journal historique de Vitré*, p. 58). Réfugié à Saint-Malo pendant les troubles, il y signa plusieurs procurations et transactions (voir *Mémoire généalogique*, p. 24 et 25. et les documents ci-après) : Il fit emplette et trafic avec son beau-frère, Jean Lambaré. Ils comptèrent en 1576, le 14 février, devant Leclerc et Burel, notaires. Après sept années de société, ils comptèrent de nouveau, le 10 février 1587, devant Le Chevalier, notaire. Le solde de compte au profit de Jean Lambaré était de 1.900 livres, 15 sous, 4 deniers. Pour son lieu de la Poultière, Pierre Frain rendit aveu, le 3 février 1580, à Guy XIX, comte de Laval. (Paul de Coligny, fils François de Coligny, seigneur d'Andelot, et de Claude de Rieux). Pierre mourut en 1598, le 28 janvier.

(2) Julienne **Lambaré** testa en 1602 (voir ses dernières volontés, p. 30 du *Mémoire généalogique*). L'année précédente elle avait adressé à son fils Étienne, lors en Espagne, une lettre, dont nous extrayons ce qui suit :

M. Estienne Frain, soit donné la présente (à Saint-Luc).

Estienne Frain, je vous donne advis, ayant trouvé la commodité de vous rescrire comme j'ay receu deux..... de vous dont cela m'a donné bon contentement. En la dernière j'ay receu ce qu'il vous a pleu de m'envoyer, dont je vous remercie. Cela m'a fait grand bien. Je voy par là que vous avez souvenance de moy. J'ai vu par votre lettre que vous avez une douleur de tête dont cela me porte grande fascherie. Je suis bien marye quand vous avez mal. Vous désirez la mort, vous n'avez pas grand train ny grande charge, pour prendre tant de fascheries. Vous ne nous donnez point de contentement. Il faut toujours avoir aux bonnes fortunes bon cœur. Je vous prie de vous resjouir en toutes vos affaires. Vous ne devez point tant en prendre. Vous êtes bien heureux d'avoir bonne bourse, voyant le temps qui est sy misérable. Je vous prie, mon fils, de rescrire à ceux à qui vous avez leurs affaires. Vous n'avez point rescrit à M. de Beauregard, dont votre oncle Paigeottière et votre tante en sont bien faschés contre vous. Je vous prie de vous excuser envers eux et de donner à tous contentement afin qu'ils aient louanges de vous...... Et vous prye, mon ami, mon fils, d'avoir la crainte de Dieu devant les yeux et de vous resjouir toujours en Dieu et avoir toujours votre honneur en recommandation d'éviter toutes querelles et desbauches et de donner contentement à tous vos amys. Dieu nous veuille donner la grâce de nous revoir! et ne vous faschez point ainsy comme vous faistes. Que Dieu ne vous délaisse! et autre chose ne vous mande pour le présent fors que tous vos bons amys de par deça font bonne chère et que je prie Dieu vous avoir en sa sainte garde. De par votre mère et bonne amye. Julienne LAMBARÉ.

De Vitré, ce 17° mars 1605.

Et prie me recommander aux bonnes grâces de Jean Taillandier.

Le 24 novembre 1605, huit mois après avoir écrit ces maternels conseils, Julienne Lambaré mourut à Vitré. Dans des temps difficiles, elle seconda et soutint les efforts de son mari et de son fils, ayant à la fois le cœur haut et l'esprit né pour les affaires.

J'ay receu de vous *Jean le Cocq* trois cent trente pistoles lesquelles *Estienne Frain* a chargé pour son compte dedans le navire le *Grand-Croissant*, de Saint-Malo, lesquelles il avait chargées dans le dit navire à Sainct Lucques. Ceste vous servira de descharge vers le dit Frain et en demeure chargé. Faict à Vitré, ce dixième jour d'apvril mil seize cent. Julienne LAMBARÉ.

1593

Par devant nous soubsignans, notaires des Cours de Rennes et Saint-Malo, a comparu honneste femme Julienne Lambaré, femme et procuratrice d'honnête homme Pierre Frain, marchand de Vitré, selon l'acte de procure par elle nous apparue en date du septième jour d'octobre mil cinq cent quatre-vingt-douze et vers laquelle Lambaré, icelle procuration est demeurée pour luy servir où en aura affaire : laquelle Lambaré nous a dit cognoistre et confesser que puis les trois mois derniers elle aurait faist procompte et appurament final avecq Estienne Frain, son fils, de la gestion qu'il pourrait avoir fait et gérer tant en cette *province d'Espagne* que autres pays et provinces où il aurait été des biens, marchandises et recettes de deniers qu'il pourrait avoir reçus, soit à cause de prêts, ventes de marchandises pour le dit Pierre Frain et femme, son père et sa mère, elle en aurait été bien et dûment payée et satisfaite de son dit fils, de tout quoy l'en quitte tant en son nom que pour le dit Pierre Frain, son mari, ce que nous dits notaires, pour le dit Estienne Frain, avons accepté, fait, promis, consenty en la dite ville de Saint-Malo où est la dite Lambaré, demeurant chez Dupré, l'un des notaires, le vingt-troisième jour de septembre l'an 1593, avant midy, et a la dite Lambaré signé.

DUPRÉ.　　　　　　　　　　　　　　　　　　　　　Julienne LAMBARÉ.

Les **Lambaré**, alliés aux de Gennes, Huré, Le Gouverneur, Godard, Ravenel, Le Moyne, du Verger, Huré, Le Bigot, Le Clavier, Guillaudeau, Lecocq, paraissent à Vitré et à Laval dès le XV⁰ siècle. Sur eux, consulter le *Journal historique de Vitré*; l'*Histoire de Sablé*, par MÉNAGE, 2⁰ partie; les *Recherches sur Changé Lès-Laval*; les *Familles de Vitré*; notre *Mémoire généalogique*; le *Pouillé historique du diocèse de Rennes*, par l'abbé DE CORSON. Nous avons lu en ce dernier ouvrage, t. V, p. 664 : Julien Lambaré, recteur de Saint-Hélier, écrivit une *Légende de Saint-Hélier* ajoutée à la *Vie des Saints de Bretagne*, par Albert LE GRAND, édition de 1659; Julien mourut en 1665. — Extraits des registres de Vitré : 2 octobre 1566, baptême de Julien Lambaré, fils d'André et d'Olive Huré; 23 avril 1584, mariage de René Lambaré et de Jeanne Gouverneur. Pour la fondation de la Confrérie du Port du Très-Saint-Sacrement, André Lambaré La Chesnays donna 8 livres, 10 sols; René Lambaré Hodoyère offrit la même somme. Il plaida contre Pierre Marec, écuyer, sieur de Quérohan, Jean Chenau, sieur de la Grève, Jeanne Le Goff, dame de Trouart. Pierre Marec était veuf de Thomasse Gicquel, fille de Tugdual Gicquel et de Renée Tuolays. Les registres de Torcé mentionnent Joachim de Pannar, fils d'écuyer Alexandre, marié, le 24 mars 1639, à demoiselle Françoise Lambaré. Dans ceux de Vergéal on trouve, à la date du 14 novembre 1630, le baptême de Renée Lambaré, fille de Jean, sieur de la Touche, et de Jeanne Regnouard.

Jehan Lambaré fut prévot de la Confrérie des Marchands d'outre-mer pour l'an 1515-1516. — Un Lambaré, capitaine de Paroisse au siège de Vitré en 1589, voir : Dom MORICE, t. III, V, des *Preuves*.

2 avril 1460. Charte où Jehan Lambaré se trouve employé:

Universis presentes litteras inspecturis et audituris Johannes (Jean de Favière). Dei et sancte sedis apostolici gratia, humilis abbas monasterii beate Marie de Ebronio ordinis sancti Benedicti, decretorum doctor, cenomanensis diocesis, totus q..s ejusdem loci conventus, salutem in Domino. Tenore praesentium notum facimus nos unanimi nostro consensu pensata, considerata monasterii ac prioratus nostri de Changeyo a monasterio nostro dependentis utilitate, tradidisse annuisse et in perpetuam emphitheosim concessisse Guillelmo Hay hurgensi de Lavale Guidonis a nobis et priore predicti prioratus accipienti pro se suis quo heredibus et causam habentibus aut habituris in futurum : videlicet unam domum sitam in villa de Lavale predicta cum suis juribus et pertinentiis universis nuncupatam domum de Change una cum jure quod habebamus in quodam parvo orto sito juxta et intra praedictam domum et domum heredibus deffuncti Johannis de **Lambaré** et domum dicti capientis...... Datum et actum in capitulo nostro die cene Domini existentis, secunda mensis aprilis, anno Domini millesimo CCCC° sexagesimo *(Changé Lès-Laval*, p. 609, t. I).

Julienne Lambaré était fille de Jean Lambaré et de Jacquine Godart, sieur et dame du Plessix. — Les **Godard**, alliés aux Ravenel, Berte, Le Febvre, Le Corvaisier, Le Sénéchal, Nouail, de Gennes, entrèrent au Parlement de Bretagne.

(3) Sur les **Guérin** de Laval, voir le Chanoine GUILLIER, *Recherches sur Changé*. Nous avons lu dans la *Revue historique et archéologique du Maine, 1889*, 3⁰ livraison : « On a abattu à Laval une autre vieille maison du XV⁰ siècle, appelée la maison *Guérin*. Il y avait là une petite seigneurie ou fief de ce nom. Les Guérin ont été une assez puissante famille bourgeoise, qui avait un droit de présentation à la Trinité pour une chapellenie qui portait leur nom ».

M. de La Poultière, le sieur Estienne Frain, à Vitré.

A Laval, ce 24⁰ septembre 1630.

Monsieur et Frère, jay reçeu la vôtre. Ensemble, jay reçeu celle de Madame du Feu et en icelle je voy qu'elle a agréable la vente de ses toiles à raison de huit pour cent, terme de six mois dont je lui envoie ma promesse incluse avec icelle; et pour celle de sa servante, je la luy ferai valoir. Et pour Perrine Droyaux je lui ferai toujours valoir son argent à raison de un sol, six deniers pour livre du dempuis le compte que luy ai ci-devant envoyé qui est du 17⁰ mars 1630. C'est ce que je vous puis mander pour le présent fors nos humbles recommandations à vos grâces, à celle de ma sœur et à tous nos jeunes gens, demeurant à jamais monsieur et frère. Votre affectionné frère.　　　　　GUÉRIN SALMANDIÈRE.

Monsieur de la Poultière, le sieur Frain, à Vitré.

A Laval, ce 10e septembre 1631.

Monsieur et Frère, jay resceu la vôtre et n'aurais tant tardé à vous en remercier si n'est que j'étais aux champs. Notre fille vous prie de faire dire à sa servante qu'elle garde bien d'aller là où il y aura des malades, et si elle n'a pas assez d'argent pour achepter de la viande, de luy en bailler, elle vous le rendra. *Nous avons entendu qu'il y avait bien de la contagion à Vitré (a),* c'est pourquoy elle a peur que sa servante aille en quelque endroit dangereux. Je vous diray que *Salmandière* n'est point encore de retour de son voyage de La Ferté à seule fin que si quelques uns s'informaient sil est venu vous le leur pouvez dire et que ce pourra être bientôt. C'est ce que vous puis mander pour le présent fors nos humbles recommandations à vos grâces et à celles de ma sœur et de tous vos enfants, demeurant à jamais monsieur et frère. Votre sœur et bonne amie.

J. FRAIN.

(a) Le *Journal historique de Vitré*, par l'abbé PARIS-JALLOBERT, donne une délibération de la Communauté de Vitré, ainsi conçue : 1631, 27 septembre, « Sur la remontrance faite par le dit sieur Procureur-Syndic que, attendu l'extrémité de la maladie contagieuse en laquelle cette Ville est réduite, tous les habitants se sont retirés ; tellement qu'il n'en est resté pas 20 en la dite ville pour remédier aux nécessités et tenir le peuple en ses devoirs, même que Messieurs les Juges ne peuvent faire exécuter leurs ordonnances de police. La Compagnie délibérant a été d'avis qu'il soit présenté requête à nos Seigneurs de la Cour, contenant les faits de la remontrance du dit sieur Procureur-Syndic, etc. »

(4) Tutelle d'Andrée Frain, 17 février 1598.

De la part de maistre Thomas *de Launay*, substitut de maître Michel *Radier*, procureur fiscal de cette Court, présent en personne et procédant d'office, a esté ce jourd'hui verbalement dit et démontré le décès, puis naguère advenu à la Poultière, en la paroisse de Saint-Martin de Vitré, de la personne de Pierre Frain, du mariage duquel et de Julienne Lambaré, de luy demeurée veuve, est demeurée Andrée Frain, leur fille mineure, à laquelle est encore besoin requis nécessaire pourvoir de tuteur et garde, qui de sa personne, biens et affaires, ait le soyn, sollicitude et charge, par quoy, à ce qu'il y soit pourvu, a dit avoir faist dûment intimer et assigner comparoir à ce jour, lieu et heure, tant la dite Lambaré, mère de la dite mineure, pour icelle entendre et savoir si ou non elle veult avoir et retenir la dite charge, et tous et chacun ses autres plus proches parens et amis, tant paternels que maternels, d'autant qu'il a peu en avoir cognaissance pour ester sur ce oui et dire leur advis, et évocation faiste aux dites fins des dits parents, à laquelle ont comparu la dite Lambaré, veuve susdite, en personne et néanmoins représentée par maistre Guy *Le Chartier*, qu'elle a présentement institué son procureur..... Guillaume *Mazurais Challet*, cousin de la dite mineure, présent en personne. — Guillemette *Frain*, représentée par Gilles *Becheu*, son fils présent, le dict Gilles Becheu pour luy ; Jean Becheu, Jean Lambaré et maître Jean *Hercé Faucillonnais*, présents en leurs personnes. — Estienne *Lambaré Paigeottière*, par Jean Lambaré, son frère, présent, chacun proches parents et amis de la dite mineure, et au regard de Jean Frain, l'aîné, Jean Frain, le jeune, et Robert Becheu, Gilles Le Moyne Borderie, Estienne Poullain Contrie et Jean Godart Ravenière, aussi parents d'icelle mineure, n'ont comparu ni autres pour eux, aussi ont faist défaut qui a esté vers eux jugé à tel profit que de raison......, néanmoins lequel deffaut a esté des dits parents prins et receu les foy et serment de dire la vérité, ce qu'ils ont respectivement promis et juré. A la dite Julienne Lambaré, veuve susdite, déclaré des sus nommés pour le bon zèle et affection quelle porte à la dite mineure, voulant bien, d'elle et de ses biens et affaires, avoir et retenir la charge et iceux ses parents en sont d'avis et voient que ce soit son profit et advantage...... Sur quoy a esté la dite Julienne Lambaré, de son consentement et par l'advis des dits parents, de justice, est instituée tutrice et garde de la dite mineure...... Fait par la Court de Vitré, devant M. Lalloué, juge ordinaire et lieutenant général d'icelle, le septième jour de février mil cinq cent quatre-vingt-dix-huit.

ROULLEAUX.

« Autrefois, les mariages préparés par les parents, contractés sous le regard de Dieu, bénis par l'église, constituaient le foyer domestique et ce foyer devenait aussitôt le centre de la vie de famille, de lieu de réunion de chaque jour, le témoin des réjouissances, l'asile des vertus chrétiennes (*La Réforme sociale*, février 1889) ».

Par devant Monsieur Le Sénéchal de cette Cour, a comparu en sa personne, Andrée Frain, fille de deffuncts Pierre Frain et Julienne Lambaré, sa femme, assistée de maistre Gilles Hercé, son procureur, laquelle a, en présence de noble maistre *Germain Le Lymonnier*, sieur de la Marche, procureur fiscal de cette dite Court, verbalement dict et remonstré avoir atteint l'âge de vingt ans et plus, de ce faict habile et capable d'avoir, gérer et manier ses biens meubles, s'il plait à la justice et à ses parents de le consentir; bon nombre desquels elle dict avoir à ceste fin faict à ce jour, lieu et heure, requérant d'eux évocation qui faicte a esté, à laquelle ont comparu, scavoir: Estienne Frain, sieur de la Poultière, son frère germain; Estienne Lambaré, sieur de la Pageottière, Jean Lambaré, ses oncles; Jean Frain, maistre Guillaume Becheu, en leurs personnes et faisant, oultre le dit Becheu pour Guillemette Frain, sa mère, Guillaume Mazurais, sieur de Challet et Pierre Geffrard, sieur du Pavillon, mari de Guillemette Mazurais, aussi en leurs personnes, lesquels ont sur le faict de la remonstrance de la dite Andrée Frain, ont, les uns après les autres, et conformément, dit que icelle Andrée a atteint et excedé le dit âge de vingt ans, de plus la juger par inspection de sa personne qu'elle est bonne et honneste jeune fille, habile et capable de manier ses biens meubles et estre d'avis que l'administration d'iceux luy soit baillée aux termes de la coustume de ce pays et duché de Bretagne. Attendu l'advis desquels parents et ouy le dit sieur procureur a esté portant la dite Andrée Frain le requérant, déclarée majeure de vingt ans de plus, et l'administration de ses biens meubles et revenus d'héritaiges luy baillée aux termes de la coustume de ce pays et duché de Bretagne, sans toutefois quelle puisse vendre, ny engager les dits héritaiges, ny prendre sur iceux pour plus d'un an, mesme contracter mariage que par l'advis de ses dits parents et autorité de justice. A l'endroit, a la dite Andrée Frain remonstré estre poursuivye de recherche en mariage par ung honneste jeune homme de ceste ville, nommé *Georges Brouessin*, fils de deffunct maistre Richard Brouessin, vivant, sieur des Burons et de *Gervaise Le Faucheur*, sa femme, à quoy elle n'a voulu entendre et y passer oultre quelle n'eut au préalable pris l'advis de ses parents, lesquels, à sa requeste ont, sur le fait qui s'offre, ont dit estre d'avis que le mariaige soit effectué pour estre le partis esgal et en avoir conféré entre eux. Attendu, l'advis desquels parens et oui au pareil, le dit sieur procureur qui gréé que droict a esté et est à la dicte Andrée Frain permins contracter mariaige avecq le dit Brouessin et iceluy solenniser, lorsque bon leur semblera, en face de la sainte Église romaine, aux conditions qui seront entre eulx rapportées et sur ce que icelle Frain a outre ce que dessus aussi remonstré que de ce que luy peut appartenir tant en meubles qu'en immeubles, des successions de ses dicts deffuncts père et mère, le dit Frain Poultière, son dit frère, a fait offre et promins payer la somme de douze cents livres, quelle trouve à son advantage, ayant ensemble compté et procompté de ce quelle luy pourrait devoir pour ses pensions, nourriture et entretien, requérant en pareil que ses dits autres parents luy donnent, sur ce, advis et qu'iceux parents ont dit cette composition avantageuse et profitable à la dite Frain et estre d'avis quelle soit par elle acceptée; le dict Frain Poultière, son dit frère y receu, a esté et est le dit Estienne Frain Poultière de son consentement, de la dite Andrée, sa sœur, et par l'advis des dits parents, receu à l'advantage des douze cents livres par luy fait à la dite Frain, sa sœur, pour son droict, part et portion, tant heritelle que mobilière des successions de ses dicts père et mère, et que affectuant le dit Frain Poultière, soient et demeurent luy et sa dite sœur l'un vers l'autre quietes de toutes choses, de tout quoy a esté ordonné et rapporté le présent acte pour veiller et servir où et ainsy qu'il appartiendra. Faict par la Court de Vitré, devant mon dit sieur Le Sénéchal, à son logix, le lundy vingt-quatrième jour de décembre 1607, ainsy signé en la marge des présentes : de Couasnon, G. Le Lymonnier, J. Lambaré, Est. Lambaré, Jean Frain, Est. Frain, G. Mazurais, P. Geffrard, Becheu et Hercé, procureur de la dite Frain.   ROULLEAUX.

(5) Richard **Brouessin** et Gervaise **Le Faucheur**, beau-père et belle-mère d'Andrine Frain, avaient eu un autre fils, nommé René, dont fut parrain René Le Gouverneur, fils de Richart, sieur du Cerisay, 17 février 1578. — Jacquine Brouessin, baptisée le 11 août 1574 et nommée par Jacques Brouessin, sieur du Fresnay, est dite fille de Charles et de Marguerite Ravenel. — Un volume de la Bibliothèque des Frères Recollets, inscrit au catalogue de la Bibliothèque publique de Vitré, sous le n° 410, Sciences, et intitulé *de Destillatione Hieronymi Rubei*, BASILEAE PER SEB HENRICPETRI, 1585, in-12, porte sur sa garde : « Jay esté achepté par Georges Brouessin, maître apo⁺ à Vitré, lequel pour moy a payé huit sous, le 13 novembre 1636 ». — Le 3 février 1585, un Brouessin signe, en qualité de notaire, le contract par lequel Jean de Launay, fils de deffunt Jean de Launay, demeurant au village de Vauzé, paroisse de Dommaigné; Jean Rouault et Guillemette de Launay, sa femme, demeurant ville de Vitré, vendent certains héritages à noble homme Pierre de la Porte. — Maître Guillaume *Brouessin* et Gillette *de Dourdain*, sa compagne, fondateurs de la Chapellenie du Pastis-Marot, desservie en l'église de Saint-Jean-sur-Vilaine (note de M. l'abbé Forget). — Ce Guillaume est dit notaire de la Court du marquisat d'Épinay, dans un acte où apparaît le 4 décembre 1585, noble homme Pierre de la Porte, sieur de la Touche, résidant en son manoir du Val, paroisse de Saint-Didier. — Sur d'autres Brouessin du XIVᵉ et XVᵉ siècles, (voir notre *Mémoire généalogique*, p. 51. et 52).

Les LAMBARÉ. — Jean LAMBARÉ et Jacquine GODART, sieur et dame du Plessix.

Julienne Lambaré, mariée à Pierre Frain, sieur de la Poultière.

Estienne Frain de la Poultière, marié à Mathurine Ciqueau.

Jean Frain, marié à Perrine du Perron, sr et dme de Brokené.

Jean Frain de la Motte, marié à Marguerite de Gennes.

Pierre Frain de la Motte, marié à Marguerite Duchemin de la Brocharrière.

Jean Frain de la Gaulayrie, marié à Marguerite Hardy.

Jean-Paul-Joseph Frain de la Gaulayrie, marié à Marie Godin de Mareil.

Edouard Frain de la Gaulayrie, marié à Clémentine Digué de la Touche.

Edouard-Jean-Marie-Victor Frain de la Gaulayrie, marié à Dlle Joséphine-Marie-Charlotte-Rolland de Rengervé.

Marie Lambaré, mariée à Jean Le Taillandier, sieur de la Petite-Lande (1).

Jean Lambaré, sieur de la Massais.

Estienne Lambaré (2), sieur de la Pageottière, marié à Jeanne Morel.

Renée Lambaré, mariée le 17 janvier 1606 à Michel Le Bigot de Montlevrier (3).

Gilette Lambaré, mariée : 1º à N. Bricel de Beauregard (4); 2º à Julien Le Clavier, sr du Breil (5).

Marie Bricel, mariée à Pierre Guillaudeu de la Louvelais.

Ecuyer-Estienne Guillaudeu de la Louvelais, marié à Jeanne Le Ray (6).

Jeanne-Marie Guillaudeu, mariée à François-Joseph-Louis Langle de Kermorvan (7).

Fe Langle, président au Parlement, marié à Dlle de Robien.

Daniel-Bertrand de Langle, abbé de Blanche-Couronne, évêque de Saint-Papoul (8).

Augustin de Langle, chanoine.

Dlle de Langle, mariée à N. Lefebvre de la Faluère.

Louis-Marie de Langle, marié à Dlle Judit Aubert du Bou...

Judit de Langle, mariée à Le Corgne de Launay (9).

Fe Le Corgne, marié à Dlle Chrestien de Trévronec (10).

Prosper Le Corgne, marié à Dlle Stéphanie de Quélen (11).

N... Le Corgne, mariée au marquis de Brue (12).

Judit Le Corgne, mariée à Louis de Trédern (13).

Joséphine de Trédern, mariée à Fidèle Rolland de Rengervé.

7 mars 1486.

(1) Aveu rendu au Comté de Laval par Jehan Rambierge et Guillemette de la Réaulté et où apparaissent : *Guillaume Le Taillandier, Guillaume de la Réaulté, Jehan Hardy, etc.*

Par notre Court de Vitré, furent présents : Jean Rambierge et Guillemette *de la Réaulté* (a), sa femme, demeurant en la paroisse d'Erbrée, icelle femme, à sa requeste suffisamment autorisée de son dit mary au contenu en ces présentes, cognurent et furent confessant estre hommes et subjets estaigiers et non mansionniers, de haut et puissant seigneur, Monseigneur Guy, comte de Laval et de Montfort, seigneur de Vitré, et de luy tenir prochement, noblement, à foy, en la paroisse de Torcé, les héritaiges et choses heritelles qui en suivent, savoir : une quantité de maisons, sise au village de la Faverie, au costé devers midy, cour au devant et quantité de terre ou verger au derrière, avecques quantité de maison ou grange estant au costé devers souleil levant, court au devant et courtil au derrière, contenant, le tout ensemble, quinze cordes de terre ou environ, joignant d'un cousté et habite d'un bout à la terre aux hoirs feu *Robert de la Réaulté*; quantité de terre en courtil, nommé le Courtil à égrun, contenant quatre cordes ou environ, joignant d'un cousté à la terre *Guillaume Le Taillandier* (b) et sa femme, d'autre cousté à la dite *Guillemette de la Réaulté*, et habite d'un bout à la terre du dit Rambierge; quantité de terre en courtil, nommé le Courtil à Chanvre, contenant dix cordes ou environ, joignant d'un cousté à terre de...... *Courgeon* et sa femme, et habite d'un bout à la terre *Guillaume Le Taillandier* et sa femme; quantité de terre en courtil, dit Courtil de la Vigne, contenant dix cordes de terre environ, joignant d'un cousté et habite d'un bout à la terre de Guillaume Le Taillandier et femme; deux pièces de terre, nommées Les Tibrégières, contenant quatre journées et demye, deux cordes de terre environ, joignant d'un costé à la ruelle par laquelle on va des dites pièces de terre au village de la Faverie, et habitant des deux bouts à la terre de Guillaume Le Taillandier et sa femme; une pièce de terre en pré, nommée La Préc......, contenant deux jours et demy, quart de terre environ, joignant d'un cousté à la terre des dits Guillaume Le Taillandier et sa femme, et habite d'un bout au chemin par lequel on va du lieu de Mauzé au bourg de Torcé; une pièce de terre, nommée Le Hodinais, contenant ung journal et demy de terre ou environ, joignant d'un costé à la terre Guillaume Réaulté, et habite d'un bout à la terre Raoul Ravesnel; une quantité de terre en pré, nommée le Grand-Pré, contenant un journal un quart, deux cordes de terre ou environ, joignant d'un costé à la terre Allain Réaulté, et habite d'un bout à la terre des dits Taillandier et femme; une pièce de terre, nommée La Saudraye, contenant un journal un quart de terre environ, joignant d'un costé à terre de Jehan Farcy, et habite d'un bout au chemin par lequel on va du bourg de Bays à Vitré; une quantité de terre, sise en la Champaigne de......, contenant trois quarts, seize cordes de terre ou environ, joignant d'un costé à terre de Jehan Hardy, et d'autre costé à la terre de Ravesnel, et habite d'un bout au chemin par lequel l'on va du bourg de Torcé à Vitré; et chacun d'icelles choses comme elles se poursuivent toutes et chacunes leur appartenant, lesquels héritaiges, choses heritelles iceux Rambierge et sa femme veulent monstrer, déclarer par monstre à mon dit seigneur ou à ses officiers quant il leur plaira. A cause et à raison desquels héritaiges et choses heritelles, iceux Rambierge et sa dite femme connaissent debvoir par chacun an à mon dit seigneur, au terme de l'Angevine, quinze deniers de rente appelée taille, quel nombre de rente ils portent au seigneur de la Motte de Torcé ou à son......, et par avoine ung bouesseau troys banes (?) d'avoine mynue qu'ils porteront à Vitré au chasteau ou au chastelain de notre dite Court, au dit lieu de Vitré, et cognaissent devoir à mon dit seigneur à cause des dites choses, foy, hommage, obéissance comme hommes tenus à foy doyvent à leur seigneur. Lesquelles rentes iceux Rambierge et sa dite femme s'obligent paier à mon dit seigneur par an aux termes que dit est le temps durant qu'ils seront sieurs et détempteurs des dites choses et héritaiges...... Faict à Vitré, au tablier d'Amaury Berte (c), le septiesme jour de mars mil quatre cent quatre-vingt-six.

A. BERTE PASSE.

Cet aveu, acheté par nous à Paris, appartenait aux archives de la Baronnie. Il porte au revers, d'une écriture très ancienne : tenue de Jhn Rambierge, Torcé, La Faverie. Au dessus de cette mention, Jean Frain de La Motte écrivit : Torcé. — Vitré. Ce procureur fiscal de Vitré, d'accord avec M. Magneux, intendant général de la maison de La Trémoille, avait inventorié et classé les titres du baron. Au dessous de ces premières annotations, on lit cette signature : DE GENNES.

(a) Appartenaient à cette famille : — Jehan **de la Réaulté,** parmi les nobles chevaliers et écuyers, qui prêtent serment de fidélité au duc, en 1437 (Dom Morice, t. II, col. 1307, *Preuves*). L'an 1483, Robin de la Réaulté signe, en qualité de notaire, le testament par lequel Estienne Auberoche, écuyer, sieur d'Astrée, époux de Guillemette de la Binolays, fonde deux messes par semaine en l'église Notre-Dame de Vitré. — Gilles de la Réaulté, originaire de Vitré, licencié ès lois, conseiller du roi de France et du duc d'Anjou, juge ordinaire des pays d'Anjou et du Maine en 1434, maître des requêtes, chevalier de l'ordre du Croissant, décédé en 1453 et inhumé à Angers, en l'église Sainte-Croix (extrait du *Dictionnaire historique de Maine-et-Loire*, par Célestin Port). — Jean de la Réaulté, fils du précédent, prêtre du diocèse de Rennes, et sans doute né à Vitré comme son père, étudie le droit et prend le bonnet de docteur à Paris où il plaide avec réputation. Il professait le droit à Angers, dès au moins 1447 jusqu'à sa mort, avec titre de conseiller du roi René, chanoine de Saint-Laud d'Angers depuis 1448, conseiller de roi Charles VII en 1459, président au Parlement de Paris, chapelain de Saint-Denis en l'église Sainte-Geneviève de Paris, par échange avec son neveu, *Jean Geslin*, de sa prébende de Saint-Laud tout en conservant un canonicat à Saint-Maurice. Jean de la Réaulté avait été un des auteurs de la consultation qui provoqua la restitution des biens de Jacques Cœur à ses enfants (1457). Il fut inhumé à Angers dans la chapelle des Chevaliers du Croissant, le 29 octobre 1481 (ext. du *Dictionnaire* de C. Port). — Jean de la Réaulté, docteur, recteur de Moutiers en 1478 (*Pouillé* du diocèse de Rennes, t. V, p. 338). Jean de la Réaulté fut alloué de Vitré en 1521 (*Journal historique de Vitré*, p. 559, par l'abbé Paris-Jallobert; les Vitréens et le Commerce international, *Revue de l'Ouest*, 2ᵐᵉ article). — Guillemette, Robert, Jean de la Réaulté étaient contemporains de Guillaume Frain, né à Torcé en 1473, vicaire perpétuel de Notre-Dame de Vitré en 1517.

(b) Sur les **Le Taillandier**, établis et possesseurs d'héritages en Étrelles, Torcé et Cornillé, trois paroisses limitrophes, voir : *Journal historique de Vitré*, p. 30 et 31; *Généalogie des Cornulier*, p. 216, 217 et 218 des additions et corrections imprimées en 1888; les *Familles de Vitré*, p. 102; notre *Mémoire généalogique*, p. 7; l'*Appendice aux Lettres de l'intendant de La Trémoille*, p. 29; le *Pouillé* du diocèse de Rennes. — Hamon Le Taillandier, archidiacre de Rennes, trésorier de la Madeleine de Vitré, fit construire en 1374 le clocher de l'église collégiale. — Phélippot Le Taillandier, trésorier de Notre-Dame en 1469, puis prévôt des Marchands d'outre-mer. — P. Le Taillandier, marié à Tiphaine de Cornillé. Un de leurs descendants : Amaury Le Taillandier, obtint de changer son nom en celui de La Guichardière. — Jehan Le Taillandier, fils de Jehan et de Marie Lambaré, baptisé le 4 janvier 1574, eut pour parrain Jean Malescot, procureur au siège de Rennes. — Pierre Le Taillandier, fils de maître Mathurin, sieur de la Petite-Lande, et de Tiennette Le Gouverneur, baptisé le 14 septembre 1603, fut nommé par Pierre Le Cocq. — Philippe d'Argentré, sieur de Gosné, nomma, en 1611, Philippe Le Taillandier. (Extraits des registres de Châteaubourg, communiqués par l'abbé Paris-Jallobert).

(c) Cet Amaury **Berte** est-il le même personnage que nous trouvons sénéchal de Vitré en 1513, alloué de 1515 à 1517 et qui eut pour successeur en cette dernière charge Jean de la Réaulté ? Nous inclinons à le croire.

(2) Le 11 mars 1611, Étienne **Lambaré** et Michel **Le Bigot** rendirent l'aveu ci-après à Charlotte de Nassau, veuve de Claude, duc de La Trémoille, fille de Guillaume de Nassau, prince d'Orange, chef des protestants flamands et hollandais, et de Charlotte de Bourbon-Montpensier. Charlotte de Nassau était tutrice de Henri de La Trémoille, successeur de Guy XX, comte de Laval, tué en Hongrie l'an 1605, par représentation d'une fille de notre grand Guy et de Charlotte d'Aragon : Anne de Laval, mariée, en 1521, à François de La Trémoille.

Aveu du Bois-Bide, de la Visseule et de la Courbe.

Devant nous, notaires des Cours royales de Rennes et Vitré concurremment, ont comparu en leurs personnes, honorables gens, *Étienne Lambaré, sieur de la Pageotière*, et *Michel Le Bigot, sieur de Montlevrier*, marchands bourgeois, demeurant en la ville du dit Vitré et fauxbourg Saint-Martin d'ycelle, lesquels connaissent et confessent être hommes et sujets étagers et le dit sieur de la Pageotière mansionnier de très haute et très illustre princesse, dame Charlotte de Nassau, princesse d'Orange, duchesse de La Trémoille et de Thouars, mère et tutrice naturelle de très haut et très puissant seigneur, Monseigneur Guy de Laval, et de La Trémoille, duc de Thouars, pair de France, prince de Talmont, comte du dit Laval, Montfort, Quintin, Guines, Hénon Taillebourg, vicomte de Rennes. Et de la dite dame Princesse au dit nom, tenir prochement à cause de sa dite Baronnie de Vitré, scavoir : le dit sieur de la

Pageotière, une maison, située au dit fauxbourg Saint-Martin en laquelle il demeure, avec autres corps de logis, cours et jardins au derrière en dépendant, etc. Confesse pareillement, le dit sieur de la Pageotière et de Montlevrier, son gendre, tenir prochement et noblement de ma dite dame au dit nom, à cause de la dite Baronnie, les *lieux et terres nobles du Bois-Bide, de la Visseule et de la Courbe et le Moulin de la Courbe* avec leurs appartenances et dépendances, généralement et entièrement sans réservation, situés en la paroisse de Pocé, ainsy qu'ils les ont acquis assemblement, par *moitié, du seigneur marquis d'Épinay*, etc. — Fait et consenty au dit Vitré, tablier de Godard, notaire royal soussigné, avec lesdits Lambaré et Le Bigot, le onzième jour de mai mil six cent onze. Signé : Lambaré, Michel Le Bigot; et, pour notaires : Godard et Leroi.

Mathurin Charil, sieur de Pondavy, alloué, lieutenant général, civil et criminel de la Baronnie de Vitré, scavoir : faisons que sur le réquisitoire de noble maître Jean Frain, sieur de la Motte, avocat fiscal d'ycelle, nous nous sommes, en sa compagnie, transportés au Thrésor ou estant il nous a représenté l'original d'un aveu en parchemin, daté du 11 mars 1611, tiré de la liasse des aveux du fauxbourg Saint-Martin, sur lequel a été pris le présent extrait qui s'est trouvé conforme à l'original. De tout quoy, avons rapporté le présent procès-verbal, iceluy fait rédiger par le dit Deligné et relaisser le dit aveu au dit Thrésor, le neufiesme jour de mars mil six cent quatre-vingt-seize.

CHARIL.   Jean FRAIN.
DELIGNÉ.

(3) En 1437, un **Le Bigot** (Estienne), est dit procureur des paroissiens de Notre-Dame, qui fréquentaient l'église Saint-Martin. (*Les Paroisses de Vitré*, par A. DE LA BORDERIE, p. 55). — Michel Le Bigot de Montlevrier fut prevost de la confrérie des Marchands, 1625-1626. Sa femme, Renée Lambaré, fonda la chapelle du Rosaire, en l'église des Dominicains de Vitré, et compta à ces religieux 6.400 livres, soit en valeur actuelle (a) .... 88.800 Fr.

Elle donna, en outre, à l'église Notre-Dame, une rente annuelle de 100 livres, soit 1.480 francs; quelle somme capitalisée au denier 20, offre un total de .... 19.600 »

Aux pauvres malades, 500 livres, soit en valeur actuelle .... 7.400 ·

A la Confrérie du Port du Très-Sacrement, 730 livres, ou .... 10.804 »

D'où un total respectable de .... 126.604 Fr.,

sans porter en compte deux terres données aux hospices.

(a) La livre, au temps de Louis XIII, valant trois francs soixante-dix centimes, la valeur intrinsèque de 6.000 livres égale 22.200 francs. Pour obtenir la valeur comparative, il faut au moins quadrupler, soit : 88.800 francs.

---

(4) Nous avons lu dans BOURJOLLY, t. II, p. 237: *Chopin* nous apprend que *François Bricel* a obtenu du roi, par lettres patentes du 7 janvier 1545, le titre de juge des exempts et des royaux du comté de Laval, comme longtemps auparavant Aymeric Louet, puis René Houlliers avaient exercé cet office. Ce Bricel pouvait être le père du président de Beauregard.

---

(5) Julien **Le Clavier du Breil** était fils de Julien Le Clavier, marié en 1566 à Nouaille Jolais, arrière-petit-fils de René Le Clavier et de Marguerite Léziard. Il était né le 3 novembre 1584 et avait eu pour parrain Jean Louin. Son mariage avec Gilette Lambaré fut célébré le 7 novembre 1619. Il eut pour frères et sœurs : 1° Jacquine Le Clavier, mariée à Gilles Clyneau, beau-frère d'Étienne Frain fils de Pierre et de Julienne Lambaré; 2° Olive Le Clavier, mariée à Thomas Bonnieu, sieur de la Touche; 3° Jeanne Le Clavier, née le 26 may 1568, mariée à Étienne Ringues, sieur de la Troussanais; 4° René Le Clavier, qui épousa Perrine Le 'Jouvreulx.

---

(6) Jeanne **Le Ray**, dame de la Louvelais, avait pour cousins et cousines-germaines : 1° Jacques Rondel, sieur de la Falaische, sénéchal de La Guerche, marié à Renée Martin de la Bigotière; il fut tué d'un coup d'épée en 1689, voir : *Mémoire généalogique*, p. 41; 2° Perrine Rondel, mariée à Pierre de Bregel des Guyonnières, fils de Jean de Bregel et de Jeanne Pourriel; petit-fils de Jean de Bregel de la Guinbretière et de Jeanne Bonnieu; père de Perrine de Bregel, mariée à Sébastien Frain de la Villegonthier,

sénéchal de Fougères; 3° Marie Rondel, mariée à écuyer Claude Guérin, sieur de la Pislais, d'où : Françoise Guérin, mariée à Charles Lorfeure, sieur du Boisnouault. (Renseignements communiqués par MM. G. de Carné et M. A. de Courville).

(7) François-Joseph **de Langle de Kermorvan** comptait parmi ses ancêtres Jean de Langle, conseiller au Parlement de Bretagne, ardent catholique, auteur de l'*Otium semestre*, magistrat « digne du vieux sénat romain et par la noblesse de sa naissance et par l'importance de son patrimoine ». Le père de François-Joseph de Langle fut qualifié *d'habile juge* par le maître des requêtes, chargé en 1663 d'adresser à Colbert des notes confidentielles sur chacun des conseillers au Parlement de Bretagne. La note relative à Louis de Langle de Kermorvan est accompagnée de cette réflexion : « A un fils bien fait et qui a de l'esprit ».

(8) Daniel-Bertrand **de Langle**, né en Saint-Germain de Rennes le 9 septembre 1701, assista aux États de Bretagne tenus en 1736, comme abbé de Blanche-Couronne. Sacré évêque de Saint-Papoul le 5 avril 1739, il fonda l'hôpital de Castelnaudary. — Augustin de Langle, né le 18 juillet 1708, devint chanoine de Nantes. — Une sœur de Mᵐᵉ de la Faluère et des précédents : Jeanne-Marie de Langle, né le 25 juin 1713, entra aux Hospitalières de Vitré et y mourut le 10 février 1764.

(9) Louis-Marie **de Langle de Beaumanoir**, trisaïeul de Joséphine Rolland de Rengervé, commanda le régiment de Rohan-Rochefort en qualité de lieutenant-colonel et reçut la croix de Saint-Louis. Outre Judic de Langle, mariée à M. Le Corgne de Launay, il eut une autre fille qui épousa en premières noces M. de Begasson. Ce mariage dut être célébré en 1783. « Le mariage de ma sœur est arrêté avec M. de Begasson du Rox, officier de dragons et il se fera tout de suite après Pâques ». (Lettre du chevalier de Langle à M. Seré du Mesnil, 8 mars 1783). Devenue veuve, Mᵐᵉ de Begasson se remaria au chevalier Le Corgne, beau-frère de sa sœur Julie de Langle. Le chevalier avait servi et fut ôtage de Louis XVI. On donnait ce nom aux royalistes qui demandèrent à se constituer prisonniers à la place du Roi après le retour de Varennes. Les noms de ces hommes dévoués ont été en grande partie recueillis dans un volume devenu fort rare, intitulé : *Les Ôtages de Louis XVI et de sa famille*, Paris, Pillet, 1814. — En cette année 1889, Louis-Marie de Langle de Beaumanoir est représenté dans notre pays par MM. Augustin et Alphonse de Langle, ses petits-fils.

(10) Représentés de nos jours par Caroline-Aimée **Le Corgne de Bonabry**, religieuse Hospitalière à l'Hôtel-Dieu de Rennes ; Louise-Marie-Thérèse Le Corgne de Bonabry, religieuse Carmélite à St-Germain-en-Laye ; Cécile-Marie-Charlotte Le Corgne de Bonabry, mariée au vicomte du Fao de Kerdaniel, demeurant au château de Bonabry, commune d'Hillion (Côtes-du-Nord) ; l'abbé Alfred de Farcy de la Ville-du-Bois, recteur de l'Hermitage ; le comte Louis de Farcy de la Ville-du-Bois, marié à Marie de La Rivière ; Paul de Farcy de la Ville-du-Bois, marié à Louise de La Rivière ; Olivier de Farcy de la Ville-du-Bois, marié à Dˡˡᵉ Marguerite de la Bintinaye, comme issus de L. de Farcy et de Cécile Le Corgne; Gustave, comte de La Barre, marié à Pauline Bernard du Treil, demeurant au château de la Plâtrière, près Laval, Mélite de La Barre, veuve du baron de Landevoisin ; Blanche de Landevoisin, veuve du vicomte Henri de La Barre, comme enfants et petits enfants de N., comte de La Barre et de Mélite Le Corgne ; le vicomte Ernest Harscouet de Saint-Georges, marié à Anna de Juigné, demeurant au château de Keranevel, Melven (Finistère) ; le vicomte de Saint-Georges, marié à Berthe de Chamillard, demeurant au château du Reste, Grand-Champs, près Vannes ; Mathilde de Saint-Georges, mariée à Charles Guillart, marquis de Fresnay, demeurant au château de Montorbeau, commune d'Ambrières, comme issus du vicomte de Saint-Georges et de Mathilde Le Corgne.

(11) Décédée en 1887.

(12) Le marquis et la marquise de **Bruc**, née Le Corgne, étaient représentés en 1887, par : Félix de Bruc, comte de Montplaisir, demeurant à Nantes ; Ernest de Bruc, marquis de Montplaisir, demeurant au château de Trelo-Carentoir (Morbihan), marié à Thérèse-Marie de Callac ; Cᵗᵉ Robert de Bruc, demeurant au château du Chastelier, Corps-Nuds (Ille-et-Vilaine), marié à Jeanne-Marie-Augustine de Couffon de Kerdellech ; Olympe Le Mintier de la Motte-Basse, fille de Le Mintier, marquis de la Motte-Basse et de Zéphyrine de Bruc, mariée à Pierre-Gustave-Marie-François-de-Sales Ayrault de Saint-Henis, demeurant à Chanteloup ;

Marguerite de Bruc, mariée au baron de Goy, capitaine d'infanterie; Marie-Anne-Félicité de Bruc, mariée à Marie-Alphonse de Sury-d'Aspremont, ingénieur, demeurant à Soleure (Suisse); Jeanne de Bruc, demeurant au château de Bruc-Guémené-Penfao (Loire-Inférieure); Caroline-Marie de Bruc, veuve de Jacques-Henri-Jules Langlois de la Roussière, demeurant à Nantes; Hortense-Françoise de Callac, veuve d'Auguste de Bruc, marquis de Montplaisir, demeurant au château de Garenne, commune de Lohéac (Ille-et-Vilaine); Olympe-Marie-Joséphine de Bruc, mariée au baron Edmond Vanshalwych de Boisaubin, lieutenant-colonel au 24ᵉ dragons, à Dinan; Berthe de Bruc, mariée au vicomte de Sapinaud; Marie-Thérèse-Antoinette-Joséphine de Bruc, mariée à Marie-Joseph-Emmanuel, vicomte de Bizemont; Marguerite de Bruc, mariée au vicomte de La Garoulaye, demeurant au château du Bois-Bernier, commune de Nœllet (Maine-et-Loire); Fernand, comte de Bruc, au château du Bois-Bernier; Yvonne de Bruc, mariée à M. Gontard de Launay, château du Bois-Bernier.

----

(13) Représentés en 1889 par: Adamine **de Trédern**, veuve du commandant Chauveau de Kernaëret; Louis, comte de Trédern; Christian, vicomte de Trédern; Gabriel Rolland de Rengervé; Judic-Marie-Louise Rolland de Rengervé, supérieure des Filles de la Vierge, à Rennes; Louis Rolland de Rengervé, marié à Anne-Marie Hardy de Beauvais; Augustin Rolland de Rengervé, chevalier de la Légion d'honneur, marié à Marie de la Grandière; Joséphine-Marie-Charlotte Rolland de Rengervé, v. Tableau VI; les dits Rolland, issus de Fidèle Rolland de Rengervé et de Joséphine de Trédern.

JEAN LAMBARÉ, marié à Jacquine Godart, sieur et dame du Plessix.

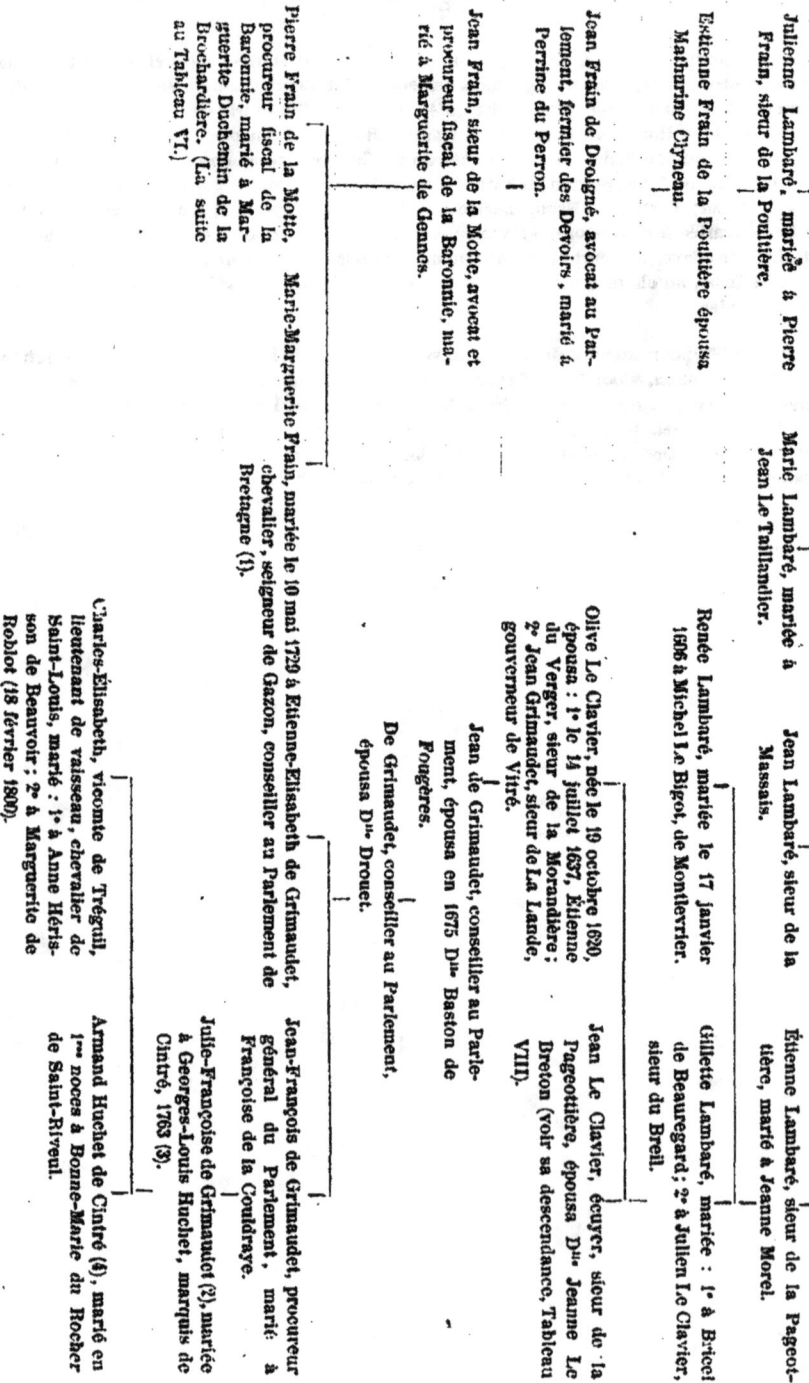

Julienne Lambaré, mariée à Pierre Frain, sieur de la Poultière.

Étienne Frain de la Poultière épousa Mathurine Clyneau.

Jean Frain de Droigné, avocat au Parlement, fermier des Devoirs, marié à Perrine du Perron.

Jean Frain, sieur de la Motte, avocat et procureur fiscal de la Baronnie, marié à Marguerite de Gennes.

Pierre Frain de la Motte, procureur fiscal de la Baronnie, marié à Marguerite Duchemin de la Brochardière. (La suite au Tableau VI.)

Marie-Marguerite Frain, mariée le 10 mai 1729 à Étienne-Élisabeth de Grimaudet, chevalier, seigneur de Gazon, conseiller au Parlement de Bretagne (1).

Marie Lambaré, mariée à Jean Le Taillandier.

Renée Lambaré, mariée le 17 janvier 1696 à Michel Le Bigot, de Montlevrier.

Olive Le Clavier, née le 19 octobre 1620, épousa : 1° le 14 juillet 1637, Étienne du Verger, sieur de la Morandière ; 2° Jean Grimaudet, sieur de La Lande, gouverneur de Vitré.

Jean de Grimaudet, conseiller au Parlement, épousa en 1675 Dlle Baston de Fougères.

De Grimaudet, conseiller au Parlement, épousa Dlle Drouet.

Jean-François de Grimaudet, procureur général du Parlement, marié à Françoise de la Coudraye.

Julie-Françoise de Grimaudet (2), mariée à Georges-Louis Huchet, marquis de Cintré, 1763 (3).

Armand Huchet de Cintré (4), marié en 1res noces à Bonne-Marie du Rocher de Saint-Riveul.

Jean Lambaré, sieur de la Massais.

Gillette Lambaré, mariée : 1re à Briel de Beauregard ; 2e à Julien Le Clavier, sieur du Breil.

Jean Le Clavier, écuyer, sieur de la Pageottière, épousa Dlle Jeanne Le Breton (voir sa descendance, Tableau VIII).

Étienne Lambaré, sieur de la Pageottière, marié à Jeanne Morel.

Charles-Élisabeth, vicomte de Tréguil, lieutenant de vaisseau, chevalier de Saint-Louis, marié : 1° à Anne Hérisson de Beauvoir ; 2° à Marguerite de Roblot (18 février 1800).

(1) Etienne-Elisabeth **de Grimaudet** descendait de Pierre Grimaudet et de Jacquine Quettier. Ce Pierre était second fils de Pierre Grimaudet, échevin d'Angers, et de Guillemette Beraud; il avait pour frères et sœurs : 1° François de Grimaudet, avocat du Roy à Angers; 2° Jean de Grimaudet; 3° Lezine Grimaudet, mariée à Jean Le Pelletier. Écoutons MÉNAGE en la deuxième partie de son *Histoire de Sablé*, p. 146 : « Ce Jean Le Pelletier alla habiter Angers où il épousa Lezine Grimaudet, sœur du célèbre François Grimaudet, avocat du Roy à Angers, et fille de Pierre Grimaudet, échevin de la ville d'Angers en 1528, et de Guillelmine Berault, fille de Jean Berault, procureur fiscal de Laval et de Françoise Beudin, fille de René Beudin, procureur fiscal de Laval et de Renée Breslay, fille de René Breslay, avocat du Roy au Mans et de Marie de Saint-Denis ». Ce Jean Berault, pour le marquer en passant, mourut en 1529. Il est enterré à Laval en l'église des Cordeliers, où on lui a adressé une épitaphe en vers *hexamètres et pentamètres*. J'ai su autrefois cette épitaphe par cœur; je ne me souviens plus que de ce pentamètre : *Actor eram fisci, nunc reus ante Deum.* Il était fils de Simon Berault, juge de Laval et de Michelle Lambaré. Au sujet de la famille de Grimaudet, je remarquerai aussi en passant que dans les registres de la maison de ville d'Angers, il est fait mention de deux lettres, écrites par Jean de Leaumont, seigneur du Puy-Gaillard, gentilhomme gascon, gouverneur d'Anjou : l'une à M. de Montsoreau, gouverneur de Saumur; l'autre à M. de la Touche, gouverneur du château d'Angers, par lesquelles il leur mande que le roi Charles IX a fait tuer à Paris, le dimanche 24 août 1572, l'amiral de Châtillon et tous les huguenots et qu'ils aient également à tuer les huguenots dans les villes de Saumur et d'Angers, à la réserve de Jean Grimaudet et de sa femme et de sa famille. Ce Jean Grimaudet était frère de Lezine, de François et de Pierre Grimaudet. C'est de lui que sont descendus les Grimaudet de la ville de Blois.

Robert Cupif, fils d'Elie Cupif, président des Grands-Jours de Vendôme et de Marie Grimaudet, fut grand-archidiacre, chanoine, official, vicaire-général de Cornouailles, doyen de la Collégiale du Folgoet. Il fut nommé à l'évêché de Léon et sacré en 1640. On le transféra à Dol, le 16 février 1653; la mort le surprit à Rennes où il plaidait contre son chapitre (*Pouillé de Rennes*, t. I). — Charles Grimaudet, oncle de M. Cupif et ancien conseiller au Présidial de Blois, fut archidiacre de Dol. — Gabriel Grimaudet, décédé à Saint-Michel d'Angers en 1733, figure parmi les prieurs d'Allion; ce prieuré fut bâti sur les bords de la Noironde, entre les forêts de Rennes et de Chevré, à l'endroit où les Bretons avaient battu les Francs en 595. Actuellement le manoir prioral sert de ferme. Sa chapelle est convertie en grange. — L'an 1678. Jean de Grimaudet de Gazon fonda une messe chaque dimanche à estre célébrée en la chapelle de la Fauconnerie.

(2) Julie-Françoise de **Grimaudet de Gazon**, épouse de messire Georges-Louis Huchet, marquis de Cintré; décédée à Saint-Hélier de Jersey le 2 novembre 1795 (voir *Familles françaises à Jersey pendant la Révolution*, par le comte de l'ESTOURBEILLON).

---

(3) Georges-Louis **Huchet de Cintré** mourut à Vannes le 1er may 1822; il était fils de Louis Huchet et de Marie-Augustine de Keraveon (note du comte de l'ESTOURBEILLON).

---

(4) Le premier mariage d'Armand Huchet de Cintré fut célébré à Jersey le 18 janvier 1798. Il se remaria à Marie Hingant de Saint-Maur. — Julie-Antoinette Huchet de Cintré, sœur d'Armand et de Charles, épousa le 13 août 1799, à Jersey, François de Pont-l'Abbé, lieutenant des vaisseaux du Roi et chevalier de Saint-Louis.

JEAN LAMBARÉ, marié à Jacquine Godart, sieur et dame du Plessix.

Julienne Lambaré, mariée à Pierre Frain, sieur de la Poultière.

Étienne Frain, sieur de la Poultière, marié à Mathurine Clyneau.

Jean Frain, sieur de Droigné, marié à Perrine du Perron.

Jean Frain de la Motte, conseiller du Roi, procureur fiscal de Vitré, marié à Marguerite de Gennes (voir la suite, tableau VI).

Jean-Marie Le Clavier, 1er commis en grand'chambre.

Marie-Joseph Le Clavier, mariée à Pierre-François de Tehillac, sieur des Touches.

Innocente de Rosmyvinen, mariée en 1766 à N. Visdelou de la Villetheart, d'où : postérité (T).

Marie Lambaré, mariée à Jean Le Taillandier.

Renée Lambaré, mariée le 17 janvier 1606 à Michel Le Bigot, sieur de Mont-levrier.

Julien Le Clavier, sieur de la Pageottière, épousa D^lle Olive Besnoit.

Guy Picquet, conseiller au Parlement (2).

Olympe de Rosmyvinen, mariée en 1758 à Hercule-François-Paul Hay de Bon-teville, d'où : postérité.

Jean Lambaré, sieur de la Massais.

Gillette Lambaré, mariée le 17 janvier à Bricel de Beauregard; en 2mes noces à Julien Le Clavier, sieur du Brell.

Jean-B. Le Clavier, du Bois-Biele. (1)

Alexandre Picquet, de Molesme (3).

Estienne Lambaré, sieur de la Pageot-tière, marié à Jeanne Morel.

Jean Le Clavier, écuyer, sieur de la Pageottière, épousa D^lle Jeanne Le Breton.

Gillette Le Clavier, née le 9 août 1648.

Marie-Joseph Le Clavier de la Motte, greffier en chef du Parlement.

Charles Picquet, de Montreuil, greffier au Parlement, marié à Françoise On-froy.

Judith Picquet, mariée à Jean-Bapte de Rosmyvinen, Mlle de Piré, comte de Maure (4).

N. Picquet, mariée au comte de La Caraye (5).

Guillaume-Gabriel-Marie-Joseph-Joachim de Rosmyvinen, Mlle de Piré, Cte de Maure, marié à Louise-Émilie de Visdeloup(6).

Pierre-Marie de Piré, marié à Hélène-Marie Eon.

Hippolyte-Marie-Guillaume de Rosmyvinen, Mlle de Piré, général de division, grand-officier de la Légion d'honneur, marié le 24 novembre 1801 à Marie-Pauline-Émilie Hay des Nétumières.

Alexandre-Élisabeth de Rosmyvinen, Mlle de Piré, député d'Ille-et-Vilaine sous le second empire, marié à Laurence-Émilie-Julie de Lambilly, &c. &c.

(1) Le manoir du Bois-Bide, en Pocé, fut habité au XVII° et au XVIII° siècles par les Le Clavier et leurs héritiers ; les **Picquet**. Il fut acquis à la fin du XVIII° siècle par J.-B. Le Moyne de Grand-Pré. — Par testament du 7 janvier 1739, Charles Picquet, seigneur de Montreuil et greffier en chef du Parlement de Bretagne, fonda une messe en la chapelle du Bois-Bide pour tous les dimanches et fêtes chômées et aux fêtes de Sainte Anne, Sainte Barbe, Sainte Appolline, Saint Lunaire, Saint François-d'Assise et Saint Charles. Sa veuve, Françoise Onfroy, régularisa cette fondation et la dota de 100 livres de rente, le 28 octobre 1742 (*Pouillé* du diocèse de Rennes, t. V, p. 503). L'année suivante, René Jarnoüen, sieur de Villartay, fut pourvu de cette chappellenie. — A Saint-Aubin-des-Landes, les prééminences appartenaient au seigneur du Bois-Bide, en Pocé. En 1740, Françoise Onfroy, veuve de Charles Picquet de Montreuil, seigneur du Bois-Bide et de Saint-Aubin-des-Landes, avait en cette qualité droit de soule le jour de Noël. Pour éviter les inconvénients de ce jeu, cette dame y renonça et décida que les derniers mariés de la paroisse lui offriraient, le jour de Noël, au lieu d'une soule, deux cierges de cire blanche d'honnête grandeur, qui bruleraient pendant le saint office (*Pouillé* de Rennes, t. V).

Jean Picquet, sieur de la Motte, décédé en 1653, et Guillemette Hux, sa femme, furent inhumés en la nef de l'église Saint-Germain de Rennes. — L'an 1727, la terre de la Vilouyère, en Vignoc, fut érigée en chastellenie pour Guy Picquet, sieur de la Motte, qui fit bâtir la chapelle de Notre-Dame de la Villouyère.

(2) Guy **Picquet**, sieur de la Motte et de Launay du Han, mourut âgé de 75 ans, et fut inhumé en l'église de Montreuil-le-Gast, le 15 octobre 1733. — D'humeur fort vive et peu endurante, le 16 avril 1721, un de ces Picquet avait donné des coups de canne à un certain René de Lopriac, conseiller honoraire au Parlement, en retour des coups d'épée que ce dernier lui avait assénés sur la tête quelques jours auparavant. L'année suivante, se trouvant chez M⁽ᵐᵉ⁾ de Brilhac, il se prit de querelle avec M. de Robien, si bel et si bien que les deux adversaires, après s'être dit force injures, en vinrent aux coups (voir *la Famille Descartes en Bretagne*, par S. ROPARTZ, p. 217, 218, 219). Ce batailleur doit être le père ou l'aïeul du vaillant La Motte-Picquet, embarqué à 15 ans, capitaine de vaisseau en 1763, chef d'escadre en 1778, lieutenant général en 1782.

(3) Prévôt général de la maréchaussée de Bretagne ; cette charge fut successivement remplie par Guy-Alexandre **Picquet de Melesse**, marié à Marie-Marguerite du Vau et par Louis-Alexandre-Marie Picquet, fils du précédent, marié en 1781 à Adelaïde du Vau, voir : *Edouard Turquety*, par F. SAULNIER, p. 18.

(4) Judith **Picquet**, marquise de Piré et baronne de Lohéac, comtesse de Maure, demeurait habituellement au manoir des Champs, en Guipry, aujourd'hui propriété de M. Le Chauff, ancien inspecteur des eaux et forêts. Elle présenta son parent, Guy-François Picquet de la Motte, diacre, pour être pourvu des trois bénéfices de Chantereine, Notre-Dame de Guipry et les cadets de Maure. Judith Picquet fut surnommée la mère des pauvres et laissa une mémoire vénérée de tous. Elle fut inhumée en 1778 en l'église de Lohéac, sous son banc seigneurial, dans le chœur, du côté de l'évangile. Sur cette pieuse femme, voir le *Pouillé* du diocèse de Rennes. — Les Picquet portaient d'azur à trois chevrons d'or accompagnés de trois fers de lance d'argent : deux en chef, un en pointe.

(5) Fils de Guillaume **Marot**, comte de la Garaye et de Jeanne de Marbœuf. Sur le comte et la comtesse **de la Garaye**, leur piété, leur charité, consulter la *Biographie Bretonne*, et les *Recherches sur Dinan et ses environs*, par Luigi ODORICI, p. 368 et suivantes.

(6) Louise-Emilie **de Visdelou** était tante à la mode de Bretagne de la célèbre marquise de Créquy. Toutes les deux descendaient de François-Hyacinthe Visdelou, comte de Bienassis et d'Anne Sallou (*La marquise de Créquy, ses Origines Bretonnes*, par F. SAULNIER.)

(7) Leur fils François-Hippolyte **de Visdelou** épousa à Rennes, en 1818, Olive-Louise-Esther Martin de la Bigottière.
Aimé-Casimir Picquet de Boisguy, aide-de-camp de La Rouärie en 1792, chef de la Légion de Fougères et chevalier de Saint-Louis en 1791, doit être également compté parmi les descendants de Jean Lambaré et de Jacquine Godart.

Jean LAMBARÉ, marié à Jacquine Godart, sieur et dame du Plessix.

Julienne Lambaré, mariée à Pierre Frain, sieur de la Poultière.

- Estienne Frain, sieur de la Poultière, marié à Mathurine Clyneau.

- Jean Frain, sieur de Droigné, marié à Perrine du Perron.

- Jean Frain, sieur de la Motte, procureur fiscal de la Baronnie, marié à Marguerite de Gennes.

- Pierre Frain de la Motte, procureur fiscal de la Baronnie, marié à Marguerite Duchemin de la Brochardière (voir la suite au Tableau VI).

  - Marie-Louise Fournier (3);
  - ! à Louis-Julien Fournier (3), sieur d'Allerac;

    - Fournier d'Allerac.
    - Édouard-Hyacinthe-Marie-Fournier d'Allerac, marié à Geneviève-Marie-Thérèse Le Gouvello de Rosmeno.
    - Hyacinthe-Marie-Louise Fournier (5).

  - Marie-Louise Hevin, mariée à : 2° à Charles-Julien Le Melorel, écuyer, sieur de Tremeleuc (4).

    - Jacques-Jean Hevin, avocat au Parlement, puis conseiller au Présidial, marié à Anne-Marie Jamoys (5). Il fut maire de Rennes.

      - Jacques-Julien Hevin, conseiller au Présidial, maire de Rennes, épousa Renée-Marie-Rose Bureau; s. h. (7).

    - Pierre Hevin, Margat (6).

Marie Lambaré, mariée à J. Le Taillandier.

Jean Lambaré, sieur de la Massais.

- Renée Lambaré, mariée à Michel Le Bigot, sieur de Montlevrier.

- Jean Le Moyne de la Maisonneuve, greffier des requêtes du l'alais, épousa Marguerite Rallier.

  - Jean Le Moyne, avocat à Paris,

    - Jeanne-Joseph Le Moyne, mariée à Pierre Hevin, conseiller au Présidial (2).

      - Jean-François Le Moyne de la Courbe, 4 sœurs religieuses et la 5me restée fille.

    - Daniel Le Moyne de la Courbe (1), conseiller au Présidial, marié à Louise Courtois.

      - Luc Hevin, s' de la Thébaudais, capitaine d'infanterie.

Estienne Lambaré, sieur de la Pageotière, marié à Jeanne Morel.

- Gillette Lambaré, mariée en 1ers noces à Pierre Guillaudeu; 2° à Daniel Le Moyne.

  - Marie Bricel, mariée : 1° à Pierre Guillaudeu; 2° à Daniel Le Moyne.

(1) Daniel **Le Moyne de la Courbe**, conseiller honoraire du Roy au Présidial de Rennes, décéda aux Ravennières, en Erbrée, le 30 août 1770. Il fut inhumé, à Vitré, en la chapelle Saint-Nicolas.

(2) Jeanne-Joseph **Le Moyne** était née en Sainte-Croix de Vannes le 19 mars 1679. Elle mourut le 23 décembre 1722. Pierre Hévin se remaria à Julienne-Agnès Le Vicomte, fille de Jean-Pierre Le Vicomte, chevalier, et de Françoise Courtoys. — Les **Hévin** portaient d'azur à une ancre d'argent, accompagnée en chef de 2 étoiles de même. Ils se disaient originaires d'Irlande. *(Pierre Hévin et sa Famille à Rennes, 1620-1775, par F. SAULNIER).*

Pierre **Hévin**, époux de Jeanne-Joseph Le Moyne, avait d'abord embrassé la carrière militaire. Entré dans la maison du Roi, il combattit à Steinkerque en 1692 et y fut grièvement blessé. Il était fils du célèbre jurisconsulte Pierre Hévin et de Perrine Louis; petit-fils de Pierre Hévin et de Julienne Billefer; neveu de Jean-Joseph Louis, sieur du Margat, premier maire de Rennes; frère : 1° de Marguerite Hévin, mariée le 15 février 1680 à messire Charles-René Gouyon, chevalier seigneur de Launay-Comatz; 2° de Julienne Hévin, mariée le 13 octobre 1687 à messire René du Boberil.

(3) Louis-Julien **Fournier**, fils de messire Julien-Marin Fournier, seigneur de Trélo, de la paroisse de Saint-Just, évêché de Vannes, et de Jeanne-Françoise-Charlotte Le Melorel de Tremeleuc; petit-fils de Louis Fournier, sieur de Trélo et de Françoise Brandin.

(4) Charles-Julien **Le Melorel**, fils de Julien-Anne Le Melorel de Tremeleuc, écuyer, conseiller au Présidial de Rennes et de Ursule-Catherine Langlé, né le 1er janvier 1713, décédé le 12 juillet 1777 et inhumé à Mordelles. Le grand-père de Charles-Julien Le Melorel était médecin et secrétaire à la Chancellerie (Mémorial de Jean Beziel, avocat au Parlement de Bretagne, 3e volume des *Mœurs et Coutumes des Familles Bretonnes*, p. 157).

(5) Fille de Jacques **Jamoys**, sieur de la Musse, conseiller du Roi, receveur des Fouages de l'évéché de Rennes, et de Charlotte de Lourmel.

(6) Mort à Linz, vers 1752, pendant la guerre de la succession d'Autriche.

(7) Jacques-Julien **Hévin**, maire de Rennes, avait pour héritiers du coté paternel : Marie-Louise Hévin, veuve Le Melorel, sa tante; du coté maternel et du chef de Jeanne-Françoise Jamoys, mariée le 7 janvier 1716 à Charles de Guerriff, sieur de Launay : 1° Charles-Jacques-Auguste de Guériff, seigneur de Senac, manoir situé en Pipriac proche celui du Fresche, tant en son nom, que comme tuteur des fils de Jacques-Marie-Anne de Guériff, ancien officier au régiment de la Tour-du-Pin; ses neveux : Jean-François de Guériff, ancien officier au régiment du Vivarais et Marguerite de Guériff, femme de Louis-Bertrand-Rolland du Rocher du Noday (SAULNIER, *Notices sur Hévin*, p. 48, 49). — Renée **Bureau** était fille d'Augustin-François Bureau, avocat au Parlement, et de Jeanne-Rose Barbereau.

(8) La branche ainée des **Fournier** était représentée à la fin du XVIIIe siècle par messire Louis-Jean-Charles **Fournier de Trélo**, conseiller au Parlement de Bretagne, dont le fils : Eugène-Marie Fournier de Trélo, lieutenant des vaisseaux du Roi, épousa, à Saint-Malo, le 6 avril 1791, Joséphine Nouail de la Villegille, fille d'écuyer Jean-François Nouail de la Villegille et de Dlle Françoise Moreau de la Primerais (*Familles françaises, à Jersey*, par le Cte de l'ESTOURBEILLON).

ÉTIENNE FRAIN, sieur de la Poultière (1), marié à Mathurine Clyneau (2). — 3ᵉ degré du *Mémoire généal*

Estienne Frain, sieur de la Barbotterie.

Jean Frain, sieur de Droigné, qui continua la filiation.

(1) Estienne Frain passa plusieurs années en Espagne. Comme témoignage de ce long séjour, il nous a laissé : une *cédule* en langue espagnole a luy consentie par Pierre-Olivier Malherbe, l'an 1502, voir : *Familles de Vitré*, p. 100. — Un compte en langue espagnole, par lequel le dit Estévan constate avoir vendu à Pierre Bagaier ainsi mismo Frances une quantité de marchandises montant à 4.412 réaux ; plusieurs lettres, signées : Michel et Adam Becquet, datées de Séville ; autres lettres de son cousin Nicolas Miaulais, datées de Cadix ; un compte avec M. des Bretonnières-Morel ; un autre avec M. de la Roussière ; un troisième avec M. du Terre Pierre Morel ; une lettre de sa mère : Julienne Lambaré (voir ci-dessus, p. 12) ; une quittance de la même (voir ci-dessus, p. 12), etc., etc.

Rentré à Vitré vers 1610, il continua ses relations commerciales, témoin le compte édité ci-dessous et daté du 6 juillet 1630 ; Estienne Frain et sa femme sont mentionnés au compte de Macé Nouail, prévost de l'Annonciation pour l'année 1623-1624. Estienne décéda l'an 163? et « fut ensépulturé le 15 janvier, en l'église des Pères Dominiques (*Jacobins*). — Trois ans auparavant, en juin 1629, le vénérable Père Pierre Quintin avait été inhumé en cette même église. »

A Estevan Frayn, mercader francès, en Saint-Lucar. Con franꟷ Velasques.

Monsieur à nulle vostre, trouvons deluvoir responce, que rendra la présente, servant principalement pour vous dire avoir délivré au porteur de ceste quel est, Francisco Velasquez quatre mille réaux pour votre compte ; du reçeu vous plaira nous adviser. Aussy vous trouverez en ceste, ung que m'avez envoyées, doncq des quatre que mettez sur votre marque et des quatre du sieur Beauregard, en manque ung de chacune marque à venir. J'espère qu'ils seront venus par le Chevalier ; à quoy aurez esgard.

A Estevan Frain, mercader francès, que Dios guarde.

De Séville, le 29 septembre 1606.

Saint-Lucar.

Du demppuis j'ay reçu autres deux votres du 14 et 15 du courant et m'advisez de l'arrivée du dit Chevalier sans fortune de quoy suis joyeux encore que vous n'avez pas reçu de guère bonnes nouvelles, pour avoir entendu de la perte de vos amis et estre décédées deux de vos belles-sœurs, toutes choses que Dieu ordonne ; de quoy luy faut rendre grâce et le prier de les mettre du rang des bienheureux. Je voy que pour ce sujet vous presszez, encore davantage que n'estiez, à vous en aller et que je vende vos ballots aux prix courants. Je vous juro que je ne saurais y faire davantage pour le présent, car les marchands sont fort peu eschauffées : si n'est après les fêtes et que les navires des flottes soient en la baie et ceux de Saint-Lucques qui doibvent venir en bref. On me demande quelquie : jacques de navales ; mais c'est à payer à la venue de la flotte ; car à présent, il y a fort peu de comptant ; ainsy m'adviserez si je pourrai vendre les vôtres, car d'autre façon auray mauvaise défaite de marchandises. Je vous ay advisé que je ne pourrai recevoir le provenu de vos deux cachons de navales jusques à la fin du moys, et croyez que si je me trouvais aveqcques de l'argent, que je vous avancerais ce que me demandez. Mais jamais ne m'ay veu si court d'argent comme suis à présent. Dieu nous veuille remédier.

A Cadix, ce 16 apvril 1602.

Vos serviteurs et amys,

Michel et Adam BECQUET.

N. MIAULAY.

Compte pour M. de la Fontaine.

6 juillet 1630.

DOIBT AVOIR M. DE LA POULTIÈRE

Estienne Frain, 564 livres pour deux boltes de dentelles qu'il m'a délivrées 564¹

Plus 11 livres, 14 sous, qu'il a payé pour moy pour le port de Paris de trois boltes de dentelles 11 14

Plus 4 livres, 19 sous, pour mon tiers de port de Paris de quatre boltes de dentelles. . . . 4 19

———

580¹ 13

3ᵉ febvrier 1631.

DOIBT AVOIR MONSIEUR DE LA POULTIÈRE

En dit jour et an que dessus 300¹

Plus, du 5 apvril 1631, délivré au dit sieur cinquante escus de réalles à 71 sous l'escu faisant 177 livres, 10 sous; faisant le tout ensemble. 188

Plus 4 livres, 19 sous, pour un pourpoint de toile d'argent luy délivré. 4 19

Plus 2 livres, 18 sols, 4 deniers, pour le dit cousin, son fils, pour la tierce partie des frais de Saint-Malo à Vitré, des quatre boltes de dentelles 2 18 4

Plus, pour solde et adjustement de ce compte, j'ay payé, suivant son ordre, à M. de Gaillon Gilles du Verger, mon beau-père. 84 15 8

———

580¹ 13

(2) Nous ferons prières et supplications à Dieu, pour la paix et repos de l'âme de defunte honorable personne Mathurine Clyneau (a), vivante dame de la Poultière. — En commémoration d'elle, nous prierons pour les âmes de defunctes honorables personnes : Pierre Clyneau et Perrine Berthe, sieur et dame de Droigné, père et mère de la défunte. — Pour les âmes de deffunctes honorables personnes : Jean Clyneau et Jacquine Jamoys, sieur et dame de la Boussardière; Jean Berthe et Jeanne Le Gouverneur, sieur et dame de la Galiennais; grands-pères et mères paternels et maternels de la dite defuncte. — Pour les âmes d'honorables personnes : Gilles Clyneau et Jacquine Le Clavier, sa femme; Guy Pouriel et Guillemette Clyneau, sa femme; Jeanne Clyneau, frères et sœurs et alliés de la dite défunte. — Pour les âmes de defunctes honorables personnes : François du Bois et Mathurine Clyneau, sa femme; René Berthe et Renée Morel, sieur et dame du Brocaix; André Godart et Guillemette Berthe, sieur et dame de la Bedouaire; Gilles du Verger et Macée Berthe, sieur et dame du Brocaix; Jean Bryand et Olive Berthe, sieur et dame de la Layrie, oncles et tantes maternels de la dite deffuncte. — Pour les âmes d'honorables personnes : Pierre Frain et Julienne Lambaré, sa femme, sieur et dame de la Poultière; père et mère du mari de la dite defuncte. — Pour les âmes de defunctes honorables personnes : Guillaume Frain et Perrine Mazurais, sa femme; Jean Lambaré et Jacquine Godart, sieur et dame du Plessix; grands-pères et grand'mères paternels et maternels de la dite defuncte. — Pour les âmes de defunctes honorables personnes : Paul Frain, Gillette Frain et Andrée Frain; frères et sœurs du mari de la dite defuncte. — Pour les âmes de defunctes honorables personnes : Jean Frain et Andrine Huré, sa femme, sieur et dame de la Hays; Jean Frain et Olive Malherbe, sa femme; Mathurine Frain et Jeanne Frain; Robert Becheu et Guillemette Frain, sieur et dame de la Villedemaux; Estienne Lambaré et Jeanne Morel, sieur et dame de la Pageotière; Jean Taillandier et Marie Lambaré, sa femme, sieur et dame de la Petite-Lande; oncles et tantes du mari de la dite deffuncte et généralement.....

(a) Inhumée en l'église des Jacobins.

XI

Ascendants de MATHURINE CLYNEAU, femme d'Étienne Frain de La Poultière (1).

Le dit Pierre Clyneau,
fils de Jean Clyneau et de Jacquine Jamoys.

Pierre Clyneau, sieur de Droigné et de Perrine Berte.

Elle était fille de

La dite Perrine Berte,
fille de Jean Berte et de Jeanne Le Gouverneur.

Lo dit Jean Clyneau, fils de Pierre Clyneau et de Gabrielle Houdry, sieur et dame de la Perrière.

La dite Jacquine Jamoys, fille de Pierre Jamoys et de Jeanne de Montalembert, s' et dame de la Boussardière.

Le dit Jean Berte, fils d'Amaury Berte, alloué de Vitré et de Geffeline Le Clavier.

La dite Jeanne Le Gouverneur, fille de Jean Le Gouverneur et d'Olive Lambaré.

(1) Ce tableau et les suivants qui s'y rattachent sont dressés d'après la recommandation de prières, éditée par l'abbé PARIS-JALLOBERT, p. 67 de son Journal historique de Vitré.

XII

Les CLYNEAU (1). — Pierre Clyneau, sieur de la Perrière, épousa Gabrielle Houdry (2).

Jean Clyneau, marié à Jacquine Jamoys, sieur et dame de la Boussardière.

Pierre Clyneau, sieur de Droigné, marié à Perrine Berte.

Mathurine Clyneau, mariée à François du Bois, sieur de la Perrière (3).

André Clyneau, Sénéchal de Clisson.

Mathurine Clyneau, mariée à Estienne Frain, sieur de la Poultière. (La suite au Tableau VI).

Guillemette Clyneau, mariée à Guy Pouriel, sieur de Chapiderye (5).

Jeanne Clyneau, mariée à Guy Ronceray, sieur de Lesnanderye (5).

Gilles Clyneau (6), sieur de Droigné, marié : 1° à Jacquine Le Clavier; 2° à Jeanne de Gennes.

Mathurin du Bois.   Jean du Bois.

(1) **Clyneau** — semblent originaires du pays nantais'où l'un d'eux : André, grand-oncle de Mathurine Clyneau, mariée à Étienne Frain de la Poultière, devint sénéchal de Clisson. — Pierre Clyneau, père de la dite Mathurine, remplit à Vitré les charges les plus honorables et les plus importantes. L'an 1595, ses concitoyens l'envoient comme député aux États de la Province tenus à Rennes, avec Pierre Roussigneul de la Rapinière. Trois ans après, il est élu prévost de la Confrérie des Marchands d'outre-mer.

---

(2) Jehan **Houdry** passe en 1420 (5 novembre), un accord entre les paroissiens de Notre-Dame et ceux de Saint-Martin *(Les paroisses de Vitré*, par A. de la BORDERIE, p. 46). — Jean Houdry, recteur de Vitré en 1486. L'an 1440, Jean Houdry possédait la terre des Hayries, en Étrelles. Cette terre était en 1513 aux enfants de Simon Houdry. *(Pouillé* historique du diocèse de Rennes). — Sur d'autres membres de cette famille, consulter : Dom MORICE, t. II des *Preuves*, col. 130; le *Journal historique de Vitré*, p. XXX.

---

(3) L'an 1589, Pierre **du Boys**, l'un des trois députés envoyés par les Vitréens vers la communauté de Rennes « pour demander deux pièces d'artillerie afin de s'aider contre les hérétiques qui s'étaient emparés de la ville et château de Vitré et avaient mis une grande partie des catholiques et leurs femmes hors ». Les deux autres députés étaient : Guillaume de Gennes la Grange et Pierre Frain *(Les Journées des Barricades et la Ligue à Rennes*, par S. ROPARTZ). — Michel du Bois, sieur des Ferrières, fut miseur de Vitré au commencement du XVI° siècle *(Journal historique de Vitré)*. — Gilles du Boys, fils de Mathurin, sieur du Verger, fut baptisé le 22 octobre 1598 et eut pour parrain Gilles de la Haillandière, sieur de Saint-Denis (ext. des registres de Châteaubourg).

---

(4) Guy **Pouriel**, sieur de Chapifeu, entra dans la Confrérie des Marchands d'outre-mer en 1598, l'année même où son beau-père était prévost.

---

(5) **Ronceray**. — Famille très ancienne dans le vitréais. Représentée au XVI° siècle par Marceau Ronceray, marié à Perrine Malherbe, d'où : Marceau, baptisé le 20 septembre 1568. — L'an 1573, Marceau Ronceray, Mathurin Ronceray et sa femme furent reçus dans la Confrérie des Marchands d'outre-mer. — Mathurin Ronceray est chargé de nourrir deux pauvres en 1597 *(Journal historique de Vitré*, p. 49.) — Guy Ronceray, sieur du Teilleul, miseur de Vitré à la fin du XVI° siècle. — Antoine Ronceray fut recteur de Domaigné en 1593. — Durant le XVII° siècle nous trouvons : Jean Ronceray, recteur de Gennes en 1604. Deux Ronceray, prévosts de la Confrérie des Marchands : Guy, pour l'année 1645-1646; Thomas, pour 1685-1686. — Un Thomas Ronceray, baptisé le 9 octobre 1613, eut pour parrain Thomas de Guemadeuc, sieur de Quebriac, grand écuyer héréditaire de Bretagne, gouverneur de Fougères (Reg. de Parcé). — Jacques Ronceray, sieur de la Babinière, fut prêtre sacriste de Notre-Dame de 1676 à 1687. — Au XVIII° siècle, les Ronceray se parent de la particule (voir notre *Mémoire généalogique*, p. 212). — Ceux de la Grangerie portent d'argent à un sautoir vairé d'or et d'azur et accompagné de quatre macles de sable. — Guy Ronceray, de la Sagerie, lieutenant garde-coste en l'évêché de Dol, est accusé d'avoir chassé dans les bleds avec le sénéchal de Saint-Jean-sur-Vilaine, en 1696 *(Lettres de l'intendant de la Trémoille à l'avocat fiscal de la Baronnie de Vitré*, p. 21; *Appendice*, p. 43). Dans notre *Étude sur les Vauborel*, un du Ronceray est dit capitaine de grenadiers du bataillon de milice de Vire. Voir : p. 94. — Une généalogie des Hardy fait mention des Ronceray, en ces termes : « Partage de la succession de deffunts noble homme Antoine Faruel et Simonne Jamois, sa femme, sieur et dame de la Rousselais, fait en cinq lotes, savoir : à Antoine Faruel, sieur de la Rousselais et de la Jartais; à Pierre Hardy, sieur du Rocher et Guyon Hardy son frère, enfants de feu Jacques Hardy et de Magdeleine Faruel au premier mariage, et à Paul de Gennes, fils de Jean de Gennes de la Brosse et de la dite Magdeleine Faruel au second mariage. Le dit Paul de Gennes, frère maternel des dits Pierre et Guyon Hardy, et à Guyonne Faruel l'aînée, femme de Jean Lefebvre de Laubinière, et à Mathurin et Antoine Ronceray, enfants de *Mathurin Ronceray*, sieur de *Lesnandrie*, et de défunte Jacquine Faruel au premier mariage, et à Guyonne Faruel la jeune, dame de la Rousselaye. Le dit Antoine Faruel, la dite défunte Magdeleine Faruel, la dite Guyonne Faruel l'aînée, la dite feue Jacquine Faruel et la dite Guyenne Faruel la

jeune, frères et sœurs, tous enfants de défunts Antoine Faruel et de Simonne Jamois, sieur et dame de la Rousselays. Partage en date du 7 mars 1585, par Michel Ronceray le jeune, et Jean Le Mesnaiger, priseurs au rapport de maître François Lodiel Hoguinière. » — Antoine Faruel de la Rousselays, cousin-germain des Hardy et des Ronceray Lesnandrie, avait épousé, le 23 février 1574. « Le lendemain, jour des Cendres, au matin à 5 heures, fut prins Vitré par Montmartin le traître, qui avait, le jour gras, soupé au château avec M. de la Feillée, en fort grande compagnie : les nopces de Rousselays et de Jehanne Leziart faites. » (*Journal historique de Vitré*, p. 35).

----

(6) Perrine **Clyneau**, fille d'honorables gens Gilles Clyneau et Jacquine Le Clavier, sieur et dame de Droigné, fut baptisée par nécessité à la maison par messire Vincent Bernier, le 27 avril 1608, et les autres cérémonies lui conféray les dits jours et an; tenue par honorables gens : Jean Le Clavier, sieur des Loges et Perrine Berte, dame de Droigné; signé : Le Clavier et L'Espaigneul. — Pierre Clyneau, fils de Gilles, eut pour parrain Estienne Frain, sieur de la Poultière et Guillemette Burel, dame de la Boussardière (registres d'Etrelles). — Marie Clyneau, fille de Gilles, sieur de Droigné et de Jacquine de Gennes, baptisée le 17 mars 1618, eut pour marraine Marie Geffrard, dame de Gaillon. (Mêmes registres). — Gilles Clyneau décéda le 19 octobre 1630.

Les BERTE. — AMAURY BERTE, alloué de Vitré (1), marié à Geffeline Le Clavier (2).

- Julienne Berte, mariée à Pierre de Gennes (3).

- Jean Berte, marié à Jeanne Le Gouverneur, sieur et dame de la Galienais.

- Perrine Berte, mariée à Pierre Clyneau, sieur de Droigné.

- Jean Berte.

- René Berte, marié à Renée Morel, sieur et dame du Brocaix.

- Mathurine Clyneau épousa Estienne Frain, sieur de la Poultière.

- Jean Frain de Droigné, avocat au Parlement, marié à Perrine du Perron.

- Guillemette Berte (4), mariée à André Godart, sieur et dame de la Bedouère.

- Marie Berte, dame du Brocaix, mariée à Gilles du Verger (5).

- Olive Berte, mariée à Jean Briand de la Layrie.

- Renée Godart (6) épousa Jean Le Corvaisier de Pelaisne (7).

- René Le Corvaisier (8), de Pelaisne et de la Villegontier, marié à Perrine Monnerais.

- Gillette Le Corvaisier, mariée à Pierre Frain, sieur d'Iffer (9).

- Renée Le Corvaisier (10), mariée à Paul Hay, sieur des Nétumières.

- Hélène Le Corvaisier, N. Le Corvaisier, Ursulines à Vannes.

- Jean Frain de la Motte, marié à Marguerite de Gennes.

- Sébastien Frain de la Villegonthier, sénéchal de Fougères, marié à Marie Grout (11) de la Ville-ès-Nouveaux.

- Paul Hay des Nétumières, marié à Françoise de Bréhan.

- Renée Hay, mariée le 3 mai 1662 à Claude II de Cornulier, comte de Vaux.

- Pierre Frain de la Motte, marié à Marguerite Duchemin.

- Sébastien Frain de la Villegontier, marié à Perrine de Bregel (12).

- Jean-Paul Hay, marié à Élisabeth de Cornulier.

- Paul-Augustin Hay, marié à Gillonne Bidault.

- Jean Frain de la Gaulayrie, marié à Marguerite Hardy (voir la suite, tableau VI).

(1) Amaury **Berte**, d'abord notaire de la Cour de Vitré, (voir ci-dessus l'Aveu rendu au Baron de Vitré par Jehan Rambierge et Guillemette de la Reaulté) sénéchal, puis alloué de Vitré. En cette dernière qualité, il harangua la seconde femme de Gui XVI : Anne de Montmorency *(Journal historique de Vitré)*. — Jean Berte, au nombre des vitréens qui souscrivirent en 1469 aux propositions du Trésorier-général Landais. Le même est, en 1473, au nombre des fondateurs de la Confrérie des Marchands d'outre-mer. — Autre Jean Berte, trésorier de Notre-Dame en 1530. Le même, probablement, prevost de la Confrérie des Marchands (1544). Consulter en outre notre *Mémoire généalogique*, p. 56, 63.

(2) Geffeline **Le Clavier**, femme d'Amaury Berte, avait pour frères : Jehan Le Clavier, seigneur du Rocher, René Le Clavier. (Note généalogique extraite du *Mémorial de Jean de Gennes du Mée*).

(3) Julienne **Berte** et Pierre de Gennes fiancèrent le 26 may 1517, en présence d'une belle congrégation de vitréens, de seigneurs et de dames, parmi lesquelles Mme de Sévigné. (Extrait du *Mémorial de Jean de Gennes*). Ils épousèrent en la chapelle des Trois-Maries, située au haut du Rachat.

(4) Nommée dans l'Aveu rendu par Pierre Frain, au prieur de Notre-Dame de Vitré (voir ci-dessus, Tableau V). Dans cet acte, daté de 1584, elle est dite veuve. — Plusieurs Godard se livrèrent au commerce maritime. Michel et André Godart furent prevosts de la Confrérie des Marchands : le premier pour l'année 1514-1515 ; le second pour 1519-1520.

(5) Plusieurs **du Verger**, prevosts de la Confrérie des Marchands, dans la première moitié du XVIe siècle : Michel du Verger, pour l'année 1509-1510 ; Olivier du Verger, 1511-1512 ; Jacques du Verger, 1517-1518 ; Gilles du Verger, 1521-1522. Pierre du Verger, 1549-1550. — Cette famille a donné, à Vitré, trois miseurs : Jean du Verger, sieur de Gaillon en 1580, mentionné dans l'Aveu rendu par Pierre Frain au prieur de Notre-Dame de Vitré, en 1584 (voir Tableau V) ; Mathurin du Verger, sieur de Pontdavy, 1611 ; Joachim du Verger en 1666 ; deux maires de Vitré : Etienne du Verger, sieur de la Gravelle, 1692 ; René-Olivier du Verger, 1748-1756 ; plusieurs députés aux États de Bretagne, savoir : Olivier du Verger en 1597 (États de Rennes) ; Gilles du Verger, sieur de Gaillon, 1601 (tenue de Quimper) et en 1606, aux États de Ploërmel ; Claude du Verger, aux États tenus à Nantes en 1609 ; Claude du Verger, aux États tenus à Guérande en 1621 ; Jean du Verger, sieur de L'Espinay, à la tenue de Guérande, 1625 ; M. du Verger, sieur de la Richardais, aux États de Rennes, 1640 ; Joachim du Verger, sieur de Clerheux, à Vitré, en 1671 et en 1697 ; Étienne du Verger, sieur de la Gravelle, en 1697, à Vannes en 1699 ; René du Verger, maire à Rennes en 1748, 1749, 1750, 1752, 1754). — René du Verger, sieur du Boislebault, fut sénéchal de la Baronnie, de 1619 à 1626.

9 août 1570.

Consentement de partages entre André Godart, Gilles du Verger et Pierre Clyneau, pour la succession de Jean Berte, leur beau-frère.

Le neuvième jour d'aougt, l'an mil cinq cent soixante-dix, par notre Cour de Vitré, devant nous, notaires d'icelle, ont comparu en leurs personnes : René Berte, André Godard et Guillemette Berte, sa femme de lui, autorisée, demeurant au faubourg Saint-Martin de Vitré ; Gilles du Verger et Marie Berte, sa femme de luy, autorisée, et Pierre Clyneau, et Perrine Berte, de luy autorisée, et Olive Berte, demeurant à Vitré, tous héritiers de deffunt Jean Berte, myneur lorsqu'il vivait et décédé sans hoirs de sa chair entre lesquels a été consenti et accordé que partage serait fait des immoubles du dit deffunt....., et à cette fin ont respectivement choisi pour priseur : Jehan du Verger Gaillon..... Fait et gréé, à Vitré, chez le dit du Verger, le dit jour et an. Les dits René Berte du Verger, Clyneau, Marie et Perrine Berte ont signé, et Adrian Perraud, du dict Vitré, à requête d'Olive Berte qui a dit ne savoir signer..... L'acte au rapport de Duchesne et Marais, notaires.

(6) Renée **Godard** était, au dire de Guillaume de Gennes la Grange, petite-fille de François Godart et de Renée Bigot, laquelle Bigot avait pour mère une de Gennes. Renée mourut avant son mari, qui se maria à Jeanne Malherbe, fille de Jean de la Terchanderie et de Jeanne Le Royer.

———

(7) Jean **Le Corvaisier** était fils de Michel Le Corvaisier, sieur des Échelles et de Jeanneton Georget. Il avait pour frère Alphonse, auteur de la branche dite Vitréenne. — Michel Le Corvaisier était fils de Jean Le Corvaisier et de Françoise des Noës ; petit-fils de Thomas et de Jeanne Quairant.

———

(8) René **Le Corvaisier** fut procureur du Roi au Présidial de Rennes, député aux États de Nantes en 1614, puis conseiller au Parlement. Outre M⁻ᵉ Frain et M⁻ᵉ des Nétumières, il eut deux fils religieux : l'un capucin, l'autre carme. Trois filles religieuses : deux aux Ursulines de Vannes, l'autre carmélite. — Le couvent des Ursulines de Vannes est devenu l'école libre Saint-François-Xavier, dirigée par les Jésuites. C'est dans ce monastère que vécut et se sanctifia la bonne Armelle : sa vie fut écrite par l'une des petites-filles de Jean Le Corvaisier et de Renée Godart. — C'est le 27 août 1627, sous l'épiscopat de Sébastien de Rosmadec, que les Ursulines de Tréguier s'étaient établies à Vannes. En 1644, la Mère Héline Le Corvaisier de Sainte-Croix commençait les constructions d'un couvent, capable de loger 80 religieuses. (L'*Éducation*, des Jésuites. *Un Collège Breton*, par F. Butel, p. 104). — Alphonse Le Corvaisier des Échelles fut prévôt de la Confrérie des Marchands en 1636. Il fut procureur-syndic de Vitré de 1645 à 1646. — Cette famille Le Corvaisier, fort ancienne, vit sa noblesse reconnue par arrêt du 29 février 1684 et par autre arrêt du 8 juin 1754. Elle portait : d'azur au sautoir d'or cantonné de quatre étoiles de même, surmonté d'un chef d'argent chargé de trois hermines.

———

(9) Pierre **Frain**, d'Iffer, était fils du célèbre avocat Sébastien Frain, anobli par Louis XIII sur la demande des États.

———

(10) De Renée **Le Corvaisier** et de Paul Hay des Nétumières descendent tous nos Nétumières de Mont-Bouin, du Châtelet, des Rochers, des Nétumières.

———

(11) Marie **Grout** était la fille d'un sénéchal de Fougères.

———

(12) Perrine **de Bregel**, femme de Sébastien Frain de la Villegontier était, nous l'avons vu p. 19, fille de Pierre de Bregel des Guyonnières et de Perrine Rondel, petite-fille de Jean de Bregel et de Jeanne Pourriel, arrière-petite-fille de Jean de Brégel de la Gumbretière et de Jeanne Bonnieu; cette dernière, fille de Macé Bonnieu, ligueur, jeté hors Vitré par les protestants, en 1589, en compagnie de Pierre Frain, Guy Geffrand, Guillaume de Gennes, etc., etc. — Perrine de Bregel est l'ancêtre de Gérard Frain, comte de la Villegontier, sénateur d'Ille-et-Vilaine en 1889.

Les JAMOYS (1). — PIERRE JAMOYS, sieur de la Boussardière, épousa Jeanne de Montalembert (2).

Jacquine Jamoys, mariée à Jean Cly-neau.

Jean Jamoys, chanoine et chevecier de la collégiale de La Guerche.

Pierre Jamoys.

Guillemette Jamoys.

Perrine Jamoys.

Pierre Clyneau, sieur de Droigné, marié à Perrine Berte.

Mathurine Clyneau, mariée à Estienne Frain de la Poultière.

(1) Pierre Jamoys de la Boussardière et Jeanne de Montalembert, Amaury Berte, sénéchal de Vitré en 1513 puis alloué de 1514 à 1517, et Geffeline Le Clavier, bisaïeuls de Mathurine Clyneau, femme d'Étienne Frain, étaient [biffé] — Nous ignorons où se trouvait située la Boussardière. — Voici les Jamoys qui paraissent avoir joui de quelque notoriété : Jehan Jamoys figure dans la montre du vicomte de la Bellière pour la délivrance du Duc, emprisonné par les Penthièvre. Il est là en compagnie de gens bien connus en Vitréais, savoir : Geffroy Clavier, Gilles de Pocé, Pierre Roulleux (arcliers), Raoul Day, Estienne Dain (arbalestriers), etc. (t. II, Dom Morice, Preuves). — Au temps que le bienheureux Yves Mayeuc était évêque de Rennes, autre Jean Jamoys était chanoine de Rennes et prieur de Beré, près Châteaubriant. Il faisait les fonctions de sous-diacre au couronnement du duc François III, dauphin de France, fait à Rennes en 1532. Ce Jamoys avait fondé trois messes en l'église de Rennes ; il mourut le 16 décembre 1557 et fut inhumé dans la chapelle qu'il avait bâtie dans la cathédrale, au bas des nefs (Dom Morice, t. III des Preuves, col. 1006; et GUILLOTIN DE CORSON, Pouillé du diocèse de Rennes). — Était-ce un oncle de Jean Jamoys, chanoine et chevecier de la collégiale de La Guerche ?? Ce dernier devait avoir atteint l'âge d'homme en 1557. — Simonne Jamoys épousa noble homme Antoine Faruel. Leurs enfants partagèrent en 1585 (voir p. 31). — Parmi les recteurs de Torcé, le Pouillé, du diocèse de Rennes, mentionne Jean Jamoys (1625-1630) et nous le montre sollicitant l'érection de la Confrérie du Rosaire en son église. — François Jamoys, recteur de Martillé. — Raoul devint recteur de Mecé vers 1651. Il eut pour successeur ce Jacques Leziart, que nous avons mentionné au deuxième volume des Mœurs et Coutumes des Familles Bretonnes, p. 11, et retrouvé dans les Lettres de l'Intendant de la Trémoille à l'Advocat fiscal de la Baronnie de Vitré (Lettre XIII). — Dans les archives des Beziel et à la suite du testament de noble et puissant Briand Bouan, écuyer, sieur de Noyal, nous avons trouvé cette mention : « La terre du Hil est seigneuriale en Servon. Elle est tombée aux Jamoys pour avoir épousé notre tante (une Chevrier), mère de ce sieur du Hil Chevalier (a), bon amy de Briand Bouan et l'un de ses exécuteurs testamentaires (Mœurs et Coutumes, t. II, p. 72). — Ces Jamoys, dit M. SAULNIER, s'étaient établie dans la paroisse de Toussaint. Deux autres branches : celle des Fontaines et celle de la Musse avaient fixé leur résidence dans la paroisse de Saint-Aubin. Anne-Marie Jamoys, fille de Jacques, receveur des Fouages, sieur de la Musse, et de Charlotte de Lournel, épousa, le 18 juin 1727, Jacques-Jean Hevin, conseiller au présidial de Rennes, petit-fils du célèbre jurisconsulte. Rose-Benite Jamoys, sœur aînée de la précédente, en 1716, Jean-François Le Moyne, sieur de la Combe, conseiller au Présidial. Cette même année 1716, le 7 janvier, en la paroisse de Saint-Aubin de Rennes, Charles de Guériff, épousait Jeanne-Françoise Jamoys, d'où : 1° Charles-Jacques-Auguste de Guériff, seigneur de Kerossay-Sénac ; 2° Jacques-Marie-Anne de Guériff, ancien officier au régiment de la Tour-du-Pin, père de Jean-François de Guériff, ancien officier au régiment de Vivarais, et Marguerite de Guériff, femme de Louis-Bertrand Rolland du Noday (Pierre Hevin et sa famille à Rennes, par Fréd. SAULNIER). — Armoiries des Jamoys : d'azur à trois fers de hallebarde d'argent, les pointes en bas. Armorial de 1696, P. de COURCY). — Jean Jamoys, recteur de la Mézière puis de Saint-Aubin de Rennes, fils de Jullien, avocat au Présidial, et de Jacquine Jamoys, blasonnait : d'or au cerf passant de gueules sur une terrasse de sinople.

(2) Les **de Montalembert**, famille réputée de noblesse au XV· siècle, comptait au XVI· maints juveigneurs peu accommodés. Ils eurent l'esprit de se livrer au commerce et par là sortirent de misère. La branche aînée, alliée aux du Matz, Loisel, de Trelan, de la Chesnaye, vit sa noblesse reconnue en 1669; mais que de déboires avant d'en arriver là! Jean de Montalembert, sieur du Bois-Clerissais, fut d'abord débouté par arrêt du 31 mars 1669, puis restitué contre l'arrêt et dispensé de l'amende; enfin, déclaré noble d'extraction le 2 septembre 1669. Armoiries : d'argent à trois têtes de loup arrachées de sable lampassées de gueules. — Les renseignements réunis ci-après diront, sèchement, mais sans ambages, les vicissitudes courues par une même race en divers temps et lieux. Ils s'adressent aux gens résolus, quoiqu'il en coûte, à ne pas se laisser leurrer par les préjugés nobiliaires. — Montalembert est un des principaux villages de Marcillé-Robert (*Ogée*, continué par MARTEVILLE). En Essé, on trouvait encore un village du même nom. C'était également dans cette paroisse qu'étaient situés le Bois-Clerissay et la Coudre, deux manoirs habités par les Montalembert. La paroisse de Brie avait, elle aussi, la Rivière-Montalembert. — Jean de Montalembert de la Mousserie et Pierre de Montalembert furent prevosts de la Confrérie des Marchands d'outre-mer : l'un pour l'année 1607, l'autre pour 1633. — Olivier de Montalembert est dit miseur de Vitré en 1587. — Pierre de Montalembert devint procureur syndic et fut en charge de 1638 à 1646.

MARCILLÉ-ROBERT

Pierre de Montalembert, fils d'André et de Georgette Gasnier, baptisé le 10 février 1502. — Perrine de Montalembert, fille de Robert et de Roberde Havart, baptisée le 11 juillet 1502. — Jean de Montalembert, fils de Robert, baptisé le 19 juin 1505. — Robert de Montalembert présent au baptême d'Armel Le Moyne, fils de maître Pierre et d'Ysabelle de Châteaugiron (20 avril 1507). — Le 21 août 1505, Guillemette de Châteaugiron nomme Guillemette Le Moyne, fille de Pierre et de Bernarde de Montalembert. — Pierre de Montalembert, fils de Jacques, baptisé le 31 juillet 1510. — Jeanne de Montalembert, fille de Jacques, baptisée le 11 octobre 1514. — Julien de Montalembert, fils de maître Pierre et de Jeanne de Saunière, baptisé le 25 janvier 1529. — Louis de Montalembert, baptisé le 23 mai 1531; parrain : Louis de Saunières, sieur du Boisjouan. — René de Montalembert, fils de maître Guillaume et de Jacqueline Mellet, baptisé le 20 février 1536. — Jean de Montalembert, fils de Guillaume (2 novembre 1538). — Roland de Montalembert, fils de Jean et de Perrine Gouchet (5 août 1563). — François de Montalembert, fils de Pierre et d'Antoinette Rubeillon, baptisé le 26 août 1565. — Pierre de Montalembert, fils de Pierre et de Perrine Le Gendre, baptisé le 14 mai 1581. — Michelle de Montalembert, fille de Vincent et de Jacquette Moussaut, baptisée le 15 novembre 1587. — Vincent de Montalembert et Jeanne Moussaut avaient épousé le 8 février 1584.

ESSÉ

Suzanne de Montalembert, mariée à N.-H. Julien Le Tort, alloué et lieutenant de Brie, d'où N.-H. François Le Tort de la Godinière, marié le 7 février 1669 à Louise du Boisadam. — Le 12 août 1671, décéda écuyer Jean de Montalembert, sieur du Bois.

JANZÉ

N.-H. Julien de Montalembert décéda le 6 décembre 1634. — Le 21 juillet 1601, écuyer Julien de Montalembert tient sur les fonts du baptême : François de Garmeaux, fils de Barnabé et de Jeanne Loysel. — En Saint-Pierre de Janzé, Julienne Ploger, fille d'écuyer Gilles, sieur du Boisauvé et de Guillemette Mocqué, est nommée par N.-H. Julien de Montalembert, sieur de la Couldre, et par Marguerite Malœupvre.

BAIS

Guyonne de Montalembert mourut le 20 octobre 1514. — Julien de Montalembert, décédé le 18 avril 1518. — Maître Julien de Montalembert, décédé le 19 janvier 1563. — Catherine de Montalembert, femme de Guyon Cheminays, mourut le 21 avril 1581. (Un Bertrand Cheminays, peut-être un petit-fils de la dite Catherine, fut nommé en 1590 par noble Bertrand Duguesclin, seigneur de la Roberie, et par Renée de Valleaux). — Gabrielle de Montalembert, fille de Mathurine et de Perrine Gerault, baptisée le 20 février 1516. — Jehanne de Montalembert, mariée à Jacques Frain. Un de leurs enfants : Jehan, baptisé à Bais en 1537, le 16 avril. — Jehan de Montalembert, fils de maître Julien et de Christine Davy, baptisé le 25 septembre 1556.

ÉTRELLES

Jean de Montalembert, fils de Jean de la Mousserie et de Marie Le Gouverneur, baptisé le 23 juin 1596.

VITRÉ

Gillette de Montalembert, fille d'Olivier, sieur de la Mousserie, et d'Olive Souvestre, baptisée le 4 avril 1556. — Olivier, fils de Jehan et de Michelle Geffrard, baptisé le 14 novembre 1579. (Michelle Geffrard décéda le 28 août 1587). — Pierre de Montalembert, marié à Jeanne Le Moyne, le 28 juillet 1620. — Noble homme Mathurin du Verger, sieur de Gaillon, marié à Olive de Montalembert, Dᵉˡˡᵉ des Hurlières (24 avril 1616). — Jean de Montalembert, sieur de L'Estang, meurt à Calais en 1628. — Marguerite de Montalembert, mariée à René Le Corvaisier. — W. de Montalembert épousa Jacques Malherbe de la Moricière. — Une autre fille de cette maison épousa Jean Lucas de la Croix, d'où : une fille, mariée à du Verger de la Gravelle, maire, en titre, de la ville de Vitré. (Extraits dus à l'obligeance de M. l'abbé Paris-Jallobert).

(a) Les Chevalier du Hil, alliés des Beziel et Jamoys, portaient : d'azur à deux lances guidonnées d'argent en sautoir accompagnées en chef d'un croissant de même.

XV

Les LE GOUVERNEUR.

Jean Le Gouverneur (1). — Jean LE GOUVERNEUR, marié à Olive Lambaré, sieur et dame du Brocaix.

Jeanne Le Gouverneur, mariée à Jean Berte, sʳ et dʳ de la Gaïllennais.

Perrine Berte, mariée à Pierre Clyneau, sieur de Droigné.

Guillaume Le Gouverneur, sieur de la Boularderye.

Pierre Le Gouverneur, sieur de la Mazure.

Macé Le Gouverneur, sʳ de l'Estang.

René Le Gouverneur, Droiryes, marié à Jeanne de la Barre.

Renée Le Gouverneur, mariée à Macé Nouail (2) de la Réaulté.

Perrine Le Gouverneur, mariée à Macé Le Moyne de la Gasnlays.

Élisabeth Le Gouverneur, mariée à Jacques Geffrard.

Gillette Le Gouverneur, mariée à Guillaume de Gennes de la Cordionnays.

Jean Nouail, sieur du Val (3),
marié à Jeanne du Verger; en 2ᵉ noces à Marguerite Ravenel.

Mathurine Clyneau, mariée à Étienne Frain, sieur de la Poultière (voir la suite, Tableau VI).

Jacquine Nouail, mariée à André Morel des Bretonnières (4).

Dᵉ Nouail, mariée à écuyer Le Febvre de la Haylouëtre.

Jeanne Nouail, mariée à écuyer Jean Le Moyne de Villerme.

Jean Nouail, sᵉ du Val, marié à Jeanne Thomin.

Macé Nouail de la Rouandais, mariée à Gillette de Couasnon.

Jeanne Morel, mariée à Sébastien du Plessix de Grénedan, conseiller au Parlement (5).

Jacquine Nouail, mariée à André Morel des Bretonnières (4).

Le Febvre, lieutenant de Laval.

René Nouail, sénéchal de Vitré, marié en 1632 à Gillonne de Couasnon de Noiriou.

Jeanne Nouail, mariée à François Guinguené (7), avoc. du Roi au Présidial.

Jacquine Nouail, mariée à Gilles Martin des Morandais, conseiller au Parlement (8).

Gillette Nouail, mariée à Jean Bavenel de la Ferrière.

Gabrielle Nouail, mariée à Pierre Lesné.

Renée du Plessix de Grénedan, mariée à René de Pontual, fils aîné de Jean et de Françoise du Breil.

Dᵉ Le Febvre, mariée à René Godart (6), sʳ de Villiers.

Charlotte Nouail, née le 30 novembre 1642, mariée à Antoine de Couesnon, sieur de Lanceule (9).

Andrine Nouail, mariée à François Touschard, juge à Laval (10).

Henri Nouail de Villensault, maître des eaux et forêts, épousa en 1656 Marguerite Georget (11).

Renée Nouail, mariée à Julien Boterel de Quintin, sieur de la Bamusse, près Rennes.

Gilles Nouail, sieur de Villensault, garçon, page du Duc.

Jean Nouail de Ruillé, marié à Suzanne Le Gretain.

Renée Nouail, mariée à Olivier Bernard (12).

Guy Nouail. — **Henry Nouail de Villensault**, mort bénédictin.

Gillette Nouail, mariée à Gilles Seré.

Marie - Marguerite Nouail, mariée à Joseph Couasnier, sieur de la Baconnière.

Marguerite Nouail, mariée à N.-H. Jean-François de Rennes de la Rennerie, demeurant en Saint-Aubin du Cormier.

Marie Couasnier (13), mariée à V. Hochet (14) de Mayenne, maire de Mayenne.

Dᵉ Nouail.

Jean Nouail.

Michel Nouail de Villensault, marié à Éléonore Gary.

Françoise Nouail, mariée à Hay de la Rongeraie.

(1) Jean **Le Gouverneur** fut miseur de Vitré en 1517. Son compte des recettes et mises pour la fortification et emparement des villes et faubourgs de Vitré, était suivi de la nomenclature des dépenses faites pour l'entrée de Madame de Laval, lesquelles montèrent à 97 livres, 2 sous, 2 deniers, soit : en valeur actuelle, 4.652 fr. 32. (Ce compte a été édité, par M. DE LA BORDERIE, dans le *Collectionneur Breton*, t. I, p. 18). Ce même Jean Le Gouverneur fut prevost de la Confrérie des Marchands d'outre-mer pour l'année 1523. La même charge fut remplie par Pierre Le Gouverneur en 1542; par Richard Le Gouverneur en 1553. Ce Richard avait épousé Françoise Le Clavier. Jeanne, leur fille, fut baptisée le 9 octobre 1559. Les registres de Vitré mentionnent, en outre, Jacquine Le Gouverneur, fille de Macé et de Jeanne Leziart, baptisée le 11 août 1561. André Le Gouverneur, fils de René et de Gillette Roulleaux, baptisé le 7 octobre 1567. — L'abbé Paris-Jallobert a, en outre, extrait des registres de Châteaubourg : Jean Le Gouverneur décéda le 20 may 1579; Gilles Le Gouverneur, fils de noble homme Jacques et de D⁰ˢ Jeanne de la Mahonnais, baptisé le 14 novembre 1604 et nommé par noble homme Gilles Guyot, sieur des Fontenelles; François Le Gouverneur, fils de noble homme Jacques et de D⁰ˢ Françoise Piel, nommé le 2 mars 1615 par écuyer François de Maunoury, sieur du Val Saint-Germain, et par Perrine Le Couvreulx, dame des Touches. — Richard Le Gouverneur (Ricarte Gubernor) était en Espagne en 1572. (Voir sa signature au bas de la *cédule* de Pédro LOPEZ MALAIERVA (*Familles de Vitré*, p. 106). — Un exemplaire de la première édition de la *Relation del martirio que seys Padres descalcos Franciscos, tres hermanos de la Compania de Jesus y deciete christianos padecieron en Japon*, fut apporté à Vitré par René Le Gouverneur. (Voir catalogue de la Bibliothèque publique de Vitré, Histoire, nᵒ 32). — René Le Gouverneur des Droiryes fut tué, en 1591, au siège de Châtillon-en-Vendelais. Cette place était assiégée par Montmartin et Vauborel. (*Voir les Vauborel Normands et Bretons*, chap. IV). — Sur les registres de la paroisse de Parcé, M. l'abbé Paris-Jallobert a relevé : Jehanne Le Gouverneur, fille de René, sieur des Droyries et de Jehanne de la Barre, baptisée le 9 juillet 1579. En mars 1583, Gillette du Verger, veuve de Mathurin Le Moyne, avait acquis le lieu de Fouillet à elle vendu par René Le Gouverneur des Droyries et Jehanne de la Barre. — Une branche de cette famille a produit : Guillaume, évêque de Saint-Malo; plusieurs maires de Morlaix, un gouverneur du château du Taureau, un secrétaire du Roi en 1715. Portaient : d'azur à la croix d'argent cantonnée de deux étoiles en chef et de deux croissants en pointe, le tout de même. (*Armorial de Bretagne*, par P. DE COURCY).

---

(2) **Nouail** : un membre de cette famille parmi les fondateurs de la Confrérie des Marchands d'outre-mer en 1473 (voir *Journal historique de Vitré*. Furent prevosts de la dite Confrérie : Michel Nonail pour l'année 1506-1507; Pierre Nouail en 1516; Jean Nouail pour 1573; Jean Nouail Le Val en 1612-1613; Macé Nouail pour 1623-1624; René-Jacques Nouail de la Contrie en 1708; Nouail de la Foucherie. — Pierre Nouail de Cohigné exerça la charge de connétable de Vitré. — René Nouail de Ruillé fut sénéchal de Vitré et mourut le 2 août 1661. — Henry Nouail de Villensault est dit maître des Eaux et Forêts en 1675. — Pierre Nouail des Briettes fut procureur des bourgeois l'an 1598. — Jean Nouail, sieur du Val, procureur-syndic pour 1605-1606-1607. — René Nouail des Briettes remplit les mêmes fonctions de 1632 à 1634. — Jean Nouail du Val s'en acquitta de 1676 à 1678. — René Nouail des Briettes fut miseur en 1581. Plusieurs Nouail, députés par la Communauté de Vitré, parurent aux États de Bretagne : Pierre Nouail de Cohigné, à Rennes, en 1598; Jean Nouail du Val, à Vannes, en 1610; René Nouail, sieur des Briettes, à Ancenis, en 1630. C'est ce dernier qui fonda les orgues de Notre-Dame le 1ᵉʳ mars 1636 (voir la *Notice* publiée en 1876 par l'Association Bretonne et signé : A. CHARIL DE MAZURES). — Guillaume Nouail est dit prieur des Bénédictins de Vitré en 1350 (*Journal historique*, p. 570). — Les Nouail, de Ruillé et de Villensault, portaient : d'azur au rencontre de cerf d'or. (*Armorial de 1696*). Les Nouail de Maurepas blasonnaient : de gueules à trois tours d'or à la bande de vair brochant (*Armorial de 1696*). Ceux de la Contrie avaient un pin de sinople sur fond d'argent. Ceux de Cohigné portaient : d'azur à un chiffre d'or composé des lettres de leur nom entrelacées (*Armorial de 1696*). — Marie Nouail avait pour frère : Pierre Nouail de la Bazillais, auteur des Cohigné; pour sœur : Georgette Nouail, mariée à Étienne Godart.

---

(3) Il était petit-fils de Michel **Nouail** et de Guillemette Le Moyne; arrière petit-fils d'autre Michel et de Jeanne Morel.

(4) André **Morel** était fils d'André Morel et de Jeanne Hardy ; il rétablit le manoir des Bretonnières, ruiné pendant la ligue, et fit construire la chapelle du dit lieu (voir *Une Terre et ses possesseurs catholiques et protestants*, p. 88). Les Bretonnières sont en Erbrée et appartiennent au colonel baron de Berthois. Ces Morel, originaires d'Anjou, suivant P. DE COURCY, portaient : d'argent à la barre de gueules chargée de trois molettes d'or. André Morel fut élu prevost des Marchands d'outre-mer pour l'année 1602.

---

(5) Françoise **du Plessix**, autre fille de Sébastien, sieur de Grenedan, conseiller du Roy, et de D°° Jeanne Morel, fut nommée le 6 may 1607 par André Morel des Bretonnières et par Françoise du Plessix, dame de la Villeaubert. — Sur les Pontual et du Breil, consulter l'*Histoire généalogique de la Maison du Breil*, p. 96, 176.

---

(6) Renée **Godart**, fille de maître René, conseiller du roy, seigneur de Villiers, et de Renée Le Febvre, fut baptisée le 14 janvier 1618 à la maison seigneuriale de la Jarossais, paroisse d'Arbrissel.

---

(7) Ecuyer François **de Guinguené**, sieur de la Chapelle, conseiller du roi au siège présidial de Rennes, et Jeanne Nouail, fille de Jean, sieur du Val, épousèrent le 10 mai 1602.

---

(8) Gilles **Martin des Morandais**, anobli en 1638 : d'or à trois branches de chênes de sinople englantées de même. — Pierre et François Martin accompagnèrent Frotet de la Bardelière aux Molucques en 1602. François, embarqué comme chirurgien, est l'auteur d'une relation de ce voyage, imprimée à Paris en 1609.

---

(9) Ils épousèrent, le 29 novembre 1664, en présence de noble Jean Nouail, recteur de Janzé ; écuyer Henry Nouail, sieur de Villensault ; écuyer Jean Ravenel, sieur de la Rivière ; écuyer René de Gouesse, sieur du Rosay ; Jean Nouail, sieur de Ruillé. Anthoine **de Couasnon** était, croyons-nous, fils d'écuyer Olivier, sieur de la Rongeray et de Renée Gouesse. Charlotte Nouail lui donna un fils : Jean de Couaisnon, ondoyé le 17 janvier 1666, nommé le 18 janvier 1668 par Jean Nouail, recteur. Anthoine de Couaisnon dut se remarier le 23 septembre 1676 avec Charlotte-Marie du Hallay, dame du Plessix, en La Couyère. De ce second mariage, il eut Charles-René de Couaisnon, nommé le 10 octobre 1678 par Charles d'Aubert, sieur de Launay de Beaulieu, et par Renée du Hallay. — Sur les de Couasnon, voir *Les du Vauborel Normands et Bretons*.

---

(10) Sur les **Touschard** (voir le chanoine GUILLIER, *Changé-lès-Laval*, et notre *Mémoire généalogique*, p. 148).

---

(11) Un autre fils d'Henri **Nouail** et de Marguerite Georget : Claude, fut baptisé le 1er août 1669 et nommé le 22 février 1682 par Claude de Marboeuf et par Magdeleine de Pérouse. — Le 20 septembre 1665, écuyer Jean Le Clavier, sieur de la Pageottière, conseiller secrétaire du Roy, greffier au Parlement de Bretagne, nomma Henry Nouail, fils d'escuyer Henry, maître des Eaux et Forêts. Le dit maître décéda le 10 janvier 1677 (voir son testament et ses fondations en notre *Mémoire généalogique*, p. 136). Il fut inhumé en la collégiale de la Magdeleine.

---

(12) Olivier **Bernard**, sieur du Plessix, en la paroisse de La Bouëxière, qualifié sénéchal de Chevré dans un acte de 1712.

---

(13) Les **Couasnier**, originaires du Maine. (Sur eux, consulter : *Les Recherches sur Changé-lès-Laval*, t. II ; *Les Seigneurs de Laval*, par l'abbé FOUCAULT, p. 400).

---

(14) **Hochet.** Famille ancienne et considérée au Petit-Maine comme en Bretagne. Pour s'en convaincre on pourra consulter : *Le Tiers-État au Petit-Maine*, p. 11, 74, 75; *Mœurs et Coutumes des Familles Bretonnes*, t. I, p. 67. — D'Augustin Hochet de la Terrerie, maire de Mayenne, et de Marie Couasnier, issut Joseph Hochet de la Terrerie, officier au régiment des grenadiers royaux, marié le 27 novembre 1777 à Pélagie-Thérèse Le Febvre de la Faucillonnais. Notre *Mémoire généalogique* porte le 27 mars. C'est une erreur.

MICHEL NOUAIL, marié à Jeanne Morel.

Michel Nouail, marié à Guillemette Le Moyne.

Pierre Nouail de la Bazillais (1), auteur des Cohigné (2), marié : 1ᵉ à Jeanne Ravenel ; 2ᵉ à N. Berte ; 3ᵉ à Jacquine Dodinet.

Macé Nouail, marié à Gillette Le Gouverneur (auteur des Villen-saut). Voir Tableau XV.

Georgette Nouail, mariée à Es-tienne Goélart.

Jeanne Nouail, mariée à René Le Olivier.

Jean Nouail, marié à Guillemette de Gennes.

Olivier Nouail de Cohigné, marié à Guillemette de Gennes.

Perrine Nouail, mariée à Olivier Hagain (3), sʳ de la Fremière.

Jeanne Nouail, mariée à Robert Godart de la Fol-tière.

Jean Nouail (5), sʳ du Jarinay, de la Grimau-diere, capitaine de Vi-tré, et gentilhomme de la Chambre (4, b.), marié à Jeanne Hagain.

Daniel Nouail (6), de la Grimau-re, marié à Su-zanne Le Moyne, fille du sʳ de Grand-Pré.

Pierre Nouail de Cohigné (4), connétable de Vitré en 1592, marié à Antoinette Le Couvreux.

Olivier Nouail (7) de la Paillardiè-re, marié à Su-zanne Le Moyne, fille du sʳ de (8).

Renée Nouail, ma-riée à Jacques Bouin de Ruillé.

Jeanne Nouail, ma-riée à Mahot de la Chesnais (9).

Anne Nouail, ma-riée à René Rave-nel de la Peigne-rie.

Lucrèce Nouail, mariée au sʳ de Bois-Edran.

Marie Nouail (11), mariée à An-toine de Gail-lardy.

Marie Nouail, ma-riée à Dumont, sʳ du Fougeray.

Suzanne Nouail, mariée à René Gendre, sʳ du Quartier.

Pierre Nouail (12) de la Daudrairie, ma-rié à Jeanne Grislet, fille de Jean de Gennes.

Jean Nouail.

Anne Nouail, ma-riée à René Rave-nel.

Antoine de Gaillar-dy, marié à Char-lotte de Mouche-ron (13).

Louis de Gaillardy, marié à Elisabeth du Bourdieu.

Suzanne Nouail, ma-riée à Pierre de Gennes de la Pi-cotière.

Pierre Nouail (14) de Cohigné, marié à Jeanne de Gennes.

Olivier Nouail, marié à de Farcy (15), ministre.

Jacques Nouail du Fou-geray, marié à Fran-çoise Cheville (16), de du Vaucrault, auteur des Nouail de la Vil-lejille.

Jean-Marie Nouail de Cohigné, juge à Saint-Malo, marié à Anne de Beauchesne.

Jacques Nouail de la Contrie, marié à Marguerite Le Febvre.

Suzanne Nouail, mariée : 1ᵉ à Joachim du Verger, sʳ de Gaillon ; 2ᵉ à Charles Le Moyne du Fougeray.

Charles Le Moyne du Fougeray, marié à Benigne Monin (de Bourgogne).

Marie-Anne Nouail, ma-riée : 1ᵉ à écuyer Jo-seph Geffrard ; 2ᵉ à Jean-Guillaume de Laboval de la Cro-choix.

Pierre-Henry (17) Nouail, grand vi-caire de Si-Malo, cha-noine.

Joseph Nou-ail (18), rec-teur d'Ar-centré.

Ec.-J.-B. Nou-ail (19), lieu-tenant des maréchaux de France.

N. Nouail, ca-pitaine de vaisseau de la Compa-gnie des Indes.

Jacques Nou-ail, recteur de Moutiers.

(1) Maison des champs, située en la paroisse de Pocé, entre le chemin conduisant de Vitré à Torcé et la route de Redon.

(2) Manoir situé à la porte de Vitré, sur le chemin de Laval.

(3) Olivier doit être ce capitaine protestant envoyé par Montboucher pour chercher des secours contre Mercœur. Descendu la nuit le long des murailles, il passa la Vilaine à la nage, courut à Rennes d'une seule traite et en ramena Lavardin, Montbarot et La Tremblays, qui firent lever le siége de Vitré. (*Les Vauborel Bretons et Normands*, p. 34.)

(4) Montmartin ne l'aimait point et pour cause. Ce **Nouail** n'avait-il pas eu l'audace de s'entendre avec La Mouche pour enlever au vieux capitaine le gouvernement de Vitré ? Pendant que le dit sieur de Montmartin conduisait ses troupes en Picardie, La Mouche part de la garnison de Corlay avec 30 chevaux et *ayant intelligence avec un nommé Cohigné* et ses enfants, homme ruiné et qui ne demandait que changement, etc..... (Mémoires de Montmartin, *Histoire de Bretagne*, par D. Morice, t. II). Pierre Nouail décéda le 24 août 1616.

(5) Destitué par le duc de Vendôme ainsi qu'il appert de ce passage du *Journal historique de Vitré*, p. 78. « Le vendredi au soir, 28 de may 1621, Monsieur de Vendôme print ville et chasteau de Vitré et changea le gouverneur du dit chasteau qui estoit **Jaunay**, hérétique, et y établit un catholique, etc. » Le duc déjouait ainsi les menées de Madame de la Trémoille, s'apprêtant à aider ses correligionnaires qui commençaient à s'agiter en diverses provinces. (La Borderie, *Le Calvinisme à Vitré*).

(6) Il épousa en 1620 Renée Le Moyne.

(7) *Ils épousèrent en l'église protestante de Vitré le 31 mai 1592.* — Suzanne Le Moyne était fille de Jean, sieur de Grand Pré. — Un fils d'Olivier Nouail Paillardière « décéda en ceste ville de Vitré le XXV° de mars 1600 et fut enterré le premier au cimetière à nous octroyé, appelé de Toussaints, le XXVI° du dit mois et an, moy présent à l'enterrement. » Signé du ministre protestant : Jean Parent. *(Journal historique de Vitré*, p. 60).

(8) Renée **Nouail**, dame de Ruillé, décéda le 20 août 1634.

(9) Jean **Mahot** et Jeanne **Le Fort** épousèrent à Vitré devant M. de La Servannière, pasteur de l'église prétendue reformée de Condé, en Normandie.

(10) Ils épousèrent le 1er juillet 1603.

(11) Marie **Nouail**, fille du sieur de Cohigné, née le 16 octobre 1580, fut présentée au baptême par Jean de Gennes de la Brosse, trésorier-général de M. de Laval (extrait protestant); elle épousa Antoine Gaillardy, originaire de Figeac, en Languedoc, le 26 octobre 1603. — Un frère de Marie, Daniel Nouail, fut baptisé par Simon Pallory de Richelieu, ministre à Plouër, en l'absence de Parent, sieur du Préau, ministre de Vitré.

(12) Il était avocat en la Cour et décéda le 14 septembre 1658.

(13) Ils épousèrent le 31 mai 1640. Charlotte de Moucheron émigra lors de la Révocation de l'édit de Nantes. Réfugiée d'abord à Jersey, elle passa de là en Angleterre. Sa famille était originaire d'Anvers. (Voir dans la *Revue de l'Ouest*, Les Vitréens et le Commerce international).

(14) Beau-frère de Jean Frain de la Motte et de Marguerite de Gennes. — Un de ses petits-fils, Jean-

Joseph Nouail, né le 5 janvier 1701, fut nommé par Marguerite de Gennes prédite. — Le mariage de Pierre Nouail et de Jeanne de Gennes fut célébré le 1er juin 1661. (Registres de l'église reformée de Laval, publiés par A. Joubert dans le *Bulletin historique de la Mayenne*, 2e livraison de 1889).

(15) Ministre de Saint-Aignan-sur-Roë. Son fils abjura l'hérésie en 1685. (Joubert, *Bulletin historique de la Mayenne*, 1889, 2e livraison).

(16) Les **Cheville** prouvèrent sept générations en 1669. Ils portaient d'or à la fasce accompagnée en chef de trois quintefeuilles et en pointe d'un croissant, le tout de gueules. En 1427, le duc Jean V avait anobli Guillaume Cheville de la paroisse de Merdrignac.

Pierre-François **Nouail du Fougeray** construisit la chapelle du manoir de la Villegille, en Saint-Méloir-des-Ondes; la dota de deux messes par semaines le 19 août 1721. Sa femme, Julienne de la Haye, y fonda deux autres messes hebdomadaires. Le bénéfice valait 384 livres. Jean-Baptiste Nouail en fut pourvu en 1742. (*Pouillé du diocèse de Rennes*, t. VI, page 193). — Jean-François Nouail de la Villegille, écuyer, sieur de la Villegille, les landes Pont-Benoist, lieutenant des maréchaux de France à Saint-Malo, épousa Françoise Moreau de la Primerais. Une de ses filles, Joséphine Nouail, fut mariée à Eugène-Marc Fournier de Trelo. Une autre, Françoise Nouail, épousa le 20 février 1778 Jean-Baptiste-Placide de Ferron du Quengo. — Au dire de M. le comte de l'Estourbeillox (*Familles françaises de Jersey*, r. 156), Calixte-Julienne Nouail de la Villegille, sœur de Jean-François, aurait épousé, le 24 octobre 1758, Nicolas-François Magon de la Villehuchet, maire de Saint-Malo au début de la Révolution. — Un Nouail de la Villegille se battit, comme volontaire, à Saint-Cast. — Un autre Nouail (Jean), sieur du Parc, fonda en la chapelle de son manoir du Parc, paroisse de Saint-Méloir-des-Ondes, une messe pour tous les dimanches et fêtes, et la dota de cent livres de rente le 18 avril 1719. Il avait épousé Rosalie Miniac. C'est dans ce sanctuaire que, le 22 février 1781, le prince Eugène de Savoie Carignan épousa Élisabeth Magon de Boisgarin. (*Pouillé de Rennes*, t. VI, p. 192).

(17) Henri **Nouail**, vicaire-général de Saint-Malo sous Mgr des Maretz, sous Mgr de la Bastie et sous Mgr des Laurents, chanoine dès 1734; chantre le 14 novembre 1741; prieur de Saint-Malo de Dinan et officiel.

(18) Joseph **Nouail de la Contrie**, bachelier en théologie, nommé le 23 mars 1736, décédé le 4 février 1774 à l'âge de 67 ans, inhumé le 7 dans le cimetière. (Voir *Familles de Vitré*, p. 40). — Jacques Nouail de la Contrie, recteur de Moutiers, pourvu en 1725, décédé le 5 novembre 1734.

Testament de Joseph Nouail de la Contrie, recteur d'Argentré.

Vive Jésus !

Au nom de la Sainte Trinité, Ainsi soit-il.

Je qui soussigne, Joseph Nouail de la Contrie, recteur de la paroisse d'Argentré, diocèse de Rennes, pour prévenir les surprises de la mort, après avoir invoqué l'assistance de la Sainte Vierge et des Saints, surtout pour l'heure de mon trépas, déclare par forme de testament et acte de mes dernières volontés vouloir et entendre ce qui suit :

1° Que mon décès étant arrivé, mon corps soit inhumé proche la grande porte du bas de l'église, dans le cimetière d'Argentré et non ailleurs, chargeant la conscience de mes exécuteurs testamentaires de ne souffrir, pour quoi que ce soit, qu'on m'enterre dans l'église, quand même mes paroissiens le requéreraient: l'église étant le dortoir des Saints et non des pécheurs.

2° Que le lendemain de mon décès il soit fait un service, un autre au bout de huit jours et un autre au bout de l'an, le tout sans faste mais simplement. Les frais des trois services seront pris sur les plus clairs deniers de ma succession, mes dettes payées, s'il s'en trouve.

3° Reconnaissant avoir tiré de la maison paternelle, en entrant dans mon bénéfice, le lit à tombeau complet qui est dans le cabinet sur la cuisine, vingt-huit serviettes fines et une grande nappe fine, une petite chaudière............, un prie-Dieu et une mauvaise tapisserie qui garnit ma chambre et mon cabinet, je veux et entends que le tout soit rendu à mes frères et sœurs; comme aussi en signe d'amitié, qu'ils partagent entre eux sur ma succession une somme de six cents livres, ayant de plus intention de leur laisser en ordre mon bien de patrimoine, mais nullement qu'ils touchent au bien du Crucifix.

4° Je déclare donner à la paroisse mon soleil d'argent, mon dais brodé en or avec sa frange d'or, mon ornement rouge drap d'argent avec la chappe pareille de la chasuble, comme aussi une aube de toile de coton, à point d'Espagne, mes orseaux, la cuvette et la cloche d'argent; le tout sera bien ramassé et conservé dans les fermetures de la sacristie, et ne servira uniquement que les dimanches et fêtes pour l'office paroissial; je donne le tout, à condition qu'il y ait, comme je l'espère, suffisamment dans ma succession de quoi payer mes dettes, si par hasard il s'en trouve, et acquitter mes dernières volontés.

5° Je déclare donner à messieurs les Curés qui seront à mon service, lors de mon décès, scavoir : au premier, mon ornement Parterre de toutes couleurs, sur lequel il y a un gallon d'argent, une aube à dentelle simple, un surplis de batiste, un rochet de toile, les trois tomes du *Dictionnaire de Pontus* et les dix tomes des *Homélies de Monmorel*; et au second, une aube unie, un surplis, un rochet, une ceinture, un corporal et tous mes purificatoires, comme aussi toutes les *Conférences d'Angers*, les *Lois Civiles* et les *Lois Ecclésiastiques*, en deux tomes in-folio.

(6°) Je veux et entends que le reste de mes meubles, tels qu'ils puissent être, sans en excepter toute l'argenterie, soient exactement vendus après ma mort, le plustot que faire se pourra ; à l'égard de mes dettes tant actives que passives, on aura qu'à consulter mon livre de marque pour s'en instruire, attendu qu'il est bien en règle, comme aussi pour savoir ce que je pourrais devoir pour des messes ; de plus, je veux et entends que, mes dettes payées, s'il s'en trouve, il soit donné à chacun de mes domestiques, scavoir : à la cuisinière une somme de deux cents livres ; deux cents livres à mon valet ; cent livres au second valet et cent livres à la servante de basse-cour, et ce par forme de récompense, sans préjudicier aux gages que je pourrais bien leur devoir, et à leur année qui leur sera payée à l'entier, quand elle ne serait commencée que depuis quelques jours. Finalement, je veux et entends que le reste de mes meubles, linge et ornements de l'église soient exactement vendus, pour l'argent en provenant estre partagé en trois portions égales : la première pour être employée en messes basses pour le repos de mon âme, la seconde pour être distribuée aux pauvres de ma paroisse les plus indigents et non à d'autres, et la troisième pour être distribuée à la Fabrique, dans une assemblée de paroisse, à charge de l'employer uniquement à acheter des chasubles, chappes, devant d'autel et nappes pour l'église et de mettre un autant de mon testament aux archives. Et pour exécuter le présent, j'ai prié messieurs *du Plessis d'Argentr.* l'aîné, le *Macron de Courcelles*, avocat au Parlement, mon cousin ; messieurs *Pierre-Henry Nouail*, mon frère, grand-chantre et vicaire-général de Saint-Malo; *De Gennes de la Foulenelle*, messieurs *Charil Gasselière, René Lasne de la Courdouesière*, l'un d'eux mon paroissien, qui voudront bien m'accorder cette grâce et vacquer à ce que mes volontés et intentions soient exécutées de point en point au dépens même de mon bien de patrimoine, en cas de contestation.

Fait à *Argentré*, le premier janvier mil sept cent soixante. Signé : *Joseph Nouail de la Contrie*, recteur d'Argentré.

(19) Appelé à délibérer en la tutelle de Jean Frain de la Gaulayrie, fils de J. Frain et de Marguerite Hardy. — Un Nouail, chapelain de Calendron, en Cesson, l'an 1658, relate que cette chapelle fut bâtie par Jean, duc de Bretagne, qui avait à côté un rendez-vous de chasse. (*Pouillé du diocèse de Rennes*).

XVII

MICHEL NOUAIL, marié à Jeanne Morel.

Michel Nouail, marié à Guillemette Le Moyne.

Pierre Nouail de la Bazillais, auteur des Cohigné, marié : 1° à Jeanne Ravenel; 2° à N. Berte.
(Voir les enfants du premier lit au Tableau précédent).

Catherine Nouail, mariée à Jean Ravenel du Perray (1).

Pierre Nouail de la Massais(2), marié à Gillette Ravenel.

Pierre Nouail des Briettes, marié à Madeleine Guillau- deu.

Jeanne Nouail, la jeune, ma- riée à Lucas Ravenel de la

Pierre Nouail des Briettes, marié à Renée Bonnieu.

René Nouail des Bri- ettes (3), décédé le 5 janvier 1657.

Perrine Nouail, ma- riée à J. Le Mer- chand.

Pierre Nouail de Mau- repas, marié à Guillo- mette de Mardeaux (4).

Andrée Ravenel, (s. h.)

Suzanne Ravenel, mariée à P. de Gennes.

Jean Nouail.

François Nouail.

Renée Nouail, ma- riée à André Cha- ril des Mazures.

Gilles Charil de Montlevrier, marié à Marie de Gennes du Plessix.

Marie-Anne Charil, mariée à Jacques- Philippe Le Pau- cheur de la Co- herie.

Gilonne Charil, ma- riée à Mathurin Seré.

Julienne Charil, ma- riée à Julien Bru- neau.

Mathurin Seré du Teil, marié : 1° à Dlle Malherbe; 2° à Marguerite Frain de la Motte.

René Charil des Briettes, marié à Gilonne Seré de la Sibonnière.

Étienne Charil des Mazures, marié à Dlle Le Royer de la Cour.

René Charil des Ma- zures, marié à Olive Frain de La Motte, sœur de Marguerite ci- contre.

Julienne Charil, ma- riée à Jamou des Grands Cours.

Renée Charil, ma- riée à N. Charil du Mesnil.

Jeanne Charil, ma- riée au sieur Hu- baudière, fils du sieur des Droliryes.

M. Hubaudière, entreposeur des tabacs, ma- rié à Dlle Re— nou.

Marie Hubau- dière, mariée à Charles-Guy Ronceray de la Grangerie.

(1) Le Perray, maison des champs situé à trois quarts de lieue de Vitré, à droite de la route qui conduit à Ernée.

---

(2) La Massais, village en la paroisse de Pocé, entre le chemin conduisant de Vitré à Torcé et la route de Redon.

---

(3) René **Nouail des Briettes** donna à la Confrérie du Port-du-Très-Saint-Sacrement 310 livres. C'est le généreux fondateur des orgues de Notre-Dame (voir *Journal historique de Vitré*, p. 110, 111, 139, 140). René fut inhumé à l'entrée ouest de notre vieille église, sous la tribune qui supporte les orgues. Sa pierre tombale s'y voit encore.

---

(4) Sur les registres de Bais, M. l'abbé Paris-Jallobert a relevé : écuyer Olivier de Mardeaux, sieur du Portail, gentilhomme ordinaire de la Vénerie du Roi. — Dans une lettre datée de Rome le XXV° d'octobre 1542, Gilles de Beaumanoir, qui fut protonotaire apostolique, puis huguenot enragé, écrivait : « Je désire aussi être recommandé aux bonnes grâces de Mgr François de Cornoillé, M. de la Fosse et de Villesmorais, Dom Pierre, Jeanne de Mardeaux, Beauchêne et tous les autres de la maison. » *(Revue historique de l'Ouest*, 4° année. Une lettre d'Étudiant, par le Cte DE PALYS).

XVIII

JEAN LE GOUVERNEUR, marié à Olive Lambaré.

Ysabeau Le Gouverneur (1), mariée à Jacques Geffrard, sieur de La Motte.

Jeanne Le Gouverneur, mariée à Jean Berté, et dame de La Gallenais.

Perrine Berté, mariée à Pierre Clyneau, de Droigné.

Mathurine Clyneau, mariée à Étienne Frain, sieur de la Poulière. (La suite au Tableau VI).

Geffrard (Guy), sieur de Lenlilière (2) et de la Motte d'Igné (3), marié en 1573 à Marie Thomas; en 1591 à Marie Malherbe (4).

Renée Le Cornaisier; en 1588 à Marie Thomas; en 1591 à Jeanne Geffrard, mariée à René Le Cocq des Croix (5).

1er lit

Marguerite Geffrard de la Motte d'Igné puis de Lenlilière (6), marié à Suzanne Richardais, (12 octobre 1636), (12) Le Tavernier.

1er lit

Julien Geffrard de la Motte d'I-né puis de Lenlilière (6), marié à Suzanne Ravenel (7).

1er lit

Étienne Geffrard du Cleray, marié en 1605, novembre 17, marié à Jeanne Ravenel (7).

2e lit

Marie Geffrard, née le 5 novembre 1598, mariée à Gilles Guillemette du Verger Gallion (8).

3e lit

Jacques Geffrard, né (9) le 20 juin 1594, marié le 14 novembre 1621 à René Ravenel du Boislaudand (10) sénéchal de Vitré.

3e lit

Olive Geffrard, née le 30 août 1604, mariée le 11 juillet 1639 à René Ravenel du Bois-Bezier (11).

3e lit

Marie Geffrard, née le 16 février 1604, mariée le 11 juillet 1639 à René Ravenel du Bois-Bezier (11).

Anne Geffrard, mariée le 27 juin 1615 à messire Charles Pinezon des Monts (14).

Marguerite Geffrard, née le 28 septembre 1609, mariée à Anne Martin (12).

Mathurin Geffrard, né le 1er juillet 1611, marié à Anne Martin (12).

Étienne Geffrard, né le 1er juillet 1611, marié à Anne Martin (12).

Mathurin Geffrard, né le 13 février 1640, marié le 16 novembre 1667 à Renée Mouézy (15).

Jean Geffrard de la Barre épousa le 14 janvier 1674 Jeanne Le Paucheur (16).

Suzanne Geffrard, née le 31 août 1616, marié le 23 juin 1637 à Mathurin Geffrard de la Motte et de la Villonnière (13).

Jacquine Geffrard, née le 25 octobre 1636.

Renée Geffrard, née le 27 septembre 1613, mariée à Étienne Cherbonnel, sieur des Landelles.

Jeanne Geffrard, née en 1606, mariée le 16 juillet 1625 à Étienne Forraqu de la Touche-Houillon.

Julienne Geffrard, née le 7 octobre 1600, mariée le 18 novembre 1650 à Thomas Voisin.

René du Verger, maître aux Comptes.

Olive du Verger, mariée à Joseph de Gennes de la Mathelais.

Messire Pinezon des Horlières, marié à Jeanne Xebin IX.

L'abbé Gilles Pinezon des Monts.

Renée Geffrard, née le 25 décembre 1675, mariée le 3 février 1697 à Étienne Marion du Pré.

Marguerite Geffrard, née le 19 septembre 1680, mariée à Christophe Le Mercier, sieur de la Motte-Tizon.

Jeanne-Marie Geffrard, née le 15 mai 1682, épousa le 4 juillet 1715 Jean Marie-Anne du Bourg (19).

Joseph Geffrard, né le 14 octobre 1684, marié le 17 juillet 1709 à Marie-Anne du Bourg (19).

Olive Geffrard, née le 9 mars 1686, mariée le 17 juillet 1704 à Joachim Renault de la Manceilière.

Jeanne Ravenel, mariée à écuyer André de la Vallette, sieur de Villesex.

Messire Le Chaponnier, mort au service.

Élisabeth Le Chaponnière (en 1713) à Jean Planchard de la Vi comte.

Marie-Anne Geffrard, mariée à Bellaire du Tribunant (2)...

Jeanne Re-nault, mariée à Joachim Marion.

Suzanne Re-nault, mariée à Chauvac-Marion, écuyer, seigneur du Val.

(1) Ysabeau **Le Gouverneur** donna par testament à perpétuité et à jamais aux pauvres nécessiteux la somme de 12 sous tournois par chacun jour de dimanche de chaque semaine de l'an. Pour franchir cette rente, ses héritiers donnèrent 624 livres. (*Mémoire généalogique*, p. 65).

---

(2) Ligueur pris et rançonné par Montmartin le 24 février 1574. (*Journal historique de Vitré*, p. 35). — Lentillère, maison forte entourée de douves, située en Louvigné-de-Bais. Elle dut être ruinée par les Anglais durant la guerre de Cent ans. On y voyait il y a quelques années un curieux portail. Un bâtiment servant actuellement de cellier est éclairé par des fenêtres aux larges embrasures garnies de bancs de pierres. C'est le seul vestige des constructions du XIV° siècle. Lentillère est passée des Geffrard aux Marion; de ceux-ci aux du Bois-Péan qui la passèrent par échange aux de Massart; des Massart, elle vint par héritage aux Tredern et aux Rengervé.

---

(3) La Motte d'Igné, terre noble située en la paroisse de Fleurigné, près Fougères. « Cette terre avait ses seigneurs dès le commencement du XII° siècle. La donation de l'église et de la dîme du Loroux à l'abbaye de Savigny par Raoul de Fougères, est faite avec l'assentiment de Jean d'Igné qui donne aussi la dîme de sa terre. Elle appartenait en 1579 à Guy Geffrard, sieur de Lentillère, du chef de Renée Le Corvaisier, sa femme. » (*Notices historiques et archéologiques sur les Paroisses des deux cantons de Fougères*, par MAUPILLÉ).

---

(4) Marie **Malherbe**, veuve de Guy Geffrard de Lentillère; donna douze livres à la Confrérie du Port du Saint-Sacrement en 1634.

---

(5) René **Le Cocq des Croix** était fils de René Le Cocq, continuateur du *Journal historique de Jean de Gennes du Méc*, et de Guillemette de Gennes. Il était proche parent des Nétumières comme il appert du tableau suivant :

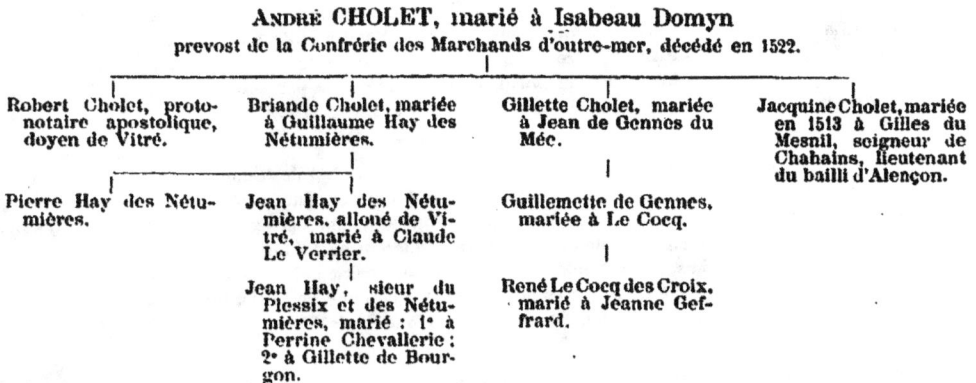

ANDRÉ CHOLET, marié à Isabeau Domyn
prevost de la Confrérie des Marchands d'outre-mer, décédé en 1522.

Robert Cholet, proto-notaire apostolique, doyen de Vitré.	Briande Cholet, mariée à Guillaume Hay des Nétumières.	Gillette Cholet, mariée à Jean de Gennes du Méc.	Jacquine Cholet, mariée en 1513 à Gilles du Mesnil, seigneur de Chahains, lieutenant du bailli d'Alençon.
Pierre Hay des Nétumières.	Jean Hay des Nétumières, alloué de Vitré, marié à Claude Le Verrier.	Guillemette de Gennes, mariée à Le Cocq.	
	Jean Hay, sieur du Plessix et des Nétumières, marié : 1° à Perrine Chevallerie; 2° à Gillette de Bourgon.	René Le Cocq des Croix, marié à Jeanne Geffrard.	

(6) Julien **Geffrard de Lentillère**, eslcu capitaine de la ville de Vitré le 29 may 1621 en l'assemblée générale de la Communauté, tenue par commandement de Monseigneur le duc de Vendosme. Julien Geffrard décéda le 3 septembre 1637. Sa femme, Suzanne Le Tavernier, était fille d'Étienne Le Tavernier, sieur du Porche, et de Jeanne Le Couvreulx; elle était sœur d'Étienne Le Tavernier, conseiller au Parlement de Bretagne, époux de Julienne de la Blinaye, lequel Étienne fut tué au siége de La Rochelle en 1628. — Sur une Le Couvreulx, on trouve dans les registres de Champeaux cette honorable mention : « Très sage et vertueuse femme Perrine Le Couvreulx, en son vivant principale fermière des terres et seigneuries d'Epinay et de Saudecour, décédée le 2 février 1622 et inhumée en la chapelle Sainte-Barbe, juxte le chœur. »

(7) Étienne **Geffrard** fut conseiller et secrétaire du Roy. Il décéda en 1637. Jeanne Ravenel, sa femme, était fille de Jean et de Perrine de la Motte, sieur et dame du Mezard.

(8) De ce mariage issurent Messieurs du Verger de Gaillon et de Clerheux ; leur mère, devenue veuve, épousa Charil du Mesnil et mourut le 17 février 1646.

(9) Ils épousèrent le 28 août 1618 en la chapelle Notre-Dame de Pérouse et en présence de Mathurin du Verger de Pontdavy et de N. Guillauden de La Louvelais.

(10) Fils de Mathurin du Verger et d'Olive Gérard.

(11) Les enfants de Jean Ravenel et de Marie Geffrard partagèrent en 1655. — Noble homme René Ravenel fils aîné était assisté de noble homme Jean Ravenel, sieur du Mezard. — Jeanne Ravenel était autorisée de Michel du Verger. Jeanne Ravenel, dite demoiselle du Boispéan, épousa le 10 août 1661. La famille de son mari possédait, en Bais, les manoirs du Boismellet, du Fougeray de Villesco. Touchant ces La Vallette, l'abbé Paris-Jallobert a relevé sur les registres de Bais les extraits suivants : 20 mars 1627, naissance de François de La Valette, fils d'écuyer Pierre et de demoiselle Anne d'Anthenaise. — 16 août 1637, naissance de Jean de La Valette, fils de Pierre, sieur du Boismellet et des Landelles. — En mai 1676, mariage d'écuyer Jacques de La Valette et de demoiselle Olive Cherbonnel. — Le 26 mai 1676, naissance de Bertranne-Louise de La Valette, fille d'écuyer François et de Bertranne Jamois. — Le 27 novembre 1690, décès d'écuyer François de La Valette, au manoir du Boismellet. — Le 11 août 1698, baptême de René-Emmanuel de La Valette, fils de François et dame Françoise du Boishalbran, sieur et dame du Fongeray. Parrain : E. du Hallay ; marraine : Renée de Quelen. — Le 23 février 1712, décès de Bertranne Jamois, dame de La Valette, décédée à 70 ans. — Anne de Boishalbran, dame de la Valette, décédée à l'âge de 42 ans, le 5 avril 1716. — Le 23 décembre 1723, décès de messire François de La Valette du Fougeray, âgé de 68 ans. — Le 9 septembre 1736, naissance d'Angélique-Louise-Marie de La Valette, fille d'écuyer Jacques-Gabriel de La Valette et de Sainte-Angélique des Loges. — Henriette Couyard, dame de La Valette et du Fougeray, épouse de René-Emmanuel, décédée à l'âge de 74 ans, le 21 juin 1764. — Le manoir du Boispéan était situé en la paroisse d'Yzé. (Nous l'avons décrit à la page 86, d'*Une Terre et ses possesseurs catholiques et protestants*).

(11 bis) Julien **Avril**, sieur du Colombier, conseiller au Présidial de Rennes. Sur lui et sa famille, consulter le *Répertoire général de Bio-Bibliographie bretonne*, par René KERVILER, 2e fasc., p. 243. Julien Avril, sieur du Colombier et Marguerite Geffrard, sa femme, possédaient en Moutiers le manoir des Chesnonières. Dans la chapelle de ce manoir, ils fondèrent en 1613 deux messes par semaines. René Avril, sieur du Bois-Thomas, ayant fondé par testament une messe hebdomadaire en l'église de Moutiers, sa sœur, Yvonne Avril, femme de François de la Vallée, seigneur de la Coninaye, obtint la translation de cette fondation dans sa chapelle des Chesnonières. (*Pouillé de Rennes*, p. 337, t. V.)

(12) Fille de François Martis et de Perrine Guillauden.

(13) Le 12 may 1638, Mathurin **Geffrard**, sieur de la Billonnière, achetait le manoir de la Croix, situé paroisse de Cornillé. Les vendeurs étaient escuyer Rolland de la Tulais et Denise de Lesnée, résidant à leur maison de la Tulais, paroisse de Saint-Martin de Janzé. La vente était consentie moyennant 5,300 livres tournois, que l'acquéreur promettait payer en la maison de M. du Colombier **Apuril**, conseiller au siège Présidial de Rennes. Ce manoir de la Croix était naguère aux de Cornillé nunc aux de Rengervé.

(14) **Pinczon** porte d'argent à la croix ancrée de sable, cantonnée de quatre merlettes de même.

(15) Les **Mouëzy**, très ancienne famille des environs de Vitré, que l'on trouve bien apparentée en Bais et en Étrelles au XVI⁰ siècle. — Jehan Mouëzy, fils de maître Julien, sieur des Champs-Guyon et de demoiselle Barbe de Teillay, baptisé le 16 avril 1556, eut pour parrain Jehan de Broons, seigneur de Fourneaux et Dᵐᵉ Marguerite de Fontenailles. (Registres de Bais). — Marguerite Mouëzy, fille de Julien et de Françoise Lorequeville, baptisée le 29 août 1599 et nommée par Olivier Geslin, trésorier de la Magdeleine de Vitré. — Olivier Mouëzy, fils d'Olivier et d'Esther Prigent, nommée le 16 novembre 1601 par Pierre-Olivier Mouëzy, chanoine de la Collégiale de Vitré.

(16) Jeanne **Le Faucheur** était fille de Jacques et de Gillette Maugars.

(17) Famille de Saint-Malo qui a produit de vaillants marins. (Voir l'abbé MANET, *Les Malouins célèbres*).

(18) Jeanne **Aubin** était fille de Jérôme Aubin et de Suzanne Hardy, sieur et dame de Kerbouchard. Ces Aubin furent, en 1668, déclarés nobles d'ancienne extraction; ils portaient : d'azur à la fasce d'or accompagnée de trois croix pattées de même.

(19) Fille de Jean du Bourg des Rivières, prévôt de la Confrérie des Marchands d'outre-mer pour l'année 1696-98 et d'Olive Marion. Ce Jean est l'ancêtre du conseiller général Paul du Bourg, marié à Dᵐᵉ Jarret de la Mairie.

(20) **Le Chapponier**, d'ancienne extraction et originaire de l'évêché de Saint-Brieuc, portent : de sable au loup passant d'argent. — Chauchart de la Vicomté porte d'azur à trois têtes de cygne d'argent arrachées et becquées de gueules.

Le contrat de mariage entre Jean-François Le Chapponier, chef de nom et d'armes, chevalier seigneur de Kerohant et Jeanne-Marie Geffrard, était au rapport de Bourdin et Leblanc, notaires; et daté du 25 juin 1715. Dame Élisabeth Le Page, mère du futur, représentée par Pierre-Philippe, sieur de Kerimon, ancien procureur du Roy à Guingamp, donnait au futur en avancement d'hoirie la terre noble de Maingueveien, paroisse de Plounaouarn, une maison à Guingamp, les tours de la porte de Tréguier, diverses rentes échues dans la succession du sieur de Kerohant père et du seigneur de Baubier (?) oncle du futur. Jeanne-Marie Geffrard apportait la terre du Grand-Ossé, en Availles, et 14,600 livres. Signèrent au contrat : Fr.-M. Le Chapponier de Kerohant, Jeanne-Marie Geffrard des Prés, Marie-Anne du Bourg-Geffrard, Renée Geffrard, Marion, Marguerite Geffrard de Montigny, Olive Geffrard de la Mancellière, Olive Marion, veuve des Rivières, Kerimon (Philippe), Le Ribault, de Gennes, de la Mancellière-Renault, Lantillère, du Plessis-Geffrard, de Lantillère-Geffrard, de la Cocherie, Marie-Anne Charil, Le Faucheur, Marguerite-Françoise Charil et les notaires.

(21) Pierre **Bellabre**, conseiller du Roi, président à la chambre des Comptes et Olive Marie-Anne Geffrard eurent deux filles : Olive-Clémence Bellabre, mariée au marquis de Chardonnay; elle fut inhumée à Jersey le 18 août 1816. M. le Cᵗᵉ de l'Estourbeillon a donné son épitaphe dans *les Familles Françaises*, p. 21. — Sa sœur Scholastique-Louise Bellabre épousa Pierre-Joseph-François de Flameing. Ces dames avaient pour frère Jean-François Bellabre, né le 4 septembre 1750.

JEAN LE GOUVERNEUR, marié à Olive Lambaré.

Ysabeau Le Gouverneur, marié à Jacques Geffrard de la Motte.

Jeanne Le Gouverneur, mariée à Jean Berto, s[r] et dame de la Galienuais.

Jeanne Geffrard, marié à René Le Cocq des Croix.

Perrine Berto, mariée à Pierre Clyneau, sieur de Drelgué.

Geffrard (Guy), sieur de Lentillère et de la Motte d'Igné, marié à Renée Le Corvaisier.

Mathurine Clyneau, mariée à Étienne Frain, sieur de la Poulière.

Étienne Geffrard, marié à Jeanne Ravenel.

Jean Frain de Drelgué, marié à Perrine du Perron.

Jeanne Geffrard, née en 1606, mariée le 19 juillet 1625 à N. Ferragu de la Touche-Bouillon.

Jean Frain, sieur de la Motte, marié à Marguerite de Gennes.

Marguerite Ferragu épousa le 21 octobre 1673 Jean Vettier, sieur de Grand-Champs.

Guillemette Ferragu (1), née le 8 mai 1652, épousa Jacques Ernauld, sieur de Langerie.

Pierre Frain, sieur de la Motte, marié à Marguerite Duchemin de la Brochardière.

Marguerite Ernauld, mariée à Charles-Claude Frey, sieur de Neuville (2).

Jean Frain de la Gaultairie, marié à Marguerite Hardy.

Charlotte Frey de Neuville, décédée le 22 février 1711.

Anne-Joseph-Claude Frey de Neuville, Jésuite.

Guillemette Ernauld, mariée à Charles-Claude Frey.

Jean Frain de la Gaultairie, marié à Marie Gwlin de Marcé.

Pierre-Claude Frey de Neuville, Jésuite (3).

Marie Frey, mariée à Louis-Charles Leziard du Dezerseul (4).

Édouard Frain de la Gaultairie, marié à Clémentine Dugné de la Touche.

Joseph-Charles-Louis Leziard du Dezerseul, marié à Gabrielle de Maxsard (5).

Édouard Frain de la Gaultairie, marié à Joséphine Rolland de Rougeré (8).

Leziard du Dezerseul, marié à Suzanne du Pont-des-Loges (6).

Georges Leziard du Dezerseul, marié à J. Le Saige de la Villesbrune.

Georges Leziard du Dezerseul, ancien capitaine de cavalerie, commandant de mobiles en 1870, lieutenant-colonel du 76e régiment d'infanterie territoriale, chevalier de la Légion d'honneur, marié à Marie de Solerac (7).

(1) Guillemette **Ferragu,** veuve de Jacques Ernauld, sieur de Langerie, fonda deux messes par semaine, pour être célébrées à l'autel de Notre-Dame de Pitié les jours de mardi et vendredi. Pour l'entretien de ces messes, elle donna un contrat de constitut de la somme de douze cents livres de principal, dont le chapelain devait recevoir soixante livres de rente et le reste du revenu devait revenir à la Fabrique de Notre-Dame. (Inventaire des Papiers de l'église Notre-Dame de Vitré).

(2) Acte en date du 23 décembre 1724, par lequel noble homme Charles-Claude **Frey,** sieur de Neuville, procureur fiscal de la maîtrise des Eaux et Forêts et Marguerite Ernauld, son épouse, fondaient une messe par semaine à être dite aux jours de samedi à l'autel de l'*Annonciation*, à onze heures. Pour l'acquit de cette fondation, ils donnèrent une rente foncière de cinquante livres, leur due sur le pré de la Coulie, au bourg de La Gravelle ; laquelle rente devait être touchée par les trésoriers et distribuée comme suit : quarante-et-une livres douze sous au chapelain ; trois livres huit sous au prevost de la Confrérie des Marchands d'outre-mer et le reste à la Fabrique. Ils laissaient la nomination du chapelain à leur plus proche parent et nommèrent Guillaume Marie, prêtre.

(3) L'arrêt de la Cour du Parlement statuant sur les requêtes présentées par plusieurs des ci-devant soi-disant Jésuites aux Chambres assemblées à fin pensions annuelles et alimentaires, contient la mention suivante, page 35.

« Pierre-Claude Frey (Paris, maison professe), né le cinq septembre 1692 à Grandville, en Normandie, se dit profès des quatre vœux du 10 février 1726 ; depuis seize ans alternativement Provincial et supérieur de la maison ; a 100 livres de pension viagère à luy constituée par sa mère ; 400 livres de rente viagère à lui constituée sans autre écrit qu'une inscription faite sur un registre par le ci-devant frère de Montigny, Procureur-général de la Province de France, d'une somme d'argent fournie par le dit Frey provenant des deniers d'un de ses amis pour lui procurer la dite rente viagère, de laquelle il n'est point payé ; attendu l'arrêt de la Cour, du 23 juillet 1762, qui a ordonné que sa requête, à fin de paiement, serait communiquée aux Syndics et Directeurs des créanciers Lioney ; a son domicile à Rennes, au presbytère de la paroisse de Saint-Aubin. (Paris, chez J.-G. Simon, imprimeur du Parlement, rue de la Harpe, à l'*Hercule*. 1763). »

Pierre-Claude **Frey** fut recteur du Collége Henri IV de La Flèche, de 1741 à 1743. « Claude de Neuville n'a ni la puissance oratoire ni la réputation de son frère Charles. Esprit facile, très cultivé, il semble redouter le travail et préfère parler d'abondance. Ses discours imprimés ne sont pour la plupart qu'à l'état d'ébauche. Pendant son rectorat à La Flèche, il se fait admirer et applaudir. » (*Le Collège Henri IV de La Flèche*, par le P. CAMILLE DE ROCHEMONTEIX, t. IV, p. 248). Un de ces Jésuites a tracé un tableau fort dédaigneux de la vie vitréenne au XVIIIe siècle. (Voir notre *Mémoire généalogique*, p. 199). — Charles-Claude Frey de Neuville, père des deux Jésuites et de Mme du Dezerseul, était fils de Claude-Cécile Frey, fermier-général du marquisat d'Épinay et de Marie Guays. (Sur les Frey, leur origine, leurs charges, consulter le *Journal Historique de Vitré*, p. 257 ; et les *Lettres de l'Intendant de la maison de La Trémoille à l'advocat fiscal de la Baronnie de Vitré*, p. 42, 43). — Claude-Charles Frey mourut àgé de 62 ans, le 18 janvier 1725.

(4) Fils de Charles-René Leziart et de Renée Le Pigeon ; il mourut à l'âge de 50 ans et fut inhumé à Livré.

(5) Fille de Jean-François de Massard, seigneur de la Raimbaudière, baptisé à Fercé le 12 mars 1697, marié à Sion le 20 janvier 1722, à Marguerite-Françoise du Celier.

(6) Petite-fille de Louis du Pont, sieur des Loges, conseiller au Parlement de Bretagne et de Louise Lasnier.

(7) Fille de Claude-Edmond Gilbert de Solerac, ancien garde du corps et de Célestine de la Haye d'Ommoy ; nièce d'Anne-Charlotte-Edmée Gilbert de Solerac, femme du vicomte Auguste-Marie-Louis du Breil de Ponthbriand ; petite-fille de Toussaint-Gabriel Gilbert de Solerac, chevalier de Saint-Louis, lieutenant-colonel des Gardes françaises et de Charlotte-Dominique-Edmée de Pioger de Kermozun. (*Historique général de la Maison du Breil*, p. 284, 285).

(8) Arrière-petite-fille de Marie-Magdeleine de Massard femme de Louis-Joseph de Tredern, capitaine au régiment de Picardie et sœur de Madame du Dezerseul. (Sur les de Massard, consulter l'*Appendice aux Lettres de l'Intendant général de la maison de la Trémoille*, p. 13, 14, 15, 16, 17, etc.)

XX

(a) N. GEFFRARD, marié à

Geffrard, auteur de la branche du Pavillon.

Guyon Geffrard, auteur de la branche du Bourg.

Jacques Geffrard.

Jean Geffrard, sieur du Pavillon, marié à Guillemette Vincent, veuve de Jean Gérard des Beausses.

Guyon Geffrard, marié à Jeanne Huré.

Gillette Geffrard, mariée à Guillaume Nouail (1).

Gillette Geffrard, mariée à Guillaume Nouail (1).

Nicolas Geffrard (5), marié à Andrine de Launay.

Jean Geffrard (3), marié à Julienne Marais.

Michelle Geffrard, mariée à Jean Guy.

Guillaume Geffrard, marié à Marie Servois (7).

Guillaume Geffrard. (Voir sa descendance au Tableau suivant.)

Michel Geffrard, marié à Étiennette Le Mercier.

Guillemette Geffrard, mariée à Guillaume Le Port (4).

Renée Geffrard (6), mariée à François Thébaut (11).

Jacquine Geffrard, mariée à François Mertin (12).

André Geffrard, marié : 1° à Françoise Chorin; 2° à Perrine Miaulais (13).

Michelle Geffrard, mariée à Nicolas Hodeyer de la ville du Mans (14).

Étienne Geffrard (8).

Jeanne Geffrard, mariée à Mathurin Bertois (9).

Jacquine Geffrard, mariée à Mathurin Le Moyne de la Borderie. (Voir Tableau III.)

André Geffrard, marié à Charlotte Droyer (10).

(a) Ce tableau, le précédent et ceux qui suivent furent dressés au XVIIIe siècle par M. du Perron de Tennières sur les titres, extraits et papiers de la famille Geffrard.

(1) Gillette Geffrard et Guillaume Nouail épousèrent en 1552. Ils eurent Jacques Nouail, né le 19 mars 1553; Jeanne, née le 9 septembre 1556; Guillaume, né le 26 mars 1567; Jacques, né le 15 novembre 1568; Guy, né le 13 may 1570; Guillaume, né le 6 juillet 1572; François Nouail, né le 11 septembre 1573.

(2) Guyon était l'aîné de ses frères et sœurs, il décéda le 12 may 1608.

(3) Jean Geffrard, sieur de Marpalu, fut le tuteur de leurs enfants.

(1) Le dernier de leurs descendants laissa une grande succession en Hollande en 1745 et nul ne se présenta pour la recueillir. (Note de M. du Perron). — Guillemette **Geffrard** mourut en 1587 et Guillaume Le Port se remaria à Olive Ronceray, dont issurent Guillaume et Gilles.

---

(5) Nicolas **Geffrard** était né en 1564. Sa femme était dame des Nachardais; elle mourut le 11 septembre 1614 et ledit Nicolas décéda le 21 janvier 1626.

---

(6) Jean **Geffrard** naquit le 1er janvier 1560. Il se dit sieur des Gourdes.

---

(7) Guillaume **Geffrard**, né le 21 may 1565, épousa Marie Servois en 1600.

---

(8) Naquit le 2 mars 1572, fut émancipé en 1593 et eut pour curateur Jean Geffrard de Marpalu.

---

(9) Jeanne **Geffrard**, née en 1579, épousa Mathurin Berthois le 21 juin 1606. Ils eurent, le 26 juin 1609, une fille qui fut baptisée à Saint-Martin de Vitré.

---

(10) Ils épousèrent en 1597 et eurent Louis et Guillemette Geffrard, qui décédèrent en bas-âge. Jeanne Geffrard, restée fille.

---

(11) Ils eurent deux fils : Pierre et Julien Thébault; le premier né le 28 janvier 1658, le second né le 26 may 1661.

---

(12) Jacquine **Geffrard** était née le 21 octobre 1601; elle épousa François Martin le 10 janvier 1641.

---

(13) André **Geffrard** épousa Françoise Chorin le 3 juin 1633. De cette première union issut Marie Geffrard, née le 20 novembre 1635, décédée sans postérité; du second mariage d'André avec Perrine Miaulays vinrent : Georgette et Julien Geffrard, qui moururent sans laisser de postérité.

---

(14) Ce mariage fut célébré le 19 juin 1633.

Jean Geffrard du Pavillon, marié à Guillemette Vincent.

Guillaume Geffrard du Pavillon (1), marié à Jacquine Le Faucheur.

André Geffrard du Pavillon, marié à Étiennette Guy (2).

Pierre Geffrard, marié : 1° à Guillemette Mazurais ; Renée Geffrard.
2° à Jeanne Deligné. (Voir Tableau II).

Marguerite Geffrard, mariée à J.-B. Le Febvre de la Faucillonnais (6).

Renée Geffrard (3) des Perrières, marié à Marguerite Guillaudeu.

Olive Geffrard, mariée à N. Morel, sieur et dame de Lorière.

Michelle Geffrard du (4), mariée à Louis Babin (4).

Françoise Geffrard, mariée à Pierre Rottier de la Maisonneuve (7).

Jean Geffrard du (5) Pavillon, marié à Olive Lo
Moyne, d^{lle} de la Chesnais.

Jean Geffrard du (5) Pavillon, marié à Olive Lo
de la Guichardière.

Marguerite Geffrard, mariée à Mathurin Le Febvre
1° à Jean de Gennes de la Villechère ; 2° à Isaac Le
Coeq du Bois.

Gillonne Geffrard (9), mariée :
1° à Jean de Gennes de la Villechère ; 2° à Isaac Le
Coeq du Bois.

Renée-Olive Le Febvre, mariée à Pierre Le Coeq de la Peuzière.

D^{lle} Le Febvre, mariée au sieur Joseph Guillemard à N.

Jean-Baptiste Le Febvre de la Faucillonnais, marié à N.

Marguerite Le Febvre, mariée à Joseph Le Febvre, religieuse hospitalière.

Marguerite Rottier, mariée à Charles-Richard Legge.

Pierre Rottier de la Guichardière, marié à Marie du Bois.

Marie Rottier, mariée à René Le Febvre du Pavillon, marié à la Contrie.

René Le Febvre du Pavillon, marié à la Contrie. (Voir au Tableau XVI.)

Pierre Le Coeq, sieur du Bois, marié à Françoise 'Hanry des Landes.

François-Louis de la Bresse, marié à d^{lle} de Thiercelin.

Le sieur Le Febvre de la Faucillonnais, capitaine au régiment de Bresse, marié à Angélique Péri-ligne Péri- nel de Vaufollet.

D^{lle} Charlotte de Legge, mariée à J.-B. Savary marié à sa nièce Savary.

Rottier des Perrières, Rottier, mariée au s^r Hubert de Kerambert.

Françoise Rottier, mariée au s^r Hubert de Kerambert.

D^{lle} Le Febvre, mariée au sieur du Verger des Bertries.

Jean Le Coeq, marié à Renée Mation.

D^{lle} Savary, mariée à son oncle Rottier des Perrières.

Suzanne Hubert (12), mariée à Jean-Charles Le Mercier des Allieux.

Guyonne du Verger, mariée à Pierre Constance Le Mercier des Allieux.

(1) Guillaume **Geffrard du Pavillon** était le plus jeune de ses frères et sœurs. Né le 5 juin 1551, il se maria en 1567 et mourut le 16 may 1588. Sa femme était décédée le 7 juin 1587. Leurs enfants eurent pour tuteur Jean Guy.

---

(2) Étiennette **Guy** était fille de Jean Guy et de Marie Le Moyne, sieur et dame de la Foucherie, terre située en la paroisse Saint-Martin de Vitré et dont les prairies sont arrosées par le ruisseau de la Rousselière.

---

(3) René **Geffrard des Perrières**, né à Sainte-Croix de Vitré le 23 may 1605, épousa le 25 avril 1644. Sa femme était fille de Pierre Guillaudeu et de Jeanne de Gennes, sieur et dame de la Vieuville. René mourut le 18 août 1689. Il avait acquis de Jean Guillaudeu de la Largère la métairie noble de la Guichardière, en Cornillé, moyennant la somme de 12,200 livres. Lors, le vendeur, Jean Guillaudeu, était à Nantes et avait pour procureur Thébaut Le Cocq de la Peuzière, conseiller du Roy et receveur de ses fouages au Tablier de Fougères et de Vitré.

---

(4) Le mariage de Louis **Babin** et de Michelle **Geffrard** fut célébré dans l'église de la Madeleine de Vitré, le 21 juillet 1629.

---

(5) Jean **Geffrard du Pavillon** naquit en Sainte-Croix le 5 may 1601 et épousa le 24 janvier 1630.

---

(6) Marguerite **Geffrard**, née le 20 janvier 1660, épousa en 1680 Jean-Baptiste Le Febvre de la Faucillonnais, fils de Mathurin et de Jeanne Le Corvaisier.

---

(7) **Rottier de la Maisonneuve** portait d'or à trois oies de sable becquées et membrées de gueules et alaisées d'azur. (Arm. de 1696).

---

(8) Veuf de Jeanne Le Corvaisier et père de Jean-Baptiste Le Febvre; en épousant Marguerite Geffrard il devenait le cousin-germain de son fils. Suivant l'Armorial de 1696, **Le Febvre** blasonnait d'azur à neuf fèves d'argent posées en sautoir et accompagnées de quatre feuilles de chêne d'or.

---

(9) Née le 9 décembre 1642. Son premier mariage fut célébré le 10 janvier 1669. Son second, le 7 janvier 1672. Isaac **Le Cocq**, sieur du Bois, portait d'azur, à une ramure ou bois de cerf, d'argent, accompagnée en chef d'un duc d'or, et en pointe de deux coqs affrontés de même. Alias d'or à un arbre de sinople, accosté de 2 coqs de gueules. (Arm. de 1696).

---

(10) Leur contrat de mariage, au rapport de Mellet et Fournier, notaires royaux, fut dressé le 24 février 1724. Joseph **Guillet de la Brosse** y est dit négociant, demeurant près la Fosse, paroisse de Saint-Nicolas de la ville de Nantes. Il était fils de noble homme René Guillet, sieur de la Brosse, conseiller du Roy, directeur général de la Baronnie de Vitré, y demeurant, paroisse Notre-Dame, et de feue Perrine Razeau, laquelle était fille de Julien Razeau, sieur de la Haye et Jeanne Le Remandeux. — Joseph Guillet de la Brosse, tant en avancement de droit successif que pour demeurer quitte de la portion en laquelle il pouvait être fondé en la succession de sa mère, reçut de son père vingt mille livres en argent. Il déclara en outre être possesseur de *cent cinquante mille livres* en argent et en marchandises dans son commerce, tant en France qu'au *royaume d'Espagne* et *aux Indes*. Joseph Guillet devint conseiller d'honneur au Présidial. Sa femme reçut en mariage trente mille livres en argent. Renée Guillet de la Brosse, fille de René et de Perrine Razeau, épousa Auguste de Luynes, négociant à Nantes. — Sur les Guillet, consulter : l'*Armorial* de P. DE COURCY; les *Lettres de l'Intendant général de la maison de la Trémoille à l'Advocat fiscal de la Baronnie de Vitré*, p. 23, 38; la *Généalogie de la maison de Cornulier; Les Familles françaises à Jersey*, par le comte de l'ESTOURBEILLON, p. 84, 152; Le *Journal historique de Vitré*, p. 283, 305, 306, 583 — La *France illustrée* mentionnait dans son numéro du 17 août 1889 le mariage de M. Eugène Guillet de la Brosse, ingénieur civil des mines, avec Mlle Jeanne Foucquet de Lusigneul; la même revue annonçait le décès de Mme Levêque du Rostu, née Guillet de la

Brosse, âgée de 80 ans, fille de N. Guillet de la Brosse et de Mlle Lebault de la Chevasnerie, sœur de Mme Arnous-Rivière, de Mme Le Gouais et de Mme la comtesse Charles de la Rochefoucaud-Bayers. [N° du 26 octobre 1889). — Les Guillet sont actuellement représentés à Nantes par M. Gustave Guillet de la Brosse, ancien zouave pontifical. — 16 avril 1719, Contrat de mariage entre Jean Charault, sieur de Careil, négociant à la Fosse de Nantes, paroisse Saint-Nicolas, assisté de noble homme Guillaume Charault, sieur de la Piltière, époux de Marie Le Bessoux, demeurant au château de Careil, paroisse de Guérande, et Angélique Guillet de la Brosse, demoiselle des Hayers, assistée de noble homme René Guillet de la Brosse, conseiller du Roy, receveur général des consignations de la Baronnie de Vitré, veuf de Perrine Razeau. L'acte au rapport de Bourdin et Mellet, notaires; et en présence de noble homme Jean Martillet, maître de forges à Pouancé et de Joseph Guillet, frère de ladite future épouse. — Le 12 février 1716, à la requête de son Altesse le duc de la Trémoille, les notaires se transportent au château où le duc leur expose que, voulant visiter son château et ses archives, il fait signification à René Guillet de la Brosse, consignataire de la Baronnie, de se trouver à la visite et d'apporter la clef dont il est dépositaire. En présence d'Henry Robe, sieur de la Garenne, domestique de son Altesse, les notaires se transportent en la maison dudit sieur Guillet et demandent à Julienne Texier, sa servante, de leur déclarer où est ledit sieur, ladite servante répond qu'elle ne sait; qu'il est absent de cette ville. Lors, arrive la d^lle de la Brosse, sa fille, qui, après lecture à elle faite, répond que le sieur Guillet de la Brosse est parti du jour d'hier pour la ville de Rennes, par ordre du Procureur général et qu'il ne peut être présent à la visite qu'entend faire son Altesse de son château et de ses archives. Interpellée de signer, refuse déclarant n'être nécessaire. Se transportent de nouveau au château de Vitré et communiquent à son Altesse la réponse ci-dessus, lequel déclare répéter ses protestations de tous dommages et intérêts..... et n'en reste pas moins à la porte de chez lui.

---

(11) Marie **Rottier**, dame de la Mathelais, mourut sans hoirs. Ses biens et ceux de son frère, Pierre Rottier de la Guichardière, furent partagés en trois loties entre noble homme Pierre Rottier, Joseph Rottier des Perrières, *garde du corps du Roi*; Françoise Rottier, femme de noble homme François Hubert de Guérambert. La Guichardière, grand manoir et terre noble situés en la paroisse de Cornillé, d'abord aux Cornillé, puis successivement par héritage aux Le Taillandier, aux de la Raimbaudière, aux Thorel, passa par acquêt aux Guillaudeu; par héritage aux Goffrard et aux Rottier, lesquels la vendirent à Jean-Baptiste Le Cocq, capitaine de vaisseau de la Compagnie des Indes. (Contrat du 19 août 1772).

(12) Le 14 juin 1775, Suzanne approuvait le contrat de vente de la Guichardière et datait son approbation du parloir du Buron, à Châteaugonthier.

XXII

Guyon GEFFRARD, sieur du Bourg, né environ 1510; décédé le 19 janvier 1597.

Jean Geffrard, sieur de Marpalu (1), épousa :
1° en 1551, Renée Gérard; 2° Perrine Besnardais.

Michelle Geffrard, mariée à Jean de Montalembert.

Pierre de Montalembert, sieur de la Mousserie (4), marié à Jeanne Le Moyne.

Gilles Geffrard, sieur de Montigné, recteur de Saint-Jean-sur-Vilaine, chanoine de Champeaux (6).

Jean Geffrard fut moine.

Mathurine Geffrard, mariée à Macé Nouail de la Rcauté (2).

Olivier Geffrard, sieur du Ponthy (5), marié à Suzanne Louin.

Jeanne Geffrard, mariée à André Le Cocq de la Roussière (3).

Jean Geffrard des Beausses, marié à Perrine Le Moyne.

Mathurin Geffrard, écuyer, sieur de la Billonnière, maître aux Comptes, marié : 1° à Suzanne Geffrard de Lentillère; 2° à Marie Le Moyne.

Pierre Geffrard de l'Aiglerie, marié à Marguerite du Verger (7).

Écuyer Joseph Geffrard (8), sieur du Plessix, né à Saint-Malo le 2 janvier 1614, épousa le 5 septembre 1674 Renée Billon (8 bis). Il fut maître aux Comptes et contrôleur général des domaines de Bretagne.

Écuyer Mathurin-Claude Geffrard du Plessix, contrôleur général des domaines, marié à François Fleuriot (10).

Écuyer Joseph Geffrard, marié à Marie-Anne Nouail. (Voir Tableau XXIV).

Mathurine Geffrard, mariée à Bernard Grout, sieur de la Corderie et de Fourneaux. (Voir Tableau XXV).

D^lle Geffrard, mariée à Tobie de Gennes, sieur des Hayers.

Marie Geffrard, mariée à Mathurin Tanguy de la Favetière, négociant à Nantes.

Émilie - Bernardine Geffrard, mariée à Arnault de Goyon (9), général des finances, marié à la Cour des Comptes.

Arnaud de Goyon, sieur des Hurlières, marié à Renée de Luynes. (Voir Tableau XXIII).

Pierre de Goyon, lieutenant au régiment de Champagne (11), tué au combat de Parme.

Joseph Martin de Goyon, marié à Marie - Thérèse de Luynes (12).

Charles-François de Goyon, lieutenant au régiment de Lorraine (infanterie).

Bernard-Jean de Goyon, capitaine au régiment de Lisle (infanterie), major du château de Nantes.

François - Fulgence de Goyon, enseigne de vaisseau.

Arnaud - Marie de Goyon, capitaine au régiment d'Au- nis.

Augustin-Joseph de Goyon, maréchal de camp, marié à Louise-Amable Foucault.

René - Pierre de Goyon, capitaine de dragons.

Michel-Augustin de Goyon, comte de l'Empire, marié à Pauline de la Roche-Aymon.

Auguste, comte de Goyon, général de division commandant à Rome, marié à D^me de Montesquiou-Fezensac.

(1) Marpalu, manoir en Étrelles, habité vers la fin du XVIII⁰ siècle par *Daniel du Jarday*, correspondant de la *Gazette de France*. De ce manoir, le 28 novembre 1771, du Jarday adressait à la *Gazette* cette communication : L'un de mes fermiers ayant réduit ses semailles d'un cinquième, à cause de l'excellente disposition des terres, se dit : « Dieu, en disposant favorablement ma terre, m'a donné occasion de gagner quelques boisseaux de blé. Ce blé ne m'appartient pas, puisque je comptais le semer. Il faut donc que je le donne aux pauvres. » En conséquence, ajoute du Jarday, il en a fait faire du pain et l'a distribué non à sa porte et à des mendiants, mais en secret. (Les correspondants bretons de la *Gazette de France*, article publié dans le *Journal de Rennes*, 27 février 1890, signé : Albert MAGÉ).

(2) La Réauté. Il existe une ferme de ce nom sise en la commune de Vitré, à droite sur le chemin de cette ville à Erbrée. — Mathurine Geffrard, dame de la Réauté, décéda le 23 may 1649. Elle avait eu une fille : Jeanne Nouail.

(3) Ils eurent : Joachim Le Cocq, marié à Guillemette du Verger, fille de Mathurin et d'Olive Geffrard.

(4) Pierre **de Montalembert**, sieur de la Mousserie, bâtit à son manoir de Marpalu une chapelle en l'honneur de Saint-Louis. *Pouillé de Rennes*, t. IV, p. 582).

6ᵉ aoust 1654
Fondation de la Chapellenie de Marpalu.

Le sixième jour du mois d'août, après-midy, mil six cent cinquante-quatre, devant nous, notaires de la cour de Vitré, ont comparu nobles gens *Pierre de Montalembert et Jeanne Le Moyne* son épouse, sieur et dame de la Mousserie, elle de lui à ce autorisée, résidant au *fauxbourg Saint-Martin de Vitré*; lesquels pour le soulagement et repos de leurs âmes et de leurs parents et amis deffuncts, par ces présentes fondent deux messes par semaine et à perpétuité à estre dites et célébrées en basse voix à *la Chapelle de Saint-Louis*, proche et dépendante de leur lieu et métairie de Marpalu, située en la paroisse d'Étrelles, à chaque jour de lundy et de samedy, avec les prières nominales à chacune et à commencer la dite célébration au premier jour de lundy et de samedy prochain après le décès du premier décédé des dits fondateurs; et veulent qu'il soit délivré par les demi-années, par moitié et à la fin de chacune, la somme de quarante-deux livres chacun an, au chapelain qui fera la célébration des dites messes, et ce sur l'hypothèque spéciale de leur lieu de *la Faverie*, situé en la dite paroisse d'Étrelles, consistant : en maison, jardins, terres arables; contenant tout ensemble par fond vingt-et-deux journaux de terre ou environ, comme il est et appartient aux dits fondateurs et pour la présentation de la dite fondation, veulent, les dits fondateurs, que ce soit après leur décès, celuy de leurs enfants qui sera propriétaire de la dite métairie de Marpalu ou leur cause ayant, *catholiques, apostoliques et romains*.

Et au cas que le propriétaire du dit lieu de Marpalu manquerait à faire la dite présentation dans trois mois après le décès du chapelain, les trésoriers de la dite paroisse d'Étrelles pourront en faire présentation et nomination d'un chapelain, et sans néanmoins qu'après le décès du prêtre que les dits trésoriers auront pourvu, les propriétaires du dit lieu ne puissent user de leur droit de présentation, de là en avant et les trésoriers à leur défaut, comme dit est. Et au cas que par succession de temps ou autrement la dite chapelle deviendrait ruinée ou que la dite célébration n'y pourrait estre faite, pour quelque cause que ce soit; en attendant le rebastiment de la dite chapelle ou empêchement levé touchant la dite célébration des dites messes, veulent les dits fondateurs, que la dite célébration soit transférée en l'église de *Saint-Martin de Vitré* aux conditions cy-dessus, comme aussy arrivant qu'il y aurait des fêtes qui ne choiraient aux dits jours de lundy et samedy, veulent que chacune messe soit dite chacune feste s'il n'y avait d'autres messes assurées les dits jours que les dites festes échoiront et pareillement se trouvant quelques dimanches où il n'y aurait de messes assurées, celles du prochain lundy en suivant y sera célébrée, le tout en la dite chapelle; et est entendu que les dits chapelains célébreront les dites messes en personne, s'ils n'en sont empêchés par maladie ou autres causes aussy légitimes; qu'ils la feront célébrer par autres et se fourniront d'ornement et de toutes autres choses nécessaires pour ce faire et autant des dites messes que le dit chapelain aura manqué de célébrer ou faire célébrer, à cause des dits empêchements, les dits fondateurs ou propriétaires du dit lieu de Marpalu, lui déduiront dix sols par chacune sur la dite rente et dont le propriétaire du dit lieu ou métairie y estans seront creus parce que les dits propriétaires les feront dire de temps en temps en la dite chapelle ou ailleurs, où bon leur semblera, et pour ce faire recevra du détenteur du dit lieu de la Faverie ce qui nécessaire sera pour faire dire les dites messes qui auront manqué à être dites en l'année, et le surplus, le dit chapelain le recevra du dit détenteur du dit lieu de la Faverie.

Et a tout ce que dessus les dits sieur et dame de la Mousserie l'ont ainsy accordé, voulu et promins tenir, et s'y obligent à tous leurs biens jointement et solidairement à être d'élection leurs biens prins, exécutés, arrêtés, saisys et vendus, etc. — Fait et consenty au dit Vitré, en la maison et demeurance des dits sieur et dame de la Mousserie, et ont signé ainsy : Pierre de Montalembert et Jeanne Le Moyne (a) ; et pour notaires : M** Lodier et Le Roy, guarde d'iceluy.

(a) Fille de Mathieu Le Moyne de la Reboursière et d'Olive Guillaudeu.

23ᵉ juillet 1660
Augmentation de la Fondation de Marpalu par Jeanne Le Moyne.

Le 23ᵉ juillet, après-midy, mil six cent soixante, devant nous, notaires de la Cour de Vitré, a comparu ladite Le Moyne dénommée ci-dessus, laquelle, pour plus d'assurance de la continuation de la célébration des deux messes par semaine dont est la fondation cy-dessus, elle augmente la fondation de dix-huit livres tournois par chacun an, à estre pris au terme de la dite fondation sur le dit lieu de la Faverie seulement, echeu de partage avec le dit lieu de Marpalu, à Dᴸˡᵉ Olive de Montalembert (a), sa fille, du consentement de sa dite fille et de noble homme Jean Lucas (b), à présent son mari cy-présents auxquels, pour le consentir, elle leur a présentement payé la somme de *quatre cents livres tournois* en louis d'argent et autre monnois..... dont ils se contentent et l'en quittent sans recherche, parce que, en deffaut du chapelain de faire la dite célébration, au lieu de dix sols qui est porté par la dite fondation qui luy seront rabattues par chacune messe qu'il aura manqué de célébrer, il luy en sera rabattu douze qui sont deux sols de plus de rabais, en considération de la présente augmentation et le parsur aux termes, charges et conditions de la dite fondation.

Et tout ce que dessus, la dite Le Moyne et de Montalembert autorisée du dit sieur Lucas, son mary, l'ont ainsi voulu et promins tenir..... Fait et consenty au dit Vitré, en la demeurance des dits sieurs Lucas et femme, lesquels ont signé et aussy la dite Le Moyne, au registre des présentes demeuré à Julien Le Roy, l'un des dits notaires, et pour autre notaire M* Lodier.

Plus bas est escript : « Collationné à une grosse originale apparue et rendue avec le présent, par moy, conseiller du Roy, notaire et secrétaire au Parlement de Bretagne. Signé : Guyart, avec paraphe ; et plus bas : J. Chesnel, prêtre. — La présente copie est tirée sur une autre appartenant à Mᵉ J. Chesnel, prêtre, chapelain de Marpalu, pour justifier qu'il n'est point obligé à aucun catéchisme en la dite chapelle.

(a) Olive de **Montalembert** avait deux sœurs : l'une mariée à Jacques Malherbe de la Moûcière ; l'autre à N. Le Corvaisier, sieur des Ormeaux.

(b) Jean **Lucas**, sieur de la Croix, était docteur en médecine. Olive de Montalembert lui donna une fille, mariée à Étienne du Verger de la Gravelle, maire en titre de la ville de Vitré, parrain de Marguerite Frain de la Motte qui fut Mᵐᵉ de Grimaudet.

D'Étienne du VERGER et de Dᴸˡᵉ Lucas
issurent :

René du Verger, marié à dᴸˡᵉ Le Moyne de la Borderie.	Marguerite du Verger, mariée à Paul-Joachim de la Roussellière du Châtelet.	Dᴸˡᵉ du Verger, mariée au sieur Daniel du Jarday.
Thérèse du Verger, mariée à Charles Girard de Château-vieux. (Voir Tableau XVIII). IV.		

Outre les enfants portés au Tableau IV, Charles Girard et Thérèse du Verger eurent : Marie-Anne Girard, mariée en 1731 à noble homme Louis Bernard, sieur du Treil, originaire de Béré, avocat en Parlement, lieutenant de la maîtrise particulière des eaux, bois et forêts de Châteaubriant, fils de noble homme Nicolas Bernard du Treil, lieutenant honoraire de la dite maîtrise et avocat en Parlement et de Dlle Étiennette Lucellier. Les Bernard demeuraient au château de Châteaubriant; les Girard au château de Vitré. (Sur les Bernard du Treil, consulter la *Bio-Bibliographie bretonne* de KERVILER, 7e fasc., page 16).

1er juillet 1722
Présentation de la fondation de Marpalu.

Je, qui soussigne, présentateur des fondations fondées en la chapelle de Marpalu, j'ay, ce jour, présenté à messire François Morin, prêtre, actuellement résidant en cette paroisse d'Étrelles, les dites fondations de Marpalu, pour tout le temps qu'il plaira au dit messire François Morin les desservir à la dite chapelle de Marpalu les messes qui doivent y être célébrées suivant la réduction qui m'a été faite par Monseigneur l'évesque de Rennes à sa dernière visite (a), et à condition au dit chapelain de se fournir de cierges et de vin et parce que le dit messire François Morin l'a ainsy accepté; moy soussignant, m'oblige de luy payer la somme de soixante et cinq livres pour rétribution des messes fondées par feu P. de Montalembert et dame Jeanne Le Moyne, sa femme, sauf au dit chapelain à se faire payer le surplus des autres fondations (b) dues par les propriétaires des lieux de la Barboterie, de Chantelou et du Bas-des-Champs. — Fait à Marpalu, le 1er juillet 1722. — Ainsy signé : DE LA GRAVELLE DU VERGER.

REMARQUES

(a) La réduction est de Monseigneur Christophe-Louis-Turpin Crissé de Sansay, évêque de Rennes faisant sa visite en la paroisse d'Étrelles au mois de may 1721, et à raison de vingt sols pour rétribution de chaque messe qui doivent être dites en la chapelle de Marpalu.

(b) Les propriétaires du lieu de la Barboterie doivent, par chacun an, la somme de trente livres au chapelain (fondation de 1620, 21e septembre). — Les propriétaires de Chantelou (fondation des Martin, 1621), doivent 20 livres. — Les propriétaires du Bas-des-Champs doivent six livres (fondation des Orhan, 1625). Ainsy il doit être dit 121 messes par chacun an en la chapelle de Marpalu. (Ces trois documents, relatifs à la Fondation de la chapelle de Marpalu, nous les devons à l'obligeance de M. Henri de Courville).

Le testament de Dlle Élisabeth du Chesne, en date du 25 juillet 1704, contient cette mention :

Pareillement désire que pendant le temps de vingt années, à commencer du jour de son décès, le revenu de sa moitié des Champagnes-de-Derrière, plantées d'antes, contenant un journal, aboutant au derrière de sa terre de la Conterie, paroisse d'Étrelles, du costé du chemin où sont plantés plusieurs châtaigniers, pour estre employé en prières et messes à la chapelle de Saint-Louis de Marpalu, située en la dite paroisse d'Étrelles; et supplie le sieur fondateur de faire célébrer les dites prières et d'y appliquer les revenus de sa dite moitié de Champagne et charge le dit chapelain de célébrer, pour ce, des messes par an pour le repos de l'âme de la testatrice, même de celle de sa défunte sœur Jeanne du Chesne et de ses autres parents et amis trépassés et lors de la célébration des dites messes, le même chapelain de Marpalu donnera les prières nominales.

Gilles Seré de la Sibonnière, exécuteur testamentaire. BOURDIN et ACCARIS, notaires.

---

(5) Il était né le 2 octobre 1616; il épousa le 31 mai 1664 et mourut le 3 septembre 1695.

---

(6) Il fut reçu à Champeaux le 10 mars 1651 et y fonda une messe tous les samedis.

---

(7) Pierre Geffrard de l'Aiglerie, devenu veuf, entra dans les ordres et fut chanoine de l'église collégiale de la Madeleine de Vitré. De son mariage avec Marie-Marguerite du Verger issut une fille, mariée à Tobie de Gennes, sieur des Hayers.

(8) Au nombre des estampes conservées par le Musée archéologique de Rennes, se trouve la thèse philosophique soutenue en 1664, au collège de la Marche par Joseph Geffrard. Cette thèse, imprimée sur satin blanc, vient d'être décrite par le Cᵗᵉ DE PALYS, dans la *Revue de l'Ouest*, 6ᵉ année, 3ᵉ livr., p. 223.

(8 bis) Renée **Billon**, fille de Mathurin Billon, sieur du Domaine et de Marie Hardy. Elle avait pour frère Charles-François Billon, trésorier de la Collégiale de Vitré. Renée Billon mourut au manoir de Fourneaux, en Availles, le 28 août 1689. Son cœur et celui de son mari furent déposés sous des pierres armoriées en la chapelle du Bois-Cornillé.

(9) Arnaud **de Goyon**, originaire de Condom en Guyenne, était huitième co-partageant dans un patrimoine très-médiocre; il vint d'abord s'établir à Nantes en 1683, fit le commerce maritime et épousa à Saint-Malo Emilie-Bernardine Geffrard. *(Généalogie des Cornulier)*.

(10) Les cœurs de Mathurin Geffrard et de Françoise Fleuriot furent déposés dans la chapelle du Bois-Cornillé.

(11) Champagne, un des six vieux corps, doyens illustres et respectés de l'infanterie française. Le vaillant comte de Gisors, fils du maréchal de Belle-Isle, en fut colonel.

(12) Marie-Thérèse et Renée de Luynes : deux familles originaires de la Sologne, remontant, dit M. de l'Estourbeillon, à Guillaume de Luynes, écuyer qui possédait en 1335 les fiefs de Loynes, près Beaugency. Le père de Mᵐᵉ de Goyon était lancé dans le commerce maritime. Il portait : coupé au 1ᵉʳ de gueules à la fasce gironnée d'or et d'azur de six pièces accompagnée de deux guivres d'argent; au 2ᵉ d'azur à sept besans d'or 4 et 3. — Augustin de Luynes fils, au nombre des consuls de Nantes, 1745-1746. — Augustin de Luynes père, consul pour l'année 1747-1748. (Livre doré de la ville de Nantes). — Voir dans les *Familles françaises à Jersey*, par le Cᵗᵉ de l'ESTOURBEILLON, l'acte de mariage de Gabriel-Samson-Justin, comte de Luynes, chevalier de Saint-Louis, fils de Gabriel-Marie-Louis de Luynes et de Marie de Fleury.

Écuyer JOSEPH GEFFRARD, sieur du Plessix, maître aux Comptes, contrôleur général des domaines de Bretagne, marié le 5 septembre 1674 à Renée Billon.

Émilie-Bernardine Geffrard, mariée à Arnauld de Goyon, général des finances à la Cour des Comptes.

Pierre de Goyon, lieutenant au régiment de Champagne.

Joseph-Martin de Goyon, marié à Marie-Thérèse de Luynes. (V. Tabl. XXII).

Arnauld de Goyon des Hurlières (1), avocat général à la Cour des Comptes, marié à Renée de Luynes (2).

Arnauld-Bernard de Goyon, enseigne de la compagnie des Cadets françaises.

Louis-François (3) de Goyon, marié à Louise de Lantivy.

Benjamin-René de Goyon, chanoine et visiteur général de Rennes (4).

Louis-Augustin de Goyon, conseiller au Parlement (5).

Marie-Thérèse de Goyon, restée fille.

Marie-Émilie de Goyon (6).

Bernard de la Turmelière.

Victoire-Ursule de Goyon, mariée à Charles Louis du Goyon Bouays.

Renée-Thérèse de Goyon, mariée à Joseph-René de la Chapelle.

Augustine de Goyon, mariée à Charlemagne de Cornulier (7).

Rose-Charlotte de Goyon, mariée à Joseph de Goyon, mariée à Gabriel-François - Isaac Froslon de l'Aubin.

Angélique-Joseph de Goyon, marié à ...

Marie-Rose de Cornulier.

Charles-Benjamin de Cornulier.

Louis-Augustin de Cornulier, marié à Adélaïde-Bonne-Marie de Lespinay (10 février 1810).

Arnauld de (8) Cornulier, marié à Marie-Françoise-Gabrielle des Friches Doria.

Charlemagne-René (9) Augustin de Cornulier, marié : 1° à Marie-Sainte de Beré; 2° à Pauline Le Mallier de Chassonville.

(1) Les Hurlières, manoir situé en la paroisse de Châtillon-en-Vendelais. Il avait une chapelle fondée de messes et pour la desservir, François de Goyon présenta en 1735, Joseph Le Clerc.

(2) Fille d'Augustin de Luynes et de Renée Guillet de la Brosse.

(3) Louis-François de Goyon mourut au château du Bois-Cornillé en Izé, le 27 mars 1812.

(4) Né en 1751, licencié en théologie, chanoine prebendé de la cathédrale de Rennes, abbé de Coatmaloven et vicaire général de Rennes de 1788 à 1790.

(5) Louis-Augustin naquit le 26 septembre 1755. Il fut reçu conseiller le 15 mai 1783.

(6) Mariés à Izé le 17 octobre 1781.

(7) Ils épousèrent le 2 juillet 1770 en la chapelle du Bois-Cornillé, paroisse d'Izé.

(8) Fit partie de l'expédition de Quiberon, en qualité de sergent-major, dans le régiment du Dresnay. Blessé au genou, fait prisonnier et condamné à mort, il parvint à s'échapper pendant la nuit qui précéda l'exécution. Il mourut à Nantes le 21 avril 1830. Il était chevalier de la Légion d'honneur et avait fait partie du Conseil municipal de Nantes en 1816.

(9) Entra en 1789 au régiment du Royal-Comtois (infanterie); se trouva à Quiberon; fut fait chevalier de Saint-Louis sous la Restauration.

Ces onze enfants d'Arnauld de Goyon et les neuf enfants de son frère Joseph-Martin ne laissèrent pas d'avoir, chacun une honnête fortune. Elle venait en majeure partie de leur grand'mère, Émilie-Bernardine Geffrard, dont le père faisait à Saint-Malo le grand commerce maritime. (*Généalogie de la maison de Cornulier*. Orléans, Herluison, 1889, p. 120).

Écuyer JOSEPH GEFFRARD, sieur du Plessix, né à Saint-Malo le 2 janvier 1644, marié le 5 septembre 1674 à Renée Billon.

Marie Geffrard, mariée à Mathurin Tanguy de la Favetière.	Émilie-Bernardine Geffrard, mariée à Arnauld de Goyon. (Voir Tableaux XXII et XXIII).	Écuyer Joseph Geffrard, marié à Marie-Anne Nouail (1).			Écuyer Mathurin-Claude Geffrard, marié à Françoise Fleuriot.
Marie-Suzanne Geffrard (2).	Charles-Franço-Jos. Geffrard, capitaine au régiment de Royal-Comtoi, chevalier de St-Louis (3). Joseph-Augustin Pros...Geffrard, lieut.-colon. de Royal-Comtoi, chevalier de St-Louis (4).	Écuyer Jean-François-Joseph Geffrard de (5) la Motte, comte de Sanois, seigneur du Plessix et du Bois-Cornillé, marié en 1761 à Anne-Louise Rulaut de Sanois.	Suzanne-René-dictine-Louise Geffrard (6).	Athanase-Ful-gene Geffrard, capitaine (7).	Augustin Geffrard, sieur de Ponthy, lieute-nant au régiment d'Eu (8).

N. de la Motte-Geffrard, 1ère de Sanois (9).

(1) Messire Joseph-Étienne **Geffrard**, seigneur de la Motte, contrôleur des domaines et bois de Sa Majesté en Bretagne, de cette paroisse, et demoiselle Marie-Anne Nouail, de la paroisse de Saint-Servan, évêché de Saint-Malo, ont reçu la bénédiction nuptiale par messire Charles-François Billon, sieur de Lepineray, thresorier de la Magdeleine de cette ville, du consentement du recteur, soussigné, ce quatorzième octobre 1722; après la publication d'un seul ban canoniquement fait dans cette paroisse et dans celle de Saint-Servan, sans opposition, ainsi qu'il nous est attesté par le recteur de cette paroisse, par son certificat du 11e de ce mois, signé : Allain, recteur; et après la dispense des deux bans obtenue de MM. les grands vicaires de NN. SS. les évêques : celle de Rennes du 1er de ce mois, insinuée le même jour par Ruffé; celle de Saint-Malo du 12e de ce mois, signée : ......, et plus bas Fontaine, insinuée le même jour par Griffon. — Ont été présents le père de l'épouse et MM. les autres parents et amis soussignés. Signé : la Motte-Geffrard, Marie-Anne Nouail Cohigné, Fleuriot Geffrard, Plessix Geffrard, Jeanne-Marie Nouail, Contrie Nouail, de Bonnefons du Domaine, F. Grout de Montiers, Anne du Verger, Suzanne Nouail, Jeanne de Gennes, Marie Billon, Hunau-dière Nouail, du Verger, de Gouyon de l'Abbaye, Ch.-F. Billon, thresorier de la Magdeleine; Paul Bely, recteur. (Extrait des Registres de Notre-Dame de Vitré).

Marie-Anne **Nouail** était fille de Jean Nouail de Cohigné, avocat en la Cour, alloué de Saint-Malo puis sénéchal des Reguaires, et de Marie-Anne Guillaume de Beauchesne. Devenue veuve, elle se remaria en 1738 à messire Jean-Guillaume de Ladvocat, seigneur de la Crochais.

Le contrat de Joseph-Étienne Geffrard, écuyer, seigneur de la Motte, est au rapport de Fournier et Hévin, notaires, et daté du 8 octobre 1722. Le futur époux y déclare avoir tant des successions de ses père et mère que de ce qu'il a gagné dans le commerce : 54,000 livres. Il déclare, en outre, avoir avec le seigneur du Plessix, son frère, des recouvrements à faire pour argent donné au sujet de l'armement fait par le feu sieur Martinet et associés de Saint-Malo pour le service du roi d'Espagne. Ce contrat est signé : Marie-Anne Nouail, Nouail Cohigné, la Motte-Geffrard, Paul Bely, prêtre, recteur de Notre-Dame et de Saint-Martin de Vitré ; Plessix-Geffrard, Jeanne-Marie Nouail, Fleuriot Geffrard, Ch.-Fr. Billon, trésorier de la Madeleine; J.-B. Nouail, prêtre; Marie Billon, Marie du Verger, Jeanne de Gennes, Contrie Nouail, F.-P. Grout de Montiers, Gouyon de l'Abbaye, P. du Verger, de Bonnefonds, Suzanne Nouail, Hunaudière Nouail, de la Contrie Nouail, diacre; et les notaires.

(2) Marie-Suzanne-Mathurine **Geffrard**, fille d'écuyer Joseph-Étienne Geffrard, seigneur de la Motte, née d'hier, a été baptisée par moy soussigné, prêtre, du consentement de Monsieur le recteur, le cinquième octobre 1724. A été parrain : écuyer Mathurin-Claude Geffrard, seigneur du Plessix; et marraine : Suzanne Nouail, dame du Fougeray. — Signé : Suzanne Nouail; Plessix Geffrard, Fleuriot Geffrard, Jeanne Duverger, Anne-Marie Le Gentil, René Nouail, Estienne Nouail, la Motte Geffrard, J.-B. Nouail, prêtre. (Extrait des Registres de Notre-Dame de Vitré).

(3) Charles-François-Joseph, fils d'écuyer Joseph-Étienne Geffrard et de dame Marie-Anne Nouail, seigneur et dame de la Motte, né ce vingt-huitième de mars 1728 et baptisé le même jour par moy, prêtre soussigné. Parrain : noble et discret messire Charles-François Billon, trésorier de la Madeleine. Marraine : dame Marguerite de Gennes, dame de la Motte-Frain(a) qui ont signé, et autres. — Signé : Ch.-Fr. Billon, trésorier de la Madeleine; Marguerite de Gennes, Contrie Nouail, Marie Billon, la Motte Frain, procureur fiscal; la Motte Geffrard, J.-B. Nouail, prêtre; P. Ravet, recteur. (Extrait des Registres de Notre-Dame de Vitré).

Les registres de la paroisse de Torcé portent cette mention : Charles-François-Joseph Geffrard, seigneur du Plessix-Torcé, capitaine au régiment de Forest, chevalier de Saint-Louis, pensionnaire des États de Bretagne, né à Vitré le 28e mars 1728, décédé à Paris le 30 décembre 1762, inhumé à Saint-Eustache le 31, lequel a demandé en mourant que son cœur fut transporté dans la chapelle prohibitive de la seigneurie de la Motte, en l'église paroissiale de Torcé. — La seigneurie de la Motte de Torcé tirait son nom d'une motte féodale considérable, dont les restes se voient encore près de l'église de Torcé. Ce fut la demeure des premiers sires de Torcé (*Hamelinus, Herveus de Torceio*), auxquels succédèrent les familles Laisné, de la Touschardière, de Cornillé, Lombard, Geffrard et de Langle. Le seigneur de la Motte avait droit de quintaine sur les mariés de la paroisse et le sieur de la Courgeonnière lui devait chaque année une paire de gants avec ornements et enrichissements. (*Pouillé de Rennes*, t. VI, p. 387.)

(a) Marguerite de Gennes, dame de la Motte Frain, était arrière-grand-tante de son filleul Charles-François Geffrard, comme il appert du tableau suivant :

Jean de GENNES des Hayers, marié à Renée Pedron.

Jeanne de Gennes, mariée à Pierre Nouail de Cohigné.	Marguerite de Gennes, mariée à Jean Frain de La Motte.
Jean Nouail de Cohigné, marié à Marie-Anne-Guillaume de Beauchesne.	
Anne-Marie Nouail, mariée à écuyer Joseph Geffrard.	
Charles-François-Joseph Geffrard, seigneur de la Motte-Torcé, chevalier de Saint-Louis.	

(4) Joseph-Augustin-Prosper, fils d'écuyer Joseph-Étienne Geffrard et de dame Marie-Anne Nouail, son épouse, sieur et dame de la Motte, né d'hier, a été baptisé par moy, prêtre, ce 28e febvrier 1729. Parrain : Étienne Nouail, sieur de la Hunaudière; et marraine : Dᵐᵉ Jeanne-Séraphique Baude, dame de Moutiers. — Signé : Jeanne-Séraphique Baude de Moutiers, Étienne Nouail, de Bonnefons du Domayne, Fleuriot Geffrard, Marie Duverger de Gaillon. (Extrait des Registres de Notre-Dame de Vitré).

(5) Jean-François-Joseph, fils d'écuyer Joseph Geffrard, sieur de la Motte et de dame Anne-Marie Nouail, son épouse, né de ce jour, a été baptisé par moy soussigné, thresorier de la Magdeleine de Vitré, ce 10e octobre 1723. Parrain : noble maître Jean Nouail, sieur de Cohigné; et marraine : Dᵐᵉ Françoise-Perrine Fleuriot, dame du Plessix-Geffrard. — Signé : Françoise-Perrine Fleuriot, Jean Nouail de Cohigné; la Motte Geffrard, de Bonnefons du Domaine, Contrie Nouail, Suzanne Nouail, Plessix Geffrard, Jeanne Legge, Charles-François Billon, trésorier de la Madeleine. (Extr. des Reg. de Notre-Dame de Vitré).

Jean-François-Joseph **Geffrard**, aîné de ses frères et sœurs, fût seigneur du Plessix, du Bois-Cornillé, de Taillix, devint par son mariage comte de Sanois. Aide-major aux Gardes-Françaises, il avait reçu la croix de Saint-Louis. En témoignage d'une existence fort tourmentée, il fit graver son portrait, dessiné par Quenedey, et l'entoura de cette légende : « *Calumnia nunc Victima, nunc Victor.* » (*Iconographie bretonne*, par le marquis DE GRANGES DE SURGÈRES, t. II, p. 27, 338). — Ce passage d'un Mémoire, dressé par LACRETELLE, donnera une idée exacte du Personnage :

« .....Il y a environ deux mois, je vois entrer dans mon cabinet un homme qui n'avait pas voulu dire son nom, d'une figure qui annonçait plutôt de profonds chagrins et de longues maladies que la vieillesse; montrant dans ses vêtements les soins de la décence avec les signes de la pauvreté et se recommandant davantage encore à mon attention par le maintien de l'honnête homme, de l'homme de bonne compagnie et par le ruban de l'ordre de Saint-Louis. On est frappé en bien ou en mal dès le premier abord : je me sentis prévenu en sa faveur. — Monsieur, me dit-il, voulez-vous et pouvez-vous m'accorder une heure d'entretien? — Monsieur, vous pouvez disposer de moi; mais avant tout, permettez-moi de vous demander à qui j'ai l'honneur de parler? — Je ne crois pas que mon nom vous soit connu, s'il l'était, ce serait peut-être par les calomnies dont je suis victime. Avant de vous le dire, je vous supplie de croire que je puis être un homme de quelque sens et digne d'estime, quoique je sorte d'une maison de force, d'une maison de fous. Vous voyez, Monsieur, un homme récemment échappé des Loges de Charenton..... Et en prononçant ces mots, une indignation contrainte animait sa figure, sa voix et son geste. Je me sentais à mon tour agité de surprise et d'inquiétude..... — Eh, mon Dieu, Monsieur, quel malheur ou quelle injustice a pu vous conduire dans ces lieux? Il se tut un moment. — Je pénètre votre pensée, Monsieur; il faut que je change la nature de vos conjectures. Je ne suis point fou, je ne l'ai jamais été. Je ne sais ce qui en aurait pu arriver; mais enfin il me reste assez de raison pour sentir de plus grands outrages, de plus grands malheurs. Ce n'est point comme un fou que j'ai été enfermé à Charenton, c'est comme un infâme, un scélérat, en un mot comme un banqueroutier frauduleux. — Mais, Monsieur, je n'ai jamais entendu dire que des créanciers fissent mettre à Charenton un débiteur infidèle et de mauvaise foi. — Aussi ce ne sont pas eux qui m'ont fait arrêter; ils ont de meilleures ressources que mon infime personne. — Je suis de plus en plus confondu, épouvanté de ce que vous me dites. Eh qui donc vous a dénoncé? — Le croiriez-vous, Monsieur, c'est ma femme, c'est mon gendre, c'est peut-être ma fille unique! — Vous me faites entrevoir des horreurs sans me donner aucun moyen de les expliquer. De grâce, procédons d'une autre manière : reprenons votre histoire de plus haut et suivons-la jusqu'à la catastrophe. — Hélas, elle est bien triste et bien longue. En voici l'abrégé :

« Je m'appelle la Motte, Cte de Sanois. Je suis un gentilhomme de la province de Bretagne. Je me suis retiré du service aide-major dans le régiment des Gardes. J'ai passé ma jeunesse à servir de père à quatre frères dont j'étais l'aîné. (Charles-François-Joseph, chevalier de Saint-Louis, capitaine au régiment de Forest; Prosper, chevalier de Saint-Louis, lieutenant-colonel de Royal-Comtois; Athanase-Fulgence, capitaine; Augustin, sieur de Ponthy, lieutenant au régiment d'Eu.) L'un d'eux a fait la désolation de ma vie par des procès odieux, dans lesquels il a toujours succombé, et encore plus par une conduite indigne de notre nom (Augustin Geffrard). J'ai cherché le bonheur dans un mariage sortable; je n'ai pu y obtenir la paix qu'en me soumettant aux volontés de ma femme. C'est par là, par là uniquement que le désordre est entré dans mes affaires. Cette faiblesse, j'ose le dire, a été ma seule faute; j'en suis puni par la personne même de qui elle méritait des égards, si ce n'est de la reconnaissance. Au mois d'avril de l'année dernière mes chagrins étaient à leur comble; je n'écoutai que les conseils trompeurs du désespoir. Je pris le dessein de m'arracher à tout ce que je voyais et éprouvais, d'aller vivre à Lausanne près de Monsieur T.., en qui j'avais une confiance particulière. Je suis parti avec 400 livres et une petite partie de mes nippes et habits. J'avais fait mon plan de tout laisser à ma femme, à ma fille et à mon gendre. Pendant que je me condamnais à une si chétive existence, ma femme m'accusait auprès des ministres de lui emporter plus de 400,000 livres. — Monsieur, cette accusation même ne lui donnait aucun droit, aucun prétexte d'attenter à votre liberté. — Je n'ai jamais examiné ce point, je me croirais digne de l'infamie dont on a voulu me couvrir, si le fait était vrai. — Mais comment vos ennemis ont-ils pu le supposer, le persuader? — Hélas, Monsieur, c'est ma lettre d'adieu à ma femme qui est devenu le titre de leur accusation. Je lui écrivis en partant que j'emportais dans mon portefeuille le prix d'une terre qui était mon propre patrimoine. Cela était faux. Cela était impossible. Cette terre était vendue depuis vingt ans et le prix en avait passé, aux termes mêmes du contrat, dans l'acquisition d'une autre terre. — Cette déclaration me paraît étrange. Quel en était le motif et l'objet? — Je prévoyais que ce frère dont je viens de vous parler, jusqu'alors exilé en Bretagne, allait venir à Paris: qu'il tourmenterait Mᵐᵉ de Sanois de nouvelles chicanes, qu'il la fatiguerait du moins de ses besoins insatiables. Je voulus qu'elle pût lui dire, lui faire croire un fait qu'elle connaissait faux et impossible. C'était là, je l'avoue, une grande imprudence; mais prouve-t-elle autre chose que ma bonté, ma simplicité, ou si vous voulez le trouble de mon esprit dans le moment d'une séparation qui m'était cruelle, et pouvais-je prévoir que la mauvaise foi de mes proches irait chercher un moyen de me perdre dans mon dernier soin pour leur repos? Voilà, Monsieur, les accusations, voilà le crime, voilà le supplice. J'ai été arrêté à Lausanne par ordre du Roi et avec la permission de la République de Berne, ramené à Paris et renfermé pendant neuf mois et douze jours à Charenton, où j'ai été traité comme vous le verrez. — Monsieur, tout me confond dans votre récit; c'est un renversement continuel des sentiments de la nature et de la règle commune. On vous impute un délit, vous le détruisez par une explication facile à vérifier, comment l'autorité enfin éclairée..... — L'autorité, Monsieur, a des moyens pour arrêter partout les citoyens, elle n'a pas de formes pour les juger. Jetez les yeux sur ces deux volumes. Ils renferment une foule de Mémoires; rien n'est parvenu à mes parents, à mes amis; rien n'a été examiné ni vérifié; jamais de juges; et toutes les rigueurs de la captivité, de la captivité dans le déshonneur, malgré l'innocence. — Hâtez-vous de me dire à qui vous devez votre délivrance. — Dans le fond de mon cachot, j'ai souvent invoqué la loi : rendez-moi à mes juges, conduisez-moi à la Conciergerie; point de grâce, mais justice! Voilà ce que j'écrivais au milieu des hurlements des fous, dans les ténèbres de la nuit; ce que j'écrivais tout le jour. J'ai pu enfin voir des magistrats, leur parler; ils ont vu mes Mémoires et le Lieutenant de Police a été éclairé et me voilà libre, me voici devant un avocat à qui je viens confier le dépôt de mon honneur. »

Dans le cours de sa plaidoirie, Lacretelle fit cet éloge de la Motte Geffrard : « On ne peut voir plus de franchise et d'abandon; il trace sans faste et sans orgueil une conduite toujours irréprochable et souvent digne d'éloges. Il dit le bien et le mal sur ses ennemis comme sur lui-même; il présume toujours bien des personnes auxquelles il s'adresse; il n'outre rien dans ses reproches; il proportionne même l'expression de ses plaintes au degré de ses maux et, ce qui mérite le plus touchant intérêt, jamais la haine n'entre dans son cœur, lors même qu'elle y est appelée par le désespoir et que l'invective s'en échappe. »

Ce portrait est fidèle. Nous avons des lettres de la Motte Geffrard, sans apprêt, d'une large et nette écriture, montrant avec une nuance de tristesse bien justifiée par ses malheurs et les injustices de ses proches, le caractère plein de franchise et d'abandon qui plaisait tant à Lacretelle.

« Le procès du comte de Sanois finit par ce qui aurait pu le prévenir; par un acte de réparation à son honneur et une transaction sur ses intérêts. Il eut été inhumain de sa part de ne pas s'arrêter là. Il n'était que trop vengé! mais il avait été condamné d'aller jusque là par l'espèce de ses outrages. Qu'on juge ce qu'était dans le monde un homme qu'on avait renfermé pendant neuf mois à Charenton sous prétexte d'un vol de 400,000 francs à sa femme et aux créanciers de leur communauté! Il est mort depuis quelques années. C'était un parfait honnête homme, un homme de beaucoup d'esprit, d'un grand courage, d'une activité d'âme singulière. Sorti des calamités domestiques, il s'était jeté dans les intérêts politiques, et la Révolution se trouva là pour agiter sa tête et bouleverser son âme. Il fut, malgré son âge, un vrai soldat de contre-révolution; mais en restant toujours humain et bon pour toutes les espèces d'opprimés ». (Cet intéressant extrait des *Mémoires* de Lacretelle, nous le devons à l'obligeante amitié de l'abbé Paris-Jallobert).

———————

(6) Suzanne-Bénédictine-Louise, fille d'écuyer Joseph-Étienne Geffrard et de dame Marie Nouail, sieur et dame de la Motte, ondoyée par moy soussigné, recteur, le vingt-et-unième febvrier dernier, en vertu de la permission accordée par M. l'abbé de Guersans, grand-vicaire de ce diocèse, en date du dix-septième janvier de la présente année, a reçu les saintes cérémonies du baptême par moy soussigné, recteur, ce vingt-et-cinquième mars 1730. Parrain : écuyer François-Pierre Grout, seigneur de Moutiers; marraine : dame Suzanne-Marie-Jeanne de Farcy, dame comtesse du Rumain. — Signé : Suzanne Farcy du Rumain, F.-P. Grout de Moutiers, Marie Bidault de Tizé, Françoise-Perrine Fleuriot, Marie Frain, Marie Duchemin, Élisabeth de Gennes, M.-C. Joseph Billon du Domayne, Marie-Anne Nouail, Toussaint Sébastien Le Vicomte du Rumain, François-Augustin Hay, Grimaudet de Gazon, la Motte Frain, B. Nouail, du Plessix de Gennes, Plessix Geffrard, la Motte Geffrard, Paul Bely, prêtre recteur. (Registres de Notre-Dame de Vitré).

———————

(7) Athanase-Fulgence-Mathurin, fils d'écuyer Joseph-Étienne Geffrard et de D^lle Marie-Anne Nouail, seigneur et dame de la Motte, né le 7e janvier 1742, a été baptisé par moy, prêtre soussigné, le neuvième du mois. Parrain : messire Mathurin-Joseph Grout, seigneur de Princé, chevalier de l'ordre militaire de Saint-Louis, capitaine aux Gardes; et marraine : Marie-Claude-Joseph Billon, D^lle du Domaine. — Signé : Marie-Claude-Joseph Billon du Domayne, Mathurin-Joseph Grout de Princé, B. Nouail, Contrie Nouail, Plessix Geffrard, Marie-Jeanne du Verger, de Gaillon du Verger, la Motte Geffrard, J.-H. Nouail de la Contrie, prêtre. (Registres de Notre-Dame de Vitré).

(8) Ce Geffrard, le tourment de son frère aîné, s'appelait au collège l'abbé de la Motte. Son cours achevé, il quitta le rabat pour se faire mousquetaire et prit le nom de Bois-Cornillé, le changea ensuite en celui de la Duchaye. Lieutenant au régiment d'Eu, le 2 juin de l'année 1788, il quitta ce corps sans autorisation pour se rendre à Metz. Après ce bel exploit, il devint M. de Ponthy. Voici un échantillon du style et des sentiments de cet aimable Protée :

Paris, 28 février 1773.

Monsieur mon cher parent,

Quoique je n'aye pas l'honneur et l'avantage d'être connu de vous, j'ai celui de vous prévenir que vous devrez recevoir un exemplaire de mon Mémoire que je vous ai adressé ces jours passés sous enveloppe et sous le contre-seing de M. de la Borne, ministre de la marine; peut-être même l'avez-vous déjà reçu; je vous prie de le lire tout entier, mon adversaire n'ayant pas manqué de me noircir dans votre esprit, et n'étant connu de vous que sous les tableaux honteux que la haine et la passion de ce cruel adversaire ne cessent de tracer en me diffamant continuellement par tous ses libelles contre moi. Quelque réponse qu'il veuille faire à mon Mémoire, je ne suis nullement en peine de répliquer, ayant encore de nouvelles pièces à produire. Nous sommes toujours au Conseil, et j'espère bientôt sçavoir si la cause restera ici ou si nous irons plaider en Bretagne. Si cette malheureuse affaire me conduit à Vitré, j'ose me flatter, Monsieur et cher parent, que cela me procurera l'honneur de faire connaissance avec vous, ce dont je suis très empressé. Je vous supplie de vouloir bien m'accuser la réception de mon Mémoire, je suis inquiet de sçavoir s'il est arrivé à bon port, étant bien persuadé que mon ennemi ne néglige rien pour faire intercepter, s'il peut, ceux que j'envoie en province. Je le répète, oui, mon ennemi juré, ou pour mieux dire encore mon bourreau, et en effet quel autre nom puis-je donner à un frère qui me persécute aussi cruellement. Toute sa conduite à mon égard n'est autre que celle d'un vrai tyran. J'ay l'honneur d'être avec une respectueuse considération, Monsieur mon cher parent, votre très humble et très obéissant serviteur. GEFFRARD DE LA MOTTE, le Cadet.

Mon adresse est à M. Geffrard de la Motte, ancien mousquetaire du roy, rue Montmartre, près Saint-Joseph, maison de M. La Planche, Paris. — Voudriez-vous bien me faire le plaisir de me dire si le régiment Royal-Comtois est encore à Dinan; j'ay entendu dire qu'il devoit aller en Flandre.

(9° M. le comte de Palys a dans sa collection une gravure représentant la fille du comte de Sanois, en costume Louis XVI des dernières années, penchée sur un grand médaillon ovale, lequel est soutenu de l'autre côté par une corne d'abondance et une branche de laurier. Dans le médaillon, une vieille dame tâte le pouls à un malade et lui donne une cuillerée de potion. Derrière elle, une religieuse apporte un bol fumant. Au fond une fenêtre, où l'on voit en très petites proportions un vitrail avec quatre écussons. Au bas du médaillon deux écussons accolés; le premier écartelé portant au 1er et au 4e trois têtes de léopard sur fond de sable, au 2e et au 3e trois fusées accolées de gueules sur fond d'argent; le second losangé d'argent et de gueules. Puis vient le texte explicatif : « Exemple de bienfaisance, de patriotisme et d'humanité. La vertu est quelquefois cachée. Il faut la chercher dans les lieux qu'elle habite, et c'est souvent au fond des provinces. Mlle de Sanois présentant à ses parents et à ses amis l'estampe qu'elle a dessinée de feu Mme Mathurine de la Motte Geffrard, sœur de son bisayeul paternel, dame douairière des chastellenies et seigneuries de Fourneaux, Availles, Moustiers, Princé, La Barre, fondatrice en 1699 de l'hôpital de Saint-Joseph d'Availles, par lettres patentes du roi Louis XIV. Cette respectable mère de feu M. de Moustiers, capitaine au régiment du Roi, et de M. de Princé, capitaine aux Gardes, a passé la plus grande partie de sa vie à médicamenter elle-même dans son hôpital les pauvres vassaux infirmes de ses paroisses. — Dessiné d'après le portrait original de cette charitable fondatrice, placé dans l'une des salles de l'hôpital de Saint-Joseph d'Availles ».

Guyon GEFFRARD, sieur du Bourg, né environ 1510; décédé le 19 janvier 1597.

1° Renée Gérard :

Jean Geffrard de Marpalu, marié en 1551 à : 2° Perrine Besnardais.

Nichelle Geffrard, mariée à Jean de Montalembert. (Voir Tableau XXII).

Mathurine Geffrard, mariée à Macé Nouail de la Reauté.

Jeanne Geffrard, mariée à André Lecocq de la Roussière.

Jean Geffrard des Beausses, marié à Perrine Le Moyne.

Mathurin Geffrard, écuyer, sieur de la Billonière, marié : 1° à Suzanne Geffrard de Lentillère; 2° à Marie Le Moyne.

Écuyer François-Pierre Grout (2 bis), seigneur de Moustiers, marié à Séraphine Baude.

Écuyer Jean-b. Grout (3), seigneur de Fourneaux, né en 1673, marié en 1697 à Louise-Catherine Robineau.

Mathurine Geffrard (1), mariée à Bernard Grout (2) de la Corderie, seigneur de Fourneaux.

Écuyer Mathurin-Joseph Grout, Sr de Princé, gouverneur de l'Ile de Ré, marié à Dlle Guyonne Grout de Beauvais.

Dlle Suzanne Grout (4) mariée à messire Louis du Bouexic, conseiller au Parlement.

Écuyer Joseph Geffrard du Plessix, marié à Renée Billon. (Voir Tabl. XXII, XXIII, XXIV).

Bernard-Louis Grout (5), seigneur de Saint-Paër, marié à Marguerite d'Ormoy.

Charles-François Grout. N. Grout, tué en 1743 à la bataille d'Ettinghen.

Bernard-François Grout, seigneur de Princé, mousquetaire, puis capitaine de cavalerie.

Attale Joseph Grout, lieutenant au régiment de Poiton.

N. du Bouexic, marié à demoiselle du Guersanz.

N. Grout de Saint-Paër, général de cavalerie.

N. Grout de Saint-Paër. N. Grout, marié à la bataille d'Etinghen.

Dlle du Bouexic, mariée à M. de Carné.

Charles-Philippe-Léopold Grout, Cte de Saint-Paër, né le 2 juin 1823, chef de bataillon au 15e de ligne, tué à Solférino.

(1) En 1699, après la mort de son mari, **Mathurine Geffrard** fonda l'hôpital d'Availles. Cet établissement fut confirmé par lettres-patentes de Louis XIV, datées de janvier 1703. — « On conserve à l'hôpital d'Availles un tableau très intéressant : il représente un Christ, et au-dessous du Calvaire deux femmes soignant un malade. Au haut de cette scène sont les armoiries suivantes, surmontées d'une couronne de comte : écartelé au 1er et 4e de sable à trois têtes de léopard d'or; aux 2e et 3e d'argent à trois fusées rangées et accolées de gueules qui est Grout; lozangé d'argent et de gueules qui est Geffrard. A côté est cette inscription : Mathurine Geffrard de la Motte, dame des paroisses d'Availles et de Moutiers, fondatrice de l'hôpital d'Availles. » (*Pouillé de Rennes*, t. III, p. 25 à 57). — Le 31 mai 1714, Mathurine fonda cinq messes et deux catéchismes, en Avent et en Carême, chaque semaine, dans la chapelle de son manoir de Fourneaux et la dota d'une rente de 300 livres.

(2) **Grout** se disaient originaires de Hollande. Le 5 octobre 1518, François Grout fut nommé par le roi François Ier. — En 1601, François Grout prend part à l'expédition de Frotet de la Bardelière. Il commandait le *Corbin* de 200 tonneaux. — Sur Grout de Saint-Georges, chef d'escadre, aussi vaillant que généreux, lire *Saint-Malo illustré par les marins*, p. 361, 367. Dans son testament, daté du 16 février 1761, on lisait : « 150 livres à chacun de mes deux neveux pour acheter une épée, dont je souhaite qu'ils puissent avoir le désir de se servir contre les ennemis de l'État. »

(2 bis) **François-Pierre Grout** et sa femme augmentèrent les revenus de l'hôpital d'Availles. — Écuyer Pierre Grout, sieur de Princé, décéda le 15 février 1694 (registres d'Availles).

(3) **Jean-Baptiste Grout,** comte de Saint-Paër, seigneur de Sancourt et Bazincourt.

(4) **Marie-Céleste du Bouexic,** fille de messire Louis, seigneur de Pinieux, lieutenant des maréchaux de France, et de Suzanne Grout, baptisée le 20 octobre 1690 à La Chapelle-Bouexic, nommée à Availles, le 14 septembre 1698.

(5) **Bernard Grout,** marquis de Saint-Paër, seigneur de Vaudancourt, etc. (Sur les Grout de Saint-Paër, consulter le *Dictionnaire historique de toutes les communes du département de l'Eure*, t. II, p. 839.) Sur François Grout de Moutiers, voir dans notre *Mémoire généalogique*, la Société vitréenne au XVIIIe siècle.

Chapelle de Fourneaux.

Cette chapelle est accolée au mur oriental du manoir; on y voit les débris d'une ancienne verrière, occupant la fenêtre du chevet, de style flamboyant. De cette verrière, représentant à l'origine vraisemblablement la Passion de Notre-Seigneur, il ne reste que deux panneaux, l'un figurant l'ensevelissement du Sauveur, et l'autre représentant François de Broons, seigneur de Fourneaux, et sa femme, accompagnés de leurs saints patrons. L'autel est un joli travail de la Renaissance, offrant dans son retable un curieux bas-relief en marbre et accosté de deux colonnes supportant les statues de saint Fiacre et de saint Sébastien également en marbre. Outre les armoiries des sires de Broons, on retrouve peint et sculpté dans cette chapelle le blason de Grout écartelé de Geffrard. (*Pouillé du diocèse de Rennes*, t. VI, p. 585.) — Le musée archéologique de la ville de Vitré possède une cloche du XVIe siècle, provenant de la chapelle de Fourneaux. Cette cloche porte l'inscription suivante, fondue en caractères gothiques : Je fus faite l'an 1538 pour Olivier de Broons, seigneur de Fourneaux. Prenez en gré le don de notre sœur Jeanne de Broons. — De Broons, illustre famille remontant à Pleardus de Broons, l'un des témoins de la fondation du prieuré de Jugon par Olivier, sieur de Dinan, en 1109. — Guillaume de Broons fut couvert de feu grégeois à la bataille de la Massoure. — Autre Guillaume prit part à la bataille d'Auray, 1364. — Guillaume de Broons fut armé chevalier par le comte de Richemont au siège de Montereau en 1437. — Olivier de Broons, capitaine de Dol, 1465. — Jean de Broons, chambellan du duc en 1454. — Brondine de Broons, demoiselle d'honneur d'Anne, duchesse de Bretagne et reine de France, etc... — Les **de Broons** avaient acquis la seigneurie de Fourneaux en 1495. Cette année-là, le 14 février, Pierre de Villeblanche, seigneur de Martigné-Ferchaud, céda à François de Broons, panetier de la reine Anne de Bretagne, le manoir et la seigneurie de Fourneaux avec les prééminences, droits d'enfeu et de sépulture en l'église d'Availles. François de Broons avait pour proches parents Jean de Broons, abbé de Saint-Aubin-des-Bois, et Olivier de Broons, abbé de Saint-Melaine. Le premier de ces abbés data son testament de Fourneaux le 26 mars 1500.

Des registres de la paroisse d'Availles, M. l'abbé Paris-Jallobert a extrait : Bastien de Broons, fils de noble escuyer seigneur de Fourneaux et de Miramonde de Barasouyn, baptisé le 17 août 1498. Parrain : noble chevalier Jean Deschelles, commandeur du Temple de la Guerche, et Gillette de Broons, dame de Beauchesne. — Olivier de Broons, baptisé le 1er février 1495, en présence d'Olivier Le Voyer et Guillemette, femme de Bertrand de Chancé, Bertrand du Gueasquen. — Jean de Broons, fils de François, seigneur de Fourneaux et de Blanc-Mouton, panetier de la reine, et de Dlle Françoise Le Vasseur, dame de la Roë, baptisé le 29 avril 1507, en présence de Jacques de Teillay, seigneur de Moutiers, Arthur de Meubeille, sieur du Tertre, Mathurine Le Lionnais, dame de Saint-Gilles et de Saint-Amadour. — Jacques de Broons, baptisé le 19 août 1508, en présence de Jacques de la Villeblanche, seigneur de Maumusson, Jean Bonamy, seigneur de la Chesnonière, et Françoise de Broons, dame de Brondineuc, veuve de très vaillant chevalier Gilles de Carmené. — Jehanne de Broons, baptisée le 13 octobre 1510, en présence de messire Anceau Paynel, seigneur de Balazé, noble Jeanne de Beaucours, dame du Brocaix et de Montmartin, et Bertranne de Saint-Piel, dame de la Chesnonière. — Barbe de Broons, baptisée le 17 avril 1512, en présence de Jean de Champaigné et de Barbe Busson, seigneur et dame de Montaigne, et de Marguerite du Hallay, dame d'Orgères. — Jehan de Broons, né le 30 mars 1513. Parrain : Jean de Saint-Amadour, capitaine de Saumur, François de Denée et Dlle Françoise de Saint-Amadour. — Le 7 avril 1514, René de Broons, seigneur du Val et Bertranne de la Villejean nomment René Huet, fils de Guillaume et de Gillette de Gennes. — Messire Jean de Broons, abbé de Saint-Aubin-des-Bois, finit ses jours en la maison de Fourneaux et fit son testament le 26 mars 1500. — Noble Dlle Miramonde de Barazouyn, dame de Fourneaux, décédée le 27 novembre 1502. — François de Broons, seigneur de Fourneaux, décédé le 5 février 1537. — Renée de Broons, fille de noble homme Jean et de Françoise Le Verrier, baptisée le 24 novembre 1565. Parrain : René de Montboucher et Jeanne de Vaulx. — Olivier de Broons, seigneur de Fourneaux, décédé le 28 juillet 1545. — François-René de Broons, fils de haut et puissant Jacques, seigneur de Fourneaux, et de dame Philippe de Moussy, baptisé le 14 septembre 1618. Parrain : René de Barjol, seigneur de Pompean, de Jumelière et baron de Cholet; marraine : Marie Desvaux, dame de Boisblin. — Haut et puissant Claude de Broons, gentilhomme ordinaire de la chambre du Roy, grand fauconnier, seigneur de Fourneaux, décédé le 25 février 1610, inhumé à Availles le 25 mars. Il laissa : Jacques-Jean et Judith. — Haut et puissant Jacques de Broons, seigneur de Fourneaux, décédé le 18 octobre 1622. — Haute et puissante Françoise d'Harcourt, épouse de François-René de Broons, morte en Normandie, inhumée à Availles le 8 juillet 1651.

Leurs alliances avec les Le Verrier et les d'Harcourt attirèrent les de Broons en Normandie et les décidèrent à vendre Fourneaux à Bernard Grout et à Mathurine Geffrard. — Françoise Le Verrier épousa, par contrat du 7 septembre 1561, Claude de Broons, seigneur de Fourneaux. Ils eurent trois fils et deux filles, savoir : 1° Jacques, seigneur de Fourneaux, d'Aligné et du Champ-de-la-Pierre, mort le 18 octobre 1622; 2° Jean, seigneur de Cossesville (a), près Falaise; 3° Claude de Broons, seigneur du Val; 4° Renée de Broons; 5° Judith, qui acheta le fief de Fontaine-Oranne, à Champ-Segré. Elle avait épousé Jean de Cadier, sieur de Fontenay. » (Le fief de la Chaux et les familles Le Verrier, par J. Appert, p. 11. — Françoise Le Verrier, dame du Champ-de-la-Pierre, de Cossesville de la Heurtevendière, de la Fortinière et du Jardin, était fille de Thomas Le Verrier et de Jeanne Le Verrier, laquelle Jeanne descendait de Jean Le Verrier, seigneur de Champ-Segré, et de Suzanne de Beaurepaire, auteurs d'Anne Le Verrier, mariée, par contrat du 8 août 1543, à Jacques du Vauborel, seigneur de Lapenty, fils aîné de Gilles et de Françoise de la Ferrière, petit-fils de Gilles et de Jeanne de Goué (Voir Les Vauborel normands et bretons.)

(a) Jean de Broons, seigneur de Cossesville et de Fourneaux, calviniste, est accusé par Michel Luette de la Vallée, dit Lavallée Piquemouches, d'avoir tué Jean de la Ferrière, baron de Vernie, gouverneur de Domfront pour la ligue.

« Je vey là ce traistre de Fourneaulx,
Meurdrier du baron de Vernie. »

(Certificats de l'état religieux de la noblesse du Bas-Maine, par l'abbé Pointeau).

Terres et seigneuries de Fourneaux, relevant prochement et noblement de la baronnie de La Guerche, à devoir de foy, hommage, rachat et chambellenage quand le cas y échoit.

Le château de Fourneaux, jardin, verger et la prairie, qui peuvent produire annuellement cent cinquante livres de revenu. — Les moulins à eau et à vent de Fourneaux et de la Morandière (240 livres de revenu). — Les moulins à eau et à vent de La Rochelle et des Tertres (350 livres de revenu). — La métairie de Fourneaux (revenu annuel : 300 livres). — La métairie du Val (revenu annuel : 350 livres). — La métairie de Pinto (revenu annuel : 200 livres). — La métairie de la Morandière (revenu annuel : 280 livres). — La métairie de la Coudrasserie (revenu : 200 livres). — La métairie du Verger (revenu annuel : 260 livres). — La métairie du Manoir (revenu annuel : 400 livres). — La closerie de la Plesse (revenu annuel : 180 livres). — La métairie de la Barre et la prairie de la Noë (revenu annuel : 240 livres). — La métairie de la Lizerie affermée trois cents livres, laquelle somme est affectée au payement de la fondation de la chapelle de Fourneaux.

Rentes dues à la seigneurie de Fourneaux :

Soixante-quatre boisseaux de bled, seigle, mesure de La Guerche, dues par les métairies des Grand et Petit-Ossé, qui valent année commune 160 livres. — Par les vassaux des différents fiefs de la dite seigneurie, soixante-et-onze boisseaux quatre mesures d'avoine menue, sur quoy il y a à déduire six boisseaux dus à la baronnie de La Guerche, ce qui réduit les dites rentes à 65 boisseaux quatre mesures, qui, à raison de trente sols avoine menue, montent à la somme de 98 livres 5 sous. — Douze boisseaux six mesures de froment, à raison de quatre livres le boisseau, fait 51 livres. — Trente-huit chapons et demi, à douze sols le couple, fait onze livres. — Quatorze poules à cinq sols, trois livres dix sols. — En rente par deniers : 18 livres 5 sols 4 deniers. — Une paire de gants : 6 deniers.

Rentes dues à la seigneurie de la Barre :

Sept truaux d'avoine menue, produisant vingt-et-un boisseaux, à trente sols fait 31 livres 10 sols. — Trois poules ou gelines à 5 sols fait 15 sols. — En argent : 5 livres 12 sols 6 deniers. — Le moulin de Careraon, en Domalain, d'un revenu de 1,360 livres.

Terres et seigneuries de la Motte de Moutiers, Pouëz, Princé, la Rebechère et Princé en Forges ; et la Rochère en Martigné :

Le manoir de la Motte de Moustiers, servant de grenier. — La métairie et le bois-taillis de la Motte de Moustiers, d'un revenu annuel de 400 livres. — La métairie des Vallées (220 livres de revenu). — Le moulin de Beauvais (85 livres de revenu). — La closerie de la Sourdinière, d'un revenu de 120 livres. — La métairie de la Blosserie, d'un revenu de 280 livres. — La métairie de Beaulieu, d'un revenu de 320 livres. — Les moulins à vent de Beaulieu et à eau de Princé, et le manoir et le jardin de Princé ; revenu : 240 livres. — La métairie du Bas-Princé, d'un revenu de 400 livres. — La métairie de la Roussière, d'un revenu de 230 livres. — La métairie de Pouëz et l'ancien manoir, d'un revenu de 380 livres. — Le moulin de Pouëz, d'un revenu de 280 livres. — La métairie de l'Éclardière, d'un revenu de 260 livres. — Le moulin de Chantereine, d'un revenu de 120 livres.

Rentes dues à la seigneurie de la Motte de Moutiers :

Il y est dû cinquante livres de rente. — Les fiefs et seigneuries de Princé et de la Rebechère en Forges produisent en deniers 10 livres 12 sous 3 deniers. — Par avoine menue, mesure de Vitré, cent quarante-sept boisseaux sept mesures, à raison de quinze sols le boisseau fait 111 livres. — Le fief de la Rochère *(a)*, en Martigné, produit en deniers 6 livres 18 sols 9 deniers. — Le fief de Princé, en Domalain, dont dépend celui du Bois-Semper, produit 12 sols 4 deniers en argent. — Celui de la Bazinière, en Bais, cinq sols 4 deniers. — Seize boisseaux d'avoine menue, mesure du Dézert, qui ne font que huit boisseaux, mesure de Vitré, à raison de quinze sols le boisseau : six livres. — Le fief de la Noëgix, relevant du Dézert, produit trois livres quatre sols trois deniers. — Le fief de la Boisnardrie, quinze sols sept deniers. — La Mazure des Noës, huit sols trois deniers. — Celle de Princé, huit sols. — Celle de la Flairie, huit sols onze deniers. — Le fief de la Perraudrie, deux livres quatre sols. — La Mazure de Princé produit cinq boisseaux. — Celle de la Flairie neuf et une demi-mesure. — Celle de la Perraudrie vingt-trois. Le tout d'avoine menue, mesure du Dézert, qui font dix-huit boisseaux quatre mesures un quart, montant à treize livres dix-huit sols.

(a) Le 8 avril 1596, écuyer Jean de la Rocnère, sieur de Princé, fils aîné de défunt René et de Jeanne Leclère, résidant au dit lieu, paroisse de Domalain; Guy Renouard de la Noë, demeurant à Rennes, vendent assemblement à sire Étienne Le Tavernier, sieur du Porche, marchand, demeurant en sa maison de la Motte de Moutiers, la maison et métairie nobles de la Rouxière. Cet acte nous a été gracieusement communiqué par M. Franck Rouxel. Il est au rapport de Jean PICHARD, notaire royal en la Cour de Rennes. Ce rapporteur doit être l'auteur du Journal contenant ce qui s'est passé à Rennes et aux environs pendant la ligue. (Voir Dom MORICE, *Histoire de Bretagne*, t. III, col. 1695).

Fiefs de Pouëz, relevant de Vitré et de Béziel :

Celui de Teillais, auquel il est dû cinq sols. — Celui de Montenon, une livre dix-neuf sols, le tout monnoie, produisant tournois deux livres treize sols dix deniers. — Par avoine menue, mesure du Dézert, au fief du Teillais, vingt-sept boisseaux. — Celui de Montenon, trente-neuf boisseaux et demi. — Ce qui fait au total soixante-six boisseaux et demi, et mesure de Vitré trente-trois boisseaux deux mesures, à raison de 15 sols le boisseau, montent la somme de 24 livres 9 sols. — Le fief de la Pavière doit en argent 2 livres 19 sols. En avoine onze boisseaux dix jointées (douze jointées faisant le boisseau), mesure du Désert, réduit mesure de Vitré, font 4 livres 10 sols. — Le fief Charron produit en argent 2 livres 19 sols 4 deniers. — Celui de la Bouexellière, 11 livres 4 sols 5 deniers. — Celui de Mongerheu, 2 livres 9 sous 7 deniers. — Celui du Mesnil, 3 livres 8 sols 5 deniers. — Celui du Pin, 1 livre 8 sols 9 deniers. — Ceux de Pouëz et de Rochereuil, 7 livres 16 sols 5 deniers. — Celui de Pouëz, en Bais, 5 livres. — La Mazure de la Perraudrie, 14 sols 5 deniers. — Il est dû en truaux aux dits fiefs cent vingt boisseaux d'avoine menue, mesure du Désert, qui, réduits à la mesure de Vitré, ne font que soixante, montant à 45 livres. — La Mazure de la Vauzelle produit en argent 8 sols 6 deniers. — Celle de la Perrière, 16 sols. — Deux boisseaux d'avoine, mesure de Vitré, une livre 10 sols. — Les greffes de toutes les juridictions sont données à moitié produit et donnent au plus par an 130 livres. — Les revenus casuels : 150 livres. — Les pesches des étangs de Carcraon et de Pouëz, 250 livres. — Le total des revenus s'élève à la somme de 9,078 livres 7 sols 4 deniers. — Sur quoi il faut déduire : 1° les rentes dues à la baronnie de La Guerche, montant à 11 livres 5 deniers; 2° sur les moulins de Carcraon, à Monsieur le chefcier de la Collégiale de La Guerche : 76 livres; au prieur de la Trinité : 40 livres; au prieur de Saint-Nicolas : 20 livres de rente foncière; 3° pour rentes dues à la baronnie de Vitré : 14 livres 15 sous 5 deniers; 4° suivant l'article 256 de la Coutume de Bretagne, le produit des moulins à eau étant réductible d'un quart et des moulins à vent d'un tiers, à cause des réparations et réfections qui y sont immenses et continuelles, il faut déduire de ce chef 683 livres 25 sols. — La présente déclaration n'étant faite que pour parvenir au payement du centième denier, et celui-ci n'étant perçu que sur le revenu net, reste encore à déduire les deux vingtièmes et les deux sols pour livre du dixième, soit : 998 livres, 11 sous 10 deniers. — Total des déductions : 1,844 livres 2 sous 8 deniers.

Total du revenu.	9,078	livres	7	sous	4	deniers.
Ses déductions.	1,844	—	2	—	8	—
Reste net.	7,234	livres	4	sous	8	deniers.

Cette déclaration fut faite au bureau du contrôle par dame Louise-Jeanne Dupré Le Jay, veuve et donataire de messire Jacques Ambito, seigneur de Rhuis, ancien capitaine des vaisseaux du Roy, chevalier de l'ordre royal et militaire de Saint-Louis, acquéreur des dites terres et seigneuries. Louise Le Jay était donataire de son mari, aux fins de leur contrat de mariage, en date du 12 octobre 1712, au rapport de Guesnet et Le Brun, notaires royaux à Brest. — Le 11 novembre 1776, Louise-Jeanne Dupré Le Jay, dame de Rhuis, de Moustiers, Pouëz, Princé, fut marraine de Louis-Marie-César Frogier de Pontlevoy, fils de messire César-Aimé Jean, lieutenant-colonel au régiment d'Anjou, et de Marie-Jaquette Ambito de Rhuis.

Cette lettre de Louise Le Jay de Ruis prouve sa sollicitude pour les pauvres d'Availles :

A Fourneaux, le 5 octobre 1767.

Comme vous avez toujours saisi, Monsieur (a), les occasions de m'obliger, je m'adresse à vous avec d'autant plus de confiance qu'il s'agit d'une bonne œuvre. — En 1732, des personnes charitables firent un don au profit des pauvres de mon hôpital d'Availles, d'une petite closerie affermée 150 livres. On a oublié ou négligé d'en payer les droits de contrôle. Je voudrais que tout fut dans l'ordre ; mais comme on m'a dit qu'on pourrait à la rigueur exiger des amendes et que cet hôpital n'est certainement pas riche, je souhaiterais une dispense. Il serait beau, Monsieur, que la province à qui reviennent les restants, à ce qu'on m'a assuré, fit un don du tout en faveur des malheureux ; mais si cela ne se peut et je le crains fort, au moins qu'elle ne prenne que le droit. Vous êtes le premier à qui j'en parle par la confiance que j'ai en vous.....

Votre très humble servante,

LE JAY DE RUIS.

(a) Luc-Olivier Séré du Mesnil.

Descendance des derniers possesseurs de Fourneaux avant 1789 :

JACQUES DE RUIS-AMBITO (1), marié à Jeanne Le Jay du Pré.

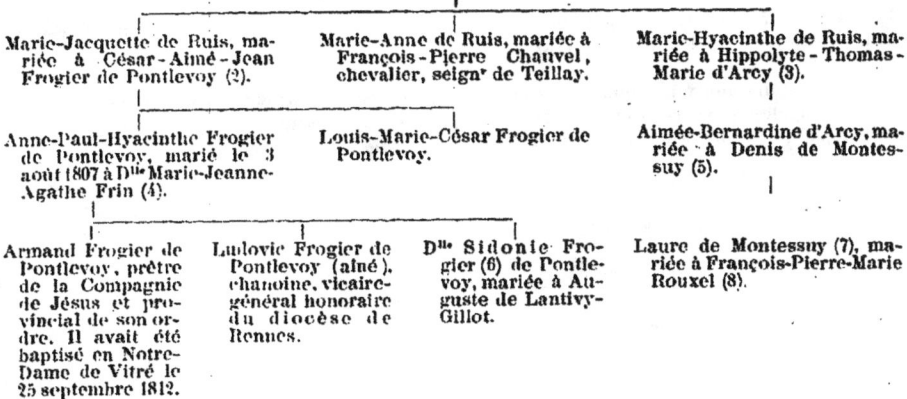

Marie-Jacquette de Ruis, mariée à César-Aimé-Jean Frogier de Pontlevoy (2).	Marie-Anne de Ruis, mariée à François-Pierre Chauvel, chevalier, seign⁰ de Teillay.	Marie-Hyacinthe de Ruis, mariée à Hippolyte-Thomas-Marie d'Arcy (3).
Anne-Paul-Hyacinthe Frogier de Pontlevoy, marié le 3 août 1807 à Dᵉˡˡ Marie-Jeanne-Agathe Frin (4).	Louis-Marie-César Frogier de Pontlevoy.	Aimée-Bernardine d'Arcy, mariée à Denis de Montessuy (5).
Armand Frogier de Pontlevoy, prêtre de la Compagnie de Jésus et provincial de son ordre. Il avait été baptisé en Notre-Dame de Vitré le 25 septembre 1812.	Ludovic Frogier de Pontlevoy (aîné), chanoine, vicaire-général honoraire du diocèse de Rennes.	Dᵉˡˡ Sidonie Frogier (6) de Pontlevoy, mariée à Auguste de Lantivy-Gillot.	Laure de Montessuy (7), mariée à François-Pierre-Marie Rouxel (8).

(1) Il avait pour ancêtre André Rhuis, ce fameux négociant espagnol du XVI⁰ siècle, chez lequel les Rois allaient loger. (Voir *Livre doré de la ville de Nantes*).

(2) Lieutenant-colonel au régiment d'Anjou en 1776, décédé en 1780 des suites d'une maladie épidémique contractée en portant des secours aux soldats. Il était arrière-petit-fils de N. Frogier de Pontlevoy, juge des Traites, lequel était fils de maître Jean Frogier de Pontlevoy, juge des Traites en 1625. (Voir : Rôle des taxes que le roy a ordonné être payées par les maires et échevins d'Angers et les descendants de ceux qui ont exercé les dites charges depuis l'année 1600, p. 57 du *Catalogue des gentilshommes d'Anjou, lors de la recherche de 1666*, publié par P. de FARCY.) — *Pontlevoy*, commune de Brigné. Ancien fief avec maison noble relevant de la baronnie de Luigné, au sieur Jean Frogier, prévost des monnayeurs d'Angers en 1600. (C. PORT, *Dictionnaire historique de Maine-et-Loire*).

(3) Lieutenant des vaisseaux du Roi, chevalier de l'ordre royal et militaire de Saint-Louis ; il était fils de messire Thomas d'Arcy, officier major de la marine du département de Brest, chevalier de Saint-Louis, et de Marie-Thérèse Ropartz de Kerdaniel. Thomas d'Arcy décéda à Brest le 3 janvier 1757. Marie-Thérèse Ropartz mourut deux ans plus tard, le 20 mars 1759. Outre Hippolyte d'Arcy, marié à Marie-Hyacinthe de Ruis, Thomas d'Arcy et Marie-Thérèse Ropartz avaient eu messire Alexis-Hyacinthe d'Arcy, prêtre,

vicaire de Saint-Melaine de Morlaix; Marie-Bernardine d'Arcy, mariée à Martin d'Arcy, chevalier, ancien gentilhomme irlandais; Charlotte-Élisabeth d'Arcy, mariée à Thomas-Michel O'Kenelly, ancien lieutenant-colonel au régiment de Lally, brigadier des armées du Roy, chevalier de Saint-Louis.

———

4. Fille de René-Joseph Prin, sieur de la Chesnelière, et de Jeanne-Marie Nicole. Cette famille Prin, dit l'abbé Paris-Jallobert, était originaire d'Argentré. On la trouve mentionnée sur les registres de cette paroisse dès le XVIe siècle. Elle ne parut à Vitré qu'à la fin du XVIIIe. — « Mme de Pontlevoy, à une tendresse exquise, joignant toutes les qualités qui font la femme forte et l'épouse chrétienne. Quand il s'agissait du bien de ses enfants, jamais elle ne calculait la peine et le danger. Malgré ma tendresse pour vous, écrivait-elle à ses fils Ludovic et Armand, séminaristes à Rennes, j'aimerais mieux vous voir mourir à présent que de vous voir vivre comme de malheureux jeunes gens qui font le déshonneur de leurs familles et qui perdent leur âme en tuant leur corps. » Vie du Père de Pontlevoy, par le P. de Gaduel, p. 3. — Outre Ludovic, Armand et Sidonie, M. et Mme de Pontlevoy avaient eu Joséphine, Édouard, Cécile, Eugénie, Victorine et Félicité, morts sans alliance.

———

5. Directeur des Contributions directes à Nantes. Sa femme, Aimée-Bernardine d'Arcy, mourut à Rennes le 8 mai 1867, âgée de 90 ans.

6. Représentée par Mme du Pontavice, née de Lantivy.

7. **Laure de Montessuy** eut plusieurs frères et sœurs qui ont laissé postérité, mais elle est la seule dont les enfants habitent le pays de Vitré.

———

8. Fils d'Antoine Rouxel, capitaine des armées royales de l'Ouest, chevalier de la Légion d'honneur, et de Dlle Angélique-Andrée-Suzanne Mellet du Louvre. Représenté à Vitré en cette année 1890 par MM. Adolphe et Franck Rouxel, par Mme Charil des Mazures, née Rouxel.

JEAN LE GOUVERNEUR, marié à Olive Lambaré.

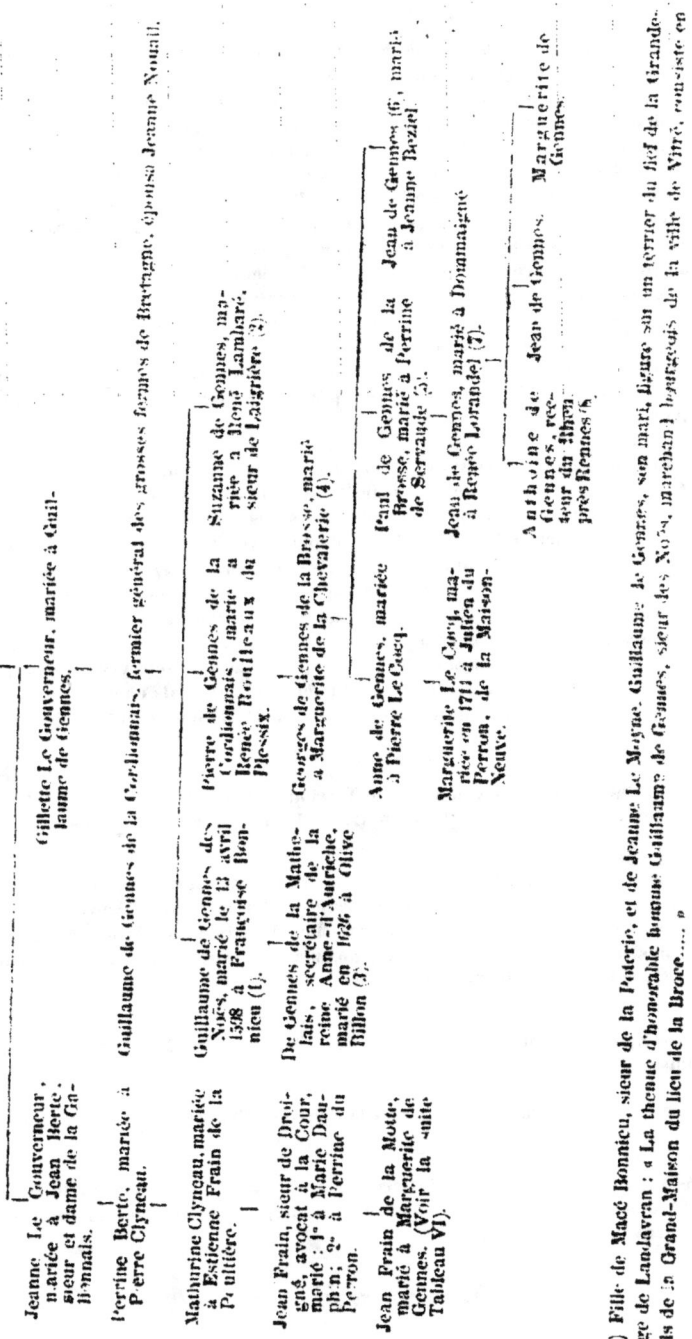

Gillette Le Gouverneur, mariée à Guillaume de Gennes.

Jeanne Le Gouverneur, mariée à Jean Berte, sieur et dame de la Gabionnais.

Perrine Berte, mariée à Pierre Clyncau.

Mathurine Clyncau, mariée à Estienne Frain de la Pultière.

Guillaume de Gennes de la Cordionnais, fermier général des grosses fermes de Bretagne, épousa Jeanne Nouail.

Guillaume de Gennes des Noës, marié le 13 avril 1598 à Françoise Bonnieu (1).

Mathurine Clyncau, mariée à Estienne Frain de la Pultière.

Pierre de Gennes de la Cordionnais, marié à Renée Rouffeaux du Plessix.

Suzanne de Gennes, mariée à René Lambaré, sieur de Laigrière (2).

Jean Frain, sieur de Droigné, avocat à la Cour, marié: 1° à Marie Dauphin; 2° à Perrine du Perron.

De Gennes de la Mathelais, secrétaire de la reine Anne-d'Autriche, marié en 1626 à Olive Billon (3).

Georges de Gennes de la Brosse, marié à Marguerite de la Chevalerie (4).

Jean Frain de la Motte, marié à Marguerite de Gennes. (Voir la suite Tableau VI).

Anne de Gennes, mariée à Pierre Le Cocq.

Paul de Gennes de la Brosse, marié à Perrine de Servaude (5).

Jean de Gennes (6), marié à Jeanne Beziel.

Marguerite Le Cocq, mariée en 1711 à Julien du Perron, de la Maison-Neuve.

Jean de Gennes, marié à Bonamaigné à Renée Lorandel (7).

Anthoine de Gennes, recteur du Theil près Rennes (8).

Marguerite de Gennes.

(1) Fille de Macé Bonnicu, sieur de la Poterie, et de Jeanne Le Morue. Guillaume de Gennes, son mari, figure sur un terrier du fief de la Girande-Verge de Landavran : « La thenue d'honorable homme René Lambaré, sieur de Laigrière (2), d'une part, et honnête fille Suzanne de Gennes, dame de la fonds de la Grand-Maison du lieu de la Brocc..... »

Conventions matrimoniales entre René Lambaré, sieur de Laigrière, et Suzanne de Gennes.

(2) Du traité du futur mariage d'honnête homme René Lambaré, sieur de Laigrière (2), d'une part, et honnête fille Suzanne de Gennes, dame de la Morandière, d'autre part, demeurant au faubourg de la Mestrays, en cette ville de Vitré, comparans devant nous soussignés, notaires des Cours royales de Rennes et Vitré concurremment, a été convenu et accordé qu'en avenir le mariage, que la dite de Gennes, fille... en partie héritière soubz et

(3) René Lambaré de Laigrière figure parmi les habitants de la ville de Vitré. Pro... en 1330 par le sénéchal de Rennes. (Dom Morice, t. III, col. 1562).

par bénéfice d'inventaire de deffunct et honorable homme Guillaume de Gennes, vivant sieur de la Cordonnais, touchant la portion de ce qui est dû audit deffunct en la succession de *feue reine-mère Catherine de Médicis*, en conséquence des actes passés entre elle et le dit deffunct, touchant les grosses fermes de Bretaigne, dont il était fermier général, le dit Lambaré sera tenu et subject, un an cy-après la réception de la dite portion, d'asseoir et en héritaige une moitié du provenu de la dite portion, à tels montements et valeur qu'elle puisse être, lequel sera relevé et réputé propre de la dite de Gennes, et l'autre moytié entrera dans la communauté entre les dits..... Et en ce qui est des bagues, joyaux et habits de la dite de Gennes et que le dit Lambaré luy pourra donner, au cas qu'il décéderait paravant elle, elle en disposera et jouira comme de son propre, sans qu'aucun y puisse rien prétendre, et au parsur la dite de Gennes jouira du droit de douaire luy appartenant sur les immeubles du dit Lambaré, suivant la coutume de ce pays. A quoy faire, tenir et accomplir, lesquels futurs mariés se sont en tant que chacun est tenu, obligé..... etc. — Faict et consenty au dit Vitré, tablier de Sigay, le quatrième jour de janvier mil six cent dix-huit, puis midy, et ont signé au registre ensemble : M. Pierre de Gennes de la Cordonnais, Guillaume de Gennes de Noés, Jean Le Royer, sieur de la Louinière, et Pierre du Verger, sieur de la Moraudière, frères et cousins de la dite de Gennes, presens. Le registre vers le dit Sigay ; Pierre le Couvreulx, autre notaire.

(3) Billon, sieur de Méhaignerie, du Mesnil, du Boisbodais, du Domaine, du Boismorin, de Bodineau, de la Blonluère et des Guibonnières ; famille très ancienne à Vitré, alliée des Seré, Le Moyne, Du Verger, Hardy, Geffrard, de Bonnefons. La branche du Domaine et du Boismorin a produit la première supérieure des Ursulines de Vitré, un trésorier de la Collégiale, un député aux États et un auditeur à la Chambre des comptes, mort le 13 février 1721. (Note de l'abbé Paris-Jallobert, *Journal historique*, p. 506). — Le terrier du fief de la Grande-Verge, en Landivran, dressé à la fin du XVIe siècle, mentionne « la thenue d'honorable homme Jean Billon, sieur de Méhaignerie, au nom et comme père et garde naturel des enfants d'il et de deffunte..... Du Verger, vivante sa femme, demeurant en la ville du dit Vitré », consiste en fonds de maison au village de la Hattonnays..... Nombre du grand de la thenue cy-devant : huit journaux, trois quarts quinze cordes qui doivent de rente à mon dit seigneur dix souls cinq deniers ; en avoyne : un bousseau, une mesure. » — Olive Billon, dame de Gennes de la Mathelais, eut nombreuse postérité. (Voir *Une Terre et ses possesseurs*, p. 162.)

4) Fille de Jean de la Chevalerie et d'Antoinette de Torchard, petite-fille de Jean et de Marguerite Ravenel, petite-nièce de Perrine de la Chevalerie, mariée à Jean Hay des Hétumières.

(5) Noble homme **Paul de Gennes de la Brosse** épousa Perrine de Servaude, dame du Boisauvé, en septembre 1672 (Registres de Parcé). Nous croyons Perrine de Servaude fils d'écuyer Christophe et de Jeanne Pioger. Elle dut être baptisée le 3 juin 1654. Jean-Michel de Gennes, fils des précédents, naquit à Chatillon-en-Vendelais le 18 septembre 1673, et fut nommé par Jean de Gennes procureur fiscal de Vitré et par Michelle Caillet, dame de la Motte de Gennes.

(6) **Jean de Gennes** épousa à Taillis le 17 juillet 1693. Il mourut le 21 février 1713. (Registres de Montreuil-sous-Pérouse).

(7) **Jean de Gennes** et Renée Lorandel épousèrent le 5 février 1715. Renée Lorandel mourut âgée de 49 ans.

(8) **Antoine Jean-Baptiste de Gennes** devint recteur du Rheu en 1748. Il mourut le 25 février 1781, âgé de 64 ans. Il avait fondé dans sa paroisse une école gratuite, à laquelle il assura une rente annuelle de 200 livres sur le clergé de France.

XXVII

JEAN LE CLAVIER (1) vivait en 1490. Il épousa une de Gennes.

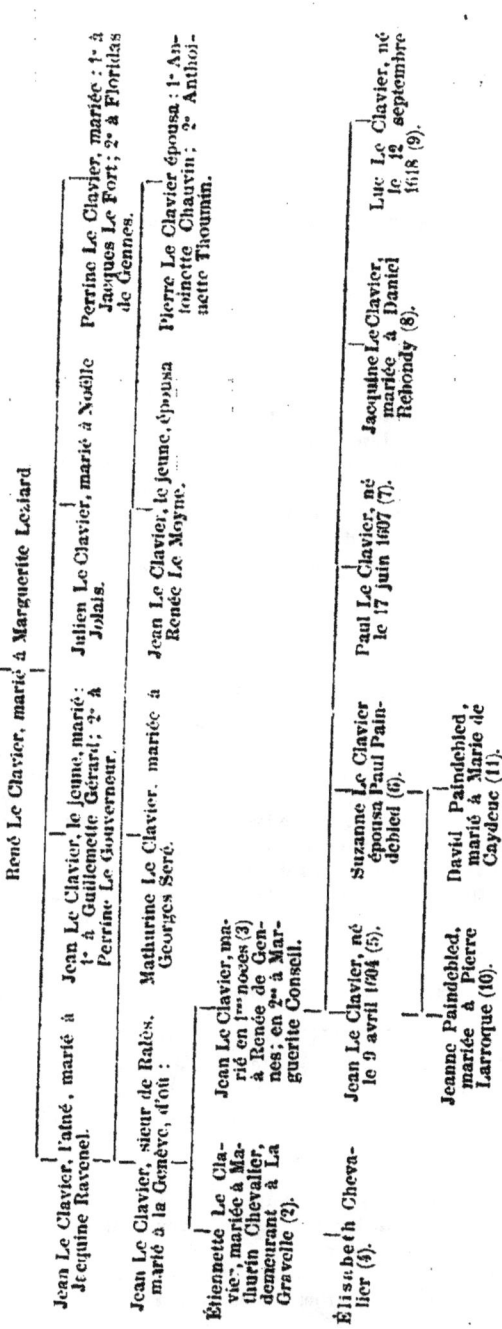

René Le Clavier, marié à Marguerite Leziard.

- Jean Le Clavier, l'aîné, marié à Jacquine Ravenel.
- Jean Le Clavier, le jeune, marié : 1° à Guillemette Gérard; 2° à Perrine Le Gouverneur.
- Julien Le Clavier, marié à Noëlle Jouais.
- Perrine Le Clavier, mariée : 1° à Jacques Le Fort; 2° à Floridas de Gennes.

Jean Le Clavier, sieur de Raïès, marié à la Genèvre, d'où :

- Mathurine Le Clavier, mariée à Georges Serré.
- Jean Le Clavier, le jeune, épousa Renée Le Moyne.
- Pierre Le Clavier épousa : 1° Antoinette Chauvin; 2° Anthoinette Thoumin.

Etiennette Le Clavier, mariée à Mathurin Chevalier, demeurant à La Graville (2).

Jean Le Clavier, marié en 1res noces (3) à Renée de Gennes; en 2e à Marguerite Conseil.

Elisabeth Chevalier (4).

Jean Le Clavier, né le 9 avril 1604 (5).

Suzanne Le Clavier épousa Paul Paindebled (6).

Paul Le Clavier, né le 17 juin 1607 (7).

Jacquine Le Clavier, mariée à Daniel Rehondy (8).

Luc Le Clavier, né le 12 septembre 1618 (9).

Jeanne Paindebled, mariée à Pierre Larroque (10).

David Paindebled, marié à Marie de Caydeuc (11).

---

(1) « Il y a une ancienne tradition à Vitré que l'aïeul de Jean Le Clavier, marié à Dne de Gennes, était resté seul de quatorze frères, qui combattaient pour le duc de Bretagne contre les troupes du roi de France, les 13 tres ayant été tués, et pour cela le duc annoblit le dit Clavier et le fit possesseur de la plus belle tour des fortifications de Vitré, lui permit de placer son écusson sur la dite tour. Cette tour est encore connue présentement sous le nom de la Tour-aux-Clavier. Leurs armes étaient de sable à deux clefs d'argent passées en sautoir, les pannetons adossés en haut. On les voyait sur autels, barcs et tombeaux, soit aux Dominicains, soit en la chapelle de l'hôpital Saint-Nicolas ». — Le seul vitrail ancien existant en cette année 1890 dans la dite chapelle est un arbre de Jessé, auquel il manque un panneau. Dans un très petit losange, formé par les entrelacs des meneaux, le verrier a peint les clefs de nos Clavier. — Dans la montre du vicomte de la Bellière, pour la délivrance du duc Jean V, emprisonné par les Penthièvre, dom Morice mentionne Geoffroy Clavier. Il figure là en qualité d'archer, en compagnie de Gilles de Pocé et de Pierre Boulleaux, deux autres vitréens. — Jean Le Clavier, seigneur du Rocher et René, son frère, assistent, en 1517, aux fiançailles de Pierre de Gennes et de Julienne Berle, fille d'Amaury Berle, alloué de Vitré, et de Geffeline Le Clavier. (Tableau XIII). L'un et l'autre sont dits oncles de la fiancée. — Olivier Le Clavier approuve la fondation de Pierre Landais, en 1469. — Jehan Clavier, fondateur de la confrérie des Marchands d'outre-mer, en 1473. — Jehan Le Clavier, recteur de Vitré, en 1530.

(2) Ils épousèrent en l'église réformée.

(3) Le premier mariage de Jean Le Clavier eut lieu le 30 octobre 1601.

(4) Née le 15 août 1599 et présentée au baptême par M⁰ André *Le Ribault*, suisse de nation. (Extrait protestant).

(5) Baptisé en l'église protestante et présenté par Jean Godard de la Foltière ancien et par Renée Godard, dame de la Brosse.

(6) Elle naquit le 16 juillet 1605, fut présentée au baptême en l'église prétendue réformée par Pierre de Gennes et Suzanne Le Fort. Elle épousa, le 22 août 1627, au château de la Vieuville, commune du Châtelier, près Fougères. C'était là un petit centre protestant, créé par César de la Vieuville, qui avait épousé Judith de la Musse, fille de Bonaventure, zélé huguenot et gouverneur de Vitré. (*Journal historique*, p. 108). — Paul Paindebled semble avoir eu pour sœur Renée Paindebled, mariée le 9 décembre 1635 à Jean Hardy. — Suzanne Le Clavier décéda en 1628; son mari épousa en deuxièmes noces, le 10 février 1630, Judith Ravenel. — En 1676 le lieu de Chalet, en la paroisse de Montreuil-sous-Pérouse, était possédé par Daniel Paindebled; comme propriétaire du dit lieu, il était compris dans un esgail de la somme de 4,200 livres dues par les paroissiens de Montreuil-sous-Pérouse aux héritiers de René de la Briole, abbé de Saint-Serge.

(7) **Paul Le Clavier** fut présenté au baptême par Jean Cambast et Jeanne Duchesne.

(8) **Jacquine Le Clavier** et **Daniel Rebondy** épousèrent le 13 octobre 1617. Trois Daniel Rebondy figurent sur les registres de l'église réformée, savoir : 1° Daniel, docteur en médecine, marié en 1603 à Anne Nouail. Il avait en sa bibliothèque les Mémoires de messire Philippe de Commines, seigneur d'Argentan, sur les faits et gestes de Louis XI et de Charles VIII, avec la vie d'Angelo Cattho, archevêque de Vienne, plus deux épîtres de J. Sleidan. Ant BLANC, 1593, in-12; volume inscrit au catalogue de la Bibliothèque publique de Vitré sous le n° 449, Histoire. 2° Autre Daniel, que nous avons vu épouser Jacquine Le Clavier en 1617. Troisième Daniel, marié à Jacquine Ravenel, laquelle mourut en état de viduité le 3 juin 1656. Faut-il identifier ces trois Daniel? Dans l'affirmative, on donnerait pour enfant d'un premier mariage avec Anne Nouail, Johanne Rebondy, mariée le 27 février 1628 à Isaac le Fort de la Belotais; pour enfant d'un second mariage, Jacquine Rebondy, mariée le 5 septembre 1641 à Paul de l'Espine

(9) **Luc Le Clavier** fut présenté au baptême par Jean de Gennes, sieur de la Perche, et Jeanne Collin, dame de Boisjean.

(10) **Jeanne Paindebled** et **Pierre Larroque** épousèrent le 28 mars 1651. Pierre Larroque nous semble être un parent de Mathieu Larroque, ministre de Vitré. Celui-ci ayant un enfant le 25 avril 1653 de Marie de Gennes, le fait présenter par Gilles de Gennes de la Baste et Jeanne Paindebled, femme de M⁰ Larroque, apothicaire. Jeanne Paindebled décéda le 19 may 1674.

(11) Ils épousèrent le 30 avril 1652. Marie de Caydène est dite fille de Frédéric, décédé le 2 octobre 1642, concierge du château d'Olivet, siège d'une chastellenie appartenant aux comtes de Laval et comprenant les fiefs du Genest, près Loiron; de Mondon, près Changé; et du Tertre. C'est sur le territoire d'Olivet que s'élevait la célèbre abbaye de Clermont. (La vie agricole dans le Haut-Maine au XIV⁰ siècle, d'après le rouleau inédit de M⁰ d'Olivet: *Revue du Maine*, articles signés JOUBERT).

Descendance de JEAN LE CLAVIER l'aîné, marié à Jacquine Ravenel.

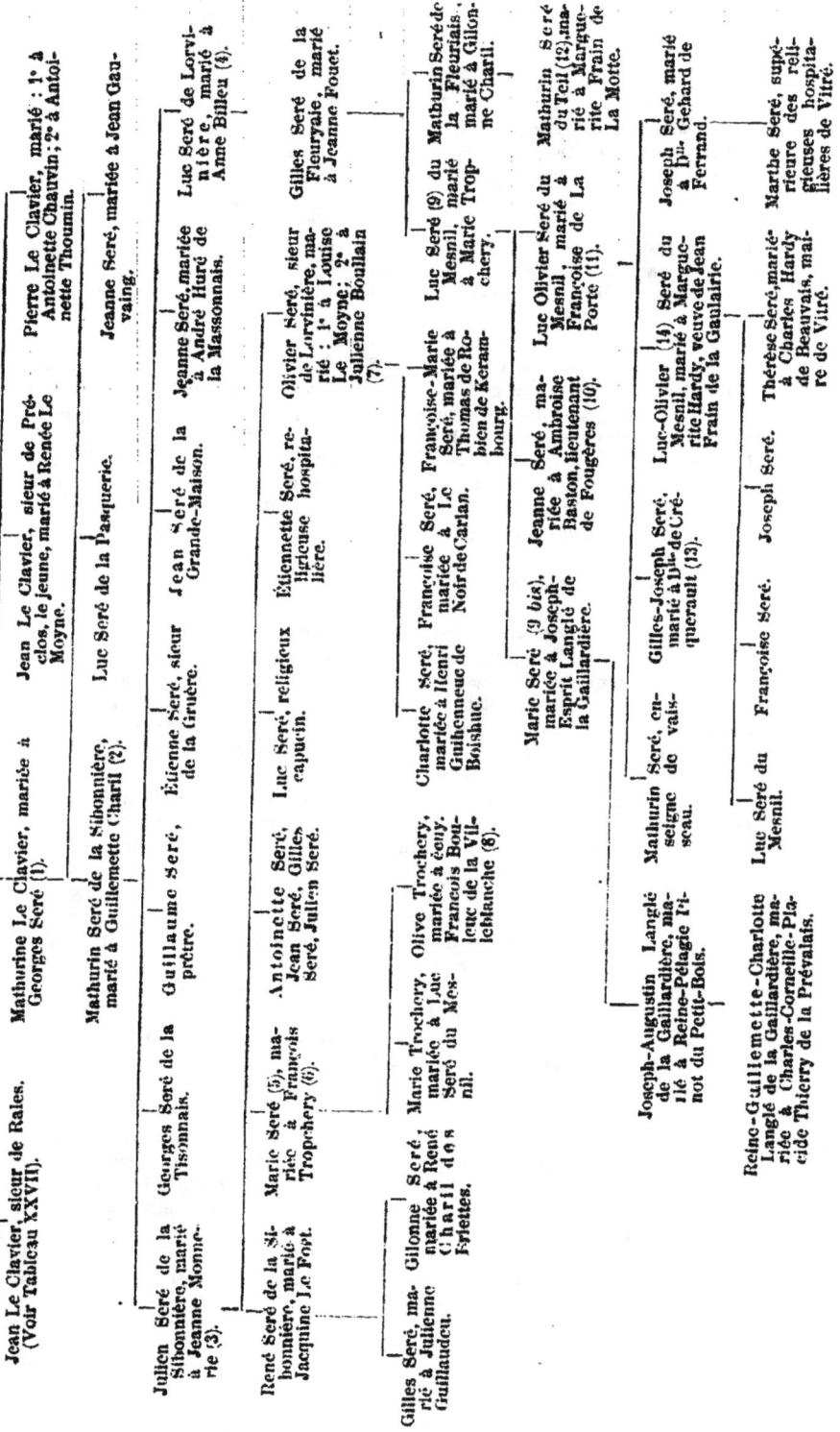

Jean Le Clavier, sieur de Rales. (Voir Tableau XXVII).

Mathurine Le Clavier, mariée à Georges Seré (1).

Jean Le Clavier, sieur de Préclos, le jeune, marié à Renée Le Moyne.

Pierre Le Clavier, marié : 1° à Antoinette Chauvin ; 2° à Antoinette Thoumin.

Jeanne Seré, mariée à Jean Gauvaing.

Mathurin Seré de la Sibonnière, marié à Guillemette Charil (2).

Luc Seré de la Pasquerie.

Georges Seré de la Tisonnais.

Etienne Seré, sieur de la Gruère.

Guillaume Seré, prêtre.

Julien Seré de la Sibonnière, marié à Jeanne Monnerie (3).

Jean Seré de la Grande-Maison.

Jeanne Seré, mariée à André Huré de la Massonnais.

Luc Seré de Lorvinière, marié à Anne Billeu (4).

René Seré de la Sibonnière, marié à Jacquine Le Fort.

Etiennette Seré, religieuse hospitalière.

Olivier Seré, sieur de Lorvinière, marié : 1° à Louise Le Moyne ; 2° à Julienne Bouillain (7).

Gilles Seré de la Fleuryaie, marié à Jeanne Fouet.

Antoinette Seré, Jean Seré, Julien Seré.

Luc Seré, religieux capucin.

Etiennette Seré, religieuse hospitalière.

Marie Seré (5), mariée à François Trochery (6).

Charlotte Seré, mariée à Henri Guilhenneuc de Boishue.

Françoise Seré, mariée à Le Noir de Carlan.

Françoise-Marie Seré, mariée à Thomas de Robien de Keraubourg.

Luc Seré (9) du Mesnil, marié à Marie Trochery.

Mathurin Seré de la Fleuriais, marié à Gillonne Charil.

Gilonne Seré, mariée à René Charil des Frlettes.

Marie Trochery, mariée à Luc Seré du Mesnil.

Olive Trochery, mariée à écuy. François Bouleuc de la Villeblanche (8).

Marie Seré (9 bis), mariée à Joseph-Esprit Langlé de la Gaillardière.

Jeanne Seré, mariée à Ambroise Baston, lieutenant de Fougères (10).

Luc Olivier Seré du Mesnil, marié à Françoise de La Porte (11).

Mathurin Seré du Teil (12), marié à Marguerite Frain de La Motte.

Gilles Seré, marié à Julienne Guillaudeu.

Mathurin Seré, enseigne de vaisseau.

Gilles-Joseph Seré, marié à Joseph-Esprit Langlé de la Gaillardière.

Luc-Olivier (14) Seré du Mesnil, marié à Marguerite Hardy, veuve de Jean Frain de la Gaillairie.

Joseph Seré, marié à Dlle Gehard de Ferrand.

Joseph-Augustin Langlé de la Gaillardière, marié à Reine-Pélagie Pinot du Petit-Bois.

Gilles-Joseph Seré, marié à Dlle de Créquerault (13).

Thérèse Seré, mariée à Charles Hardy de Beauvais, maire de Vitré.

Marthe Seré, supérieure des religieuses hospitalières de Vitré.

Reine-Guillemette-Charlotte Langlé de la Gaillardière, mariée à Charles-Corneille-Placide Thierry de la Prévalais.

Luc Seré du Mesnil.

Françoise Seré.

Joseph Seré.

(1) Seré : De gueules à la sirène d'argent.

L'aveu rendu en 1512 au baron de Vitré, par Briand de Cornillé, est suivi de cette mention : Fait et consenti en la ville de Vitré, au devant de la maison et demeurance de **Mathurin Seré**, le pénultième jour d'octobre 1542. De Dourdain, passe. — Georges Seré signe, en 1571, la police des paouvres de la ville de Vitré. *(Journal historique,* p. 21). — Dans la répartition faite en 1597, pour l'assistance des pauvres vitréens, Lucas Seré est inscrit comme devant nourrir : cinq posvres. *(Journal historique,* p. 51). — 1618. « La lampe d'argent fut donnée par Jullian Seré. » *(Registres de Notre-Dame et Journal historique,* p. 71). — Pour la fondation de la confrérie du port du Très Saint-Sacrement, Julien Seré Sibonnière donna neuf livres ; Estienne Seré Aigrière versa vingt-quatre livres ; Luc Seré Orvinière : huit livres dix sols. — Julien Seré de la Sibonnière, pour l'année 1632-33 ; Luc Seré de Lorvinière, pour 1652-53 ; René Seré de la Sibonnière, pour 1663-64 ; Gilles Seré de la Fleuryais, pour 1682-83 ; Gilles Seré, pour 1686-87 ; Luc Seré du Mesnil, pour 1698-1700, furent prévôts de la confrérie des Marchands d'outre-mer. La liste de ces prévôts se termine par Luc-Olivier Seré du Mesnil, 1735-36. — Mathurin Seré du Teil fut maire de Vitré du 16 mai 1758 à 1764, et député aux États de Bretagne tenus à Saint-Brieuc en 1758, à Nantes en 1760, à Rennes en 1762. — Un acte passé devant la cour de Vitré, le 27 may 1594, donne sur les Ceré *(sic)* les renseignements généalogiques ci-après : de Georges Ceré et de Jeanne Le Clavier issurent : 1° Mathurin Ceré ; 2° Luc Ceré le jeune ; 3° Perrine Ceré, mariée à Mathurin Crouezé, d'où : Olive Crouezé ; 4° Jacquine Ceré, mariée à Louis Benard ; 5° Olive Ceré, ayant pour curateur Luc Ceré l'aîné, son oncle ; 6° Jeanne Ceré, ayant pour curateur Pierre Ribretière, sieur de la Hamelinaye. — La Sibonnière et la Pasquerie sont cités dans cet acte comme ayant appartenu à Georges Ceré et à Jeanne Le Clavier.

---

(2) Le partage en sept loties des biens advenus des successions de Mathurin Seré et de Guillemette Charil, sieur et dame de la Sibonnière, eut lieu les 5, 6, 7, 8, 12, 13 et 14 février de l'année 1631, par les soins de François Morel et Jean Ernault, arpenteurs et priseurs royaux, conjointement avec Olivier Duverger, sieur de la Goupillère. — Les copartageants étaient : Julien Seré, sieur de la Sibonnière ; Georges Seré, sieur de la Tisonnais ; vénérable et discret messire Guillaume Seré, sieur des Orvinières ; Luc Seré, sieur de Lorvinière ; Estienne Seré, sieur de la Gruère ; Jean Seré, sieur de Grand-Maison ; et Claude, Mathurin et Bernardine Huré, enfants d'André Huré et de Jeanne Seré. — La choisie se fit en la demeurance d'Olivier Duverger de la Goupillère, le quatriesme jour du mois de mars 1631. Étaient alors en Espagne : Georges Seré, représenté par Estienne Charil, sieur de la Barre ; Luc Seré, représenté par Jean Billon de Mehaignerie ; Jean Seré, représenté par Olivier Courgeon, sieur de Mauzé. — La Tisonnais, les Sibonnières, métairies nobles ; les lieux des Orvinières, la Gruère, des maisons situées en la ville de Vitré. D'autres au Puit-Pesé, près et hors le faubourg du Rachat, étaient compris au partage. L'acte de choisie nous livre cette particularité : « Les parties sont demeurées d'accord que les tentes de toile blanche qui seront pour tendre et orner le devant des dits logis de la ville le jour et Fête-Dieu et octave d'iceluy, que icelles tentes demeureront en propriété du sixième lot, parce qu'elles ont esté considérées au prisage d'iceluy, d'autant que celuy à qui écherra le dit lot fera mettre à ses frais et diligences les dits jours...... » — Beaucoup d'inventaires vitréens mentionnent ces toiles pour tenture. Exemple : deux tentes de Sacre, *toile blanche,* que la veuve (Gillette le Faucheur) a dit estre pour servir au logis du Rachapt. *(Inventaire des meubles de Jean Le Fort de la Longrais,* 1636. — Mathurin Seré était petit-fils de Mathurin Seré, sieur de Lambert, et d'Olive Guillaudeu. — Guillemette Charil était fille de Jean Charil et de Renée Le Clerc, sieur et dame de la Barre.

Lundi 8° avril 1652.

(3) Partage et division en trois lots des héritaiges provenant de la succession de deffunte honorable femme Jeanne Marais, vivante *femme de* deffunt honorable homme Olivier Monnerie, vivants sieur et dame du Boullay, fait entre honorable femme Marie Le Clavier, mère et tutrice de René et Olivier Monnerie, ses enfants, et de deffunt Jean Monnerie, sieur du Boulay, son deffunct mari, honorable femme Jeanne Monnerie, compagne et épouse de honorable homme Julien Seré, sieur et dame de la Sibonnière, et honorable personnes Mathurin Charil et Olive Monnerie, sieur et dame de la Barre. — Les immeubles à partager sont situés aux lieux de Villensaut et des Tourailles, paroisse de Champeaux ; au lieu de la Mabonnière, paroisse de Saint-M'Hervé. — L'arpenteur et priseur royal est Jean Beziel.

---

(1) La sacristie de Notre-Dame de Vitré, remarquable par la disposition et l'exécution soignée des meubles qui en garnissent les parois, présente l'inscription suivante : « Cette sacristie a été bastie par l'aumône des paroissiens, estant trésoriers : MM. de la* Sibonnière Seré, du Mesnil Billeu, et de la Rouxelière Le Moyne; députés avec eux les sieurs du Bois, Le Cocq et des Ormeaux Le Corvaisier, en l'an 1666.

Jean et Isaac Billeu étaient en Espagne à la fin du XVIIᵉ siècle. — André Billeu, sieur de la Ballotière, y mourut le 22 janvier 1619. On lui fit service à Vitré le 9 mars de la même année. — Voir dans *les Familles de Vitré*, p. 112, une lettre de Jean Billeu à son frère, datée du Port-Sainte-Marie, 4 avril 1634.

10 et 22 septembre 1605.

Par devant nous Jean Morel et Olivier Simon, notaires de la cour de Vitré, cordeurs et priseurs de terre, ont comparu en leurs personnes honorables gens : Jean Billeu *(sic)*, sieur des Mesnils, tant en son nom qu'ayant le droit de Jeanne Billeu, sa sœur; André Billeu, sieur de la Ballotyère; Jean du Feu, sieur de la Bourdinaye, procureur d'Estienne Billeu le jeune, sieur du Feil, comme le dit du Feu a apparu par acte de procure, en date du 28ᵉ juillet 1604, signé : **Louis de Barera**, escripvain publicq en la ville de Saint-Loucq de Baramède, du pays d'Espagne, et laquelle il fera ratifier du dit sieur du Feil dans six mois... — Les dits Billeu, frères et sœurs germains, enfants d'honorables personnes Estienne Bisleu et défunte Gillette Le Royer, lesquels ont été d'accord de partager en deux lots le lieu du Mesnil, en Pocé.

29 décembre 1633.

Partaige et division des maisons, terres et héritages, qui sont et appartiennent à honorables gens Jean Bisleu, sieur du Mesnil, pour une septième partie; à Julien Bisleu, estant *de présent au pays d'Espagne, aussi pour une autre septiesme partie;* à Mathurin Bisleu pour autre septième partie, et encore au dit Jean Bisleu, fils aîné, aussy pour une autre septiesme partie comme cause ayant et ayant les droits, et septième partie ainsy en indivis des dites choses héritelles de Jeanne Bisleu, dame au Boismorin, sa sœur; à *Anne Bisleu, femme de noble homme Luc Seré* de Lorvinière, au pareil pour autre septième partie; à Gillette Bisleu, dame du Bouaisteilleul, pour autre septième partie; à Mette Bisleu, aussy pour l'autre septième partie. Les dits Bisleu, frères et sœurs germains, enfants de deffunts Jean Bisleu et Julienne Cherbonnel, sa femme. — Biens à partager : la métairie noble du Mesnil, paroisse de Pocé; la métairie noble du Boismorin, le lieu du Bas-Bourg, en Châtillon; les métairies nobles des Hautes et Basses-Fleuryais, en la paroisse de Châtillon-en-Vendelais; le lieu et métairie noble du Grand-Teil, en la paroisse de Dompierre-du-Chemin; la métairie roturière du Grand-Monceaux, en la paroisse de Billé; la métairie noble et roturière du Bois-Teilleul, en Châtillon-en-Vendelais et en Montreuil-des-Landes. — Le prisage et mesurage fait par Jean Ernaud le jeune, arpenteur royal, Jean Ernaud l'aîné, notaire, et Julien Le Roy, notaire, et aussi par Jean Le Royer, sieur de la Louinière, curateur particulier à l'effet des présentes de Julien Bisleu; Gilles Le Clavier, sieur de Préclos, aussy curateur de Mathurin Bisleu; Alphonso Le Corvaisier des Échelles, curateur de Gilette Bisleu, et Pierre Morel de la Chevallerye, curateur de Mette Bisleu. (Voir dans la *Bio-Bibliographie bretonne*, par KERVILER, 7ᵉ fascicule, p. 275. l'article Billeu ou Bisleu).

_____

(5) Le contrat de mariage de **François Tropchery** et de **Marie Seré** est au rapport de Renouart et Faverot, notaires, daté du 28 juin 1658 et signé par F. Trochery, Marie Seré, J. Seré, Jeanne Monnerie, Trochery-Charil, Luc Seré, Jean Le Cocq, J. Billeu, Gilles Le Moyne et Julien Charil, les tous bourgeois de Vitré et proches parents des parties.

Recommandation de prières.

Nous prierons Dieu pour l'âme de défunte damoiselle Marie Seré, en son vivant dame de la Fontaine, dont voicy le corps. — En commémoration d'elle nous prierons Dieu pour le repos de l'âme de défunt noble homme François Trochery, vivant sieur de la Fontaine, mary de la dite défunte. Pour le repos des âmes de deffuntes nobles personnes Julien Seré et Jeanne Monnerie, sieur et dame de la Sibonnière, père et mère de la dite défunte. — Pour le repos des âmes de défunt noble père Guillaume Trochery et Charlotte Coullange, sieur et dame de la Milesse, père et mère du mary de la dite défunte. — Pour le repos de l'âme de défunt escuyer François Boulleuc, sieur de la Villebranche, gendre de la dite défunte. — Pour le repos des âmes de nobles personnes René Seré et Jacquine Le Fort, sieur et dame de la Sibonnière; Gilles Seré, sieur de la Tisonnais; Jean Seré, sieur du dit lieu; Julien Seré, sieur des Bretonnières; Luc Seré, religieux capucin; et Étiennette Seré, religieuse hospitalière; Louise Le Moyne, dame de Lorvinière; Guillaume Trochery et Renée Le Meusnier, sieur et dame de la Milesse; frères et sœurs alliés du dit deffunt; Mathurin Seré, religieux augustin, Julien Bisleu et Jeanne Seré, sieur et dame du Mesnil, frères et sœurs...

---

(6) Nous prirons Dieu pour le repos de l'âme de noble homme François Trochery, sieur de la Fontaine; pour lequel nous..... — En commémoration de luy, nous prirons pour le repos des âmes de nobles personnes Michel Trochery et Charlotte Coulange, sieur et dame de la Milesse, père et mère du dit deffunt. — Pour le repos des âmes de nobles personnes Pascal Trochery et Perrine de Launay, sieur et dame de la Haie; Guillaume Coullange et Michel Grappé, sieur et dame de la Chesnelière, aieux paternels et maternels du dit deffunt. — Pour le repos des âmes de nobles personnes Guillaume Trochery et Renée Le Meusnier, sieur et dame de la Milesse; Pierre Trochery, sieur de la Cherbonnière, frères et sœurs alliés du dit deffunt. — Pour les âmes de nobles personnes Julien Seré et Jeanne Monnerie, sieur et dame de la Sibonnière, père et mère de la veuve du dit deffunt. — Pour le repos des âmes de noble homme Mathurin Seré et Guillemette Charil, sieur et dame de la Sibonnière; Jean Monnerie et Jeanne Marais, sieur et dame du Boullay, aieulx paternels et maternels de la veuve du dit deffunt. — Pour le repos des âmes de nobles personnes René Seré et Jacquine Le Fort, sieur et dame de la Sibonnière; Jean Seré de la Tisonnais; Gilles Seré, sieur du dit lieu; Julien Seré, sieur des Bretonnières; et Louise Le Moyne, dame de Lorvinière, sœurs et frères alliés de la veuve du dit deffunt.

Extrait du livre des sépultures de la paroisse de Saint-M'Hervé, province de Bretagne, évêché de Rennes.

Honorable homme Guillaume Trochery, sieur de la Milesse, décédé à la métairie de la Fontaine, le 20e jour d'octobre mil six cent quatre-vingt-douze, a esté inhumé en l'église de cette paroisse de Saint-Mervé par Monsieur le Recteur, assisté de Messieurs les prêtres, en présence d'Anceau Touschart, Jean Coudray et autres qui ne signent, ainsy signé dans l'original : Jean Guy, recteur. — L'extrait ci-dessus a été tiré du livre des inhumations de Saint-Mervé par moy, Nicolas de Bon, curé de la paroisse, le premier jour de novembre mil six cent quatre-vingt-douze, pour tenir et valoir où besoin sera.

---

(7) **Julienne Boullain,** femme de grand sens et de cœur, qui sut conserver avec la famille de son mari les plus agréables relations, se faire aimer de ses belles-filles, augmenter sa fortune et s'intéresser aux malheureux. — Elle habitait Saint-Malo et pendant la belle saison Château-Doré, où la venaient voir parents, amis et Monseigneur son évêque. Dans sa correspondance, à côté de détails intéressants sur la société malouine, le commerce international, elle trace de jolis portraits, dont voici un spécimen :

A Saint-Malo, le 2 août 1721.

..... Madame de Boishue (a) s'en retourna hier à sa maison du Boishue. Elle m'avait fait la grâce de venir dimanche à Château-Doré et m'amener M. du Boishue et Mme son épouse, qui est jolie, belle et aimable, des perfections comme une femme de vingt ans, quoiqu'elle ne fait que d'en avoir treize (b).

(a) Charlotte Seré, née du premier mariage d'Olivier Seré de Lorvinière et de Louise Le Moyne de la Bréardière.

(b) Madeleine-Pétronille-Thérèse du Breil du Chalonge, fille de Jean du Breil et de Thérèse Ferron. Elle avait épousé Henri-François de Guihenneuc de Boishue, le 23e avril 1720, comme il appert de cette lettre adressée à M. Seré des Briettes : « Monsieur et très cher cousin, j'ay reçu vos lettres et la forme de procure. Je suis à Rennes présentement, à cause du mariage de mon fils ainé avec Mlle du Breil-Chalonge, que mon fils épouse demain. Cela a été cause que la procure ne vous a pas été envoyée plus tôt..... — Je n'ai que le temps de vous assurer de vous estre et à ma cousine, avec amitié et respect,

Monsieur, votre très humble obéissante servante,

SERÉ DE BOISHUE.

Mes compliments à ma cousine du Mesnil et de la Villeblanche. Ce 22 avril 1720.

L'hiver de 1709.

Monsieur du Mesnil Seré à Vitré.

Ce 2 may 1709.

Monsieur, j'ay l'honneur ici de recevoir votre lettre et celle de M** du Mesnil, à laquelle je fais réponse cy-joint, et vous suis bien obligé des continuelles peines que vous prenez de nos terres. A l'égard des bleds, ils sont très chers partout, sur la crainte que l'on a qu'ils aient tous péri. Pour moi, j'ay toujours grande confiance que le Seigneur aura pitié de ses pauvres et que le temps échauffera et se mettra au beau, ils se remettront. Je vois ici depuis dix ou douze jours que nous y sommes, où il n'a fait que deux ou trois jours de beau, ils ont amendé beaucoup..... — Monseigneur notre bon évêque (a), lequel nous fist l'honneur nous venir voir avant-hier, nous dit que dans l'histoire, me semble de Bretagne l'an 1608 ou neuf, il y a cent ans, qu'il avait fait un très rigoureux hiver et que tous les bleds paraissaient morts jusqu'au mois de may, que le temps commença d'échauffer, qui les ramenèrent tout entièrement et que les récoltes furent très abondantes. Ceux qui n'ont pas défait les bleds, je crois, ont fort bien fait. Ils sont ici plus chers que chez vous : le bon froment rouge est à six livres le boisseau, le seigle à quatre livres dix sols, le bled noir à trois livres dix sols..... — Comme me dites que tous les seigles et avoines ont manqué, je suis d'avis que vous auriez la bonté de faire bien redeler (?) le peu qu'il y en a à la Tisonnais et de les laisser, au cas que l'an prochain si il n'y en avait que très peu, on le trouverait pour nourrir les pauvres fermiers, car c'est à eux qu'il faut penser plus qu'à tous autres.....!

Je salue Monsieur votre père et frère et vous suis de tout mon cœur votre très humble.....

JULIENNE BOULLAIN.

(a) Vincent-François Desmarets, neveu du grand Colbert, d'abord capitaine des vaisseaux du Roi, et capitaine aux Gardes, fut nommé à l'évêché de Saint-Malo le 10 avril 1702; on peut avancer à juste titre que son épiscopat fut celui des grandes entreprises. (L'abbé MANNET, *les Malouins célèbres*, p. 377).

Boullain portaient : écartelé aux 1 et 4 d'argent à l'arbre de sinople, aux 2 et 3 d'azur au croissant d'argent. (Arm. de 1696). A cette famille appartenaient Jehan Boullain, présent à la délibération de la Communauté de Saint-Malo, tenue le 8 février 1534, pour y entendre le mandement octroyé à Jacques Cartier par Monseigneur l'amiral de Bretagne. — Laurent Boullain, compagnon du dit Jacques Cartier en son voyage au Canada. *(Collectionneur breton, t. I, article signé CUNAT)*. — Thomas Boullain, licencié en droit-canon, grand chantre, chanoine de Dol en 1637, recteur de Saint-Guinon en 1645. Il fut inhumé en 1652 dans la cathédrale de Saint-Malo. — Autre Thomas Boullain, chanoine de Saint-Malo en 1677. — Robert Boullain, prétendant à la chantrerie de Saint-Malo, 1624. — Le 18 septembre 1627, Richard Boullain et Jacquette fondaient, en leur manoir de la Bardoulais, paroisse de Saint-Méloir-des-Ondes, deux messes par semaine, les lundi et vendredi, et dotèrent cette chapellenie de 50 livres de rente. *(Pouillé de Rennes, p. 190, t. VI).* — En 1732, le manoir de Porcon en Saint-Méloir et sa chapelle appartenaient à M. Boullain, chanoine de Saint-Malo, abbé de Melleray. *(Pouillé, t. VI, p. 192).* — Guillaume Boullain, lieutenant-colonel des dragons de la reine, marié à Marie Grout, fut tué à la bataille de la Marsaille, en 1693.

(8) **Boulleuc** portent : d'azur à l'épée en bande d'argent, surmontée d'un poignard de même, en pal. — Nous avons publié au tome I**, p. 122 des *Mœurs et Coutumes des Familles bretonnes*, le Mémoire des pièces délivrées par Olive Trochery à écuyer Jean Boulleuc, sieur de la Noë, pour servir au soutien de la qualité de noble et d'escuyer. — Nicolas Boulleuc était, en 1678, greffier de l'amirauté de Saint-Malo. — En cette même année, écuyer François Boulleuc, sieur de Saint-Grégoire, montait la frégate *la Brave* en qualité de lieutenant. — L'abbé Mannet met les Boulleuc au nombre de ces capitaines malouins, négociants habiles dans la paix, allant dans la guerre au feu comme à un triomphe et dignes d'être connus de la postérité. *(Les Malouins célèbres*, p. 71, 72).* — Un Boulleuc, chevalier de Malte en 1778 (Pol de Courcy). — Jeune encore, Olive Trochery perdit son mari. Tutrice de ses enfants, elle continua vaillamment le commerce maritime. Femme de tête et d'initiative, elle s'intéressa à toutes les entreprises malouines aux Indes Orientales, Occidentales, dans la mer Rouge ou la mer du Sud. La liste de ses correspondants serait longue. Quelques-uns sont cités dans les *Familles de Vitré*, p. 113, 114, 115; en voici d'autres mentionnés en ses livres de compte : A Saint-Malo, les Magon de la Chipaudière, de la Lande, de Lozier

Maingard; à Saint-Servan, Nouail de Cohigné; à Morlaix, Le Grand; à Nantes, de Beauvais-Rascau; à Lisbonne, Jean de Silve; à Cadix, Vincent de la Haye, Vincent de la Briantays; au Port-Sainte-Marie, Delisle, Le Moyne et Le Ribault; à Laval, le sieur de La Porte; à Marseille, Guillaume Eon, Chambon; à Paris, Baudran, etc., etc. — Suivent quelques spécimens de comptes :

Compte que rend le sieur de Lozier Maingard à Mᵐᵉ de la Villeblanche-Boulleuc, des marchandises qu'elle m'a remis pour luy vendre à la mer du Sud, à moitié profit.

SCAVOIR :

112. Je dis cent douze douzaines de canesettes, au prix de 12 livres la douzaine, suivant la facture, fait la somme de . . . . 1,344 livres.
3,002 —

4,346 livres.

Les dites canesettes ont produit 7,348 livres.
Déduites. . . . . 1,344 —

Profit total. . . . . 6,004 livres.
Moitié profit . . . . 3,002 —

Vendu à la Conception du Chily, 82 douzaines de canesettes, à 18 piastres la douzaine, monte à . . . . 1,476 piastres.
Vendu au dit lieu 30 douzaines, à 17 p. la douzaine, fait la somme. . . . . 510 —
Les deux parties jointes ensemble montent à. . . . . 1,986 —
Réduites en monnoie de France à 74 piastres, fait . . . . 7,348 livres.
Déduite la somme de 1,344 l., reste net produit pour la moitié du profit. . . . . 3,002 —
Les deux parties jointes ensemble font. . . . . 4,346 —
payées comptant.

Compte-rendu par M. du Fougeray-Nouail à Mᵐᵉ de la Villeblanche-Boulleuc.

Mᵐᵉ de la Villeblanche doit avoir : pour 2,400 livres dans le navire et emplette du *Beaucais*, à 2,494 livres 11 sols 8 deniers par chaque livre en principal . . . . 5,987 ¹
Pour 1,500 livres d'intérêt dans le navire *le François*, et emplette, sur le pied de 2,359 livres 6 sous 6 deniers pour chaque 1,000 livres en principal 3,538 19 9

9,525 19 9

A compte de quoy, luy a été payé :
1707, octobre (31), en lettres et argent. 3,820 3
— novembre (15), en argent 1,500
1708, janvier (17), en argent. 3,000
— février (23), en argent. 889 17

9,210

De solde en pièces de 18 sols, comme on les a reçues depuis avril, et ce suivant les comptes que nous a rendus M. de Beauvais Le Fer 315 19 9

9,525 19 9

Je déclare intéresser Mᵐᵉ de la Villeblanche-Boulleuc dans le navire, armement et emplette *le Diligent*; capitaine le sieur du Champ-Loret, de la somme de mille livres, que j'ai reçeue comptant, de laquelle somme la dite dame court les risques du jour que le dit navire a sorti de ce port, pour participer au profit ou perte qu'il plaira à Dieu envoyer dans *le voyage qu'il est à faire dans la mer Rouge* (a) ou ailleurs, suivant les ordres que luy en aura donné l'armateur; et au retour du navire, je promets à la dite dame de luy tenir compte de l'intérêt, que je luy sépare suivant ceux qui me seront rendus par le sieur de la Chapelle-Martin, armateur du dit navire.

Fait double à Saint-Malo, le 19 octobre 1709.

JEAN-BAPTISTE BÉGARD.

J'ay reçu de M. des Aunais Bécard six cent vingt-huit livres treize sols sept deniers, à compte des profits qu'il y a eu dans le navire *le Diligent*, capitaine le sieur du Champ-Loret, en son dernier voyage de la mer Rouge, pour la somme de 1,000 livres, dont le dit sieur des Aunais m'avait intéressé. — Fait à Vitré, le 9 novembre 1711.

(a) Le voyage du sieur de Champ-Loret, publié par M. de La Roque (Paris, 1716, un vol. in-12), nous apprend qu'arrivés, au mois de décembre 1708, au port d'Aden, à l'entrée de la mer Rouge, nos malouins obtinrent du gouverneur de cette ville une lettre de recommandation pour celui de Moka, où ils abordèrent le 3 janvier 1609. Ils y trouvèrent sur le quai 12 chevaux bien enharnachés et 200 soldats avec des timbaliers à leur tête. On les conduisit en cette pompe au palais du gouverneur, où, dès les premiers jours, on conclut un traité par lequel toutes les conditions et tous les droits du commerce furent réglés à trois pour cent. Les Hollandais étaient alors la seule nation d'Europe établie à Moka, où ils avaient un riche comptoir, et d'où ils n'expédiaient qu'aux plus chers deniers l'excellent café de ce pays. Le retour du *Diligent* se fit au port de Brest le 12 mars 1710. (*Les Malouins célèbres*, p. 70, 71).

Mme de la Villeblanche eut la douleur de survivre à tous ses enfants. On verra ci-après quel noble usage elle sut faire de sa fortune.

Extrait du Registre des délibérations du bureau de l'Hôpital général de Vitré.

Noble homme Luc Seré, sieur du Mesnil, héritier de dame Olive Tropchery, dame de la Villeblanche Boulleuc, et son exécuteur testamentaire, conjointement avec vénérable et discret messire Paul Besly, prêtre, l'un des recteurs alternatifs des paroisses Notre-Dame et Saint-Martin de cette ville, a fait représenter au bureau, par M. le Sénéchal de Vitré, que la dite dame de la Villeblanche donne à cet hôpital la somme de deux mille cinq cents livres, par son testament du vingt-six juin mil sept cent trente-trois, suivant un extrait du dit testament que mon dit sieur le Sénéchal a en cet endroit représenté, sous la condition que de la dite somme de 2,500 livres, il en sera employé cinq cents livres à acheter du plant pour planter les terres du dit hôpital, et deux cents livres pour contribuer à faire un retable à l'autel du dit hôpital, et qu'à l'égard des dix-huit cents livres restantes, elles seront employées à faire dire une messe toutes les semaines, à perpétuité, dans la chapelle dudit hôpital, pour le repos de l'âme de la dite dame de la Villeblanche, et pour y entretenir d'huile la lampe devant le Saint-Sacrement, aussy à perpétuité. — Sur ce délibéré, le Bureau a déclaré accepter le don testamentaire de la dite dame de la Villeblanche, de la somme de deux mille cinq cents livres, aux conditions y portées, et en conséquence pour recevoir la dite somme et en consentir quittance au nom du Bureau au pied d'une copie de la présente, a nommé M. de la Gravelle, a arresté que sur la dite somme de 2,500 livres, il sera pris celle de 500 livres pour employer en plant, a nommé M. de la Gravelle, directeur de cet hôpital, pour se donner le soin de la dite plantation. Et pour contribuer à faire un retable à la chapelle de cet hôpital, a pareillement arresté qu'il sera pris sur la dite somme de 2,500 livres, celle de deux cents livres, laquelle sera mise aux mains de M. le trésorier de la Magdeleine, pour employer à la façon dudit retable, a délibéré que la messe recommandée par la dite dame de la Villeblanche, sera dite une fois par semaine et à perpétuité, pour le repos de son âme, en la chapelle de cet hôpital, chaque jour de vendredy, à l'heure qu'on a coustume de dire les messes pour le service de cette maison, et que la lampe de la dite chapelle sera entretenue d'huile, aussy à perpétuité, devant le Saint-Sacrement, et finalement le Bureau a arresté que l'extrait de la délibération testamentaire du 26 juin 1733 sera déposé aux archives de cet hôpital. — Fait et arresté au bureau de l'hôpital général de Vitré, où présidait M. le Sénéchal, qui a signé sur le registre avec MM. Charil de Ruillé, sindicq, de Gazon, de la Gravelle du Verger, Borderie fils, de Châteauvieux.

MELLET.

Comme l'un des directeurs de l'hôpital général de Vitré, j'ay reçen ce jour de MM. Bely, recteur de la paroisse de Notre-Dame de Vitré, et du Mesnil Seré, exécuteurs testamentaires de feue Mme de la Villeblanche-Boulleuc, la somme de deux mille cinq cents livres, mentionnée dans le présent extrait, de laquelle somme je les tiens quittes au nom du bureau du dit hôpital, et la présente quittance, avec deux autres que j'ay consenties ce jour aux pieds de deux autres extraits, ne vaudra qu'une même avec les présentes. A Vitré, le vingtième mars mil sept cent trente-quatre.

DE LA GRAVELLE DU VERGER.

Extrait des Registres des délibérations de la paroisse Notre-Dame de Vitré.

Du dimanche huitième août 1728, l'Assemblée a tenu, à laquelle a présidé M. Besly et etc., présents les soussignants. — M. le trésorier en charge a représenté que lorsque la dame de la Villeblanche donna une somme de quatre cents livres pour faciliter à fonder un chantre, elle fit ce don à condition que la paroisse entretiendrait la lampe d'argent d'huile lorsqu'elle serait exposée. — Sur quoy délibéré, l'assemblée ayant pris délibération, a arresté que la paroisse entretiendrait la dite lampe d'argent d'huile, lorsquelle serait exposée. — Signé : Paul Besly, prestre recteur; P. Le Faucheur, Haury, du Verger, de la Gravelle du Verger, sindicq; des Mazures-Charil, du Rocher-Hardy, La Motte de Gennes, J.-M Charil, Borderie père, de la Fontenelle Le Clerc, Borderie fils, de la Faverie Reste. — La présente délivrée à Mme de la Villeblanche pour luy servir, ainsy que de raison. — A Vitré, le huitième may mil sept cent trente-deux. (Pour les autres largesses de Mme de la Villeblanche, voir *Familles de Vitré*, p. 37).

BURON, secrétaire.

17 novembre 1716.

(9) C'est le grand confrontation et dénombrement des héritages nobles et roturiers qui dépendent des successions de feus nobles gens Gilles Seré et Jeanne Fouët, sieur et dame de la Fleuryais, lesquels à présent appartiennent à nobles gens : Luc Seré du Mesnil, Mathurin Seré de la Fleuryais et messire François Seré (a), frères germains. — La métairie noble du Mesnil-Aubry, en Pocé; la métairie noble du Grand-Teil, paroisse de Dompierre-du-Chemin; la terre noble et roturière de la Basse-Fleuryais, en Châtillon; une maison dans la ville de Vitré, proche la porte d'En-Haut; le lieu et métairie de la Gesberdière, en Erbrée; le lieu du Poirier, même paroisse et quatre constituts.

(a) Lettres missives de messire François Seré à Luc Seré du Mesnil, son frère.

Monsieur du Mesnil Seré, à Vitré.

De Paris, le 7 décembre 1715.

Mon Frère,

J'ai beaucoup différé à vous écrire touchant la lettre que vous m'avez envoyée pour M. de Bellestre-Baudran et la commission que vous m'avez aussi envoyée pour des livres; mais j'espère que vous voudrez bien m'excuser. D'abord que j'ai pu vacquer à votre commission, je l'ay fait. J'ai été chercher le Père de **Gennes-Vaudué** dans deux de leurs maisons : on m'a dit qu'on ne le connaissait point. Peut être est-il dans une de leurs deux autres. Ils en ont quatre à Paris, ou bien m'avez-vous marqué le Père de l'Oratoire pour celui qui est Jésuite. Quoi qu'il en soit, j'ai trouvé les livres que vous me demandez suivant leurs intitulés : les deux graduels et les deux antiphonaires coûtent, comme il est marqué dans le billet qu'on vous a donné pour m'envoyer, chacun six livres; la semaine sainte : cinq livres et la règle de Saint-Benoist quarante-cinq sols, ce qui fait en tout, trente-et-une livres cinq sols. J'ay mis le tout entier dans un pacquet fait par le libraire même, dont j'ay chargé jeudi dernier le messager de Rennes. Il doit arriver vendredi prochain à Rennes. Vous aurez la bonté de dire au messager de Vitré de le prendre et d'en payer le port que je n'ay pas payé ici, afin qu'il vous fut plus seurement rendu. Le pacquet est adressé à M. du Mesnil Seré, à Vitré. A l'égard de la lettre de M. de Bellestre-Baudran, j'ai attendu la fin du mois dernier à la luy porter dans l'espérance de toucher toute l'année 1715; mais comme il n'avait pas encore reçu les six derniers mois et qu'il m'a témoigné que cela pourrait encore aller à quelque temps, je me suis contenté de recevoir les six premiers mois qui montent à quatre-vingt-seize livres un sol, savoir : vingt-neuf livres pour vous et soixante-et-sept livres un sol pour Mme de la Villeblanche..... Je ne vous marque rien du mécontentement que vous me marquez avoir receu d'une lettre que je vous ay écrite il y a quelque temps. Mon frère de la Fleuryais m'a marqué depuis, ce qui vous a donné lieu de mécontentement, ce qui m'a fait plaisir en ce que je vois par là l'affection que vous avez pour moy et en même temps d'autant plus surpris que je croyais, en vous mandant ce que je vous y marquais, vous donner raison de croire que nous nous reverrons bientôt et par là, vous porter à n'ajouter aucune foi à ce qu'on vous avait dit et que vous auriez pu croire, savoir que je ne m'en retournerais plus à Vitré. — Continuez, je vous prie, votre affection pour moy et comptez que de mon costé elle ne diminuera jamais; je voudrais être à lieu de vous en donner, dès maintenant, des marques authentiques. Je salue avec respect toute votre famille et suis avec toute l'affection possible, Monsieur, votre très humble et frère.

SERÉ.

De Paris, 7 octobre 1715.

Monsieur du Mesnil Seré, à Vitré.

Mon cher frère,

On ne m'a rendu qu'icy votre lettre en date du 17 juillet, parce que j'étais parti de La Rochelle, devant qu'elle arrivast, en étant party le 20° comme je vous le marquais. Elle m'a été rendue par un de nos Messieurs qui partit quelques jours après moy, dans un vaisseau du Roy. Je suis, grâce au Seigneur, arrivé en très bonne santé. Nous n'avons eu que deux ou trois fois de très gros vents, scavoir: le 11° du mois d'aougt et le 17° du même mois, mais ils ne furent pas de durée. Si la peine du voyage est la principale que j'ay à souffrir dans ce pays, je puis bien dire que les autres ne sont rien et que je passerai ici à bon marché car, au danger près de ces deux jours de gros vents, nous avons été fort bien nourris, avec un capitaine qui était un très honnête homme. Ainsy, que la pensée de la démarche que le Seigneur m'a inspiré de faire ne vous fasse pas tant frémir. Il n'y a pas tant à souffrir que vous pourriez croire. Tout ce qu'il y a de plus rude et de plus difficile à souffrir, c'est le froid; mais, pour s'en garantir, on est bien habillé et on a du bois en quantité pour se chauffer. Nous avons bien essuyé en France le grand hiver, j'espère, Dieu aydant, supporter aussy bien le froid de ce pays. Vous me dites que je ne suis ni assez fort, ni assez robuste. Quand m'avez-vous vu malade, ou même indisposé de quelque manière que ce puisse être? Disons mieux, mon frère, si vous voulez que je vous parle à cœur ouvert, vous avez fait tout ce que vous avez pu pour me détourner du dessein que j'avais. Je vous scais d'autant plus de gré que j'éprouve par là quel est votre attachement et votre affection pour moy; mais souffrez que je vous répète, ce que je vous ai déjà mandé scavoir: que quelque chose que vous eussiez pu me dire, cela n'aurait pas empêché que je n'eusse exécuté mon dessein, parce que j'ai crû comme je le crois encore, qu'il vient de Dieu. Ne m'accusez point d'avoir agi trop légèrement, quand on consulte des personnes aussy éclairées et aussy remplies de l'esprit de Dieu que sont les Messieurs que j'ay consultés, on ne doit nullement hésiter de suivre leurs conseils; ce n'est pas à dire pour cela que je sois déterminé à rester ici toute ma vie; non je n'y suis point déterminé, bien le contraire. Pour peu de raisons que j'ay dans la suite, un second voyage ne me fera pas plus peur que le premier; ainsi, ne désespérez pas tout-à-fait de me revoir si le bon Dieu me conserve la vie et s'il le juge ainsy à propos, tant pour mon bien que pour celuy de toute la famille. Peut-être, mon cher frère, n'auriez-vous pas reçu la lettre que je vous écrivis de La Rochelle, le jour de mon départ, où je vous marquais mon adresse, pour n'être pas privé de vos chères nouvelles; vous la mettrez, s'il vous plait, à M. Le Balteux, prêtre du grand séminaire de Saint-Sulpice, à Paris, pour me faire tenir à Montréal (Canada), ou à M. Bourgine, marchand près le palais à La Rochelle, pour me la faire tenir, etc... Comptez, mon cher frère, que je ne manqueray pas de vous faire scavoir de mes nouvelles autant que je pourray. Si vous n'en recevez pas tous les ans, c'est que les lettres ne vous seraient pas rendues. Je dis tous les ans, ne pouvant escrire que par les vaisseaux qui ne sortent ordinairement de ce pays pour la France que dans cette saison. Je ne vous marque rien de particulier de ce pays. Je compte que mon frère Fleuryais vous fera part du peu que je luy marque. L'année prochaine, je seray un peu plus au fait et par conséquent plus en état de vous en marquer quelques autres particularités. — Je prye Dieu qu'il bénisse votre famille et que nous soyons aussi unis d'esprit que nous sommes éloignés de corps. Mes très humbles respects à M°° de la Villeblanche; je salue de tout mon cœur votre épouse et toute votre famille. Ne m'oubliez pas, je vous prie, devant le Seigneur, vous ne le ferez pas à un ingrat. Je puis vous assurer que je ne vous oublieray jamais, surtout au saint sacrifice de la messe. — J'ai l'honneur d'être du plus profond de mon cœur, mon cher frère, votre très humble et très obéissant serviteur et frère.

F. Seré, ptre (a).

De Québec, en Canada, le 12° octobre 1717.

Je pars demain ou après demain pour aller à Montréal, distant de Québec environ soixante lieues.

(a) François Seré testa et mourut au Canada. Ses frères du Mesnil et de la Fleuryais exécutèrent ses dernières volontés en 1723. (Voir *Familles de Vitré*, p. 72).

Le contrat de mariage de Luc Seré et de Marie Tropchery est en date du 27 janvier 1695 et au rapport de Gontier, notaire. Le signèrent: Marie Tropchery, Luc Seré, Gilles Seré Fleuryais, Marie Seré, Jeanne Fouët, Olive Tropchery, Charil: Gontier et Accaris, notaires.

17 may 1697.

Extrait des Registres des baptêmes de la paroisse Notre-Dame de Vitré pour l'année 1697, folio 14, verso.

Luc Ollivier, fils de Luc Seré, sieur du Mesnil et de Dlle Marie Tropchery sa compagne, né de ce jour, a été baptisé par moi, vicaire perpétuel de cette paroisse, ce dix-septième mai mil six cent quatre-vingt-dix-sept. Parrain : Gilles Seré, sieur de la Sibonnière. Marraine : Olive Tropchery, dame de la Villeblanche. — Signé sur le registre : Olive Tropchery, Gilles Seré, Luc Seré et Bidault, prêtre. — Nous soussigné, certifions le présent conforme au registre. A Vitré, ce 23 septembre mil sept cent quatre-vingt-trois.

HEREMBOURG DE LA RIVIERE, curé de Notre-Dame.

22 juillet 1711.

Extrait des Registres des baptêmes de la paroisse Notre-Dame de Vitré, en Bretagne, folio seize, recto, pour l'année 1711.

Gilonne, fille de nobles personnes Luc Seré et demoiselle Marie Tropchery son épouse, sieur et dame du Mesnil, a été baptisée par moi, prêtre soussigné, ce vingt-deux juin mil sept cent onze, parrain a été : Luc Seré ; marraine : demoiselle Gilonne Charil. Signé sur le registre : Luc Seré, Seré, Gilonne Charil, du Mesnil Seré, et I. Rolland, prêtre. — Nous soussigné, certifions le présent conforme au registre. A Vitré, le vingt-trois septembre mil sept cent quatre-vingt-trois.

HEREMBOURG DE LA RIVIÈRE, curé de Notre-Dame.

Je certifie, à qui il appartiendra, que le sieur du Mesnil Seré est encore capitaine des milices bourgeoises de cette ville et qu'il en fait les fonctions toutes fois que l'occasion s'en présente et qu'il en est requis.

A Vitré, le six février mil sept cent treize.

DE LA MANCELIÈRE-RENAULT,
lieutenant du maire de Vitré.

(9 bis) Monsieur Seré, contrôleur des Actes, en son hôtel à Fougères.

Monsieur,

Il est douloureux pour moi de n'avoir que de tristes nouvelles à vous marquer ; nous avons perdu hier Mme de la Gaillardière (a), votre tante et notre respectable parente, après une fièvre de huit jours. Elle a reçu tous ses Sacrements avec une entière connaissance. J'ai amené hier ici sa belle-fille et la petite pour leur ôter ce cruel spectacle. Elle vous prie, Monsieur, de vouloir bien en faire part à toute la famille. Je le marquerais à Mademoiselle sa sœur, sans que je craindrais qu'elle ne fut trop affectée de l'apprendre si subitement. Je serais on ne peut plus flatté de pouvoir vous marquer en d'autres circonstances le sincère et respectueux attachement avec lequel j'ai l'honneur d'être, Monsieur, votre très humble.

A la Chevière, ce 18 août 1782.

DE LA CHEVIÈRE (b).

Madame de la Gaillardière vous prie, Monsieur, de ne pas oublier Mme de Langle de Dinan.

(a) Sur les Langlé, M. l'abbé Paris-Jallobert nous a gracieusement communiqué l'acte ci-après : Le 7 janvier 1716, noble homme André Langlé de la Chevrolais (de Fercé), fils d'André et de Catherine Guenier, épouse Dlle Françoise-Suzanne Hardy, fille d'écuyer François et de Marie des Loges, sieur et dame de la Bouëtelière. Témoins : Joseph-Esprit Langlé de la Gaillardière ; Jean Langlé, sieur de la Houdière. (Registres de Martigné-Ferchaud).

(b) Des alliances communes unissaient les Seré et les de la Chevière : Le 4 novembre 1734, n. homme Perre Seré, sieur de la Lande (de Vitré), avait épousé Dlle Guyonne-Perrine Jameu, dame de Rigné (de Saint-Jean-de-Beré). (Registres de Martigné-Ferchaud). — D'autre part, messire Jean-Baptiste de la Chevière avait épousé Dlle Rose Jameu, d'où : Isaac de la Chevière, décédé le 24 janvier 1718. Rose Jameu, dame de la Chevière, mourut le 15 septembre 1776 âgée de 88 ans ; elle fut inhumée dans la nef de l'église de Martigné. — Une autre Jameu, nommée Julienne, avait épousé messire Michel-Guy-Joseph Mellet. Leur fils : Esprit-René-Jacques, se maria à Dlle Élisabeth de Freslon.

---

(10) Ambroise Baston, sieur de la Biboisière, conseiller du Roy, alloué, lieutenant-général civil et criminel du siège royal de Fougères, était fils d'Ambroise Baston, sieur de Bonnefontaine, en son vivant conseiller du Roy, alloué, lieutenant-général civil et criminel du dit siège royal de Fougères et de Jeanne Roger. Son contrat de mariage avec D^{lle} Jeanne Seré fut signé à Vitré le 20 septembre 1734. Jean-François-Christophe Le Mercier de Montigny faisant et garantissant pour Jeanne Roger, dame de Bonnefontaine. L'acte au rapport de Fournier, notaire.

(11) Leur contrat de mariage fut signé à Laval, le 18e jour d'avril 1730, devant Trois et Chatizel, notaires royaux au Maine; en présence et de l'avis de Pierre Seré de la Lande (a), D^{lle} Seré, D^{lle} Gilonne Seré, frères et sœurs du dit sieur futur époux; D^{lle} Olive Trochery, veuve d'écuyer François Boulenc de la Villeblanche, tante du futur époux; Julien Bruneau, cousin germain du dit futur; Joseph Le Jay du Coudray et Dame Renée de la Porte, son épouse, frère et sœur de la demoiselle future épouse; Jean de la Porte, négociant, oncle de la future; Pierre de la Porte, négociant; Dame Louise de la Porte, veuve de Monsieur Me Jean-Baptiste Hardy de Levaré, conseiller du Roy, tante de la demoiselle future épouse; Dame Marie-Madeleine Gehard, épouse de Me Charles Frin du Guyboutier, procureur fiscal de cette ville; Jean de la Porte, négociant; Dame Hélène de la Porte, épouse de Monsieur Me Rousseau de Montfranc, président au siège de l'élection de cette ville, parents du costé paternel de la future épouse. Messire Charles Simon de la Thébaudière, jésuite; Dame Marie-Madeleine Gasse, veuve Pierre Simon, sieur du Tertre; Pierre Duchemin du Tertre et Dame Renée du Plessix, son épouse; Dame Renée Pichot, épouse de messire Marest, seigneur de Saint-Brice, auparavant luy veuve de Me Daniel Simon, avocat en Parlement; Charles Simon, négociant, et Dame Suzanne Duchemin de la Favardière, son épouse; D^{lle} Anne-Marie Chevalier des Boularderies, oncles et cousins germains de la future épouse du costé maternel Ambroise Duchemin, sieur de la Place, négociant; D^{lle} Louise Heumier (?), veuve Pierre Duchemin de la Baboissière, négociant; François Duchemin du Clos, négociant; Jacques Hoisnard de Cormeray, négociant; Dame Suzanne Hardy, épouse de Joseph Hoisnard, négociant; Me Joseph Le Clerc de la Fontenelle, receveur des Consignations à Vitré, et D^{lle} Élisabeth Collot, son épouse; Dame Marie-Anne Le Clerc, épouse du sieur de Gennes de Vauduc; de la Motte de Gennes; Me René Duchemin, prêtre; Ambroise Duchemin de la Gimbretière; Dame Renée Duchemin, veuve Jean Coustard, écuyer, sieur du Plessix; Dame Thérèse Frin, veuve Louis Lasnier du Plessix; Dame Jacquine Moraine, veuve Charles Frin des Touches; Messire Hannibal de Farcy, chevalier, seigneur de Mué et Dame Marie Levesque, son épouse; Dame Marie Frin, veuve Jean Levesque des Valettes; Dame Marthe Dorion, épouse de Monsieur Me Jean-Gabriel Le Moyne, conseiller du Roy et son président au siège royal de cette ville; Dame Marie Le Clerc, veuve Jean Duchemin des Estoyères; Dame Marie Cazet, veuve Pierre Foucault de Laubinière; Nicolas Lasnier de la Valette, négociant; Dame Marguerite Le Breton, épouse de Nicolas Lasnier de la Valette; tous proches parents de la dite demoiselle future épouse.

(a) Épousa en 1734 D^{lle} Guyonne Jameu. (Voir p. 90).

Testament de Sébastien de la Porte, grand-oncle de Mme Seré du Mesnil.

In nomine Domini Dei patris omnipotentis, Filii redemptoris et sancti Spiritus paracleti.

La mort étant, par un arrêt de Dieu, inévitable à l'homme et l'heure en étant incertaine et inconnue, crainte d'en être surpris et être appelé à son jugement sans avoir prévu et la fin de cette vie et disposé de mes affaires, particulièrement de celles qui regardent le repos éternel de mon âme après mon décès et l'acquit de ma conscience envers Dieu et le prochain pour toutes les fautes et offenses dont je suis coupable; de ma pleine santé et pendant que je suis dans un sain, entier et bon jugement, j'ai, Me Sébastien de la Porte, conseiller du Roy, doyen du collége des médecins de Rennes, seigneur de Bonnes, ordonné et disposé mon testament et dernière volonté pour être iceluí exécuté après mon décès en la forme et manière qui suit :

Premièrement, je remercie Dieu, le Père de miséricorde, de toutes les grâces et faveurs qu'il m'a jamais faites et préparées en Jésus-Christ et lui recommande le salut éternel de mon âme, le suppliant par les mérites infinis de la passion de mon Rédempteur, par ceux de sa très sainte mère mon avocate, et de son glorieux époux saint Joseph, par ceux de mon Ange gardien, par ceux du bienheureux saint Sébastien mon patron, me vouloir donner la grâce d'une heureuse fin dans la créance et par les Sacrements de la sainte Église catholique, apostolique et romaine, il m'accorde, tant présentement que dans l'extrémité de la vie et à l'heure de ma mort, le pardon de tous mes péchés et offenses dans un extrême déplaisir que j'ai et que je supplie me donner alors d'avoir jamais offensé sa divine majesté et bonté et lors de la séparation de mon âme d'avec mon corps, de la vouloir placer en lieu et repos et assurance de la béatitude.

Et comme dans cette extrémité les plus saints ne laissent pas que de craindre, afin qu'un grand pécheur, tel que je suis, puisse être secouru, je prie les Révérends pères capucins du couvent de Laval m'y vouloir assister et de sacrement, et de leurs bons avertissements, depuis l'heure que l'on me jugera en péril de mort, sans me quitter, jusqu'à mon trépas, à l'heure duquel je veux qu'ils soient instamment requis de m'envoyer six de leurs Pères pour ne point abandonner mon corps, se rechangeant, deux de deux heures en deux heures, incessamment priant pour le repos de mon âme, jusqu'à ce qu'il soit ensépulturé et de faire célébrer cinq messes à leur couvent par chaque jour et ce depuis que l'on m'aura jugé à la mort, au nom des cinq plaies de Jésus-Christ. Et dès l'instant de mon décès, que l'on fasse dire par tous les couvents et paroisses toutes généralement les messes à basse-voix qui se pourront faire dire partout le matin le plus proche de ma mort, pour le repos de mon âme, en attendant le service de ma sépulture ; pour l'honoraire desquelles messes, il sera payé comptant, par chaque messe, dix sols.

Et d'autant qu'il arrive souvent que dans l'extrémité de la vieillesse, l'esprit des hommes s'affaiblit et même s'aliène et que leur corps est affligé de longues et fâcheuses maladies ; et que, pour lors ils ne sont pas assistés ni soignés ainsy qu'ils devraient être, tant de l'âme que du corps, et qu'il pourrait qu'on me traiterait de même, y ayant peu de gens peut-être qui se souciassent pour lors de moi ; étant présentement en bonne santé du corps et grâce à Dieu, ayant l'esprit sain et fort bon jugement, exempt de toute passion, je veux que dès lors que je reconnaîtrai ou que quelque autre reconnaîtra quelque infirmité et défaillance, soit en mon corps ou en mon esprit, que l'on me donne auprès de moi une gardienne qui me soit agréable, forte de corps, vertueuse et de bonnes mœurs, choisie par mes bons amis et Messieurs mes exécuteurs testamentaires cy-après nommés, pour n'être employée qu'à mon seul service et avoir soin de temps en temps d'avertir les bons pères capucins et mon confesseur de me venir souvent visiter, à laquelle, outre le bon traitement honnête, l'on donnera, chaque jour, dix sols pour son salaire ; et si mon infirmité passe plus de trois semaines, l'on aura traité avec elle dès le commencement, en entrant, qu'elle sera payée sur le pied de cent francs par année, et si elle demeurait avec moi cinq ou six mois, plus ou moins avant ma mort, et que pendant tout ce temps elle m'eut traité avec toute humanité et charité jusqu'à l'heure de mon trépas, je veux que, dès le lendemain, on lui donne un habit de deuil valant quinze ou vingt francs au jugement de mes exécuteurs, selon son travail et comportement, outre son salaire convenu avec celle qui y sera pour lors, voulant en changer si elles ne me sont pas agréables et qu'elles ne fassent pas leur devoir auprès de moi ; et si elle avait besoin d'autre serviteur, avec elle pour me veiller ou servir, mes exécuteurs testamentaires lui en donneraient qui sera payé suivant qu'ils en conviendront.

Après la séparation de mon âme d'avec mon corps, je désire qu'il soit enseveli en la manière ordinaire, mis en un cercueil et à l'instant. — Si je trépasse en ma maison de Bonnes ; qu'il soit porté dans ma chapelle, assisté des pères capucins et autres pères qui auront été présents à ma mort, que je prie y demeurer jusqu'à ce qu'il en soit venu d'autres en leur place, qui se relevant de deux heures en deux heures pour éviter fatigue, psalmodieront à basse voix pour le repos de mon âme jusqu'à la levée de mon corps ; et depuis l'instant de ma mort jusqu'à ce temps-là, on sonnera la cloche de ma chapelle une heure pendant trente jours. Je veux que mon corps soit porté par huit hommes forts et davantage s'il en est besoin, quatre à chaque fois, premièrement dans l'église de l'Huisserie, passé devant le crucifix, où à l'instant il sera dit par Monsieur le curé et prêtres un *Libera* avec la croix et ornements accoutumés, les cloches sonnantes, de tout quoy l'on fera payment accoutumé ; puis les mêmes hommes le porteront tour à tour jusqu'à l'église de Notre-Dame d'Avesnière, au milieu de la dite église, devant les autels de Notre-Dame et Saint-Sébastien où Monsieur le curé et cinq de ses prêtres, revêtus des ornements ordinaires avec la croix, cloches sonnantes, seront aussi priés de dire un *Libera* ; et pour leurs honoraires et fabrique ils seront payés ainsi que l'on a accoutumé, et dès l'heure, en même instant, les susdits hommes le transporteront en l'église de Saint-Vénérand, à Laval, couvert du drap mortuaire de la dite paroisse, suivi de six pères capucins, chacun un cierge allumé, de demi-livre chacun, en leur mains, et de six pauvres des plus anciens de la paroisse, aussi chacun un cierge d'un quarteron allumé et à la porte de la dite église sera reçu par Monsieur le curé et son clergé pour être porté au milieu de la nef, devant le crucifix, avec les prières ordinaires, et si les pères capucins, par leurs constitutions, ne le pouvaient pas ni m'enterrer dans leur église aux conditions que je leur ai déclarées, six autres bons religieux ou prêtres séculiers seront priés d'assister et accompagner mon corps, depuis l'église d'Avesnières en la même forme et manière cy-dessus.

Si je meurs à Laval ; sitôt mon décès, mon corps enseveli passe dans le cercueil et il sera transporté dans la dite église, dans la même forme et manière écrite ci-dessus, et des six pères qui auront accompagné mon corps, deux, de deux heures en deux heures, se relèveront pour éviter la fatigue, qui psalmodiront perpétuellement jusqu'à l'heure du commencement du service de la sépulture de mon corps auquel je veux et ordonne qu'il soit fait et célébré service solennel de Vigiles à trois nocturnes et de trois autres messes à diacre et sous-diacre pour le repos de mon âme ; à la fin de la dernière desquelles, mon corps sera porté à l'entour de l'église par quatre pauvres accompagnés des susdits six prêtres : quatre portant les coins du drap mortuaire et les deux autres suivant, tous chacun leur cierge de demi-livre allumé, qui tous auront célébré leur messe pour le repos de mon âme avant la sépulture et leur honoraire sera déterminé par mes exécuteurs testamentaires cy-après nommés et payé. Suivront les six vieux pauvres aussi un cierge allumé, et seront, chacun d'eux, couverts d'une aune ou aune et demie de bonne bure aussi bien que les quatre porteurs ; et sera en cette manière mis à l'enfeu ou tombeau de feu mes père et mère, avec les prières ordinaires, et quelque temps après, mon corps étant consommé un peu, je veux qu'une tombe de gros marbre non poli soit passée dessus la fosse, à plat de terre, qui sortant de dessous le banc, sera conduite jusqu'à l'autre et sera appliquée et insérée une plaque de cuivre au pilier tout proche, avec l'inscription de mon nom, conseiller et médecin du Roy, seigneur de Bonnes, mon âge et le jour de mon décès.

Je veux que le dit jour et an de ma sépulture, pendant le service, soient allumés sept cierges de demi-livre chacun, savoir : deux sur l'autel de la Vierge, un au chandelier devant le Crucifix et deux sur les autels vis-à-vis de ma fosse, et qu'ils soient réservés avec tous les autres ci-dessus nommés, pour être allumés pendant la célébration de l'autre service ci-après ;

Je veux que l'on fasse faire, aux six pauvres et aux porteurs, à chacun un justaucorps de leur bureau qui assisteront au dit service comme au premier et seront obligés, tant que les justaucorps dureront, à dire pour chaque jour un *De Profundis* ou ne le sachant, chacun, un *Pater* et *Ave* pour le repos de mon âme.

Huit jours après la sépulture de mon corps, je désire qu'il soit fait service dans la dite église de pareil service solennel, de vigiles, de trois grandes messes et autres prières pour le repos de mon âme, auquel service le susdit luminaire sera tenu allumé ainsy qu'il a été dit à la sépulture, et les six pauvres vieillards et quatre porteurs seront tenant leurs cierges allumés aux coins du tombeau, revêtus de leurs justaucorps, priant, auxquels on donnera chacun cinq sols en aumône.

Item, je veux que dès le lendemain de ma sépulture l'on célèbre, dans l'église de la paroisse de l'Huisserie, un pareil service solennel que dessus pour le repos de mon âme, duquel seront avertis Messieurs les curés et autres voisins auxquels il sera donné à dîner chez Monsieur le curé ou autre prêtre, à 20 sols par tête, et célèbreront toutes leurs messes pour le repos de mon âme et outre le service payé par mes exécuteurs testamentaires.

Je veux en outre qu'au bout de l'an de mon décès, il soit célébré sur mon tombeau un service solennel pareil que celui de ma sépulture et que les pauvres vieillards et autres y soient appelés, auxquels, outre l'aumône commune, il sera donné à chacun trois sols, car je veux et ordonne que le jour de devant chaque service il soit boulangé une charge de bled seigle, cuit en pains de chacun deux sols pour être distribués moitié à la porte de l'église de ma sépulture, incontinent le service fini ; l'autre moitié à la porte de la maison de Bonnes ou bien le tiers, à la volonté de Messieurs les exécuteurs et curés, et le nombre des plus pauvres familles et le nombre des enfants de l'Huisserie pour être aumônés à proportion.

Item veux que dès le lendemain de ma sépulture, les Révérends pères capucins soient priés de commencer un annuel, et en le commençant, qu'ils le fassent comme s'ils enterraient un de leurs pères et le continueront à l'autel privilégié s'ils en ont un, ou devant l'image de la Vierge avec chasuble noire et le dernier jour du dit annuel, ils feront le service comme s'ils ensépulturaient un de leurs pères et pour l'honoraire, tant du dit annuel, service, messes dites pendant ma maladie, assistance rendue pendant icelle et après ma mort, je veux qu'il leur soit délivré entre les mains de leur père spirituel ou procureur, la somme de cent soixante-dix livres pour leur en être fourni par luy à proportion de ce qu'ils en auront besoin, et en outre, je leur donne tous mes livres latins, laissant à choisir à D^lle Louise Ouvrard, ma femme, ce qu'elle voudra de français.

Item, dès la première commodité, sera écrit à Monsieur le doyen ou syndic du collége des médecins de Rennes que je les ai priés de faire faire un service ainsi qu'il est dit dans nos statuts, et y assister en reconnaissance des peines et des dépenses que j'ai faites pour l'établissement du collége sans en avoir voulu et vouloir remboursement, auquel seront conviés mes anciens amis.

Item, je veux et ordonne que dès le lendemain de ma sépulture soit commencé à célébrer à l'autel, devant mon tombeau, dans la dite église, un trentain d'une messe basse par chaque jour de l'office des morts, et les dimanches et fêtes si l'on peut, pendant la célébration de laquelle, je désire qu'il soit fait à haute voix la recommandation de mon âme; lequel trentain sera continué, sans intermission, soit par mon confesseur, s'il le veut, soit par autre prêtre choisi, et dès le lendemain sera fait en la dite église, à l'intention du repos de mon âme, un service solennel ainsi que les précédents et tenu ardent le luminaire, s'il y en a restant. — Je veux qu'il en soit fait autant dans ma chapelle de Bonnes, qui sera commencé le lendemain. Pour honoraire des deux trentains, sera payé à chaque des deux prêtres, la somme de quinze livres et pour les services de la fin d'iceux sera payé par mes exécuteurs testamentaires ce qui sera par eux convenu; et par tous les autres endroits, ils conviendront avec Messieurs les curés.

Item, je donne pour la rédemption des captifs chrétiens qui sont entre les mains des Turcs ou autres infidèles, afin de délivrer mon âme des feux du Purgatoire, la somme de trente livres que je veux être payée au plus tôt après mon décès au couvent des Mathurins, entre les mains de celui qui est choisi pour faire ce voyage de charité.

Item, je donne cent soixante-dix livres de rente annuelle et perpétuelle à l'Hôtel-Dieu de Saint-Joseph de Laval, pour y être constitué et entretenu deux lits à perpétuité, pour coucher et nourrir deux pauvres malades qui seront obligés chaque jour, soir et matin, dire lentement chacun un *De Profundis*, un *Pater* et *Ave* pour le repos de l'âme tant de la mienne que de celle de ma femme, parents et amis trépassés qui en auront besoin; et la dite rente de cent soixante-dix livres sera prise sur un contrat de constitution qui m'est dû par Monsieur Valentin de la Porte et Dlle Le Meignan, sa femme, sur l'employ du payement de la charge de président de l'élection de Laval; et lorsque la charge sera vendue, je veux que l'on retire le fonds de la dite vente pour en être achepté au plus tôt, métairie ou closerie, par deux de nos plus anciens parents, l'un d'un estoc, l'autre de l'autre; et être le dit fonds affecté pour notre intention cy-dessus exprimée, et s'il se rencontrait quelqu'un de l'une ou de l'autre famille qui, étant pauvre, réduit d'occuper les dits lits, il y sera préféré sans contestation; en outre, je prie ma dite femme de vouloir donner, pour l'usage des dits pauvres couchés en les dits lits, le linge qui m'aurait servi pendant ma vie à ma personne et sans que l'on soit obligé aux indemnités vers le seigneur de fief.

Item, je donne à la dite Dlle Ouvrard, mon épouse, tous et chacun nos meubles meublants tant morts que vifs que nous tenons soit en notre maison de Bonnes, soit en celle de Laval, et les closeries de la Bonne-Métairie, de la Chaussée et Grettée, desquelles trois closeries nous prétendons et voulons nous en faire don mutuel à la première commodité sans que la dite demoiselle soit obligée pour ce don de meubles de payer quoique ce soit de frais, funérailles, autres prières, legs, dons cy-dessus ordonnés, et sans diminuer quoique ce soit à son douaire coutumier, suivant les lois; et veux en outre qu'au dire de notre contrat de mariage elle demeure, s'il elle veut, pendant toute sa vie, dans la maison entière de Bonnes, qu'elle jouisse du domaine que nous y tenons, sans rien pour cela diminuer de son douaire. — Et pour le paiement des frais, funérailles, dons et legs pieux et prières, à ce qu'ils ne tardent pas comme il se fait souvent, je mettrai entre les mains de mes exécuteurs testamentaires de l'argent monnoyé ou le laisserai dans mes coffres pour cet effet avec un billet; et d'autant que des biens que je possède présentement; il y en a de deux natures, les uns qui me sont arrivés par succession de père et de mère, parens, scavoir : une maison et jardin situés proche la maison des Madris, ma part et portion dans l'hérédité de deffunt notre frère Louis, et d'environ de huit cents escus en deniers, lesquels j'avais consommés avant les avoir touchés, pour ma vie et entretien, les jeunes médecins au commencement de leur pratique, ne pouvant pas suffisamment profiter pour faire l'un et l'autre, n'ayant été aidé de personne; je veux, le douaire réservé, si ma femme ne le veut prendre sur les dites maisons, que mes héritiers les partagent, même les dits huit cents escus leur soient donnés sur mes acquets en cas et condition qu'ils ne contestent par justice, ni autrement, en aucune manière, aucun article de mon présent testament, car autrement, selon la coutume et les lois, ne leur étant dû que l'entier seulement de la dite maison, jardin et portion de la dite hérédité de feu notre frère Louis; je veux qu'ils soient privés de tous les restes de mes biens dès la première contestation et exploit.

Pour cet effet, ne pouvant rien prétendre en la rigueur des lois sur tous mes autres biens que Dieu, par sa bonté, par mon travail, au péril de ma vie, m'a fait la grâce d'acquérir, desquels je suis seul le maître, en pouvant disposer à ma volonté sans faire tort à personne, mes frais, funérailles, dons, legs pieux, prières et autres dettes s'il s'en trouvait après mon décès, payés et acquittés ainsy que je prétends faire suivant les bonnes inspirations que Dieu me donnera, par cy-après et suivant les bons conseils de gens de biens sçavants et désintéressés, tant de mon acquet, de la maison, terre et fiefs et la seigneurie de Bonnes et autres biens qui seront en ma possession lors de ma mort; desquels je prétends disposer pour secourir les pauvres et pour l'*instruction*(?) de notre Église catholique et romaine et n'ayant encore statué ni déterminé mûrement en quelle forme et manière ma dite volonté s'exécutera, de peur d'être surpris de la mort, je veux et entends que tout ce que j'ai écrit cy-dessus, relu attentivement et arrêté, soit exécuté entièrement étant ma dernière volonté, sauf à changer, augmenter ou diminuer ainsi que je verrai bon estre et prie Monsieur Jacques de la Porte, sieur de la Glantinie, mon cousin, et Monsieur Salmon, avocat, de vouloir me faire la charité de vouloir être mes exécuteurs testamentaires et de prendre la peine et les soins de faire exécuter ponctuellement mon présent testament à l'entier et tous les articles, et pour honoraires et reconnaissance, vouloir agréer chacun la somme modique de vingt-cinq écus.

Arrêté pour mes dernières volontés et signé en ma maison de Bonnes, le sixième octobre mil six cent quatre-vingt-sept. *Signé :* Sébastien DE LA PORTE.

1ᵉʳ Codicille.

Et d'autant qu'il pourrait arriver que les dits administrateurs ayant affaire d'argent pour les nécessités urgentes du dit hôpital Saint-Joseph, pourraient, même par le conseil, détourner ou le fonds ou la rente des deux lits, je veux qu'ils soient à l'heure de ma mort établis au par-dessus d'un nombre de ceux qui y seront déjà, nommés et marqués de notre nom qui ne pourront jamais être ostés, ni la rente et fonds divertis pour quoique ce soit; car en ce cas nos parents héritiers pourraient s'en saisir pour en appliquer la moitié à leur profit et de l'autre moitié en assister les pauvres pères capucins, le donnant annuellement ou tout d'un coup, s'ils en avaient besoin, entre les mains de leur Père spirituel, ainsi qu'il en serait avisé par eux tous assemblés.

Item suivant mes premières intentions, je donne aux Révérends pères jésuites, mes premiers maîtres, ma maison, terre, fief et seigneurie de Bonnes, à l'entier, ainsi que je la possède et posséderai le jour de mon décès, pour leur servir d'hospice entre La Flèche et Rennes et y établir une petite retraite et collège rural, s'ils le trouvent à propos, à condition de dire ou faire dire à perpétuité deux messes par chaque semaine, l'une déjà fondée par René Belot et l'autre pour le repos de mon âme et celle de Dᵐᵉ Louise Ouvrard, ma femme, et de nos parents et amis dans la chapelle de Bonnes qu'ils entretiendront; et en outre, à condition de nourrir et instruire avec leurs autres pensionnaires, au collège, deux écoliers de l'une ou de l'autre famille comme ils seront choisis par les anciens des dites familles; et s'il ne s'en rencontrait ni de l'une ni de l'autre, il en sera choisi deux de la paroisse de Saint-Vénérand de Laval ou même, au défaut, de la paroisse de l'Huisserie, par les dits parents et sieurs curés des dites paroisses pour estre enseignés et nourris à condition de se faire prêtres et de dire leur première messe pour le repos de nos âmes et prier pour nous, en toutes celles qu'ils diront, pour toute reconnaissance.

Et ne prendront les dits pères jésuites possession et jouissance de la dite terre que le lendemain de la mort de la Dᵐᵉ Louise Ouvrard, ma femme, désirant que pendant sa vie, elle jouisse entièrement et paisiblement de la maison, terre, fief et seigneurie pour son douaire et à ce que mes héritiers n'ayent à s'y opposer.

Je donne aux pauvres de la paroisse de Saint-Vénérand deux mille livres, deux autres mille livres pour faire construire un autel fondé de Saint-Sébastien au lieu et place où est à présent celui de Saint-Mathurin, à colonne de marbre, et dans la niche, une statue de marbre du dit saint Sébastien, une tombe et plaque de cuivre, ainsi qu'il est dit cy-dessus et encore mille autres livres pour être employées à service solennel et annuel perpétuel pour le repos de nos âmes devant le dit autel, le jour saint Sébastien, et cinq cents livres pour des ornements pour ce faire.

Le tout sera pris sur le contrat que me doit Monsieur Valentin de la Porte et Dame Le Meignan, sa femme. Et où mes héritiers voudront librement sans contestation consentir et agréer que la dite Ouvrard, ma femme, jouisse paisiblement à l'entier, pendant sa vie, de la maison, terre, fief et seigneurie de Bonnes, ainsi que de ses autres biens; je révoque tous les dons mis et expliqués dans ce feuillet; ou s'ils ne voulaient pas, ils auraient non-seulement lieu, mais encore je veux et entends qu'ils soient privés des sept à huit cents écus que je leur avais établis à prendre sur ma terre de Bonnes que je ne veux être chargée de la dite somme; mais s'ils veulent consentir à la dite jouissance pendant sa vie, ils prendront tout le contrat à la réserve du don pour les deux lits pour l'hôpital, ou au contraire, ne le voulant pas, ils seront privés à l'entier.

Et les Révérends pères jésuites entreront en possession de la dite terre en payant son douaire, et huit jours après mon décès et là ou la dite Ouvrard voudrait demeurer en la dite maison et terre, lesdits héritiers n'ayant pas voulu consentir sa jouissance, les Révérends pères jésuites la lui donneront à ferme, à fort bon marché, tant qu'elle voudra actuellement demeurer et pendant tout ce temps-là ne seront obligés de nourrir les écoliers ou pensionnaires de La Flèche jusque par sa mort ou autrement de son gré, ils jouissent de toute la terre.

Je déclare avoir ajouté, le douzième avril mil six cent quatre-vingt-huit, à mon testament arrêté et signé en ma maison de Bonnes, ce sixième octobre 1687, ces deux feuillets et articles que j'ai relus attentivement et veux être entièrement exécutés suivant leur forme et teneur. — Signé en ma dite maison, le jour et an que dessus.   SÉBASTIEN DE LA PORTE.

Il se trouvera un exemplaire du dit testament dans les archives des Révérends pères capucins entre les mains du Révérend père gardien, plus correct et plus lisible, auquel je veux que l'on tienne état quoique contienne la même chose.   SÉBASTIEN DE LA PORTE.

Et ou les dits Révérends pères jésuites répugnant à accepter le don de la dite maison, terre, fief et seigneurie, à cause peut-être, diront-ils, que la charge de nourrir deux écoliers pensionnaires serait trop grande pour le revenu qu'on leur donnerait et qu'ils demandassent d'être obligés de nourrir seulement un aux autres conditions cy-dessus. Je veux et entends que l'on s'y accorde et que dans le traité que l'on fera avec eux, tout y soit expliqué et au long, et qu'à faute de l'exécution et entretien ponctuel des dites conditions, en quelque temps que ce soit, la moitié de la terre retournerait à mes légitimes héritiers le requérant; et l'autre moitié pour la nourriture et entretien des pauvres de l'hôpital Saint-Joseph de Laval. Ayant attentivement relu et approuvé le dit appendice ou article, je l'ai signé le douze avril mil six cent quatre-vingt-huit.   Signé : SÉBASTIEN DE LA PORTE.

Et en cas que nous ne fassions le don mutuel cy-dessus écrit des trois closeries et meubles que je lui ai donnés et que je luy donne, je veux et entends que le reste des dons que je lui ai fait et fait, tiennent suivant la coutume. Ce même jour douze avril 1688.   SÉBASTIEN DE LA PORTE.

De plus, je veux que D^{lle} Louise Ouvrard, mon épouse, si elle me survit, fasse pendant son vivant occuper les dits lits par quels malades il lui plaira; si pourtant il s'en présentait quelques parents de l'une ou l'autre famille reconnus tels, ils y seront préférés. Ce 2 février 1691.   Signé : SÉBASTIEN DE LA PORTE.

Généalogie de Messieurs de la Porte.

Deux frères de la Porte : Pierre et Raoul, *passent* pour être venus de Flandre officiers d'un comte de Laval.

Pierre de la Porte aîné épousa Génevieve Gaudin, d'où sept garçons et une fille, savoir :

1° Christophe de la Porte, sieur de la Testinière, d'où sont issus les de la Porte Naurousic, représentés par le curé de Montagny, leur aîné.

2° Mathurine de la Porte, mariée à Germain Levesque, décédée sans hoirs.

3° Jean de la Porte, négociant, d'où : Pierre de la Porte aîné et Jean de la Porte du Dôme.

De Pierre de la Porte sont issues : Marie de la Porte aînée, mariée à Joseph Le Jay du Coudray; Louise de la Porte, mariée à Luc Seré du Mesnil. — De Jean de la Porte du Dôme issurent : 1° Jean de la Porte qui épousa une espagnole, d'où : Jean de la Porte, marié à D^{lle} Fleury, d'où : Jacques de la Porte. — 2° Pierre de la Porte, marié à une Duchemin.

4° Pierre de la Porte, sieur des Madris.

5° Raoul de la Porte, sieur des Vergers.

6° Sébastien de la Porte, conseiller du Roy, doyen du collège des Médecins de Rennes, marié à Louise Ouvrard, seigneur et dame de Bonnes.

7° Louis de la Porte.

8° Mathurin de la Porte, d'où : Marie de la Porte, qui épousa Étienne Perrier.

De Raoul de la Porte sont issus : les Messieurs de la Porte du Manoir et de la Porte de Forges.

(Généalogie dressée par Louise de la Porte, à l'effet de prouver le droit de ses enfants au bienfait de Sébastien de la Porte).

A Madame,
Madame Seré, chez Madame de la Porte, rue Saint-Michel, au Pont-de-Mayenne, à Laval.

Madame et chère Cousine,

Je vous envoie avec plaisir l'agrément que vous me demandez, souhaitant de tout mon cœur que le cousin votre fils remplisse les intentions de feu notre oncle et qu'il profite de son bienfait. Madame de la Porte, votre mère, et Monsieur de Seré, votre mari, voudront bien me permettre de les assurer de mes très humbles respects. Faites-moi naître plus souvent l'occasion de vous obliger. Rien ne peut flatter davantage celui qui est et qui sera toujours, avec le plus profond respect, Madame et très chère cousine, votre très humble et très obéissant serviteur. DE LA PORTE, curé de Montagny.

Ce 13 octobre 1751.

Je soussigné, Jean-François de la Porte, prestre, curé de Montagny au Vexin françois, premier parent de Sébastien de la Porte, seigneur de Bonnes, après avoir pris lecture du testament du dit sieur de Bonnes, par lequel il donne aux Révérends pères Jésuites de La Flèche la terre et seigneurie de Bonnes, à la charge de nourrir et enseigner dans leur collège avec leurs pensionnaires deux écoliers, soit de la famille du dit sieur Sébastien de la Porte, soit de celle de la dame Ouvrard, son épouse, qui seront nommés par les anciens de la famille, déclare nommer pour remplir la dite place Joseph Seré, arrière-petit-fils du côté maternel de Pierre de la Porte, frère aisné du dit Sébastien de la Porte. A Montagny en Vexin françois, ce treizième jour de septembre mil sept cent cinquante-quatre. Ainsy signé : DE LA PORTE, curé de Montagny en Vexin françois; et au-dessous est écrit : contrôlé à La Flèche, ce douze octobre mil sept cent cinquante-quatre. Reçu : dix-neuf sols trois deniers. Signé : ROCHER.

Nous soussignés, Joseph Le Jay et dame Renée de la Porte, mon épouse, arrière-petite-fille de Jean de la Porte, frère aisné de Sébastien de la Porte, seigneur de Bonnes; après avoir pris lecture du testament du dit sieur de Bonnes, par lequel il donne aux Révérends pères Jésuites de La Flèche sa terre et seigneurie de Bonnes, à la charge de nourrir et enseigner deux écoliers, sortis soit de la famille du dit Sébastien de la Porte, soit de celle de dame Louise Ouvrard, son épouse, qui seront nommés par les anciens de la famille, nous déclarons nommer pour remplir une des dites places Mathurin-René Seré, fils de Luc-Olivier Seré de la ville de Vitray et de dame Françoise de la Porte, son épouse, arrière-petite-fille de Jean de la Porte, frère aisné de Sébastien de la Porte, pour remplir la place qu'occupe Joseph Seré, son frère, lorsqu'elle sera vacante.

A Laval, ce quinze juillet mil sept cent cinquante-sept. Joseph LE JAY. — M.-R. DE LA PORTE.
Contrôlé à La Flèche, le 18 octobre 1757. Reçu : 12 sols. — LESPINE.

Je soussignée, Renée-Perrine Le Mesle de Fillieron, issue de dame Renée de la Porte, épouse de Pierre Le Mesle de Fillieron, fille aisnée de Christophe de la Porte, premier parent de Sébastien de la Porte, seigneur de Bonnes, après avoir pris lecture du testament du sieur de Bonnes, par lequel il donne aux Révérends pères Jésuites de La Flèche sa terre de Bonnes, à la charge de nourrir et enseigner deux écoliers, soit de la famille du dit sieur Sébastien, soit de celle de la dame Ouvrard, son épouse, qui seront nommés par les anciens de la famille, je déclare nommer pour remplir la dite place Mathurin-René Seré, arrière-petit-fils du costé maternel de Jean de la Porte, frère aisné du dit Sébastien de la Porte, lorsque la dite place sera vacante par la sortie de Joseph Seré, son frère, qui l'occupe actuellement.

A Laval, ce quinze juillet mil sept cent cinquante-sept. Renée-Perrine LE MESLE DE FILLIERON.
Contrôlé à La Flèche, le 18 octobre 1757. Reçu : 12 sols. — LESPINE.

1754-1755.

Mémoire de Monsieur Seré de la Porte.

Pour les gages du domestique.	6ˡ
Frais d'infirmerie.	49 10
Fournitures selon le mémoire cy-joint.	32 9 9
Sur quoy reçu.	87 19 9
Le 2ᵉ septembre 1755, par Madame sa mère.	60
Ainsy reste dû	27 19 9

Arresté à La Flèche, le douze octobre mil sept cent cinquante-cinq, à la somme de vingt-sept livres dix-neuf sols neuf deniers, qui reste due pour solde du présent mémoire.

P.-C. BREGET, jésuite, procureur des pensionnaires du Collége royal de La Flèche.

Le trente octobre mil sept cent cinquante-cinq, reçu : vingt-sept livres dix-neuf sols, pour solde du présent mémoire. P.-C. BREGET, jésuite, procureur des pensionnaires du Collége royal de La Flèche.

Mémoire des fournitures de Monsieur Seré.

Octobre.	Livres de classe, écritoire et portefeuille 4 livres 5 sols; au P. Préfet 1 livre 5 sols.	5ˡ 10ˢ	
	Une robe de classe (façon), et 7 l. 8 s. 3 d. au domestique pour son entrée. . .	8 12 3	
Novembre.	Ruban à cheveux.	1 3 9	
Décembre.	Heures de congrégation 1 livre 8 sols. Réception à la Congrégation 3 livres . .	4 8	
Février.	Souliers 2 livres 15 sols	2 15	
Mars.	Souliers 2 livres 15 sols. Boutons de manche 2 sols.	2 17	
May.	Ruban à cheveux, 10 sols. Souliers 2 livres 15 sols.	3 5	
Août.	Raccommodage d'habits du 17ᵉ octobre 1754 au 4ᵉ septembre 1755 à 30 sols par an.	1 6 3	
	Papier, plumes et cayers pour le dit temps, en même terme, à 3 livres	2 12 6	
	Total.	32 7 9	

1755-1756.

Mémoire de Pension de Messieurs Seré de la Porte, deux frères.

Pour une année de pension du second, du 30 octobre 1755 au 30 octobre 1756.	300ˡ		
Gages du domestique pour les deux frères	12		
Frais d'infirmerie.	18 19		
Fournitures selon le mémoire cy-joint.	119 3		
Sur quoy reçu.	450 2		
Le 30 octobre 1755, pour le second	75ˡ	106	
Pour diminution des vacances du même	31		
Ainsy reste dû.	314 2		

P.-C. BREGET, jésuite, procureur des pensionnaires du Collége royal de La Flèche.

Mémoire des fournitures de Messieurs Seré de la Porte.

30 octobre.	Au cadet, livres de classes, 1 livre 2 sols; au P. Préfet 1 livre 5 sols; heures de congrégation 1 livre 8 sols	3ˡ 15ˢ
	A l'ainé, portefeuille 9 sols; deux cayers au P. Préfet 1 livre 5 sols	2 4
	A l'ainé, un bonnet carré 4 livres; à chacun, ruban à cheveux 1 livre	5
Novembre.	Au cadet, robe de classe (façon etc.), 7 livres 16 sols; au domestique, pour son entrée 1 livre 4 sols	9
Décembre.	A l'ainé, rétribution à la congrégation, 1 livre 10 sols; au cadet, réception à la congrégation, 3 livres	4 10

1756, janvier.	A l'aîné, deux cayers 10 sols; plumes 5 sols; un demesloir 4 sols; cent thèses.	4	
Mars.	A l'aîné, deux cayers 10 sols; semelles 15 sols.	1	5
Avril.	Au cadet, Cicéron, 6 sols; à l'aîné, 2 cayers 10 sols; semelles 15 sols.	1	11
May.	A chacun, ruban à cheveux, 1 livre 5 sols	1	5
Juin.	A l'aîné, semelles, 15 sols.		15
Juillet.	Au Régent, pour le demi acte de l'aîné, 15 livres; ruban, 4 sols.	15	4
Août.	Maître à danser pour les deux frères, du 21 avril au 28 août 1756, à 4 livres chacun, par mois.	34	
	Répétition de philosophie, pour l'aîné, du 4 novembre 1755 au 4 août 1756.	28	
	Au cadet, souliers 2 livres 15 sols.	2	15
	Raccommodage d'habits, du 30 octobre 1755 au 31 août 1756, à 1 livre 10 sols par an	2	10
	Papier, plumes et cayers pour le cadet, au même terme, à 3 livres par an.	2	10
	Total.	119	3

A Madame,
Madame de Seré de la Porte, à Vitré.

Madame,

J'ay l'honneur de vous envoyer cy-joint le mémoire de Messieurs vos fils, que vous m'avez demandé. Il reste due la somme de 300 livres 15 sols 8 deniers, en y comprenant les fournitures des deux frères. Vous prendrez le parti qui vous sera le plus commode pour nous rembourser de nos avances et vous pouvez être très persuadée que je n'ay pas la moindre inquiétude sur cet article. J'espère que nos deux élèves vous donneront la satisfaction que vous méritez. Ils sont l'un et l'autre d'un bon naturel et capables de se distinguer. Je les verrai revenir avec plaisir et bien disposé à leur rendre tous les services qui dépendront de moi. Si l'aîné vient faire sa théologie, je vous prie, Madame, de le prévenir qu'il sera sujet aux usages et coutumes du Collége comme les philosophes. Quelque envie que j'ay de l'obliger, je ne pourray luy accorder des distinctions sans déranger l'ordre de la maison. Il est de la dernière conséquence que tous soient égaux et soumis aux règles communes. Je l'en ay prévenu avant son départ et il m'a paru disposé à ce que j'ay l'honneur de vous proposer. Permettez-moi d'embrasser les deux frères et de présenter à M. de Seré l'assurance du respect profond avec lequel je suis, Madame, votre très humble et très obéissant serviteur.

DE LAGRAVE, jésuite, principal.

La Flèche, ce 4 août 1757.

La terre de Bonnes.

Cette terre consiste en une métairie, deux closeries, un moulin sur la rivière de Mayenne et un fief de peu de valeur; le tout affermé sans aucune réserve 900 livres.

Charges de la terre de Bonnes.

M⁰ Sébastien de la Porte, doyen du Collége des médecins de Rennes, par son testament en date du 11 février 1691, donne cette terre au Collége à la charge d'entretenir *un ou deux écoliers* de sa famille aussi pensionnaires du dit Collége, de faire dire à perpétuité deux messes par semaine dans la chapelle de Bonnes et d'entretenir la dite chapelle et tous les bâtiments dépendant de la dite terre.

Pour la pension alimentaire d'un écolier à laquelle on ajoute le chauffage et le blanchissage.	300
Pour l'acquit de deux messes par semaines	78
Pour l'entretien et réparation de la maison seigneuriale et de la chapelle, des bâtiments du domaine, de la métairie, des deux closeries et du moulin avec la moitié de la chaussée.	250
Total.	628

Revenu de la terre de Bonnes . . . . 900[l]

Charges. 628

Reste net. . . . . 272[l]

(Extrait du premier volume de l'*Histoire du Collège de La Flèche*, par le père DE ROCHEMONTEIX, page 255).

---

(12) Maire de Vitré et député aux États de Bretagne. (Voir : *Mémoire généalogique*, pages 167, 168, 169). On trouvera sa descendance à la page 170 du *Mémoire généalogique* et aux Tableaux se rattachant au sixième degré des Frain.

---

(13) **Gilles Seré** entra comme son aîné dans les Domaines et Contrôles et se maria à Châteauneuf-du-Faon. — La famille d'Adelaïde de Créchquérault déclarée noble d'ancienne extraction en 1669 portait : d'argent à trois tours crénelées de gueules et pour devise : *tu dispone*. (*Armorial* de POL DE COURCY, 3e édition).

---

18 juillet 1734.

(14) Extrait des registres de baptêmes de la paroisse de Notre-Dame de Vitré, en Bretagne, pour l'année 1736, folio 50, recto.

Luc-Olivier, fils de noble homme Luc Seré, sieur du Mesnil et de dame Françoise-Louise de la Porte, son épouse, né d'hier, baptisé par moy soussigné, recteur, ce dix-huitième juillet mil sept cent trente-quatre. Parrain : noble homme Jean-Baptiste-Charles Simon, négociant, et marraine : Dame Marie Seré, dame de la Gaillardière. Signé sur le registre : Marie Seré, Charles Simon, Julienne Duchemin, Jeanne Seré, Gilonne Seré, Langlé de la Gaillardière, Joseph Duchemin, Seré le jeune, Luc-Olivier Seré et Paul Besly, prêtre recteur.

Luc-Olivier Seré fit ses études à Rennes, au Collège des Jésuites. Il y soutint une thèse le 25 juillet 1753. (Voir *Notes d'Iconographie*, *Thèses bretonnes aux XVIIe et XVIIIe siècles*, par le Cte DE PALYS, p. 42).

L'année précédente, le 23 août, les Jésuites firent représenter sur la scène de leur collège la tragédie de Maxime :

SUJET DE CETTE TRAGÉDIE :

Maxime était un jeune chrétien qui souffrit la mort à l'âge de quinze ans, pour la défense de la Foy. Son corps fut trouvé en 1692 avec un vase encore teint de son sang. Le marbre qui couvrait son sépulcre, son nom gravé sur sa tombe et les témoignages illustres de sa naissance marquent assez qu'il était d'une famille des plus considérables de Rome. On feint qu'il fut élevé à la cour de Septime Sévère, ce qui fit naître une étroite liaison entre le fils de l'empereur et Maxime. Toute l'intrigue est fondée sur cette amitié et sur la jalousie de Fabius, favori de l'empereur, qui se sert du prétexte de la religion pour perdre Maxime. — La scène est à Rome, dans le palais de l'Empereur.

Dirent le Prologue : Bertrand BÉCHU, de Broon; René-François-Marie JOUSSELIN, de Rennes.

Personnages et noms des Acteurs :

Septime, Empereur, Luc-Olivier SERÉ,	de Vitré.
Geta, fils de l'empereur, Dominique-Xavier LEFEBVRE,	de Rennes.
Maxime, Adrien-Louis DE LAUNAY,	de Rennes.
Valère, frère de Maxime, René-Augustin DE TOUCHEPRÈS MÉNARD,	de Rennes.
Fabius, favori de l'empereur, René DURAND,	de Rennes.
Libère, capitaine des gardes, Amateur-Anne DUPARC DE KERGADOU,	de Rennes.
Émile, confident de Valère, René-François-Marie JOUSSELIN DE VERRIÈRE,	de Rennes.
Flaminius, grand-prêtre, Bertrand BÉCHU,	de Broon.
Ministres du grand-prêtre, gardes.	

A la tragédie de Maxime, succéda la comédie françoise : **Le Buveur.**

SUJET :

Monsieur de la Piotais est un de ces hommes qu'un goût de passion pour le vin porte souvent aux derniers excès. En vain, M. de Brindevin, son oncle, a-t-il gémi plus d'une fois sur les dérèglements de son neveu et lui a-t-il fait de sanglants reproches sur une conduite qui le déshonore; en vain M. de la Piotais a-t-il reconnu lui-même l'indécence de cette conduite; sa passion, plus forte que ses réflexions, le rentraîne toujours dans ce vice honteux. Enfin un accident domestique, causé par un de ses transports de fureur auxquels il se livre quand il a satisfait sa passion, fait tant d'impression sur lui qu'il renonce à un défaut qu'il trouve indigne d'un homme de sa condition et de l'humanité même. — La scène est à Paris, à l'hôtel de la Piotais.

Amateur-Anne Duparc de Kergadou, de Rennes, dit le Prologue.

Personnages et noms des Acteurs :

M. de Brindevin, oncle de M. de la Piotais, François des Longrais Cormier,	de Guinguamp.
M. de la Piotais, Jean-Baptiste-Pierre Brulon,	de Rennes.
Caponet, fils de M. de la Piotais, Pierre Branda,	de Landerneau.
M. de la Flacconière, ami de M. de la Piotais, Amateur-Anne Duparc de Kergadou,	de Rennes.
Alidor, fils d'un ami de M. de Brindevin, Guillaume-Marie-Dom. Mainguy de Lesuril,	de Rennes.
M. Jordonne, médecin, Pierre Duportal,	de Saint-Malo.
Matamore, exempt, Jean-Baptiste-Marie Lizé,	de Nantes.
Moka, caffetier, François Orain,	de Nantes.
Desglaces, miroitier, Guy Kerouanton,	de Rennes.
Rocantin, valet de M. de Brindevin, Guy-Exupère Le Gouvello de la Porte,	de Rennes.
Champagne, valet de M. de la Piotais, Jacques-Marie Faisant,	de Bécherel.
Mascarille, valet de M. de la Flacconière, Bertrand Béchu,	de Broon.

Le Jeune homme Papillon, comédie latine, fut ensuite interprétée.

On avait confié le soin de dire le Prologue à Pierre Branda, de Landerneau.

SUJET ET EXPOSITION DE TOUTE LA COMÉDIE, POUR LA COMMODITÉ DE TOUS LES SPECTATEURS :

Gyrophile, pour premier trait d'inconstance et de légèreté, congédie un de ses domestiques qui le servait depuis deux jours, par la seule raison qu'il ne lui plait pas. Statomène (nom qui signifie la constance du caractère) arrive de Paris; la première chose qu'il fait à son arrivée est de venir voir son ancien ami Gyrophile, mais il ne sait que penser du changement fréquent de domestiques, d'hôtel, de decorations de ses appartements. Le nouveau domestique lui fait la peinture de son maître, lequel arrive sur le champ et répond assez froidement aux caresses du tendre et constant ami Statomène; celui-ci dissimule et s'invite lui-même à souper chez Gyrophile qui n'est pas fort content d'une liberté qui pourra gêner celle de ses nouveaux amis. Ces amis : Pseudolus, Thrasibule, Nicandre, arrivent à propos pour dissiper la mélancolie passagère de Gyrophile, ils n'ont pas de peine à y réussir; ils lui persuadent en même temps de renoncer à la compagnie qu'il a achetée depuis quelque mois, ils lui font envisager les travaux de la vie d'un militaire, ils l'effraient par les dangers dont elle est remplie et ils le déterminent à ne choisir aucun genre de vie qui demande du travail ou de la contention d'esprit; mais à vivre de son bien et sans aucun souci (le but de Nicandre, le plus intéressé dans cette proposition, est d'engager Gyrophile à lui céder sa compagnie, comme il s'est déjà demis de son bénéfice et de sa charge en faveur de Pseudolus et de Thrasibule, ce qui est le sujet de la chanson). Gyrophile donne dans ses vues et s'applaudit de cette dernière détermination, lorsque Statomène, après s'être délassé des fatigues du voyage et après avoir fait quelques visites, se rend à l'invitation du souper, il arrive avant ses faux amis; il profite de ce moment de loisir pour faire connaître à Gyrophile les bruits qui courent sur son compte, les nouvelles qu'il a apprises de ses faux amis et la noirceur de leurs complots, Gyrophile n'en veut rien croire. Statomène lui propose de feindre qu'il est sorti de la maison et de se cacher pour épier les discours de ses amis qui vont se rendre à souper. Gyrophile y consent enfin et convaincu par lui-même de la perfidie de Pseudolus, il se montre et arrête Nicandre, et lui promet que désormais il sera constant. Pour preuve de sa constance, il déclare que l'engagement qu'il lui a fait dans l'espérance d'avoir sa compagnie aura son effet et il remercie Statomène de l'avoir tiré d'un si mauvais pas. — La scène est dans l'île frivole.

Personnages et noms des Acteurs :

Gyrophile, jeune homme papillon, Guy KEROGANTON,		de Rennes.
Statomène, ami de Gyrophile, Jean-Baptiste-Marie LIZÉ,		de Nantes.
Pseudolus, Pierre du PORTAL,		de Saint-Malo.
Thrasibule, Jean-Baptiste-Pierre-Marie BRULON,		de Rennes.
Nicandre, Mathurin-André BODIN,		de Rennes.
Parmeno, valet de Gyrophile, Guillaume-Marie-Dominique MAINGUY DE LESURIL,		de Rennes.
Dacus, valet; *Lubin*, paysan, François ORAIN,		de Nantes.

La solennité du 23 août 1752 se termina par le Ballet allégorique de la Patrie, dédié à la Province et à Nosseigneurs des États de Bretagne. (Voir : *Mœurs et Coutumes des Familles bretonnes*, t. III, p. 94 et suivantes). — Nous avons imprimé la liste des danseurs en notre *Mémoire généalogique*, p. 197. Luc-Olivier Seré y figure. — Sur ses goûts artistiques et littéraires, consulter ce même *Mémoire*, p. 199. Sur son obligeance, son heureux caractère, lire dans ce même *Mémoire :* La Société vitréenne au XVIIIᵉ siècle, p. 12, 13, 14, 15, 16. — Les lettres éditées cy-après achèveront de faire connaître à la fois le personnage et la société provinciale au XVIIIᵉ siècle.

———

À Monsieur Seré père, à Vitré.

Monsieur,

Je ferai certainement ce qui dépendra de moy pour faire avoir à Monsieur votre fils l'emploi dans les Contrôles que vous souhaitez pour luy; mais j'ay peur que toutes mes démarches ne deviennent inutiles, *les plus petits emplois ne se donnant plus qu'à prix d'argent.* Je ne suis comptable que de ma bonne volonté et vous pouvez en être sûr, je ferai tout ce qui sera en moy.

J'ay l'honneur d'être, Monsieur, votre très humble et très obéissant serviteur.   DE ROBIEN.

À Paris, hôtel de Hollande, ce 17 avril.

———

Monsieur,
Monsieur Seré l'aisné, sur la Place, à Vitré.

Monsieur et très cher Cousin,

Je n'ay pas pu répondre plus tôt à la lettre que vous m'avez fait l'honneur de m'écrire, voulant parler à M. le baron de Pontual qui estoit à la campagne, dont il n'est arrivé que d'hier. Je le fus voir sitôt son arrivée. Il me parut fort disposé à rendre service à M. votre fils et je l'en ai fait solliciter par ses amis; mais il m'a dit que cela pourrait peut-être souffrir du retardement, y ayant des gens plus anciens que M. votre fils ; mais qu'il lui rendrait tous les services qu'il pourrait. Je suis fâché de n'avoir nulle connaissance avec Messieurs les Commissaires; mais je n'en connais pas un. Je serai ravi de pouvoir vous être utile en quelque chose et à votre famille. J'en saisirai toutes les occasions avec plaisir ayant l'honneur d'être, avec respect, Monsieur et très cher Cousin, votre très humble.....   SERÉ.

À Saint-Malo, le 18ᵉ avril 1760.

Nous eumes hier une alarme assez chaude. Le gouverneur du château de la Latte (fort situé à cinq lieues d'icy sur la mer), nommé M. de Vauvieux (?), mourut. Il plut à M. son fils, qui est un abbé, de faire tirer du canon de ce château qui, comme il est le plus loin de nos forts, est ordinairement celuy qui fait le premier signal des Anglais. Comme c'était au coucher du soleil, nous avons esté toute la nuit en l'attente des Anglais et n'avons su qu'au matin ce qui nous avait occasionné cette alarme, qui à même fait partir des dames pendant la nuit. Comme les nouvelles augmentent à voyager et qu'on pourrait faire courir le bruit à Vitré et ailleurs que les Anglais sont icy, voilà le vrai de l'histoire.

———

Entrée du duc d'Aiguillon à La Guerche.

A Monsieur,

Monsieur Scré, vérificateur des Domaines et contrôleur à la direction des Domaines de Nantes, à Nantes.

La Guerche, ce 3 mars 1762.

Monsieur et cher ami,

A mon retour de Châteaubriand, où j'ay passé un mois, M. des Mazures m'a remis votre lettre qui m'a fait un vrai plaisir. Je vous avoue que je craignais qu'il ne vous fut arrivé quelque chose, n'ayant point reçu de vos nouvelles depuis votre départ. Vous sçavez l'intérêt que je prends à tout ce qui vous touche et que je me feray gloire d'être du nombre de vos amis. Si je puis vous être utile, ne m'épargnez point. Je feray tout ce qui dépendra de moy pour vous obliger.....

Il y a eu une grande fête à l'occasion de M. le duc d'Aiguillon. Il vint le 19 février coucher ici. Six cadets furent au-devant de luy jusqu'à Moutiers. Lorgerie porta la parole. On dit qu'il s'en acquitta très bien. Les six cadets étaient : Lorgerie, Mauni fils, du Porche, Bertrand votre successeur, Baraiserie et Baré. La milice bourgeoise était au Bouridat. Le capitaine Rascau harangua le duc. Hunaudière luy fit un compliment en huit vers fort polis. Le corps de ville était à la porte ou le Maire fit son compliment. Les chanoines étaient à la porte de leur église. Tous avaient des chapes. Damillé luy fit un compliment des plus beaux. Enfin il y eut grand souper chez le Maire, bal chez Madame Saint-Aignan et illumination par toute la ville.

La feste coûte à la Communauté 321 livres. Le duc partit le samedy, très content de la ville de La Guerche. Voilà à peu près ce qui se passa. Comme j'étais absent, je ne puis vous marquer toutes les particularités. Adieu mon cher, je suis avec respect votre ami.

DE RENOUARD DU BOISBOULLAY.

Les intrigues de La Guerche en 1763.

Monsieur Scré, vérificateur des Domaines et Contrôles, à Nantes.

Monsieur,

Je suis on ne peut plus sensible à votre souvenir et j'apprends avec plaisir votre retour à Nantes où M. de Boisboullay me dit que vous êtes en la place de M. Mioulle pendant son absence. Cet intérim ne peut que vous faire honneur et vous donner lieu de montrer vos talents. Du moins j'aimerais mieux un intérim pareil que l'occupation de vérifier un méchant petit bureau et la proximité d'un aimable directeur et d'une jolie directrice vaut mieux, à ce qui me semble, que les plus belles connaissances d'un bourg ou d'une petite ville.

Je suis coupable envers vous de ne vous avoir pas marqué suivant votre désir les intrigues de La Guerche, surtout pendant le séjour des grenadiers royaux, je pourrais vous citer une excuse, j'ai été attaqué de fièvres violentes dont je croyais être la victime; mais cette excuse n'est pas valable. La meilleure est que j'ai pensé qu'il ne me convenait point d'écrire au dehors, même à un ami, certaines choses vagues qui, mal interprétées, pussent occasionner du chagrin à l'écrivain; d'autant plus que j'ai le malheur de passer ici pour un homme caustique et non seulement remarquant les ridicules, mais même les chantant. A présent même, on met sur mon compte une chanson fort jolie, intitulée : *La Femme du monde*, que M. Fidière me donna au mois de janvier dernier parce qu'on y trouve des applications à Madame de Pérouse. Il en court un autre sur les amours de la petite J*** avec un sergent de grenadiers royaux nommé Dupont, qu'on me donne encore, et je puis jurer qu'à l'exception d'une douzaine de vers que j'ai fait à la louange d'une demoiselle au mois de juillet dernier, je n'ai fait aucune composition de la sorte.

Jugez si mon sort doit être agréable à La Guerche. Ce qu'il y a de drôle, c'est qu'on me vante comme un génie, et on me fait employer ce génie à faire des chansons qui ne doivent point être l'occupation ni la production d'un homme aussy tranquille et aussy peu embarrassé de ce qui se passe en public que moi.

Je viens encore d'apprendre chez Mademoiselle Rascau que le public, médisant Guierchois, annonce qu'il y a une chanson ample de ma façon sous presse, sur toutes les dames de La Guerche. Tout ce que je vois là-dedans, étant sûr de mon innocence, c'est quelque fille ou femme, jalouse de certaines intrigues, qui s'occupe à chanter ses rivales, étant sûre d'être inconnue en me jetant sa fade composition sur le corps. J'espère que le temps mettra fin à tous ces discours et que les officiers de grenadiers royaux sefont oubliés. Pour moi, je prends courage et ne veux point prendre du chagrin des calomnies qu'on débitera de moi. Je continuerai de vivre librement comme j'ai fait jusqu'icy, sans m'embarrasser dans ces intrigues féminines qui feraient tourner la cervelle à l'homme le plus sage.

M. de Bois-Boullay vous aura sans doute fait part des anecdotes de La Guerche. Je vous renvoye à lui. Si j'avais le plaisir de vous voir, je pourrais vous en faire un récit impartial, n'aimant, ni ne haissant La Guerche, n'ayant ni parents, ni amis, ni rivaux, et vivant sans conséquence.

Les nouvelles de La Guerche consistent, savoir : Le sieur de la Pratelière, alloué et président des Traites, adore Mademoiselle de Mollière qui ne paraît pas l'aimer. Il vise cependant à elle et tout le monde dit que le mariage se terminera. Rajot, contrôleur du sel, est mort. Les ambitieux de La Guerche sollicitent et remuent ciel et terre à qui aura sa place. La terre de Fourneaux est en vente; il y a déjà deux métairies nobles de vendues à M. de la Grimaudière, nouvel article pour les ff. f. Le sieur de Princé est ruiné à ce qu'on dit.

Je finis en vous assurant du respect avec lequel, etc. BERTRAND.

La Guerche, ce 19 may 1763.

Mon cher Cousin,

C'est avec grande joie que je vois approcher le temps où vous serez de retour. Nous vous attendons sans faute jeudy. A votre passage à Rennes, je vous supplie de vouloir bien m'acheter un éventail du meilleur goût. Le vôtre en décidera. J'y veux mettre quatre ou cinq livres; qu'il soit leste et galant. Vous pouvez mettre même au-dessus. Je vous rembourserai à votre arrivée.....

Vous aurez la bonté de feuilleter ma bibliothèque et de m'apporter la nouvelle Héloïse en trois tômes, couverts en veau, par Jean-Jacques Rousseau, citoyen de Genève. On me demande cet ouvrage et je vous serai très obligé si vous voulez bien vous en charger.

Madame de Marnet est très sensible à votre souvenir et vous fait mille compliments. Qui plus est, elle souhaite avec passion de faire un duo avec vous. Heureux mortel!.... J'ai l'honneur d'être, avec toute la reconnaissance et le respect possible, mon cher cousin, votre.....

A Vitré, le 18 juin 1764. LANGLÉ DE LA GAILLARDIÈRE.

Captivité du sieur Olivault, graveur de la table des Ifs.

Copie d'une lettre écrite à Monsieur Daubigny, contrôleur des domaines du Roi au Mans, par Luc Seré du Mesnil.

Monsieur et cher confrère,

Sans avoir l'honneur d'être connu de vous, je prends la liberté de vous écrire. L'intérêt que je porte au sort d'un malheureux estimable à tous égards m'en fournit l'occasion. Il s'agit de M. Olivault, graveur de Rennes qui, dit-on, a gravé une table sur laquelle sont inscrits les noms des douze conseillers au Parlement de Bretagne, qui ne se sont pas demis de leurs charges également que leurs confrères. Par ce motif, il fut conduit, il y eut jeudi dernier huit jours, aux prisons de Vitré. Il en a été tiré ce jour à trois heures du matin par deux cavaliers de la maréchaussée qui le conduisent en votre ville, pour y demeurer jusqu'à nouvel ordre. Sans savoir s'il est coupable ou non de ce dont on l'accuse, je ne puis m'empêcher de prendre un vif intérêt en ce qui le regarde. Il est de mes amys et lié de société et de cœur avec tous mes confrères de la Province. Joint à cela, ce pauvre malheureux est recommandable de toutes façons; en conséquence, je vous prie de vouloir bien vous intéresser à son sort en luy procurant tous les soulagements qui pourront dépendre de vous en luy avançant, deux, trois ou même dix louis, s'il en a besoin.

Au Mans, le 8 juillet 1765. (Par Alençon).

A Monsieur,

Monsieur Seré, contrôleur et receveur général des Domaines de Bretagne, à Vitré.

Monsieur et cher confrère,

J'ai reçu la lettre que vous m'avez fait le plaisir de m'écrire le 30 du mois dernier au sujet de M. Olivault, graveur de Rennes, détenu dans les prisons de cette ville pour les causes dont vous me faites part; je plains son sort et sa misérable situation, d'autant plus misérable qu'il n'est pas possible de pénétrer jusqu'à lui. Je me suis présenté dans le dessein de remplir vos vues; mais inutilement. D'autres, à qui ce malheureux a aussi été recommandé, ont fait la même démarche et ont eu le même sort. J'allais avant hier pour voir M. de Rouillon, notre lieutenant criminel, pour obtenir la permission de voir et de parler au sieur Olivault; je trouvai, chemin faisant, un conseiller de mes amis, à qui je fis part de ma démarche. Il me dit tout uniment de n'en rien faire, que M. de Rouillon avait reçu des ordres de la Cour de ne laisser voir le prisonnier à qui que ce soit, et de faire claquemurer sa chambre de façon qu'il ne puisse voir ni avoir aucune communication avec qui que ce soit; et cela jusqu'à nouvel ordre. J'aurais pu faire usage de votre lettre auprès de ce juge; mais j'ai crainds qu'elle ne vous fut préjudiciable, à cause de la liaison et de l'intimité qu'il paraît y avoir entre vous et le sieur Olivault. On le regarde icy comme un *prisonnier d'État* et vous sçavez qu'en pareil cas la moindre démarche est suspecte et peut avoir des suites fâcheuses. La conduite que j'ai tenue n'a eu d'autre but que de vous mettre à l'abry. Je pars demain pour ma tournée de recouvrement. Si, à mon retour, il est possible de voir M. Olivault, je le verrai avec grand plaisir; et au désir de votre lettre, je lui procurerai tous les soulagements dont il aura besoin.

J'ai l'honneur d'être, avec un très sincère attachement, Monsieur et cher Confrère, votre très obéissant serviteur.

DAUBIGNY.

FABLE
L'If et l'Oranger

Un if, asile des insectes,
Était honni des hommes et des dieux.
Son ombre faisait fuir. Il était odieux
Même aux plantes les plus abjectes ;
Tandis que l'oranger, plein de fruits et de fleurs,
Levait innocemment la tête,
Fournissait à Phillis des bouquets pour sa feste,
Fixait les vœux des amateurs.
L'If envieux, âme traîtresse,
Croit séduire Lucas, honnête jardinier ;
Votre main, luy dit-il, fait tout fructifier.
Des arts, l'expérience est la grande maîtresse.
Mettez-moi seulement pour six mois dans la caisse
    Qu'occupe cet arbre étranger.
    Moy ! que j'arrache l'oranger,
Reprend Lucas ; tais-toi race maudite !
Je te trouve admirable avec ton stratagème.
Tu n'es bon qu'à placer dans un feu clair et vif.
Arrosé, cultivé de mains de Philis même,
    Tu ne serais jamais qu'un if.

Ceci n'est point un grand problème.
Le jardinier est le Chef de l'état.
Phillis, la Province qui l'aime
L'oranger est notre Sénat.
L'if a plus d'un pareil dans un affreux système.
Tout méchant citoyen voit ici son emblème.

XVIIIe siècle.
Le style d'une Vitréenne.

A Monsieur,
Monsieur Seré, contrôleur des Domaines, chez M. son père, à Vitré.

25 novembre 1772.

Je prie Monsieur Seré de vouloir bien se charger d'un petit pacquet pour ma tailleuse, de m'acheter de la soie pour faire du filet, de penser à donner des coups de canne à mon chien de cordonnier qui ne

m'envoie pas de souliers, de faire mettre un cristal à ma montre, et de me faire l'emplète d'une petite paire de gants de chamois pour porter avec des Amadis. *Qu'il se souvienne que je n'ai pas la main grande !*
Je suis sa très humble servante.

BOUVARD.

Agiotage administratif.

A Monsieur,
Monsieur Seré, contrôleur ambulant de la ferme des Contrôles, à Vitré.

Je suis très sensible, Monsieur, aux souhaits que vous avez la bonté de me faire. Recevez mes remercîments et l'assurance de tout le bonheur que je vous désire. Personne ne vous en souhaite davantage que moy.

Vous me faites vos plaintes de ce que vos frères et vous n'avez point eu d'avancement..... Vous sçavez qu'aujourd'hui, c'est le plus ou moins d'argent donné à quelque femme de la Cour qui décide et qu'il ne se nomme plus de place un peu passable dans les Fermes générales, que les fermiers-généraux n'ayent la main forcée. Ainsi, Monsieur, vous ne pouvez vous flatter de parvenir à quelque direction que par la voye qu'on est forcé de suivre et qui réussit uniquement. Ou allez à Paris, ou tâchez de trouver quelqu'un qui agisse pour vous. Là, faites ou faites faire vos offres ; actuellement cet agiotage est presque public et les bureaux où les emplois se négocient sont connus. Votre argent seul, Monsieur, peut vous procurer l'avancement que vous souhaitez (a).
J'ai l'honneur d'être votre très h.....

DE ROBIEN.

A Robien, ce 10 janvier 1774.

(a) Se reporter à la lettre imprimée à la page 102 ; Robien père et fils jugent avec la même indépendance, la même sévérité.

Vitré, ce 11 juillet 1784.

Monsieur,

Monsieur Gaultier arriva hier au soir de Laval et est parti ce matin pour Rennes. Il revient lundy au soir ou mardy matin. Il vous prie de m'envoyer, le plus tôt que vous pourrez, une présentation ou consentement signé de vous trois, pour la place du Collège de Laval, pour M. Pierre Ravard. La place était remplie par M. Jean Le Breton de Bonchamp, et d'envoyer aussi la sentence rendue au Présidial de La Flèche. Il vous la renverra. Je désire que vous jouissiez tous d'une parfaite santé et ma filleule.
Je suis avec respect, Monsieur, votre très humble et très obéissant serviteur.

SERÉ DU TEIL, père.

L'auteur de l'*Histoire ecclésiastique de Bretagne* à Monsieur Seré, receveur des Domaines et Contrôles, à Fougères.

Monsieur,

J'ignorais absolument que je dusse le rachapt pour le Prieuré de Notre-Dame de Fougères. J'espère que M. de la Bigne-Villeneuve, procureur, voudra bien s'aboucher avec vous pour la somme que je dois au domaine du Roi. Vous savez que les gens de lettres ne sont pas accoutumés à garder d'argent. J'implore en ma faveur votre indulgence et la bonté de votre cœur. Quant à ce qui regarde l'homme mourant et confisquant, je le suis de droit.
J'ai l'honneur d'être, avec un parfait respect, Monsieur, votre très humble et très obéissant serviteur.

DÉRIC, prieur du château de Fougères et vicaire-général.

Dol, 19 janvier 1784.

P. S. — Je vous prie, Monsieur, de faire cesser contre moi tout acte judiciaire. C'est à vous seul que je désire avoir affaire. Vous serez ma partie et mon juge.

Bonnes coutumes familiales.

Je vous prie, mon cher cousin, de m'accorder votre agrément et consentement pour un mariage que je regarde comme bien propre à faire le bonheur de ma fille. C'est avec le chevalier de la Prévalaye (b), qui a toujours mérité l'estime et la considération de tout le monde. Sa fortune est très honnête : il jouit de cinq mille livres de rente. Il est capitaine dans le régiment de Royal-Lorraine. Ma fille aurait pu trouver un homme plus riche ; mais j'ai peine à croire qu'elle en eût trouver un qui possédât, comme lui, toutes les qualités propres à rendre une femme heureuse. C'est elle qui, comme de raison, a décidé de son sort. Le consentement qu'elle a donné pour ce mariage est dépendant toutefois de celui que je vous demande, avec toute la confiance que me donne l'intérêt que vous voulez bien prendre au bonheur de ma fille et par conséquent au mien..... Accordez-moi, je vous prie, une prompte réponse.

Votre très humble et très obéissante servante. PINOT DE LA GAILLARDIÈRE.

Ce 13 novembre 1788.

(b) Le chevalier de la Prévalaye était fils de Pierre-Bernardin Thierry de la Prévalaye, commandeur de l'ordre royal et militaire de Saint-Louis, chef d'escadre, directeur de la marine à Brest et de Marie-Jeanne de Robien. Le chevalier devint maréchal de camp en 1814 et mourut en 1824. Une de ses sœurs, Hyacinthe-Geneviève Thierry, avait épousé Philippe-André Pantin, marquis de la Guère, capitaine au régiment de Royal-Dragons.

Monsieur Seré, contrôleur des Actes, en son hôtel, à Fougères,

Madame de la Gaillardière ayant bien voulu donner son consentement à mon mariage avec Mademoiselle sa fille, j'ose me flatter que vous voudrez bien me donner votre agrément. Veuillez bien, je vous prie, agréer mes remercîments d'avoir bien voulu donner votre procuration pour terminer une affaire qui doit faire mon bonheur. Il ne manquera rien à ma satisfaction si vous voulez bien m'accorder votre amitié. Je mets d'autant plus de prix à l'obtenir qu'elle contribuera à me rendre parfaitement heureux.

Je suis, avec un sincère et respectueux attachement, Monsieur, votre....

A Rennes, ce 27 novembre 1788. Le Chⁱᵉʳ DE LA PRÉVALAYE.

Courtoises traditions de l'Administration des Domaines.

A Monsieur,
Monsieur Seré, receveur des Domaines, en son hôtel, à Fougères,

Ce 18 janvier 1789.

Mⁱ Bruté nous mande, Monsieur, que c'est à vous seul à qui nous devons remettre les minus des biens de mon mari pour en payer le rachat. Je suis très satisfaite, Monsieur, de voir les intérêts de mes enfants entre vos mains, connaissant votre honnêteté et probité. J'espère, Monsieur, que vous trouverez dans la déclaration que nous faisons autant d'exactitude que de bonne foi ; telle est notre intention. Je vous envoie, Monsieur, les baux à ferme au soutien de cette déclaration et les actes des afféagements. A l'égard des rôles de fief, je crois cette communication inutile étant tous conformes aux aveux rendus au Roy et dont vous avez des copies. Si cependant vous les jugez nécessaires, nous vous les communiquerons ; mais cette opération apporterait encore des retardements et nous désirons sincèrement, Monsieur, satisfaire à ce que nous devons. Je profite de cette occasion pour vous assurer des sentiments avec lesquels j'ai l'honneur d'être, Monsieur, votre très humble et très obéissante servante.

LE PRESTRE DE SAINT-BRICE.

Madame,

Absent pour quelques jours de Fougères, je n'ay reçu l'honneur de la vôtre que par le renvoy qui m'en a été fait par mon commis, en m'annonçant en même temps que M. Le chevalier luy a remis le minu des biens dépendant de la succession de Monsieur le marquis de Saint-Brice.

Le désir que vous me témoignez, Madame, de terminer promptement, ne me permettra pas de différer de l'examiner aussitôt mon retour. L'exactitude que vous y avez apporté et les différents registres qui se trouvent dans mon bureau pourront rendre inutile la représentation de plusieurs de vos titres. Je me ferai un devoir et un plaisir de vous en éviter l'embarras. Je serai à proximité de conférer avec M. Le chevalier sur les difficultés que je pourrai rencontrer. Je ne luy demanderai la représentation que des actes et pièces relatifs aux objets sur lesquels je serai peu instruit.

Soyez, je vous prie, Madame, persuadée qu'il me sera extrêmement flatteur d'avoir lieu de faire à mes supérieurs un rapport qui puisse vous être agréable et de saisir, avec le plus grand empressement, tous les moyens d'y parvenir.

J'ay le même désir de pouvoir vous convaincre du plus profond respect avec lequel je suis, Madame, votre très humble.

SERÉ.

———

Incendie et pillage du château de la Touche-Porée — 1789.

Monsieur,

Monsieur Seré, contrôleur des Actes et receveur des domaines du Roi, à Fougères.

Dinan, le 10 août 1789.

Monsieur et cher Ami,

J'ay reçu à Hédé la lettre que vous m'avez fait le plaisir de m'écrire..... Je croyais, lorsque je suis venu ici, pouvoir jouir enfin du repos et de la tranquillité dont je suis privé depuis si longtemps, mais je m'étais bien trompé. Le soir même de mon arrivée, c'est-à-dire le 6, vint la nouvelle de la mort du citoyen envoyé au château de M. Magon et on lit le lendemain cette malheureuse expédition dont vous aurez entendu parler et qui a causé dans le pays les plus justes et les plus vives alarmes. Voilà ce que j'ay pu apprendre de cette triste histoire : Le 6 de ce mois, on avait chargé trois jeunes citoyens et trois soldats de Penthièvre de vérifier dans quelques maisons voisines s'il n'y avait pas des dépôts de bled. Ces Messieurs finirent leur course par le château de la Touche-Porée, paroisse de Miniac, à deux heures et demie de Dinan. Soit qu'ils s'y fussent présentés trop tard et qu'on les prît pour des brigands, soit qu'on fut mal intentionné, le fait est qu'on les reçut à coups de fusil et qu'un jeune vitrier fut tué roide sous une fenêtre du château.

On vint sur le champ apporter la triste nouvelle ; mais le Comité la tint secrète jusqu'au lendemain, de peur de causer trop d'alarmes pendant la nuit. Ce ne fut que vers les neuf heures du matin qu'on se décida à envoyer un détachement des milices nationales et du régiment de Penthièvre pour informer des faits et s'emparer des coupables. Beaucoup de soldats, des gens du peuple, des paysans même des environs se joignirent aux détachements et on se rendit au château de la Touche-Porée dans la plus grande confusion. Lorsqu'on ouvrit les portes de la cour, l'aspect effrayant du vitrier, gisant à la place où il avait reçu le coup mortel, fit naître des projets de vengeance qu'on ne tarda guère d'exécuter. On se jette en foule dans les appartements et bientôt tous les meubles et effets sont livrés au plus horrible pillage. Des flots de vins et de liqueurs, qui enivrent la multitude, mettent le désordre et la confusion à leurs combles. Rien ne peut calmer la fureur et l'ivresse, qui se portent à tous les excès. Enfin, après avoir brisé et pillé tous les meubles, on mit le feu aux quatre coins du château, qui fut consumé dans peu de temps.

M. Magon de la Ville-Huchet (a), propriétaire, avait eu le bonheur de s'esquiver avec sa famille pendant la nuit ; on ne trouva au château que des domestiques, qui ont été renvoyés. Par suite de malheur, un employé de la Régie générale, jeune homme très brave et fort aimé dans le pays, qui était un des six de la première expédition, jugea à propos de retourner à la seconde. Au milieu de cette horrible confusion, il reçut un coup de feu sorti d'un fusil mal armé et ce fut un soldat qui, sans le vouloir, lui donna la mort. On assure que ce soldat fut assommé sur le champ par ses camarades qui craignaient qu'il ne fut soupçonné d'avoir tué exprès le citoyen.

Voilà, Monsieur et cher ami, des horreurs qui font frémir toutes les âmes honnêtes ; elles sont les malheureuses suites de la licence des troupes. Puissent-elles être les dernières !

Je crains bien qu'on ne reproche au Comité de n'avoir pas employé tous les moyens propres à prévenir les malheurs de cette expédition. M. Magon, ancien maire de Saint-Malo, jouissait, dit-on, de l'estime générale. Il fallait le saisir et lui donner le temps de se justifier ; mais piller, saccager et brûler son château avant de l'entendre, cela est horrible. On dit qu'il est resté dans les environs plusieurs particuliers qui continuent leur pillage. On a demandé à Saint-Servan des troupes pour les chasser. Le régiment de Penthièvre avait reçu hier l'ordre de se rendre à Alençon.

Les États-Généraux sont toujours occupés de la Constitution ; mais en attendant qu'ils puissent achever cet ouvrage long et pénible, ils devraient bien aviser aux moyens de remettre le calme dans notre province.

La fermentation et le désordre ne peuvent qu'augmenter si on n'y remédie promptement. Lorsque vos occupations vous le permettront, je vous prie de me donner de vos nouvelles.

J'ai l'honneur d'être, avec le plus sincère attachement, votre très humble et très obéissant serviteur.

GUINQUENÉ DE CHAMPVALLON.

(a) Il avait épousé une Nouail de la Villegille. (Voir 1er fascicule, page 44).

A Monsieur,
Monsieur Seré, contrôleur des Actes, rue de la Pinterie, à Fougères.

Vitré, le 4 juillet 1791.

Monsieur et cher Cousin,

Monsieur Desbois, ancien recteur d'Étrelles, avec qui vous avez étudié, a été chassé de son presbytère et d'une maison qu'il avait fait bâtir près de son presbytère. Il s'est retiré à Saint-Aubin où il a du bien et où il est né ; il n'y a point où le loger. Il vous prie avec instance de lui permettre d'aller passer l'hiver à votre maison de retenue de la Croix. Marquez-moi le plus tôt possible vos intentions ; il mérite une réponse favorable ; il est à plaindre et bien regretté de ses paroissiens, à la réserve d'une douzaine.

SERÉ DU TEIL.

A Monsieur Seré, contrôleur des Actes à Fougères, chez M. Seré du Teil, rue Saint-Louis.

Cornillé, 5 février 1792.

Monsieur,

Sur votre lettre très gracieuse du 12 du mois dernier, par laquelle vous voulez bien m'accorder un asile dans les deux chambres de la Croix, j'y ai mené aujourd'hui un menuisier..... (suit le détail des réparations à faire).

Monsieur, je serais fâché de vous jeter dans de grands frais sur vos offres si obligeantes, d'autant plus que j'ignore combien de temps je serai dans l'incertitude. Si vous êtes déterminé de mettre des croisées, je passerais au plus court, selon vos ordres.

Je suis, avec bien du resp. . et toute la reconnaissance qui vous est si légitimement due, Monsieur, votre très humble et très obéissant serviteur.

(a) DESBOIS, prêtre, R. E.

(a) André-Pierre-René Desbois, prêtre du diocèse et vicaire à Étrelles, fut nommé recteur le 20 janvier 1767 et enfermé à Saint-Melaine en 1792. (Pouillé de Rennes).

A Monsieur Seré, contrôleur, rue Pinterie, à Fougères.

Beaucé, 30 janvier 1792.

Monsieur,

Je ne saurais vous exprimer combien je suis reconnaissant de votre attention pour mes pauvres. N'étant plus dans le cas de les assister comme par le passé, rien ne me fait plus de plaisir que de voir des âmes charitables, comme la vôtre, s'intéresser à leurs besoins. Je les engagerai à prier Dieu pour leurs bienfaiteurs, sans les faire connaître. Je vous prie de ne les pas oublier, quand vous en trouverez l'occasion.

Vous obligerez celui qui a l'honneur d'être, avec respect et reconnaissance, Monsieur, votre très humble et très obéissant serviteur.

PICARD (a), recteur de Beaucé.

Mon domestique, porteur de la présente, ne sait pas même de quoi il s'agit.

(a) Pierre-Clément Picard, nommé à Beaucé le 22 juillet 1781, administra la paroisse jusqu'à l'époque de la Révolution et fut réinstallé en 1803. Il mourut le 16 avril 1823, âgé de 80 ans. (Pouillé de Rennes).

Monsieur,

Je viens de recevoir votre obligeante lettre ; je suis très reconnaissant de votre empressement à dissiper mes inquiétudes. Il est étonnant qu'on veuille faire passer pour émigration mon séjour à Paris. J'ai cependant envoyé mon certificat de résidence à M⁺ Blot. Je crois bien qu'il ne refusera pas de l'attester, s'il est nécessaire, et même ma femme pourra le présenter s'il le faut, car elle doit encore l'avoir. Le fermier de ma sœur, appelé Daniel, demeurant à la Vigne, a reçu aussi une lettre d'arrêt. Je vous prie, Monsieur, de vouloir bien terminer le plus promptement possible cette affaire, pour ma sœur et moi, ce qui ne doit souffrir aucune difficulté. Ce sera un nouveau service qu'il ne me sera pas permis d'oublier.

Je suis avec un profond respect, Monsieur, votre très humble et très obéissant serviteur.

A Romagné, ce 12 septembre 1792. LEZIART.

28 décembre 1795.

Lettre de Madame de Pommereul à Madame Seré.

Aussitôt l'arrivée de mes enfants, Madame et chère amie, dans cette ci-devant bonne ville de Paris, un de mes premiers soins fut de m'informer de vos nouvelles, de celles de Monsieur Seré et de votre chère et aimable famille. Je vous croyais à Vitré et je fus bien agréablement surprise en apprenant que vous étiez rétablis dans une place où les talents de M. Seré et sa probité ne pouvaient jamais être remplacés; le public a dû applaudir à la justice qui vous a été rendue; mais moi particulièrement, Madame, c'est du fond du cœur que je m'en suis réjoui avec mes enfants; quand la triste situation de notre pays et les circonstances nous permettront d'y retourner, je puis donc me flatter d'y retrouver encore des amis sûrs et vrais, des âmes telles qu'il n'en existe presque plus. Veuillez bien, Madame, embrasser M. Seré pour moi et tous vos chers enfants. Agréez en communauté les vœux sincères que je forme pour tout ce qui peut vous être utile et agréable. Ce sont aussi les vœux et les sentiments de mes enfants; ils me chargent de vous en assurer et de vous offrir leurs respects ainsi qu'à Mademoiselle Seré. Ils embrassent, si vous voulez bien le permettre, la jolie petite Thérèse, l'aimable et bon Luc et le beau ténébreux Joseph.

J'avais écrit à M. Seré les premiers jours de vendémiaire pour me réjouir avec lui de ce qu'il nous était rendu. Je lui faisais part de la prompte justice que j'attendais alors, étant bien sûre du plaisir que cela vous ferait et de l'intérêt que vous y prendriez; mais les événements du 13 vendémiaire ont détruit toutes mes espérances. Je suis plus loin de la justice qui nous est due que quand je suis arrivée ici, il y a quinze mois; il n'y a pas même de tribunal pour nous juger; dans mon malheur, j'éprouve une consolation: c'est de recevoir exactement toutes les semaines des nouvelles de mon mari et de pouvoir lui donner des nôtres.

Je présume que la lettre que j'ai eu l'honneur d'écrire à M. Seré, partie dans un moment malheureux, aura eu le sort de bien d'autres que j'ai écrite à ma sœur. Agréez, Madame et chère amie, ainsi que M. Seré, les sentiments d'estime et d'attachement sincères avec lesquels je suis et serai toujours votre très humble et très obéissante servante.

Je reçois toujours des nouvelles de mon mari, mais quelquefois sous le cachet de la surveillance. Je vous adresse celle-ci par Ernée et vous prie d'adresser votre réponse à M⁻ᵉ Rallier, qui la fera passer par son mari. Quand vous verrez M. et M⁻ᵉ Lorfeure, rappelez-moi, je vous prie, à leurs souvenirs.

Luc-Olivier Seré du Mesnil était receveur et contrôleur des Domaines du Roi à Fougères en 1789. Confiant dans l'avenir qui semblait promettre des réformes et non une révolution, il resta en charge. Bientôt les événements se précipitèrent, et le moment arriva où donner sa démission c'était livrer sa tête. Luc Seré n'était point l'homme des partis extrêmes; il continua avec une scrupuleuse probité ses fonctions administratives, et dans les circonstances les plus difficiles, sut rendre de discrets services aux honnêtes gens, acquérir et conserver leur estime. De cette estime, nous aurions pu multiplier les témoignages; faute d'espace, nous avons dû choisir.

Dans les estampes qui rappellent la thèse soutenue à Rennes par Luc-Olivier Seré, il s'intitule Sodalis Vitriacæus. Ce titre de Sodalis, d'après M. Trévédy, voudrait dire que le candidat était membre de la Congrégation établie au Collège. — Luc-Olivier Seré fut en effet reçu congréganiste l'an 1750. Son diplôme est une demi feuille petit in-folio, pliée en deux. La seconde page porte l'acte de consécration, signé Lucas-Olivarius Seré, Sur la troisième page on lit l'attestation suivante :

NOS PRÆFECTUS
CONGREGATIONIS B. V. M.
ERECTÆ IN COLLEGIO RHEDONENSI
Sub titulo.
BEATÆ MARIÆ
SINE LABE CONCEPTÆ
CHARISSIMO SODALI NOSTRO,
LUC.E-OLIVARIO SERÉ.

Perspecta nobis tua in beatissimam virginem Mariam parentem nostram optimam pietas singularis, pari morum probitate conjuncta fecit ut et te peractis de more omnibus experimentis, quibus abunde factum nobis est, in nostram congregationem rite admiscerimus et in ejus rei fidem, has litteras manu nostrâ subscriptas et ejusdem congregationis sigillo munitas dederimus. — Rhedonis in oratorio nostro die 18e mensis maii anni 1750.

Præfectus :	Secretarius :
Julianus ETASSE.	P. BROSSIÈRE.

F. de l'Abbaye soc. Jesu sodalitii director.

En témoignage de la sincérité, de la fermeté de ses engagements envers Marie, Luc-Olivier Seré écrivit sur la première page de son diplôme :

« Je prie ceux ou celles entre les mains desquels tomberont ces présentes, après mon décès, de les faire tenir au directeur de la Congrégation des Écoliers, à Rennes, province de Bretagne, pour qu'il fasse dire, pour le repos de mon âme, les prières accoutumées. »   Luc-Olivier SERÉ.

A La Guerche, le 8 juillet 1760.

Le père de Luc-Olivier Seré avait également pieusement conservé son billet de membre de la Confrérie du Rosaire perpétuel, érigée au couvent Saint-Dominique de Vitré. Ce billet avait été imprimé chez J. Gaisne, rue Rallier, Rennes. — Les Seré avaient pour la chapelle du Rosaire une prédilection marquée, témoin ce bienfait de Madame de la Villeblanche.

Nous soussignés, prieur, sous-prieur et autres religieux du couvent de Notre-Dame du Rosaire de Vitré, ordre de Saint-Dominique, déclarons avoir reçu de Madame de la Villeblanche quatre pièces de tapisserie de haute lisse en verdure, et par reconnaissance nous nous engageons à faire un octave de saluts après complies, à commencer le jour de l'Assomption prochaine de la Sainte-Vierge et cela pendant 28 ans. Fait et arrêté en notre couvent de Vitré, ordre de Saint-Dominique, le 29 mai 1732.

F. Julien MAIXGUY, humble prieur.   F. AMAURY-DUCHESNE, prédicateur général et sous-prieur.

F. Jac-Olivier HUBAUDIÈRE, sacristain.   F. Jac ALLAIX.   F. Jean KERMAREC.

Extrait des registres de baptêmes de Vitré pour l'année 1736.

(15) Joseph-François, fils de noble homme Luc-Olivier Seré et de Dlle Louise-Françoise de la Porte, sieur et dame du Mesnil, né le 21 juillet, baptisé le 23, 1736, par moy prêtre de la Compagnie de Jésus soussigné. Parrain : noble homme Joseph Le Clerc, sieur de la Fontenelle, conseiller du Roy, receveur des Consignations à Vitré. Marraine : Dlle Jeanne Baston. — Signé : Jeanne Seré, Baston, de la Fontenelle Le Clerc, M. R. Simon de la Porte, Élisabeth Collet de la Fontenelle, Jameu, du Mesnil Seré, Gilonne Seré, Pierre Seré, Seré, trésorier en charge. Charles de la Thibaudière, prêtre de la Compagnie de Jésus (a).

(a) Simon est le nom patronymique de ce jésuite qui signa au contrat de mariage de Luc Seré et de Françoise de la Porte et baptisa Joseph-François, leur second fils. Le 29 décembre 1746, il fut inhumé dans le caveau ouvert sous la chapelle du collège de La Flèche. (*Le Collége Henri IV de La Flèche*, par le P. DE ROCHEMONTEIX, page 264).

XXIX

Descendance de JEAN LE CLAVIER, fils aîné de René et de Marguerite Leziard.

Il avait épousé Jacquine Ravenel, d'où :

Jean Le Clavier, sieur de Rales. (Voir ses descendants au Tableau XXVII).

Mathurine Le Clavier, mariée à Georges Seré.

Jean Le Clavier, sieur de Proches, marié à Renée Le Moyne. (Voir sa descendance au Tableau XXX).

Pierre Le Clavier, marié : 1° à Anthoinette Chauvin ; 2° à Anthoinette Thomin. (Voir leur descendance au Tableau XXXI).

Mathurin Seré de la Silbonnière, marié à Guillemette Chauril. (Voir leur descendance au Tableau XXVIII).

Luc Seré de la Pasquerie, marié à Bernardine Gaillard (1).

Mathurin Seré de la Villemartierre, secrétaire du Roi, marié à Jeanne Guichet.

Mathurin Seré de la Pasquerie, marié à Françoise Artur (2).

Jacques Seré, sieur des Landes, maître aux Comptes à Nantes (3).

Luc Seré, marié à Marguerite Pepin (4).

Luc Seré, sieur des Landes, secrétaire du Roi, marié à D.... Magon.

Jean Seré, sieur de la Chapelle.

Bernardine Seré, mariée à Jacques Gravé (5).

Jeanne Seré, mariée à Laurent Goret (6).

Pierre-Guillaume Seré de Villé.

Jean-Bapt. Seré, juzier de la Garde (7).

Louis-Nicolas Seré, marié à Angélique Le Breton (8).

François-Joseph Seré, conseiller au Parlement de Paris, marié à ..... (9).

Pierre-François Seré, lieutenant des Gardes-Françaises, marié à Elisabeth de Veteris du Rest.

Luc-Antoine Seré, chevalier, seigneur de Rieux, mestre de camp de cavalerie, exempt des gardes-du-corps du Roy, chevalier de Saint-Louis, marié à Anne-Angélique de Savary.

D.... Seré, mariée à M. de Julienne.

Auguste-Franç.. Seré, prieur d'Aunneray, vicaire-général du diocèse de Vence.

Antoine-Charles Seré, mousquetaire de la garde du Roy.

Alain-Louis Seré.

Jean-Malo Seré.

Pierre-Jean Seré.

Alain-Jean Seré.

Camille Seré, décédés sans hoirs.

Louis-Alain Seré.

Luc-Hippolyte Seré, marié à D.... Venel.

François Seré de la Villemartierre, marié à D.... des Isles-Mazaie.

Sur la sacristie et dans un vitrail de l'église de Saint-Meloir-des-Ondes, on voyait l'écusson de gueules à une sirène d'or, qui devait être celui de la famille Seré, propriétaire du manoir de la Villemaleterre. *(Pouillé de Rennes, p. 188, t. VI).*

(1) La chapelle de Saint-Jean-Baptiste fut bâtie par P. Seré et Bernardine Gaillard, sieur et dame de la Pasquerie, dans la cour de leur manoir de la Villemaleterre. Leur fils Jean Seré, sieur de la Chapelle, dota ce sanctuaire le 17 décembre 1633. *(Pouillé de Rennes, t. VI, p. 194).*

(2) *L'État du Domaine de Dinan* (1678-85), mentionne noble homme Mathurin Seré, sieur de la Pasquerie, propriétaire d'un emplacement sur le quay du Pont, à Dinan, mouvant de Sa Majesté à simple obéissance. Le même Mathurin, propriétaire du fief de la Ville-Toine, en Saint-Briac; des maisons et fiefs des Vaux Pleumaison, paroisse de Plouër.

(3) **Jacques Seré**, sieur des Landes, fut reçu maître aux Comptes le 8 mars 1632. (DE FOURMONT, *Histoire de la Chambre des Comptes*, p. 327). — Un Seré, sieur des Landes, donna à l'Hôtel-Dieu de Saint-Malo 4,800 livres. *(Les Malouins célèbres*, par l'abbé MANNET, p. 278).

(4) La chapelle du Saint-nom-de-Jésus et Saint-Luc, en Saint-Meloir-des-Ondes, était construite dans la cour du manoir des Landes. Le 5 novembre 1664, Marie Pepin, veuve de Luc Seré, sieur de la Villemaleterre, y fonda une messe tous les dimanches et vendredis. *(Pouillé de Rennes, p. 191, t. VI).*

(5) La chapelle de Saint-Laurent-du-Rouvre, en Saint-Pierre-de-Plesguen, fut bâtie en 1600 par Jacques Gravé, seigneur de Launay et du Rouvre, mari de Bernardine Seré. *(Pouillé de Rennes, t. VI, p. 234).*

(6) De **Laurent Goret**, sieur de la Talmanchère, conseiller-secrétaire du Roi, maison et couronne de France, et de Jeanne Seré, issurent: Jean-Baptiste Goret, Josseline Goret, mariée à Luc Seré du Tertre Barré, secrétaire du Roi; Marie Goret, mariée à François-Joseph Guillauden, seigneur du Plessix; Françoise Goret, mariée: 1° à François Angot, secrétaire du Roi, 2° à Louis de Tremereuc, 3° à François-Joachim Descartes de Kerlau; Marguerite Goret, mariée à Claude-Judes du Breil, chevalier, seigneur du Chalonge, la Motte et la Clayé, 6 juin 1676. (Voir *François-Joachim Descartes et ses deux mariages*, par Norbert SAULNIER, p. 5, et *Généalogie des du Breil*, p. 51) — Françoise Goret, fille de Laurent et de Jeanne Seré, fut baptisée le dernier jour de septembre 1655 par G. Le Gouverneur, prêtre, vicaire de Saint-Malo. Son parrain fut: écuyer Jacques Seré des Landes, conseiller du Roi et maistre des Comptes de Bretagne. Sa marraine: D[lle] Françoise Pepin, dame de la Tandourie.

(7) Nièce de l'illustre Duguay-Trouin. — **Jazier de la Garde** portait: de sable au chevron d'argent, accompagné de 3 trèfles de même. *(Armorial, 1696, Pol DE COURCY).*

(8) **Le Breton**, famille établie à Saint-Malo dès 1437; reconnue d'ancienne extraction en 1669: d'argent à la croix dentelée de sable, cantonnée de 4 molettes de même.
En ce XIX° siècle, les Seré se sont alliés aux Huchet de la Bédoyère, aux du Breil de Pontbriand.

(9) **François-Joseph Seré**, conseiller au Parlement de Paris, auteur d'un poëme sur la musique et d'un autre sur la chasse. Desforges-Maillard, dans son épître à M. l'abbé Trublet, intitulée: *Éloge de Saint-Malo*, lui a consacré ces vers:

Seré, qui sous ses doigts a fait parler sa lyre
Des plaisirs de Phebus et de sa chaste sœur,
Reçut aussi le jour dans ces lieux, où l'honneur,
La probité qu'on y respire,
Doivent éterniser la gloire et le bonheur.

(Œuvres nouvelles de Desforges-Maillard, publiées par A. de la Borderie et René Kerviler, t. I, p. 55).

Séré de Rieux avait compté parmi les admirateurs de Mlle de Malcrais et lui avait adressé des vers sous cet intitulé : *Épître à Malcrais*, par l'auteur des *Dons des Enfants de Latone*. — Dans un catalogue d'Auguste Fontaine, mai 1890, nous avons lu : *Les Dons des Enfants de Latone, la musique et la chasse du cerf*, poèmes dédiés au Roi, par J. de Séré de Rieux. A Paris, chez Pierre Prault, 1734, in-8°, figures, musique gravée, veau, 25 francs ; livre orné d'un frontispice et d'une figure par Le Bas et six figures par Oudry, gravées par Le Bas pour *Diane et les Lois de la chasse*.

·

Procès-verbal des marques et intersignes de seigneurie, prééminences et droits honorifiques de la seigneurie de Rieux.

Sur le manuscrit est écrit en marge : *Expédition pour la branche établie à Vitré.*

L'an mil sept cent soixante-six, le vingt-quatrième jour de juillet avant midy, devant nous notaire royal en la ville, baillage et siège présidial de Beauvais, y résidant, soussigné, et en la présence des témoins ci-après nommés, est comparu M. Louis-Claude Fombert, conseiller du Roy au baillage et siège présidial de Beauvais, ancien gendarme de la garde du Roy, demeurant audit Beauvais, rue Saint-Jean, paroisse Saint-Estienne, au nom et comme fondé de pouvoir ou procuration générale et spéciale sous seing-privé de messire Augustin-François de Séré, prieur Daumeray, diocèse d'Angers, et vicaire-général du diocèse de Vence, y demeurant, actuellement à Paris ; et de messire Antoine-Charles de Séré, chevalier, mousquetaire dans la seconde compagnie de la garde ordinaire du Roy, demeurant à Paris, paroisse Saint-Eustache, rue du Gros-Chenet ; l'un et l'autre majeurs de vingt-cinq ans ; ladite procuration dattée à Paris, le premier may dernier, contrôlée à Beauvais ce jourd'huy par Fontenoy, demeurée en l'original jointe et annexée à la minutte des présentes après avoir esté dudit sieur comparant certifiée véritable, signée et paraphée en présence des notaires et témoins soussignés.

Lequel sieur Fombert audit nom a requis nous, notaire et témoins, de nous transporter avec lui en l'église paroissiale de Tillé, à une lieue de Beauvais, diocèse et baillage dudit Beauvais, généralité d'Amiens, élection de Montdidier, à l'effet de rapporter un procès-verbal des marques, intersignes de seigneurie, prééminences et droits honorifiques de la seigneurie de Rieux, en ladite église, où estant arrivés avec ledit sieur Fombert avons procédé, luy le requérant, à la visite et procès-verbal ainsi qu'il suit : Entrés dans ladite église et après y avoir adoré Dieu, a été reconnu qu'autour d'icelle est une litre funèbre qui a esté placée (comme M. Augustin Legros, curé de ladite paroisse de Tillé nous a dit) sur celle des seigneurs Dauvet, anciens seigneurs de Rieux et de Tillé, laquelle litre funèbre est chargée de plusieurs écussons de gueule à la sirenne dans l'eau au naturel, couronne de marquis. Lequel écusson, ainsi qu'on nous l'a dit, sont les armes de feu messire François-Joseph de Séré, vivant chevalier, conseiller du Roy en la cour de Parlement, séant à Paris, quatrième seigneur de la terre et seigneurie des Landes, en Bretagne, et premier seigneur de Rieux et de Tillé, lequel François-Joseph de Séré « sortait d'une famille noble du Poitou ; de laquelle Nicolas de Séré de Valsergue, l'un de ses auteurs fut tué au siège de Brouage où il commandait (1), ainsy que nous l'a dit le sieur Fombert et autres personnes, en présence desdits témoins et ainsy qu'on peut le voir dans la *Grande Histoire* de MÉZERAY, tome III, page 156 ; même histoire, page 158 ; dans le troisième volume, intitulé : *Inventaire général de l'Histoire de France*, article du siège de Brouage, année 1577, par Jean de Séré, qui est à la Bibliothèque de Sa Majesté, dans *Varillas*, page 410 ; *Histoire de France* de DUPLEIX, année 1577, page 61 ; dans l'*Histoire* de LAPOPELINIÈRE, livre XXXXIV, page 369 ; et dans les *Mémoires du règne d'Henry III* ».

Et avant de continuer ledit procès-verbal, ledit sieur comparant a encore ajouté « que Mathurin de Séré, de la même famille, en 1480, suivit en qualité d'écuyer Guy XVI°, sire comte de Laval, en Bretagne, où il établit ses descendants qui, pendant quatre générations, ont possédé la terre et seigneurie des Landes, sur la coste de Cancalle et que ladite famille est alliée à Paris aux maisons de Brissac et Dauvet ; en Bretagne à celles de Coëtlogon, de la Rivière, de Brunefao, de Lambily, de Robien et plusieurs autres ; et en Italie à celle de Priouly. (Outre les alliances cy-contre, le sieur Fombert a oublié au présent procès-verbal que Mrs de Séré sont alliés en Provence aux maisons de Simianne, de Sabran, de Broglie, Duperrier, de Candolle). Que les armes de la famille desdits seigneurs de Séré, telles qu'elles viennent d'estre reconnues dans la susdite litre funèbre, sont conformes à celles qui se trouvent, page 266, au livre de la *Réformation des nobles de Bretagne*, publiée en 1691 par le R. P. Toussaint DE SAINT-LUC, carme de

(1) Les allégations entre guillemets ne peuvent être soutenues. Voir la lettre ci-après.

cette province et dans l'*Armorial* d'icelle, gravé et imprimé par le sieur Chevillart, généalogiste du Roy. Lesquels nous ont été, l'un et l'autre, présentés par le sieur comparant, qui nous y a fait voir lesdittes armes à la datte d'un arrêt de confirmation des seigneurs de Séré dans leur noblesse, du 9 mars mil six-cent-soixante-neuf.

Ensuite a été reconnu que dans le sanctuaire de ladite église paroissiale de Tillé, sous la croisée de la fenêtre, à gauche en entrant, est une épitaphe en pierre de liais dont la copie suit : « Cy-gist maître Jean Godin, curé de cette paroisse, lequel, après l'avoir gouvernée trente-six ans, enfin la soixante-et-unième de son âge seize cent-quatre-vingt-six, a rendu son âme à Dieu et son corps à la terre, qui repose aux pieds du candélabre ; il a fondé deux obits à perpétuité avec vigiles à trois leçons, pour 'estre dits l'un le 20 juillet, jour de sa mort et l'autre six mois après, qui est le 20 janvier. Il a aussi fondé un salut le jour de saint Jean-Baptiste, pour quoy aurait esté donné, par les héritiers dudit deffunt, la somme de cent-vingt-sept livres ? ainsy qu'il paraît par le compte de ce fait avec les marguilliers par devant M⁰ Nicolas MILLET, notaire royal à Beauvais, le six octobre mil six-cent-quatre-vingt-sept. »

« Priez Dieu pour Luy. »

Plus acte, reconnu que la muraille du chœur, près le sanctuaire, du costé de l'épître, est un mausolée en marbre noir et blanc au haut duquel sont les armes des seigneurs Dauvet, cy-devant seigneurs de Rieux et de Tillé, avec un écusson en alliance, sur lequel mausolée est l'épitaphe suivantte :

1585

D. O. M.
S.

« *Illustrissimi viri Joannis Dauvet Rioli et Tilliaci hoc Bellovacorum agro pajani et .....* » *domini : qui cum paternum genus ad antiquam Dauvetorum familiam, maternum vero ad* » *nobilem Briconnetorum gentem referet, Joannem Dauvetum tritarum post annos plus minus* » *centum et triginta, Carolo septimo Francis imperante, Senatorem et abeodem rege senatu* » *postulante in procuratorem generalem post modum in primum ejusdem Senatus presidem* » *renuntiatum habuit. Idem dum vixit liberalibus disciplinis non leviter tinctus vitæ, Sanc-* » *timonia probatissimus, pietate in superos, observantiâ in majores, caritate in patriam, bene-* » *volentiâ in omnes, liberalitate in pauperes commendatissimus, viduarum perfugium,* » *pupillorum patronus, antiquitatis amantissimus, avitæ et catholicæ relligionis difficillimis* » *publicarum perturbationum temporibus propugnator acerrimus, publicæ libertatis vindex* » *strenuissimus ; prestantiâ, formâ quæ corporis spectabilis, ingenii lenitate commendabilis,* » *morum suavitate facilis, juris et æqui observantissimus, permultas et varias regni civitates* » *multis et magnis muneribus, regiæ majestatis nomine quam honnestissime perfunctus,* » *laboris et facultatum in publicum prodigus. Sordium et pecuniæ hostis acerbissimus extitit ;* » *Sub henrico secundo in eodem senatu consiliarius sub Francisco secundo, Carolo nono et* » *Henrico tertio Francorum regibus suplicum libellorum in regia magister immatura morte* » *proventus annum agens quinquagesimum quartum magno bonorum omnium merore, majore* » *suorum luctu migravit e vitæ curâ, idem october anno Domini millesimo quingentesimo* » *octogesimo secundo, nec non et Carolotæ Lullier fidelissimæ conjugi, quæ ante virum duode-* » *cim annos corpus terræ reddiderat parentum optimorum piissimis manibus. Joannes et* » *Guilelmus Dauveti pientissimi Superstites ex utrâque parente liberi ad perpetuam posteri-* » *tatis memoriam hoc quid quid est monumenti positum ac sacrum esse voluerunt.* »

Ensuite a été reconnu, au-dessous ⟨u susdit mausolée de marbre, un banc seigneurial non fermé, avec son dossier et ses accoudoirs en lambris. Plus, près le lutrin, une pierre tombale dont l'écriture est à moitié effacée par vetusté, sur laquelle on voit cependant un écusson, couronné d'un casque. Ledit écusson portant un chevron accompagné de deux fleurs dont on n'a pu distinguer les couleurs, avec ces mots :

« *Cy-gist noble..... en son vivant maréchal des logis des gardes..... conseiller du Roy et.....* »

Ensuitte avons vu au gros pillier du chœur du costé de l'épitre, une épitaphe en pierre de liais dont suit la copie :

« Cy-gissent et reposent les corps de honnestes personnes Nicolas Boullet, laboureur, et
» Denise Daula, sa femme, en leur vivant demeurant à Rieux, paroisse de Tillé, inhumés en
» celle présente église, attendant la résurrection générale au jour du jugement, pour avoir
» mémoire de leurs pauvres âmes ont fait cy-poser la rémenrance...... Ecce Homo, et décéda
» c'est à savoir, ledit Nicolas Boullet le pénultième jour de janvier, l'an de grâce 1529, et
» ladite Denise le.... jour de.... l'an 1500. Priés Dieu pour leurs âmes et de leurs amis
» trépassés. »

A été reconnu à la voûte ou plafond du chœur, au-dessus du candélabre, un écusson écartelé au premier et quatrième, un chevron, deux billettes en chef et une en pointe; au second et troisième d'une bande dont on n'a pu distinguer les couleurs.

Ensuitte estant entrés en la chapelle ditte du Rosaire, où nous avons trouvé un second banc seigneurial, fermé et orné d'un lambris peint en gris, lequel on a dit être à l'usage des seigneurs de Rieux et de Tillé, ainsi que le précédent banc qui est dans le chœur, en face duquel banc de la chapelle du Rosaire, à l'endroit où le dit sieur curé nous a dit avoir esté anciennement inhumée la dame de Séré, dame des Landes, en Bretagne, mère dudit François-Joseph de Séré, conseiller au Parlement, et la dame de Veteris du Revest, son épouse en secondes noces, avons trouvé une pierre de liais en forme de tombe, d'environ six pieds de hauteur et de trois pieds de largeur, sur laquelle est gravé l'écusson du troisième du nom de Séré, seigneur de Rieux et de Tillé, avec une croix de chevalier de Saint-Louis et au-dessous du dit écusson l'épitaphe suivante :

ICI REPOSE

» haut et puissant seigneur messire Antoine-Luc de Séré, chevalier, seigneur de Rieux, Tillé,
» Tilloy, Les Glantiers, etc., en son vivant mestre de camp de cavalerie, exempt des gardes du
» corps du Roy, chevalier de l'ordre royal et militaire de Saint-Louis, né le 14 décembre 1726,
» de feu messire Pierre François de Séré, chevalier, seigneur de Rieux et de Tillé, etc., ancien
» lieutenant des Gardes-Françaises, et de feue noble dame Elisabeth de Veteris du Revest. Il
» avait épousé en 1765 haute et puissante dame Anne-Angélique-Louise de Savary. Priez
» Dieu pour Luy. »

Ensuitte avons remarqué, au-dessus du lambris dudit banc seigneurial, qui est situé dans la susditte chapelle du Rosaire, un marbre noir sculpté en or, haut de quatre pieds sur deux pieds trois pouces de largeur, lequel est attaché à la muraille ou pillier qui sépare le chœur de ladite chapelle du Rosaire, et avons vu, au haut dudit marbre, deux écussons en alliance, scavoir : celui du mary, de gueule à la sirenne au naturel, sortant de l'eau, et celuy de la femme, d'argent au lion d'or, au chef d'azur chargé de trois soleils d'or, et au-dessous desdits écussons en alliance est l'épitaphe suivante :

« Hic jacet D. D. Antonius Lucas de Séré Religioni christianum, regi militem, civem patriæ,
» uxoris amantissimæ spem filicitatis, puero vix concepto patrem, parentibus amicum, amicis
» dulcedinem, societati amorem et decus, pauperibus solamen, parochiæ dominum et protecto-
» rem, mors omnium victrix sustulit die XXII novembris MDCCLXV. XXXIX nœtatis anno,
» duobus vix mensibus elapsis post matrimonium cum D. D. Anna Angelica Ludovica de
» Savary quæ marmor hoc pietatis amoris et œqui animi monumentum posuit. Requiescat in
» pace! »

Au surplus n'avons remarqué nuls autres écussons, armoiries, épitaphes, tombeaux, mausolées, ou autres marques honorifiques de quelque seigneur que ce soit, en ladite église et dans toutes les chapelles collatérales.

A l'instant, en présence de nous, notaire et témoins, ledit sieur Fombert a demandé audit sieur curé de Tillé à qui il est dans l'usage de donner les prières aux prônes en qualité de seigneur de la paroisse ? A quoi ledit sieur curé a répondu qu'il les avait toujours données auxdits seigneurs de Séré, seigneurs hauts justiciers de Rieux et de Tillé et que, suivant ce qu'on lui avait dit, elles avaient esté données avant les sieurs de Séré aux sieurs Dauvet, cy-devant seigneurs hauts justiciers de Rieux et de Tillé (a).

Dont et de tout ce que-dessus, ledit sieur Fombert, comparant, a requis acte audit notaire, présence desdits témoins, à luy octroyé et dressé le présent procès-verbal pour servir et valoir ce que de raison. Fait et passé en ladite église paroissialle de Tillé, ledit jour, vingt-quatre juillet mil sept-cent-soixante-six, avant midy, en présence de Louis-François Lefèvre, lieutenant de la justice de Tillé, et de Louis Fournier, sergent de ladite justice de Tillé, tous deux demeurans audit Tillé, témoins à ce appellés et qui ont signé avec ledit sieur Fombert ledit M° Legros, curé, et ledit notaire à la minutte des présentes, controllée à Beauvais le 28 dudit mois de juillet par Fontenoy, qui a reçu treize sols et demeurée en la possession de M° Antoine Gouchet, notaire soussigné. En suit la teneur de ladite procuration :

Nous soussignés, Augustin-François de Séré, prieur de Daumeray, diocèse d'Angers, et vicaire-général du diocèse de Vence, y demeurant et actuellement à Paris, et Antoine-Charles de Séré, chevalier, mousquetaire dans la seconde compagnie ordinaire du Roy, demeurant à Paris, paroisse Saint-Eustache.

Vu la nécessité où l'on se trouve de vendre la terre de Rieux, pour arranger les affaires de la succession de notre frère aisné, décédé au mois de novembre dernier, donnons pouvoir et procuration à M° Louis-Claude Fombert, conseiller du Roy au baillage et siége présidial de Beauvais, y demeurant, de faire rapporter, devant notaire, un procès-verbal des marques et intersignes de seigneurie, prééminences, droits honorifiques de ladite terre de Rieux, en l'église paroissialle de Tillé, afin de prouver, aux acquéreurs qui se présenteront, la propriété desdits droits honorifiques en ladite église. Déclarons approuver tout ce que fera à ce sujet ledit sieur procureur constitué. Fait à Paris, le premier may mil sept-cent-soixante-six. Signé : DE SÉRÉ, le chevalier DE SÉRÉ, avec paraphe, et au-dessous est écrit : Contrôlé à Beauvais, le 21 juillet 1766. Reçu : treize sols. Signé : FONTENOY. Certifié véritable. Signé et paraphé par le sieur procureur, constitué en présence du notaire royal à Beauvais et les témoins soussignés au-dessus du procès-verbal fait par ledit notaire, ce jourd'hui vingt-quatre juillet 1766. Signé : FOMBERT, LEFÈVRE, LOUIS FOURNIER et GOUCHET, notaire, avec paraphes.

Il est ainsy en l'original de ladite procuration demeuré comme dit est, joint et annexé à la minute du procès-verbal dont l'expédition est des autres parts. Le tout demeuré en la possession dudit Gauchet, notaire. Ainsy signé : GAUCHET, avec paraphe.

Scellé lesdits jour et an, avec empreinte au-dessus qui contient : S. des actes des notaires et avec paraphe au-dessous dudit Gauchet.

(a) Moréri a donné la généalogie des illustres Dauvet. On y trouve la confirmation des faits énoncés dans l'épitaphe latine relevée par les Séré.

Jean Dauvet, seigneur de Rieux, baron de Pins, était fils de Robert et d'Anne Briçonnet. Son troisième aïeul (Tritavus), Jean Dauvet, sieur de Clagny, fut employé par Charles VII en plusieurs négociations et ambassades et reçut de ce roi la charge de procureur-général du Parlement de Paris en 1446. Le 8 novembre 1465, il devint premier président du Parlement de Paris.

Jean Dauvet, seigneur de Rieux, successivement conseiller à la Cour des aydes et au Parlement de Paris, puis maître des requêtes, avait épousé, par contrat du 4 février 1557, Charlotte Luillier, fille d'Eustache, seigneur de Gironville et de Marie Poncher. De ces deux fils, l'un : Guillaume, mourut sans postérité ; l'autre : Jean Dauvet, seigneur de Rieux, eut, entre autres petits-fils : François-Jean-Baptiste, seigneur de Rieux, lieutenant aux gardes puis *chartreux*. — Pierre, chevalier de Malte, qui se fit aussi chartreux de déplaisir d'avoir tué en duel un de ses amis.

Six générations de Dauvet possédèrent la terre de Rieux.

A Monsieur de La Fleuryais Seré, à Vitré (Bretagne).

Cette lettre édifie sur l'origine des Seré. Les sentiments qui s'y trouvent exprimés et en particulier le respect de la vérité, quand même, font honneur au Seré qui l'écrivit, au Seré qui la reçut.

Monsieur,

La lettre que vous m'avez fait l'honneur de m'écrire, en date du 27 janvier dernier, ne vient que de m'estre renvoyée à Paris de ma terre de Rieux où elle était adressée, sans quoi je n'aurais pas tardé si longtemps à vous faire mes très humbles remercîments des offres que vous avez la bonté de me faire ; j'y suis extrêmement sensible et je n'oublierai jamais toutes les obligations que j'ay à M. de Moutiers et surtout celle d'avoir l'honneur de vous connaître et de scavoir que j'ay celui de vous appartenir. Je ne prévois pas, Monsieur, pouvoir faire usage de ce que vous avez la bonté de m'offrir; je pense là-dessus comme M. de Moutiers. Je lui ai fait part, de mon côté, de tout ce que j'avais pu découvrir icy sur les indications que M. de la Villemaleterre m'avait données en m'envoyant un ancien mémoire, *dont on ignore et la date et l'auteur. J'ay trouvé dans les livres indiqués tous les faits qui s'y trouvent marqués. La liaison m'en parait impossible* suivant ce que vous me faites l'honneur de me marquer au sujet de *Mathurin, sieur de Lambert*, dont on ne connaît point l'origine, et c'est au-dessus de luy que l'on aurait pu trouver quelque chose, qui n'aurait point été détruit par la négligence de ses successeurs. Le nombre d'enfants que j'ay, mon peu de bien et ma situation m'avaient engagé dans ses recherches et je n'aurais rien épargné pour y réussir.

M. de la Villemaleterre, dans un premier voyage qu'il fit à Paris, m'en fit naistre l'idée en m'assurant que Mlle de Lorvinière l'avait assuré que notre origine était noble et très ancienne et *qu'au retour de M. du Clos-Poulet de la mer du Sud, elle lui en fournirait les preuves*. Mon père m'a dit plusieurs fois et mis par écrit que Jacques Seré, maitre des Comptes à Dinan, luy avait dit précisément la même chose et que nous étions venus à Vitré avec Antoinette Daillon, dame du Lude, d'où nous venions en qualité d'écuyer de la dite Dame et qu'à son retour *d'un voyage de curiosité en Italie, il lui en fournirait les preuves*.

M. de Fourneaux, frère de M. de Moutiers, m'a dit qu'un M. de la Goupillère, je croy lieutenant-général de Vitré, lui avait dit avoir vu dans les archives de Vitré un Seré, écuyer. M. de la Villemaleterre, à la suite de tout cela, m'a envoyé le vieux mémoire en question, dont j'ai trouvé la vérification des faits à la Bibliothèque du Roi. Tout cela m'a donné espérance. J'en sentais d'ailleurs les avantages : chargé de sept enfants, d'une mère morte sans un sol de bien et n'ayant que la naissance, et moy même réduit à très peu de bien.

Je vois, Monsieur, que cette ressource là même me manque. Je n'ay de regrets qu'aux peines que j'ay données à M. de Moutiers qui s'y est porté avec un zèle infini que je n'oubliray jamais. *J'ay la consolation de n'avoir rien négligé de ce qui dépendait de moi pour l'avenir de mes enfants. Le Ciel m'a aidé jusqu'à présent, il ne m'abandonnera pas pour le reste. Ils sont fort unis et se soutiendront quand ma santé, qui est très mauvaise, moins cependant à présent, ne me permettra plus de le faire. Quand mes recherches n'auraient abouty qu'à me faire connaître et à eux que j'appartiens aux plus honnêtes gens du monde et à vous, Monsieur, je suis très satisfait de mes peines.*

Je vous prie, si vous avez occasion de voir M. de Moutiers, de luy faire mes compliments et remerciments de ma part et mesme luy communiquer ma lettre, qui est une espèce de justification et excuses des peines que je luy ai données. Au reste, Monsieur, si le hazard me fournissait quelques découvertes que je ne prévois pas par l'ignorance où l'on est de l'origine de Mathurin Seré, sieur de Lambert, marié avec Olive Guillaudeu, de race noble, ce qui serait un préjugé favorable vu l'éloignement des temps ; si, dis-je, je trouvais quelque chose, je me ferai un honneur et un plaisir de vous le communiquer, ayant celuy d'être, Monsieur, avec un respectueux attachement, votre très humble et très obéissant serviteur.

A Paris, 6 février 1751.   SERÉ.

Extrait du tome II des *Inscriptions de la France*, par DE GUILHERMY (Maison, place Saint-Michel, Paris).

L'an 1779, suivant les plans du sieur Le Roux, parisien, architecte du Roi, de l'Académie royale d'architecture, Pierre-François Seré, chevalier, seigneur de Harles, lieutenant au régiment des gardes-françaises, et Dame Élisabeth de Veteris du Revest, son épouse, avaient édifié le bâtiment qui fait l'encoignure des rues des Francs-Bourgeois et La Harpe, d'environ 17 toises de face au midi.

En 1766, Antoine-Charles Seré, mousquetaire de la garde du Roi, reprit, sans plus de succès, les recherches paternelles. (Voir *Mémoire généalogique*, p. 167). Il reçut de Mathurin Seré du Teil cette franche déclaration. « Pour prouver que nous sommes d'extraction noble, je n'ai aucun titre ; mais seulement un partage de 1575 entre les enfants de Georges Seré, fils de Mathurin ; le contrat de mariage de Mathurin Seré, sieur de la Sibonnière (1583) et un autre acte de partage de 1631. Dans tous ces actes, ils prennent tous la qualité de marchands bourgeois de Vitré. La généalogie ci-jointe prouve que nous descendons, comme vous, de Mathurin Seré, sieur de Lambert. Mon père eut l'honneur d'écrire, en 1750, à peu près la même chose à M. votre père : J'aurai de ma femme (Marguerite Frain), qui est au 3ᵐᵉ à M. de la Motte Geffrard votre ami, 40,000 livres et moi 60,000. C'est peu si mes enfants partagent noblement ; mais qu'importe, l'état du tiers est si dur pour les taxes et l'avancement que je serais bien aise d'en sortir, d'autant que nous vivons et avons toujours vescu noblement avec toute la meilleure noblesse. »

Lettres de Madame de Julienne, née Seré, à M. du Mesnil Seré, à Vitré.

A Paris, ce 12 janvier 1767.

Je suis bien affectée des contre-temps qui vous arrivent relativement à la fortune de M. votre fils, après la perte faite d'un aussi bon sujet, vous n'en avez que de ce genre, Monsieur ; mais rend-t-on toujours justice aux gens de mérite ? Les places sont, en tous genres, données seulement à la protection et, pour mon malheur, je n'en ai aucune. Je suis occupée, depuis six mois, pour faire placer un homme qui réunit tous les talents et je ne puis réussir. Je ne connais point les fermiers-généraux ; mais je raisonnerai avec M. de Garville pour savoir de luy s'il n'aurait point quelque remède au malheur que M. votre fils a éprouvé.....   - SERÉ DE JULIENNE.

Nous vous faisons mille remerciments, Monsieur, des *recherches que fait M. votre fils sur le nom que nous portons tous*. Mon frère, qui est dans les mousquetaires, aura l'honneur de vous écrire lorsqu'il aura conféré avec M. de La Motte (Geffrard), qui vient d'arriver ces jours-ci à Paris.

Cette lettre est scellée d'un cachet imprimé sur la cire rouge, offrant sous une couronne de comte ; l'écu du mari : d'azur au chevron d'argent accompagné de trois branches de julienne 2 et 1 ; l'écu de la femme : de gueules à la sirène au naturel.

Dans une autre lettre, datée du 12 may au soir, sans mention d'année, Madame de Julienne note le séjour des La Motte Geffrard en pays vitréen.

M. et Mᵐᵉ de La Motte m'ont mandé qu'ils avaient l'honneur de voir souvent votre famille. Leur société a dû répandre un surcroît d'agrément dans celle de Vitré et nous les regrettons fort à Paris. Elle ajoute : « Je suis bien fâchée du peu de valeur de ma recommandation. » Pour preuve de ses insuccès et de sa bonne volonté, elle envoie cette lettre de M. de Garville :

J'étais, Madame, à la campagne lorsque j'ai reçu votre lettre et celle de M. de Seré. J'ai écrit sans perdre de temps au régisseur-général des Domaines de Bretagne. Je lui ai recommandé, avec tout l'intérêt possible, la demande de votre protégé. Il m'a répondu que le contrôle de Concarneau est destiné à un employé supérieur *en faveur duquel l'Intendant de la province a fait des démarches fort vives auprès du ministre*. Je suis bien fâché de ce mauvais succès, mais je ne perdrai pas courage et je ne cesserai pas de solliciter, autant que j'en aurai l'occasion, l'avancement de Mⁿ de Seré, qui méritent bien qu'on cherche les moyens de les obliger.

Quoique les circonstances de ma position (il avait perdu sa femme) m'aient privé depuis longtemps du bonheur de vous voir, je vous prie de croire que l'attachement et le respect que je vous ai voués n'ont pas été altérés. Mes malheurs n'ont point effacé ma reconnaissance. Celle que je vous dois, Madame, durera autant que ma vie. Je ne la séparerai jamais d'un souvenir qui ne peut cesser de m'être cher.

Je suis.....   DE GARVILLE.

L'économiste **Jacques-Claude-Marie Vincent**, seigneur de Gournay, intendant de commerce en 1751, était né le 28 mai 1712 de Claude Vincent, secrétaire du Roi et de **Françoise-Thérèse Seré** :

« Il s'occupa, dès sa jeunesse, du négoce et des moyens de perfectionner cette précieuse partie de la prospérité publique. Il ne se borna pas à en connaître les différentes branches, et les procédés ordinaires dont on se sert pour l'étendre ; il approfondit en philosophe et en homme d'État tous les rapports de cette science si compliquée et en général si mal entendue. Il voyagea pour cet effet en Espagne, en Hollande, en Angleterre ; fit une étude particulière des Mémoires du grand pensionnaire Jean de Wits et se mit en état de donner une traduction plus sûre des traités de Jonias Child. » (MANNET, *Les Malouins célèbres*, p. 120).

XXX

Descendance de Jean LE CLAVIER, l'aîné des enfants de René et de Marguerite Léziard (Suite).

Il avait épousé Jacquine Havenel

Jean Le Clavier, sieur de Raléo. (Voir Tableau XXVII).

Mathurine Le Clavier, mariée à Georges Seré. (Voir Tableaux XXVIII et XXIX).

Jean Le Clavier (le jeune), sieur de Préclos, marié à Renée Le thoinette Thoumin.

Pierre Le Clavier, marié : 1° à Anthoinette Chauvin ; 2° à An-

Guy Le Clavier, sieur de Raléo. (Voir Tableau XXVII).

Louis Le Clavier, marié à (3) de la Bastière, Dlle Marguerite Gilles (2).

Pierre Le Clavier, marié à Mathurine Le Clavier, Gillette Le Clair.

Jean Le Clavier.

Louis Le Clavier.

Marie Le Clavier.

Henri-Guillenneuc de Bois-luc, marié à Madeleine du Chalonge.

Jean-Baptiste-René Guillenneuc, comte de Bois-luc, marié à Silvie de Bruc.

Charlotte Seré, mariée à messire Henri de Guillenneuc de Boishüe (17).

Françoise Seré, mariée à messire Olivier Le Noir de Carlan (18).

Toussaint Guillenneuc, marié à Anne de Bruc.

Perrine Le Clavier (4), mariée à René Pierre Cariel de la Briandière.

Renée Le Clavier (5), mariée à Pierre Cariel de Préclos, René Le Clavier.

Michel le (6) Clavier, sieur de Préclos, Guillemette Le Clavier de la Bastière.

Catherine Le Clavier de la (7).

Jean Le Clavier (8), marié à Marguerite Noncrie du Boulay.

Marie Le Clavier (9), mariée à M. des Champs-Gu-yon.

Jeanne Le Clavier (10), mariée à Jean Champs-Gu-yon.

Louise Le Clavier (11), mariée à Jacque Courtois, sr des Vaux.

Louise Le Moy-née épousa Oli-vier Seré, sr de Lorvinière.

René Cariel, sr des Gravelle Champs du Pen, marié à Henriette de Vauborel (12).

Jean Le Clavier le jeune (13).

Charlotte Le Clavier (14).

Perrine Le Clavier, mariée à Jean Jamet.

Jean Le Clavier, marié à Louis de la Jarrie (15).

Du des Champs Guyon, mariée à Jean Geffrard de la Barre (16).

Renée Cour-tois, mariée à I. de Gennes, procureur fis-cal (16 bis).

Jean Le Clavier, sieur de Préclos, est au nombre des ligueurs poursuivis par Guy Le Meneust, sénéchal de Rennes en 1590. (Dom Morice, t. III des Preuves, col. 1508). Il fut élu prévôt de la confrérie des Marchands d'outre-mer en 1690.

(1) Le 13 février 1589, Jean Le Clavier, sieur de Préclos et Renée Le Moyne, marchands bourgeois de la ville de Vitré, acquéraient de Michel du Bois, sieur de la Févrière, aussi marchand bourgeois de la dite ville : le verger de la Folie, joignant au septentrion terre au vendeur, d'autre costé pièces appartenant à Jean Le Febvre Aubinière; à Pierre Le Fort et Suzanne Le Febvre, sa femme, about d'un bout à soleil couchant, le jardin de l'acquéreur, et d'autre bout les pièces du parc du seigneur de Laval, L'acte au rapport de Gérard et Finseux, en juin 1589. — Jean Le Clavier Préclos fut chargé de nourrir cinq pauvres. (Voir Journal historique, répartition de 1737, sa femme, Renée Le Moyne, nomma en 1626 Charlotte Le Clavier avec Charles, baron de Sévigné.

(2) **Louis Le Clavier,** né le 14 avril 1605, fut nommé par Jean Guillaudeu Villomorel et D^{lle} Renée Le Clavier de la Bourlière.

———

(3) **Guy Le Clavier de la Bassetière,** né le 2 avril 1617, fut nommé par Guy Le Faucheur et Jeanne de Gennes, dame du Bas-Gast.

22 décembre 1660.
Procès-verbal qui justifie que Son Altesse a pris sur les jardins de la Mérials pour augmenter son Parc.

Nous, Pierre Gauvaingn Malecôtière, notaire et arpenteur, priseur juré et reçu en la Cour et Baronnie de Vitré, certifions à qui il appartiendra que, à la requête de noble Guy Le Clavier, sieur de la Basse-tière, nous serions transportés de compagnie jusques au parc de Monseigneur, proche le forbourg de la Merriaye de la ville de Vitré, où il nous aurait fait voir une portion et quantité de terre, à présent enclose et faisant partie du dit parc, laquelle il nous a dit ly appartenir cy-devant et à ses consorts et que Son Altesse aurait prise pour agrandir son dit parc en un verger et fruitier dépendant des maisons, pour-prins qu'ils ont situés près le dit forbourg de la Merriaye, de la dite ville de Vitré, qu'il nous avait prié voulloir mesurer, ce que nous luy aurions accordé; ce que faisans l'aurions mesuré par les endroits nous montrés avec nostre chaisne de vingt-quatre pieds en longueur, mesure ordinaire de ceste province de Bretagne et l'aurions trouvé contenir dix-huit cordes de terre en superficie y compris le plan de la muraille faisant clôture du dit parc et séparation d'entre iceluy et le reste et parsurs des héritages appartenant au dit sieur de la Bassetière et consorts, laquelle quantité, portion de terre joignant autrefois autres héritages appartenant cy-devant à honorable femme Suzanne Le Fort, dame de la Pifferie; au midy de la dite quantité et vers le septentrion héritages quy appartenaient aux héritiers du feu sieur du Boissay du Boys, lesquels Son Altesse aurait aussi prises pour augmenter son dit parc; et du bout, vers orient, joint l'allée du dit parc, celle vers occident septentrion d'icelluy. De tout quoy, il nous aurait requis lui raporter le présent notre proceix verbal ce que luy avons accordé pour luy servir où et ainsy que de raison. Ce jour, 22e du mois de décembre mil six cent-soixante, sur notre seing et celuy du dit sieur de la Bassetière, qui aurait signé le présent avecq nous les dits jour et an que dessus.

GAUVAING.

———

(4) **Perrine Le Clavier,** née le 4 juin 1597, fut nommée par Pierre Le Clavier, seigneur du Rocher, et épousa le 28 juin 1620.

———

(5) **Renée Le Clavier** naquit le 2 février 1600 et décéda le 22 mars 1645.

Pierre Cardel du Clerchenay, docteur en médecine, veuf de Renée Le Clavier, se remaria à Renée Lesné. Ces deux alliances sont prouvées par le partage des immeubles de la succession de noble homme Pierre Cardel du Clerchenay; acte au rapport de Chopin et Chevalier, et daté du 2 novembre 1701. Cet acte débute ainsi:

La succession de feu noble homme Pierre Cardel, sieur du Clerchenay, estant échue à ses héritiers collatéraux, qui sont : D^{lle} Anne-Marie Cardel, fille de feu noble homme François Cardel, sieur du Feu, frère germain du feu sieur du Clerchenay, sous l'autorité de dame Marie-Henriette du Vauborel, dame du Feu, sa mère, et tutrice fondée au total des héritages provenant de l'estoc maternel du dit sieur du Clerchenay étant issus et le sieur du Feu de Renée Clavier, leur mère commune; et dans une moitié des acquets et conquest faits par le dit feu sieur du Clerchenay, par représentation du dit estoc maternel que seul elle recueille; et pour l'autre moitié par représentation de l'estoc paternel, elle s'y trouve fondée en une moitié et pour l'autre elle appartient à D^{lle} Jeanne-Julie Orain, damoiselle de la Daviais, fille de damoiselle Renée Cardel, sœur de père des dits sieurs du Clerchenay et du Feu, comme eux issue de noble homme Pierre Cardel, docteur en médecine, et de D^{lle} Renée Lesné, sa seconde femme.....

———

(6) **Michel Le Clavier** fut nommé par Étienne Ringues de la Troussanais et Michelle du Verger. Il fut en Espagne et y mourut. — René Le Clavier, son frère, né le 13 août 1606, fut nommé par Jean Le Clavier, sieur des Loges.

———

(7) **Guillemette Le Clavier**, D^{lle} de la Bastière, fit la fondation du Pontgerault le 23 décembre 1681. Cette prestimonie était desservie en l'église Notre-Dame de Vitré. Ses charges consistaient : 1° en quatre messes par semaine pour la famille des Le Clavier, dont une dans les salles des hommes malades de l'Hôpital tous les dimanches; les trois autres à la paroisse. 2° Six autres messes dans le cours de l'année dont une après la messe de minuit à la paroisse Notre-Dame, deux à la paroisse de Saint-Martin et, le jour de la Toussaint, un *Libera*, dont l'honoraire est réglé à trois livres; finalement à payer à la paroisse de Notre-Dame la somme de douze livres. (*Journal historique*, par l'abbé PARIS-JALLOBERT, p. 425).

(8) **Jean Le Clavier** fut nommé par Gilles Le Moyne de la Morandière et Anthoinette Thoumin. Il demeura à la Bastière et épousa Marguerite Mouëzy le 21 juillet 1625.

(9) **Marie Le Clavier** naquit le 11 avril 1602. Elle eut pour parrain Jean Billon, sieur de la Méhaignerie. Elle épousa le 25 novembre 1629 Jean Monnerie du Boulay, d'où : comme petite-fille, D^{lle} Monnerie, mariée à N. Malherbe de la Bouëxière.

(10) **Jeanne Le Clavier**, dame des Champs-Guyon, naquit le 19 août 1610. Elle fut nommée par Guy de Gennes de la Pinelière et par Jeanne Le Roux de Villermé.

(11) **Louise Le Clavier**, née le 7 décembre 1612, eut, pour parrain : Jean Guillaudeu de la Vieuxville; et, pour marraine : Jeanne Le Moyne des Barres. Elle épousa le 9 novembre 1651.

(12) Voir *Les Vauborel normands et bretons*, p. 46.

(13) **Jean Le Clavier le jeune** était hors du royaume en 1683. Il donna procuration à Guy Le Moyne des Noës pour le représenter à un partage, daté du 2 avril de la dite année.

(14) **Charlotte Le Clavier**, née le 22 avril 1626; fut nommée par messire Charles, baron de Sévigné, seigneur des Rochers, et Renée Le Moyne, dame Le Clavier de Préclos. Elle fut appelée D^{lle} de la Bigotière et mourut sans alliance.

(15) **Louis de la Jarrie** et sa femme, Perrine Le Clavier, demeuraient au Brossay, près Blain.

(16) **Jean Geffrard**, devenu veuf, se remaria le 14 janvier 1674 à Jeanne Le Faucheur.

(17) L'an 1735, messire Casimir Hubert de Lasse, seigneur de la Rochefordière, conseiller au Parlement de Bretagne, demeurant en la ville de Rennes, paroisse Saint-Étienne, garantissant pour dame Anne-Marie Cardel, son épouse, vend à écuyer Étienne-Élisabeth de Grimaudet, sieur de Gazon, demeurant à sa maison près le forbourg de la Merriais, paroisse de Notre-Dame du dit Vitré, une maison située à l'orient du dit forbourg de la Merriais, avec ses dépendances et deux jardins au derrière, ainsi que le tout appartient à la dite dame Cardel par succession du feu sieur Cardel, du feu son père, et qu'il en a été rendu aveu à la réformation de la Baronnie de Vitré le 8 novembre 1734. — L'acte au rapport de FOURNIER et MELLET.

5 août 1652.

Écuyer **Louis Hubert de Lasse**, parrain d'Ignace, fils de Joachim Descartes, seigneur de Chavagne, conseiller du Roi en son Parlement de Bretagne, et de dame Marguerite Dupont, baptisée en l'église paroissiale de Saint-Pierre, en Saint-Georges de Rennes.

4 mars 1655.

Suzanne de Lasse, fille de défunt M. de Lasse, en son vivant conseiller du Parlement, est marraine de Joseph Descartes, fils des prédits.

5 juin 1657.

François-Hubert de Lasse, parrain de Françoise, fille de Joachim Descartes et de Marguerite Dupont, (Sig. ROPARTZ, *La Famille Descartes en Bretagne*, p. 113, 114).

Anne-Louis-Hubert de Lasse, admis au Parlement le 19 juillet 1709, fils de Louis-Hubert de Lasse, d'une ancienne famille de Saumur, conseiller au même Parlement, et de Jeanne-Françoise de Sauvaget, naquit en Sainte-Croix de Vannes le 3 avril 1687, et fut baptisé en Saint-Germain de Rennes le 28 juillet 1688. Il épousa le 21 août 1712 Marie-Thérèse de Poix, fille de Gilles de Poix et de Marie-Françoise de Poix et mourut sans enfants le 18 octobre 1715. — Le nom de Lasse fut représenté par son frère : Agathon de Lasse, conseiller au Parlement.

Marie-Thérèse de Poix était sœur de Marguerite-Iris de Poix, mariée à René-François de Visdelou (*La maison de Poix*, par F. SAULNIER, p. 54).

Ces **Hubert**, originaires d'Anjou, portaient : d'azur à l'aigle éployée d'or, à la fasce de gueules brochante chargée de trois roses d'or.

Descendance de JEAN LE CLAVIER, l'aîné des enfants de René et de Marguerite Leziard.

Il avait épousé Jacqueline Ravenel, d'où :

Pierre Le Clavier (a), seigneur du Rocher, né le 29 juillet 1557, marié : 1°
à Anthoinette Chauvin ; 2° à Anthoinette Thoumin.

Jean Le Clavier, sieur de

Jean Le Clavier, sieur de
Italie, (Voir Tab. XXVII).

Mathurine Le Clavier, ma-
riée à Georges Serré (Voir
Tableau XXVIII).

Pierre Le Cla-
vier (1).

Jean Le Clavier (2),
marié à Guillemin
du Verger.

Jacquine Le Clavier,
mariée à Guy (4)
Bonnardais.

Renée Le Cla-
vier.

Jean Le Cla-
vier,
René Le Cla-
vier (8).

Pierre Le Cla-
vier (9),

Françoise Le Clavier
mariée à
Pierre Le Clavier (3)

Renée Le Cla-
vier,
Pierre Morel (5).

Antoinette Le Cla-
vier, mariée à
Perrine Le
Morel (3).

Mathurine Le Cla-
vier,
mariée à Gilles Le
Moyne de la Moran-
dière.

Jeanne Le Clavier,

Renée Le Cla-
vier,
Gilles Le Cla-
vier (10).

Antoinette Le Cla-
vier, mariée à Mi-
chel Charil de
Fondazy (11).

Olive Le Clavier, ma-
riée à Michel du
Verger de la Mo-
randière (12).

Hélier Le Cla-
vier,
Perrine Le
Clavier (13).

Gilles Le Moyne de la
Rousselière, syndic
de Vitré, marié à Ber-
nardine Huré (14).

Pie-re Le Moyne de la
Morandière, marié à
D¹¹e du Verger de Lé-
pinay.

Henry du Verger, ma-
rié à D¹¹e de Bonne-
fonds.

Joseph Le Moyne de la
Rousselière, marié à
Marie Guillaudeu.

Anne Le Moyne, ma-
riée à Mathurin Hardy.

Renée Le Moyne, mariée
à Berthois du Mezard.

D¹¹e du Verger, sans
alliance.

N. du Verger, prêtre.

D¹¹e du Verger, mariée
à Gilles Le Moyne de
la Touchelais, (Voir Ta-
bleau III).

Renée Le Clavier, mariée
à Gilles Le Royer de
la Louinière.

Mathurin Hardy du Do-
cher, marié à Jeanne-
Françoise Le Fau-
cheur.

Joseph Berthois de la
Rousselière, marié à
Mathurine Charil.

Elisabeth Le Royer,
mariée à Guy-Louis
de Berne (15).

Elisabeth de Berne, ma-
riée à Gilles Le Moyne
de Berne (15).

Marie Le Royer, mariée
à écuyer Jacques Le
Corvaisier.

Marguerite Hardy, ma-
riée à Jean Frain de
la Gaulairie.

Pier-Fr¹⁹ Berthois (16)
de la Rousselière, co-
lonel du génie, marié
à Olive de la Ville
Jehannin.

D¹¹e du Verger, sans
alliance.

N. du Verger, prêtre.

Elisabeth de Berne, ma-
riée à Jean-François
de Coursou de la Bel-
lyssue (17.)

Jean Frain de la Gau-
lairie, marié à Marie
Gelin de Mareé, (La
suite au Tableau VI).

Auguste-Marie, baron
de Berthois (18), lieu-
tenant-général.

Désirée de Coursou de la
Bellyssue (20).

Elisabeth de Coursou de
la Bellyssue, mariée à
Jean-Augustin On-
froy, de Varennes (19).

(a) « Au moys de janvier 1606, Monsieur du Val, Jean Nouail de la Reboursière (Mathieu Le Moyne) et moy (Pierre Le Clavier), par l'advis des paroissiens, après avoir entendu le décoix en Hongrie de deffunct Monseigneur de Laval (François de Coligny), nous avons fait marché avec Heinestre, peintre, pour deux paremeuts d'autel et quatorze armoiries du pourtraist et armes du dit deffunct pour servir à son service qui se debvoit faire en la dicte église à la somme de dix escus vallans trente livres. » *(Journal historique de Vitré, p. 63).*

Pierre Le Clavier du Rocher, le même probablement que le prédit, fut élu prévôt de l'Annonciation pour l'année 1606; procureur-syndic en 1603.

(b) **René Thoumin**, frère ou neveu d'Antoinette, fut prévôt des Marchands d'outre-mer l'an 1610.

---

(1) Naquit le 9 mars 1603; eut, pour parrain : Olivier Monnerie du Boulay; pour marraine : Jeanne Ringues.

(2) **Jean Le Clavier du Rocher**, né le 14 mars 1599, fut tenu sur les fonts du baptême par Jean Heraudière Fougeray. Il épousa le 13 juin 1615 Guillemette du Verger, qui était fille de *Claude, sieur de Gaillon.*

---

(3) **Pierre Le Clavier** fut nommé le 21 janvier 1601 par Pierre Le Tavernier du Porche.

---

(4) **Jacquine Le Clavier**, née le 22 décembre 1590, se maria le 4 juin 1616.

---

(5) **Antoinette Le Clavier**, née le 24 janvier 1595, fut nommée par Guillaume Moreau, sieur du Bouessay. Elle épousa le 14 mai 1620.

---

(6) Née le 5 octobre 1601. Parrain : Jean Besnarday du Bourg; marraine; Jeanne Thoumin, dame du Val.

---

(7) **Jeanne Le Clavier** et Gilles Le Moyne épousèrent le 16 novembre 1601. Jeanne mourut en juin 1648.

---

(8) **Jean Le Clavier**, né le 1er mars 1623, fut nommé par Jean du Verger de Clerheux et dame Maria Geffrard. Son frère René, né le 14 mars 1624, eut pour parrain René Daguin, sieur du Clos et dame Renée du Verger de Clerheux.

---

(9) Il naquit le 30 juin 1628 et fut nommé par Pierre et Hélène du Verger.

---

(10) **Renée Le Clavier**, née le 15 juillet 1616, eut pour parrain Pierre Le Clavier, seigneur du Rocher et Renée de Montalembert, dame de Gaillon. Elle mourut sans alliance le 18 novembre 1654. — Gilles Le Clavier, son frère, né le 20 juin 1620, fut nommé par Gilles du Verger de Gaillon et Guillemette du Verger, dame de la Massonnais.

---

(11) **Antoinette Le Clavier**, née le 23 octobre 1618, fut nommée par Claude du Verger de Gaillon et Antoinette Thoumin, dame du Rocher, sa grand'mère. Elle épousa le 20 avril 1636 et mourut le 11 décembre 1637.

---

(12) Née le 7 octobre 1629, **Olive Le Clavier** fut nommée par Jean du Verger de Lépinay et Olive Geffrard du Boislebaut. Son mariage fut célébré le 11 novembre 1645. Elle décéda le 19 mars 1706.

---

(13) **Mathurin Marion de la Fontaine** et Hélène du Verger, dame du Clos Daguin, nommèrent Hélène Le Clavier. — Gilles Le Moyne Morandière et Perrine Audroing Boisramé nommèrent Perrine Le Clavier.

(14) **Gilles Le Moyne** fut syndic de Vitré pour 1671-1675; il mourut en 1676. Il fut député aux États de Bretagne tenus à Dinan en 1675. — Bernardine Huré était fille d'André Huré de la Massonnais et de Jeanne Seré; petite-fille de Mathurin Huré et de Guillemette du Verger.

(15) A Monsieur Plihon, contrôleur des Actes et receveur du Roy, en son hôtel, à Fougères.

Monsieur,

Je conviens qu'il est dû des francs fiefs pour la métairie de la Grande-Noë, paroisse de Parcé, mais j'espère que vous voudrez bien me permettre quelques réflexions qui vous prouveront que je ne dois pas le total de la somme que vous me demandez.

Du mariage de feu M. *Joseph Le Moyne* et de dame Marie Guillaudeu issurent deux enfants qui étaient : D^lle Marie Le Moyne et Renée Le Moyne. Cette dernière épousa M. *Gilles Le Royer*, duquel mariage issut dame Mathurine Le Royer, épouse de messire *Jacques-François Le Corvaisier* et dame *Élisabeth Le Royer*, mon épouse.

Les demoiselles Le Moyne ont toujours joui en indivis des métairies des Noës et des Haies. Lors du décès de la dame Le Moyne Le Royer, notre mère, nous payâmes à votre bureau la moitié des francs fiefs dus pour la métairie des Noës. Le décès de la D^lle Le Moyne étant arrivé, nous devons encore moitié des francs fiefs.

La dame Le Royer, notre sœur, ayant épousé, comme je viens de l'observer, messire *Jacques-François Le Corvaisier*, déclaré *noble d'ancienne extraction* par arrest du 8 juin dernier, jouit de tous les droits et priviléges accordés à la noblesse. Par conséquent, elle ne peut être assujettie à aucun franc fief. Il n'y a donc que moy à payer ma part..... — Votre très humble, etc.

Vitré, ce 20 juillet 1774.

DE BERUE.

Louis de Berue faisant, pour M. de Courson (?), capitaine au régiment de Penthièvre (infanterie), recevait, le 9 janvier 1749, l'engagement de Julien Grimaud, natif de Luitré, âgé de seize ans, décidé à servir le Roi pendant six années, moyennant trente livres de prime. L'acte au rapport des notaires BOURDIN et BARON.

Gilles Le Royer était fils de noble homme Jean Le Royer et de D^lle Perrine-Marie de Gennes. Son contrat de mariage avec Renée Le Moyne est daté du 30 juillet 1718, au rapport de CHABOT et FOURNIER, notaires. — Le signèrent : Renée Le Moyne, Le Royer, Marie de Gennes, Marie Guillaudeu, J.-B. Le Royer, recteur de Taillix; Peuzière, Olive Le Royer, Julienne Guillaudeu, Guillemette Le Royer, du Rocher Hardy, Marie Le Royer, Anne Le Moyne, Bernardine Le Moyne, Jeanne-Marie Le Moyne, de Gennes, Joseph Hardy, Julien Seré, de La Largère Hardy et les notaires.

(16) **Pierre-François de la Rousselière Berthois** naquit à Vitré le 14 février 1737. Son père était contrôleur des Fermes et Devoirs.

(17) Messire **Jean-François de Courson de la Bellyssue**, lieutenant de frégate, âgé de 27 ans, natif de Tréguier, fils de Gilles, ancien officier des grenadiers royaux et de Marie de Marbré, épousa le 20 juillet 1781 Pauline-Élisabeth de Berue.

(18) **Auguste-Marie de Berthois** naquit à Calais le 17 mai 1787. En 1832, il organisa les gardes nationales de l'arrondissement de Vitré et dispersa à Touchéneau les levées faites par de Courson et Onfroy

(19) Ecuyer messire **François-Auguste-Benjamin Onfroy de Varennes**, aide-major au service de Sa Majesté, né à Saint-Malo-de-Phily le 23 mai 1780, fils de Jacques-Roland Onfroy, ancien commissaire des États de Bretagne, et de Louise-Augustine du Fresne de Virel, épousa le 23 novembre 1814 Mélanie-Marie-Élisabeth de Courson de la Bellyssue, fille de François et d'Élisabeth de Berue. — Les Onfroy habitaient le château de la Godinelays, en Saint-Malo-de-Phily. Cette propriété leur venait des de Virel. Elle a passé par acquet aux de la Bothelière et est actuellement aux de Cillart de Kermainguy.

(20) Auteur des levées d'armes faites en faveur du duc de Bordeaux.

Descendance de Jean LE CLAVIER le jeune, sieur de Châlet, deuxième fils de René et de Marguerite Leziard.

Il avait épousé : 1° Guillemette Gerard ; 2° Perrine Le Gouverneur.

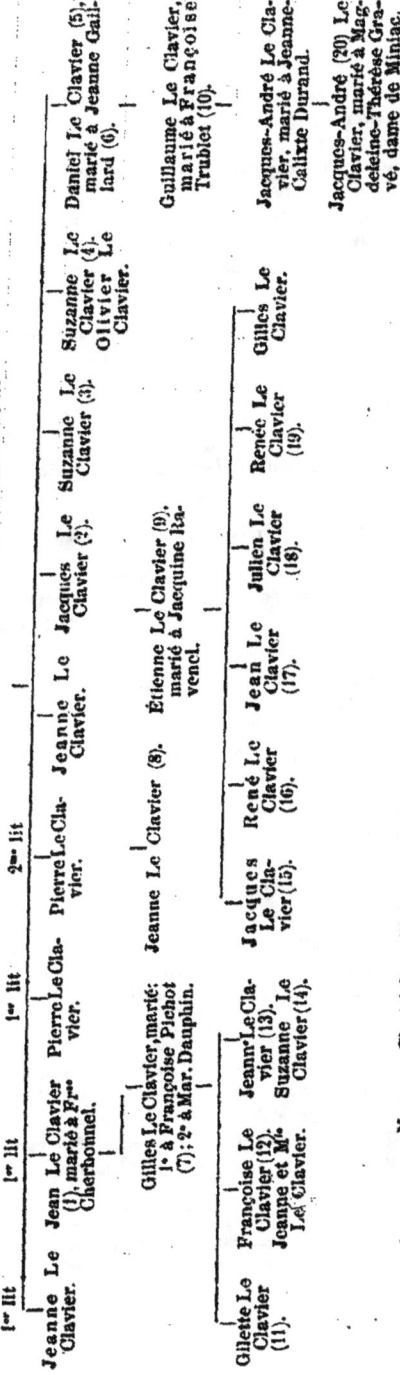

1ᵉʳ lit	1ᵉʳ lit	1ᵉʳ lit	2ᵐᵉ lit						

Jeanne Le Clavier.

Jean Le Clavier (1), marié à Fᵉⁿ Charbonnel.

Pierre Le Clavier.

Pierre Le Clavier.

Jeanne Le Clavier.

Jacques Le Clavier (2).

Suzanne Le Clavier (3).

Suzanne Le Clavier (4). Olivier Le Clavier.

Daniel Le Clavier (5), marié à Jeanne Gaillard (6).

Étienne Le Clavier (9), marié à Jacquine Ravenel.

Jeanne Le Clavier (8).

Guillaume Le Clavier, marié à Françoise Trublet (10).

Gilles Le Clavier, marié : 1° à Françoise Pichot (7) ; 2° à Mar. Dauphin.

Jeanne Le Clavier (13). Suzanne Le Clavier (14).

Jacques Le Clavier (15).

René Le Clavier (16).

Jean Le Clavier (17).

Julien Le Clavier (18).

Renée Le Clavier (19).

Gilles Le Clavier.

Jacques-André Le Clavier, marié à Jeanne-Calixte Durand.

Jacques-André (20) Le Clavier, marié à Magdeleine-Thérèse Gravé, dame de Miniac.

Françoise Le Clavier (12). Jeanne et Mⁱᵉ Le Clavier.

Gilette Le Clavier (11).

Nota. — C'est à la sollicitation de la dame de Miniac que M. du Perron a dressé cette généalogie.

(1) Jean Le Clavier, né le 21 février 1563, avait été tenu sur les fonts du baptême par Jean Gefffard. En 1579 il épousa Françoise Charbonnel.

(2) Jacques Le Clavier naquit le 6 décembre 1580. Pierre Le Faucheur fut son parrain en présence de Luc Seré « baptisé en l'église romaine et en la protestante ». Note de M. du Perron.

(3) Jean de Gennes du Boisguy présenta au baptême Suzanne Le Clavier, née le 7 février 1581. Sa sœur Esther, née le 11 août 1582, fut présentée par Georges Le Moyne. (Registres protestants).

(4) Guy Le Meneust de Bréquigny, sénéchal de Rennes, nomma en 1586 Suzanne Le Clavier.

(5) Il s'établit à Saint-Malo.

(6) Sur les Gaillard, consulter l'abbé Manet, *Los Malouins célèbres*, p. 71, 91. « En 1756, Nicolas Gaillard, capitaine malouin, rentra un jour en notre port au son d'une musique guerrière, à la tête de onze prises marchant à sa suite. » *Voir encore Cunnat, Saint-Malo illustré par ses marins*.

(7) Gilles Le Clavier, né le 31 mars 1585, eut pour parrain Gilles du Verger. Son second mariage fut célébré le 12 avril 1627. Il décéda le 21 mai 1628.

(8) **Jeanne Le Clavier** mourut le 9 août 1648.

(9) **Étienne Ringues de la Troussanais** nomma Étienne Le Clavier. Ce dernier épousa Jacquine Ravenel le 21 mai 1603. On croit qu'il passa vingt ans en Espagne. Il prit au retour la qualité d'écuyer.

(10) Sur les **Trublet**, consulter l'abbé MANNET, CUNNAT, la *Biographie Bretonne*, la *Bretagne à l'Académie française*, par René KERVILER, *Armorial de Bretagne*, par P. DE COURCY, etc.
Guillaume Le Clavier, époux de Françoise Trublet, reconstruisit en 1656 la chapelle du manoir de Miniac, démolie au temps des guerres de la Ligue. Elle fut consacrée par Mgr André Linche, évêque de Fimborck, en Irlande. Guillaume la dota de 100 livres de rente pour y célébrer tous les dimanches et fêtes. (*Pouillé de Rennes*, tome V, p. 233).

(11) **Gillette Le Clavier**, née le 6 août 1619, fut nommée par Jean Le Clavier, sieur de Préclos, et Dlle Gillette Cherbonnel, dame de la Troussanais.

(12) Fut nommée par Pierre Le Clavier, sieur du Rocher, et Dlle Françoise Ringues. Elle naquit le 9 avril 1628.

(13) **Jeanne Le Clavier**, née le 11 novembre 1630, eut pour parrain Gilles Besnardais de la Billonnière et Jeanne Le Couvreur, dame du Porche.

(14) **Robert Dauphin des Hayers** et Suzanne Hardy de la Perrine nommèrent Suzanne Le Clavier, née le 7 janvier 1632.

(15) **Jacques Le Clavier** fut tenu sur les fonts du baptême par Jacques Ravenel, écuyer, sieur des Ferrières, conseiller au Présidial, et par Dlle Renée Ravenel. Né le 1er février 1621, il mourut le 24 novembre 1637.

(16) Née le 31 octobre 1629 et nommée par Jean Monnerie du Boulay et Renée Le Moyne, dame de Préclos. Décédée le 30 octobre 1637.

(17) Né le 4 novembre 1628, **Jean Le Clavier** eut pour parrain Jean du Bois des Ferrières et Gillette Nouail de la Richardais.

(18) Il eut pour parrain Julien Le Clavier, sieur du Breil.

(19) Elle gouverna l'Hôpital de Vitré.

(20) **Gilles Le Clavier**, né le 20 mars 1634, fut nommé par Gilles du Verger, sieur de la Rivière, et Dlle Jacquine Le Clerc.
Jacques Le Clavier, seigneur de Miniac en 1709, jouissait des droits de fondation et patronage de l'église, cimetière et presbytère de Miniac, de prières nominales, d'enceinte funèbre au dedans et au dehors de ladite église « chargée des écussons de sa maison et de celle de sa femme Magdeleine de la Rouvraye. »
Jacques-André Le Clavier et Magdeleine-Thérèse Gravé, sa femme, construisirent à leurs frais la maison d'école et de charité de Miniac. Ils obtinrent ensuite du Roi des lettres patentes, datées de décembre 1763 et enregistrées le 13 janvier 1764, approuvant l'établissement. — Le 30 mars 1764, la dame de Miniac, autorisée de son mari, fit un traité avec la supérieure des Filles de la Sagesse de Dinan, lui assurant : 1° un capital de 6,800 livres valant 465 livres de rente, pour l'entretien des sœurs et de la maison ; 2° autre capital de 1,500 livres valant 75 livres de rente, pour l'apothicaire. (Voir le *Pouillé de Rennes*, par M. l'abbé GUILLOTIN DE CORSON, p. 223, tome III).
Sur les **Gravé**, consulter l'abbé MANNET, les *Malouins célèbres*, p. 53, les *Documents relatifs à la Marine normande et à ses armements aux XVIe et XVIIe siècles*, par Charles et Paul BRÉARD, p. 65 et suivantes. — Le Mémoire de Jean de Gennes, commencé en 1497 et continué par son gendre René Le Cocq, atteste les relations commerciales existant en 1561 entre Macé et Vincent Gravé, malouins ; Pierre Moucheron, flamand ; Charles, Louis Bésnard, Ch. Pavyot et le dit René Le Cocq. (Voir *Familles de Vitré*, p. 20).

XXXIII

Descendance de JULIEN LE CLAVIER, troisième fils de René Le Clavier et de Marguerite Leziard.

Il avait épousé en 1566 Noelle Jolais.

- Olive Le Clavier, mariée à Thomas Bonnleude La Touche (1).

- Jacques Le Clavier (2).

- René Le Clavier (3), mariéà Perrine Le Couvreulx, d⁰ des Touches.
  - Georges Le Clavier (7).
  - Michelle Le Clavier (8).
  - Olivier Le Clavier (9).
  - Mathurin Le Clavier (10).

- Jullion Le Clavier, sieur du Breil, marié à Gillette Lambaré (4), (Voir leur descenliance, Tableaux VII et VIII).
  - Jean Le Clavier (11).

- Étiennette Le Clavier.

- Jeanne Le Clavier, mariée à Étienne Ringues de la Troussanais (9).
  - Étienne Ringues de la Troussanais, marié à Gillette Charbonnel.
    - Françoise Ringues, mariée : 1° à Antoine (12) Laval, sieur de la Touche ; 2° à René de Marcille, sieur du Cormior et de Launay.
      - Marie Laval, Dⁿᵉ de Brissac, mariée à écuyer Claude de France, seigneur des Vergers.
        - Anne Laval, mariée à écuyer Jean de Ravenel, sieur de la Rivière (13).
          - Marg. Ravenel, mariée à écuyer des Lengrais Chapeau s. h.
      - Claude Laval, sʳ de la Touche.
        - Jean Ravenel, s. h.
      - Jeanne Ravenel, mariée à Jacques Le Faucheur de la Cocherie.
        - Gilonᵉ Le Faucheur, mariée : 1° à mesʳᵉ Hyacinthe Bonnier de la Cocquerie ; 2° à Josᵉ-Olivier de France.
          - Jacques - Philip. Le Faucheur, de la Cocherie, marié à Marie-Anne Charl.
            - Joseph Le Faucheur, bénédictin.
        - Marie-Anne Le Faucheur, mariée à Claude-Françoⁱ-Marie de Gennes du Chalonge.
          - Jeanne-Françoⁱ-ᵉ Le Faucheur, mariée à Mathurin Hardy, sʳ du Rocher.
            - Pierr.-Ignace Hardy, Mathu. Hardy, sʳ de Beauvais, Jos. Hardy, sʳ du Pont Charl. Hardy, sieur de la Martinière.
              - Flavie Hardy, mariée à Joseph Le Royer. Anne Hardy, mariée à Pierre de Gennes de la Vieuville Jeanⁱ Hardy.
          - Pierre-Françoⁱs-Marie de Gennes, mort au noviciat des Jésuites.
            - Marguer. Hardy, mariée : 1° à Jean Frain de la Gaulayrie ; 2° à Luc-Olivier Serédu Mesnil.
        - Joseph - Olivier de France, comte de Landal, marié : 1° à Dⁿᵉ du Verger ; 2° à Dⁿᵉ Gilonne Le Faucheur.
          - Louis - Olivier de France, marié à Anne-Mod. Gaultier de la Palisᵗᵉᵈe.
            - Olivier-Joseph de France, marié à Marie-Geneviève Foucquer de Kersalio.
              - Marie-Franc.-Geneviève de France, mariée à Louis-Malo-Jean Roland du Breil du Chalonge.
      - Pierre-Ignace Le Faucheur, marié à Margueʳⁱᵗᵉ Françoise Charli.

- Marguerite Le Clavier (6).
  - Franç.-Paul de Marcille (14).
  - Gervais de Marcille.
  - de Marcille, mariée à M. du Boisbaudry (15).
  - Guillem⁰ᵉ de Marcille.

- Jacquine Le Clavier, mariée à Gilles Clyneau, (Voir Tableau XII).

(1) **Olive** était née le 1er avril 1567. Elle décéda le 16 novembre 1639.

---

(2) **Jacques**, né le 4 juin 1572, eut pour parrain Georges Seré. — Autre Jacques, né le 27 juin 1573, fut nommé par Jacques Jolais. Tous les deux décédèrent en bas âge.

---

(3) **René Le Clavier**, né le 3 août 1575, fut en Espagne et y mourut le 24 août 1612.

---

(4) Jean Louin de la Beauvais fut son parrain. Il épousa n novembre 1619 Gillette Lambaré. Leurs enfants furent : écuyer Jean Le Clavier, sieur de la Pageotière, né le 9 novembre 1621, nommé par Jean Burel et Gillette Nouail. Il fut lieutenant de Vitré, puis greffier des enquêtes au Parlement. (Voir sa descendance, Tableau VIII). — Sa sœur Olive, Dlle du Boisbide, née le 19 novembre 1620, nommée par Gilles Guyot de la Fontenelle et Olive Le Clavier, épousa en premières noces Étienne du Verger de la Morandière, avocat au Parlement ; en secondes noces, le 7 janvier 1645 : Jean de Grimaudet de La Lande, gouverneur de Vitré, beau-frère d'écuyer Philippe de Farcy, marié à Charlotte Grimaudet. (Voir la descendance d'Olive Le Clavier et de Jean de Grimaudet, Tableau VII).

1603.

(5) Aveu rendu au comte de Laval par Étienne Ringues, sieur de la Troussanais et de la Guichardière.

Aujourdhuy, en la présence de nous soubsignés, notaires des Cours de Rennes et de Vitré, et par chacune d'icelles ont comparu personnellement : noble homme *Estienne Ringues*, sieur de la Troussanais ; la Guichardière, conseiller et secrétaire ordinaire des *feues reynes, belles-mères du Roy et douairières de France* ; et *Janne Le Clavier*, compagne et espouse du dit Ringues ; elle le requérant, de luy suffisamment authorisée pour ce que ensuit et ce qui en dépend, demeurant en leur maison en cette ville du dit Vitré, lesquels ont reconnu et par les présentes advouent et confessent estre subjects de très haut et puissant Guy, comte de Laval, Montfort, Quintin et Harcourt ; baron de Vitré, La Roche-Bernard, Rochefort, Avaugour, Largouet, La Roche-en-Nort ; vicomte de Rennes ; sire de Rieux, leur seigneur et de luy à cause de sa baronnie, tenoir prochement, noblement et roturièrement les choses cy-après déclarées et spécifiées, chascune en son regard, sans toutefois aucun debvoir de rachapt ni chambelenage mais aux autres charges et debvoirs mentionnés et spécifiés à l'endroit de chacune des dites choses.

Premièrement, en la ville du dit Vitré : un petit corps de logix appelé la Boulangerie, consistant en bouge par bas, chambres et greniers par haut, cour devant, jardin au costé et autre cour devant le dit jardin, le tout au derrière et des dépendances du logix des dits teneurs et auxquels ils sont à présent demeurant en la Grande-Rue de cette ville à vis le temple et église Notre-Dame du dit lieu, le tout des choses joignant et habitant la Grande-Rue tendante du Vieil-Marchix, au carouer de pied de boullet du dit Vitré et la Vieille-Rue. Par le derrière habitant les maisons et cours des enfants de deffunt *Jean de Gennes Boisguy* et *Jean Nouail le Val*, et d'autre costé à la maison, cour et dépendances de *Guillaume Le Moyne*, sieur de la Gasniais, le tout ainsi que le dit sieur et la dite dame de la Troussanais ont par cy-devant eu et acquis les dits petit corps de logix appelé Boulangerie, court et jardin avec la dite maison et autre court devant, en eschange et récompense d'autres héritages, d'avec nobles gens *Michel Chevallerie et sa compagne, sieur et dame de la Touschardière*, auxquels elle appartenait à cause de lui, comme héritier de feu noble homme *René Chevallerie et Dlle Gillette de la Massonnais, sa femme, vivant sieur et dame de Lespine*, ses père et mère, à cause et par raison duquel petit corps de logix, appelé Boulangerie, court et jardin, est deu de rente par chacun an à la dite Baronnie de Vitré, le nombre de....., oultre obéissance selon la forme et manière accoutumée ; le dit aveu daté du 4 novembre 1603. — Signé : GODART, notaire royal.

Collationné par nous, notaires de la baronnie de Vitré, soussignés à l'original, apparu par noble homme *Jean Frain*, advocat en Parlement, conseil en Bretagne de son Altesse Monseigneur le duc de la Trémoille, directeur des Archives et Trésor de son château de Vitré où lequel original a été remis en nos présences. — Fait au dit Trésor, avec le seing du dit sieur Frain et le présent délivré à M° Pierre Chevrier, sieur des Clais, receveur et fermier des Rentes de la dite Baronnie, le 1er septembre 1688. — Signé : Jean FRAIN ; LE RAY, notaire de Vitré.

(6) **Marguerite Le Clavier** naquit le 25 juillet 1580. Elle mourut le 17 octobre 1604,

(7) **Georges Le Clavier,** né le 30 mai 1603, fut nommé par Georges Le Couvreux de la Gerardière et Macée Le Gouverneur de la Mousserie.

(8) **Michelle Le Clavier,** née le 27 juillet 1604, eut pour parrain : Michel du Bois des Ferrières ; et, pour marraine : Renée Le Clavier de la Faverie.

(9) **Olivier Courgeon,** sieur de Mauzé, et Dlle Marguerite Ringues, nommèrent Olivier Le Clavier, né le 11 août 1607.

(10) **Mathurin Le Clavier,** né le 9 février 1609, fut nommé par Mathurin Seré de la Sibonnière et Dlle Jeanne Le Couvreux du Porche.

(11) Né le 22 avril 1612, **Jean Le Clavier** eut pour parrain Jean de Montalembert, sieur de la Mousserie, et Dlle Suzanne Le Couvreux des Ferrières.

Pancarte de Vitré.

(12) En juin 1623, **Anthoine Laval** vint à Vitré présider la Réformation des debvoirs dus au seigneur Baron. Les délibérations qu'il dirigea, commencées le 19 juin, se terminèrent le premier juillet. Elles se distinguent par la méthode apportée aux débats, la précision des résolutions prises, par le nombre, la qualité, le mérite, l'indépendance de ceux qui y prirent part. Nous en donnons ci-dessous les procès-verbaux.

1623.

Anthoine Laval, sieur de la Tousche, conseiller du Roy et son premier avocat en la sénéchaussée et siège présidial de Rennes, scavoir faisons : qu'à notre logix, a comparu Me Gilles Chesneau, procureur fiscal de la Baronnie de Vitré, lequel nous a présenté un arrest de la Cour du Parlement de ce pays et duché de Bretagne, en date du dix huitième juillet mil six cent dix huit, signé : de Launay, obtenu sur la requête de dame Charlotte de Nassau, princesse d'Orange, duchesse de la Trémoille et de Thouars, mère et curatrice de messire Guy de Laval de La Trémoille, duc dudit Thouars, pair de France, baron du dit Vitré, son fils, par laquelle requeste et causes y contenues, la dite dame requérait qu'il plut à la Cour, ordonner pour la conservation des droits de son dit fils, qu'il fut procédé à la réformation de la Pancarte et autres droits de prevosté et marché du dit Vitré ; et par le dit arrest, ouy sur ce, monsieur le procureur général du Roy, la dite Cour aurait ordonné que la dite Pancarte serait représentée en la maison commune et assemblée des habitants de la ville et fauxbourgs du dit Vitré, pour, en présence de de nous, substitut de mon dit sieur le procureur général du Roy au dit siège de Rennes, estre procédé à la réformation d'icelle ; les procureurs trésoriers ou marguilliers, de douze des plus proches paroisses du dehors de la dite ville et fauxbourgs du dit Vitré, à ce appelés pour ce fait et le tout raporté en la dite Cour et communiqué à mon dit sieur procureur général du Roy estre ordonné ce que de raison ; requérant, le dit Chesneau au dit nom, en conséquence et exécution du dit arrest nous vouloir transporter de notre demeurance du dit Rennes au dit Vitré ; pour estre procédé, en notre présence, les habitants de la dite ville, à ce députés et appelés à la dite réformation suivant les assignations qu'il a dit leur avoir fait donner, que mesme aux dits trésoriers et marguilliers des douze paroisses et autres prochaines du dit lieu ; ce que lui avons accordé.

Et de fait, ce samedi, 17e de juin 1623, nous sommes acheminés au dit Vitré, ou estant le dit Chesneau au dit nom, aurait comparu ce jour, dix neuvième des dits mois et an et représenté comme en exécution du dit arrest, il avait, dès le neuvième de ce dit moys, fait assembler la maison de ville du dit Vitré, où à la dite assemblée fut fait lecture du dit arrest, et requis qu'il fut député par la dite Communauté, nombre des bourgeois et habitants de la ville avec leur procureur, syndic ou miseur, pour procéder en présence de nous à la réformation, ce qui aurait été fait des personnes dénommées au susdit acte de députation. Signé : Bidault, greffier de la dite communauté, qui même avoit fait donner assignation aux dits procureurs et trésoriers des dites paroisses voisines du dit lieu, suivant les exploits de Lignel, sergent royal, ameneur des baronnies de Vitré et Fougères, des douze, treize, quatorze, quinze et dix septième du dit present mois; et autres exploits de Pinel, aussy sergent royal des dits, treize et quatorzième juin, à comparoir, et se trouver ce dit jour heure de deux heures de l'après midy, en la maison commune et assemblée de la dite ville, à laquelle heure, en compagnie du dit sieur procureur fiscal et de Pierre Godé et André Gasnier, notaires royaux du dit Rennes, residant et establis à Vitré, par nous appelés à faire rapport de notre présent procès verbal, et des avis, propositions et délibérations de la dite Communauté, nous serions transportés en la dite maison et assemblée de ville, ou aurions trouvé René du Verger, sieur du Boislebault, senéchal du dit Vitré; Me Daniel Le Moyne, sieur de la Maisonneuve, alloué et juge ord¹. aire au dit lieu; André de Gennes, sieur du Meix, procureur sindic des nobles bourgeois et habitants de Vitré; Guy le Faucheur, sieur de la Cocherie, miseur de la Communauté et autres grand nombre d'habitants de la ville et fauxbourgs, appelés à la dite réformation cy après évoqués. Lecture préalablement faite du dit arrêt, exploits et assignations en conséquence. Ce quy a été fait et pour le regard des députés bourgeois du dit Vitré, ont comparu : Me André Morel, de la Poupardais; Olivier du Verger, sieur de la Goupilière; Pierre Lecoq, sieur du Pin; Pierre du Verger, sieur de la Morandière; Gilles Lecoq, sieur de la Gérardière; Jacques Malherbe, sieur de la Moriclière; et au regard de Claude du Verger, sieur de Gaillon; Jean Burel, sieur du Maulle; Jean Desnardais, sieur de la Bourlière, et Jean Guy, sieur de la Foucherie, aussi députés de la dite Communauté, pour vacquer à la dite réformation, ils ont fait défaut.

Et de la part des dits trésoriers, procureurs et marguilliers des douze paroisses et autres plus proches ont aussi comparu : Estienne Charil, sieur de la Barre, et Michel Le Bigot, sieur de Montlevrier, trésoriers de la paroisse Notre-Dame; César Hubaudière, sieur du Bourg, et Jean Audroing Ruillé, trésoriers de la paroisse Saint-Martin; Jean Duverger Meslinais et Jullien Hamelot, procureurs des paroissiens de Sainte-Croix; Jacques Frin et Mathurin Lesné, procureurs marguilliers des paroisses d'Argentré; Guillaume Georgeault et Julien Restif, trésoriers de la paroisse d'Étrelles; Gilles ..... et Julien Frotin, procureurs et trésoriers de Saint-M'Hervé; Me Jean Ernaud Talonnais et Jean Coyry (?), procureurs et trésoriers de Balazé; Pierre Dubois, sieur des Landelles, trésorier de la paroisse d'Izé; André Masson et Jean Chouon, procureurs de la paroisse de Montreuil; Jean Davy, trésorier de la paroisse de Pocé; Me Etienne Busson, trésorier de Dourdain; Jacques Guillard, trésorier de la paroisse de Châtillon; Jean Chouon et René Foussais, trésoriers de la paroisse du Pertre; Yves Chopin, procureur de la paroisse de Vergeal et au regard des procureurs et trésoriers de Torcé, Cornillé, de Bais, d'Erbrée, de Domagné, de Taillix, de La Bouëxière, de Domalain et de Marcillé; ils ont fait défaut à la dite évocation.

Et pour éviter les abus qui se pourraient commettre à la dite réformation, dès le jour de notre arrivée en cette dite ville, aurions mandé le dit Lignel, sergent auquel, de notre office, aurions fait injonction et commandement de signifier et appeler d'autres anciens habitants du dit Vitré, hors ceux de la dite députation, pour comparoir à la présente assemblée, conjointement procéder à la dite réformation tant pour la conservation des droits du Roy que du public; lequel exploit d'assignation a esté presentement mis ès mains de l'un des greffiers soussignés, en date du 17e de ce dit mois pour faire évocation des dénommés, en iceluy, laquelle pareillement faite, ont comparu : Guy Ronceray, sieur Teilleul; Pierre de Gennes, sieur de la Gaulayrie; Jean de Gennes, sieur de la Baste; Mathurin du Verger, sieur du Pont-davy; Mathurin Grislel, sieur de la Tirlière; André de Gennes, sieur des Hayers; Christophe Le Noir, sieur de Landavran; Me Pierre Le Mesnager, sieur de Laubriais; Me Jean Pichot, sieur de la Morandière; Me Michel Radier; Julien Geffrard, sieur de Lentillère; François Martin, sieur de la Ricordais; Olivier Nouail, sieur de la Paillardière, et Bertrand Rivière, sieur de la Marquerye, naguère fermier de la provosté de cette dite ville et au regard d'André Morel, sieur des Bretonnières, et René Le Masson, sieur de la Clarderye, ils n'ont comparu.

A l'endroit de quoy, le dit sieur procureur fiscal a remontré comme en toutes les assemblées de cette ville, la maison commune n'est remplie de si grand nombre d'habitants comme elle est à présent, et requiert qu'il fust passé outre nonobstant les dits deffauts, à l'exécution du dit arrêt et sur ce, les voix prises de la dite communauté, a esté arrêté par l'advis commun qu'il serait passé outre à la dite réformation suivant le dit arrêt, attendu que le nombre des dits habitants et des trésoriers et marguilliers est suffisant. Et à l'instant, les trésoriers des paroisses du Pertre et de Dourdain ont requis communication des dits arrêts et Pancarte paravant pouvoir donner advis. Sur quoy, et les advis pris de la dite compagnie, elle a délibéré que les dits arrêts et exploits des sergents demeureraient vers l'un des notaires soussignants qui leur en délivrerait copie pour en conférer, de jour en autre, aux corps de leurs dites paroisses. Et pour le regard de la dite Pancarte, après que le dit sieur Le Sénéchal a dit ne s'en pouvoir désaisir, estant une copie servant d'original du dit acte référé par le dit arrêt qui doibt être remise au trésor de la dite baronnie; a esté pareillement résolu que la dite Pancarte sera représentée à toutes les assemblées de la dite Communauté et leu l'article en autre pour être procédé à la réformation d'icelle selon la teneur du dit arrest.

Et pour recognoistre si aucun voulait opposer, a esté demandé à haute et intelligible voix à toute la dite assemblée si aucun d'icelle avait moyen suffisant de former opposition, soit pour l'intérêt public ou particulier et qu'il eust à donner mémoires sur ce subject et ne s'étant trouvé personne, la dite Compagnie, le requérant le procureur fiscal et le consentant le dit procureur syndic a esté d'avis qu'il soit procédé à la dite réformation et y procédant, qu'il soit fait lecture de la dite ancienne Pancarte, ce qui fait a été de mot à autre et avant passer outre, le sieur procureur fiscal a requis la Compagnie d'entendre ses causes et raisons, pour lesquelles on demande cette réformation qu'il a déduites et remontrées estre; que attendu le meslange et confusion de tous les dits droits qui sont en nombres et compris sous le nom de Pancarte, il plut à la Compagnie y apporter quelque ordre, n'estant raisonnable de confondre tous les droits, comme pour exemple le debvoir de péage et provosté avec le debvoir de coutume; les debvoirs de minage et mesuraige d'avec le debvoir de cohuage; le debvoir de doublage d'avec le debvoir de levage et le debvoir de pavaige, et sur tous lesquels droits le Seigneur est en possession immémoriale de cueillir certaine monnaie sur toutes et chaque espèce de marchandises. D'ailleurs que la plupart des monnoies qui pour lors avaient leurs cours ne sont plus en usage; requérant aussy la Compagnie en vouloir pourvoir et d'y apporter telle règle et modération qu'elle jugerait à propos, attendu que les dits droits ont été concédés au dit Seigneur pour l'entretien et réparations des ponts et passages de la dite baronnye auxquels il est obligé.

Après laquelle remontrance, la Compagnie ayant délibéré sur tous les chefs de la dite proposition, elle a été d'advis en premier lieu, paravant passer outre, qu'il fût procédé à la réformation de l'ordre d'iceux; pour éviter la confusion, que les dits droits du Seigneur comprins sous le mot Pancarte soient divisés par chapitres et que tous les dits droits soient expliqués et rendus intelligibles en l'intitulé de chaque chapitre, savoir: le droit de péage et provosté en un chapitre avec son explication; le debvoir de coustume en autre chapitre; le droit de cohuage en autre; le droit de minage et mesurage en autre; le droit de levage en autre; le droit de doublage en autre; et quand au regard du changement de monnoie et qui n'est plus en usage, la Compagnie a esté aussi d'advis de pourvoir aux occurences par chacun article, suivant le rapport qui en sera fait par les fermiers et collecteurs, pour scavoir la manière et forme comme ils y ont ci-devant procédé.

Par tous lesquels droits concernant la réformation de la dite Pancarte, la dite Compagnie passant outre, y a procédé comme en suit:

Premier chapitre concernant le debvoir de **péage** et **provosté** qui se lève sur toutes les marchandises qui entrent en la baronnie, ville et fauxbourgs du dit Vitré, les jours de marché et autres de la semaine, soit du dedans ou dehors la province ou territoire de la dite baronnie, qui sortent hors les limites d'icelle, et font trespas en la traversant sans y estre vendues et consommées.

1er Article.

Pour cheval chargé de chanvre, lin, fil, il est deub pour le dit droit d'entrée en ville et fauxbourg du dit Vitré: six deniers tournois.

Et s'il trépasse hors la dite baronnie, sans être vendu, doit: trois deniers pour le trépas.

2.

Pour cheval chargé de peaux non couroyées ou de layne avec le suif, est dû pour pareil droit: six deniers, et pour pareil droit de trespas: trois deniers.

3.

Pour cheval chargé de fer non en œuvre, acier, clous, poix, résine, fer battu et escaille de brigantine: six deniers; pour trespas: trois deniers.

Les articles ci-dessus ont été en la forme résolus et arrêtés par l'advis de la Compagnie, après avoir entendu les fermiers desdits debvoirs sur ce subjet; et attendu que l'heure de six heures a frappé à l'horloge de la grande église, la Compagnie a été d'advis de remettre cette assignation au lendemain, heure de midi et s'est séparée.

Et advenant la dite heure de midy de ce jour, vingtième juin 1623, en compaignie des dits Garnier et Codé, notaires royaux, sommes retournés en la dite maison commune où estaient assemblés les dits sénéchal et alloué du dit Vitré, le procureur syndic des habitants et leur miseur avec les députés de la dite communauté et bourgeois par nous appelés d'office, même les dits procureurs et trésoriers des dites paroisses circonvoisines, lesquels bourgeois et habitants de cette dite ville ont été advertis par le dit Garnier, aux huit heures du matin, de se trouver à la dite assemblée à heure présente.

Où le dit procureur fiscal, continuant ses précédentes remontrances, a fait entendre comme le jour d'hier la Compaignie serait demeurée sur le quatrième article du présent chapitre de la dite réformation et demande qu'il luy plût vouloir continuer et délibérer en la forme et manière sur les autres articles concernant la dite Pancarte.

A l'instant, *le dit Geffrard, sieur de Lentillère, prenant la parole, aurait dit ne scavoir que veut dire ce mot de réformation de pancarte, sy nestait pour diminuer les debvoirs dus au dit seigneur, baron de Vitré, et ne vouloir opiner pour autre subject.*

A quoi luy aurait été reparti et fait entendre même à toute la Compaignie que ce n'est d'aujourd'hui que telles réformations ont été ordonnées estre faites et que par toutes les bonnes et célèbres villes du royaume, cette forme est ainsi observée comme fut pratiqué en la ville capitale de cette province, en l'an 1618, par commissaires de la Cour, les bourgeois de la ville appelés pour y assister ; et que ce mot de réformation de Pancarte ne consiste ni en augmentation, ni en diminution des debvoirs d'icelle, mais estre introduite pour le soulagement du peuple, pour éviter aux abus qui se commettent par les collecteurs et fermiers des dits debvoirs, lesquels, sous prétexte qu'ils n'avaient de Pancartes imprimées ni affichées par tableaux, apportaient de grandes vexations; que l'intention de la Cour et de toute l'assemblée tend au soulagement du peuple et regarde ce qui est le plus utile pour le public, soit pour l'explication des articles de l'ancienne Pancarte que pour réduire beaucoup de debvoirs onéreux à des conditions plus légères, par l'advis des dits députés et des intéressés, que mesme pour observer les formes, tant pour le paiement des dits debvoirs que pour l'affixe et entretenement du dit Tableau et Pancarte, suivant l'ordonnance de Blois, du roy Henri troisième, article 282, faite en l'an 1579. Si bien que, passant outre, le dit procureur fiscal continuant l'ordre encommencé et proposant le quatrième article, lecture faite de la dite ancienne Pancarte de l'advis et de la délibération de la dite Compagnie, elle a jugé à propos qu'il était nécessaire de continuer par la réformation et l'ordre d'iceux articles et désignation des espèces de marchandises et les distinguer par chapitres séparés, ce qui a esté fait en continuation des précédents articles résolus et arrêtés le jour d'hier comme en suit :

4ᵐᵉ Article.

Pour une charge de cheval de peaux et de layne préparée ou prête à mettre en œuvre, entrante en ville et fauxbourgs de Vitré, soit les jours de marché ou autres de la semaine, est deu du debvoir d'entrée : huit deniers; et si elle trépasse hors la dite baronnie sans y estre vendue : quatre deniers tournois pour le droit de trépas.

5.

Pour charge de voyre à vitres : neuf deniers; et pour pareil trépas : six deniers.

6.

Pour charge de poisles, pots, cuillers de fer, faucilles et autres instruments et vaisseaux de fer : six deniers; et trépas : trois deniers.

7.

Pour charge de toile, serpillière : quatre deniers; et pour trépas : deux deniers.

8.

Pour charge de toile blanche : huit deniers; pour trépas : seize deniers.

9.

Pour charge de fer blanc, fer noir, fil d'archal, fil de laiton, fil de fer, fil descarde et de toutes espèces d'alun : huit deniers; et pour trépas : quatre deniers.

10.

Pour charge de poisles, chaudrons, pots d'airain, cuivre ou de fonte, et autres vaisseaux et ouvrages de pareille matière, est dû : seize deniers ; et pour trépas : huit deniers.

11.

Pour charge de plomb, est deu : six deniers ; et pour trépas : trois deniers.

12.

Pour charge d'étain, est deu : douze deniers ; et pour trépas : six deniers.

13.

Pour charge de cire, est deu : seize deniers ; et pour trépas : huit deniers.

14.

Pour charge de poisson de mer, frais, sec, salé et d'eau douce : huit deniers ; et pour trépas : quatre deniers.

15.

Pour charge de brezile, couperose, noix de galle, savon blanc et noir : deux sols ; et pour trépas : un sol.

16.

Pour charge despousettes (?) : six deniers ; pour trépas : trois deniers.

17.

Pour charge de pots, buyes, ou autres vaisseaux de terre, est deu : quatre deniers ; et pour trépas : deux deniers.

18.

Pour charge de vaisseaux et instruments de bois : quatre deniers ; et pour trépas : deux deniers.

19.

Pour charge de peaux de pelleterie fines, corroyées, aprestées et autres peaux de maroquin, apportées hors de ce pays, doibvent : seize deniers ; et pour trépas : huit deniers.

20.

Pour charge de coton filé et non filé : seize deniers ; et pour trépas : huit deniers.

21.

Pour charge de baraux de vin, de quelque côté qu'elle vienne, est deu : huit deniers ; et pour trépas : quatre deniers.

22.

Pour charge de toute autre espèce de marchandises, comme sucre, huile, miel, amandes, figues, raisins, câpres, confitures, drogues, amidon, soulphre, salpêtre, poudre à canon, quincaillerie, poix de Bourgogne et autres drogues, de peinture et parchemin : douze deniers ; et pour trépas : six deniers.

23.

Pour charge d'épicerie : seize deniers ; et pour trépas : huit deniers.

24.

Pour charges de toutes sortes de draps et mercerie de soie, camelot de soie et de Turquie, est deu : deux sols ; et pour trépas : un sol.

25.

Pour charge de draps de laine, camelots, futaines et autres merceries de laine et de coton ou de tapisserie : douze deniers ; et pour trépas : six deniers.

26.

Pour chacune charge de plume : six deniers ; et pour trépas : trois deniers.

27.

Pour charge de sel : trois deniers ; et pour trépas : deux deniers.

28.

Pour charge de plastre ou de chaux : quatre deniers ; et pour trépas : deux deniers.

29.

Pour charge de blasterge : trois deniers ; et pour trépas : deux deniers.

30.

La chartée doibt au prorata réduite à quatre charges, au respect de la charge de cheval estimée à *trois cent douze livres.*

31.

Tout Feix à col qui entre en ville et fauxbourg du dit Vitré, pour y être vendu tous les jours de marché et autres, de quelque espèce que ce soit de marchandises, fors les viatiques et menues denrées pour le mesnage : deux deniers ; doibt d'entrée : un sol.

32.

Chacune pipe de cildre : six deniers.

33.

Chacune pipe de vin, de quelque costé qu'elle vienne, doibt d'entrée : un sol.

34.

Chacune charretée de bois qui entre pour estre vendue ès ville et fauxbourgs de Vitré, doibt : deux deniers.

35.

Les chevaux chargés de bois à chaufage ne doibvent rien, du consentement du dit Seigneur.

36.

Pour chacune bête porcine, moutons, brebis, chèvre : un denier ; et pour trépas aussy : un denier.

37.

Pour chacune beste aumaille : 4 deniers ; et pour trépas : deux deniers.

38.

Pour chacun poulain ou cheval : 4 deniers ; et pour trépas : deux deniers.

39.

Toutes les susdites marchandises qui ne seront vendues et débitées, ayant été exposées ès dite ville et fauxbourgs, mais qui trépasseront, les mettres (?) d'icelle pour estre transportées ailleurs en la dite baronnie ou limites d'icelle et qui traverseront le territoire de la baronnie par quelque endroit que ce soit, de quelque côté qu'elles puissent venir, soit de marchands forains ou autres, doibvent le mesme debvoir d'entrée et de trépas comme est dit ci-dessus.

40.

Les marchands qui passeront et apporteront les espèces de marchandises ci-dessus, affirmeront au provost ou son commis de quelles marchandises ils sont chargés et en seront crus à leur simple serment ; s'ils n'ont brevets d'acquis des autres tabliers par où ils auront passé pour justifier les espèces de leurs marchandises, auquel cas, ils seront obligés les apparoir.

41.

Les habitants de cette ville, fauxbourgs et paroisses de cette baronnie, ne debvront rien de tout ce qu'ils cueilleront dans leurs propres héritages, de quelque costé qu'ils en puissent faire amener les fruits et revenus, soit de dehors ou de dedans cette baronnie, ni non plus pour leur chauffage qu'ils prennent sur leurs héritages ou ailleurs, quand ils l'achètent et le font venir ; mais ceux qui le leur vendent, rendu en leurs maisons, le doibvent.

42.

Les marchands qui n'auront exposé en vente leurs marchandises dans la dite baronnie, prendront un marreau au lieu d'où ils sortiront et, s'ils passent hors le dit territoire, ils ne doibvent que le droit de trépas.

43.

Pour marque que le dit trépas sera deu en sortant les limites de cette baronnie, il sera attaché une billette aux maisons les plus proches du dit territoire ou à un arbre sur les grands chemins, auquel lieu les marchands paieront le dit debvoir.

44.

Pour faire apparoir combien les dits marchands debvront pour le dit trépas, ils aparoistront le dit mareau d'acquit du droit d'entrée, qui servira de règle pour payer le dit trépas.

45.

Et si quelqu'un des marchands traffiquant dedans ou hors cette baronnie, soit forains ou autres, sortent les limites d'icelle et n'apparoissent leur mareau d'entrée...... et qu'ils ne voulussent payer le dit debvoir de trépas, les dits marchands payront en ce cas soixante sols d'amende, modérables néanmoins à l'arbitrage du juge.

Tous lesquels articles ci-dessus, lecture préalablement faite d'iceux, etc...., et sur ce que l'horloge a frappé l'heure de six heures, la Compagnie a remis cette assignation au lendemain, heure de midy, et s'est séparée.

Le lendemain mercredy, vingt-et-unième des dits mois et an, l'assemblée se trouvant trop peu nombreuse pour délibérer, remet l'assignation au vendredy, même heure.

Le dit jour, vingt-troisième du dit mois de juin 1623, poursuivant l'effet que devant, Antoine Laval se transporte en la maison de ville où il trouve cette fois nombreuse compagnie, laquelle commence par décider qu'on sonnera désormais la grosse cloche pour appeler les bourgeois, députés et intéressés, et la réformation continue comme en suit :

Second chapitre touchant les **foires** et **marchés** de cette ville de Vitré et ce que le dit seigneur a droit de prendre aux **assemblées** qui se font dans les bourgs et paroisses de cette baronnie, lequel est intitulé dans la dite ancienne Pancarte en ces mots : Cy suit le mémoire du doublage et les foires de la coustume de Vitré.

1er Article.

Les habitants de la ville et fauxbourgs de Vitré ne paient point de doublage le jour des foires cy-après :

2.

Les foires de la Chandeleur et de la Magdeleine qui se tiennent au lundy suivant les dites fêtes, doublent le debvoir ordinaire de la coustume qui se lève les jours du marché et les trésorier, chanoine et chapitre de la Magdeleine du dit Vitré prennent et lèvent le dit doublage.

3.

La foire de la my-mars qui est le lundy d'après, si la my-mars n'est à jour de lundy, se double pendant la quinzaine et est au seigneur.

4.

La foire du Cours qui est le lundy devant l'Ascension, double et est au seigneur.

5.

La foire Saint-Pierre qui est le lundy d'après la dite fête, double et est au seigneur.

6.

La foire de la my-aoust qui est le lundy après, sy la my-août ne se rencontre à jour de lundy, double et le doublage est au prieur de Notre-Dame de Vitré.

7.

Le jour de l'Angevine qui est aussy au lundi après, double et le dit doublage est au seigneur et au prieur de Notre-Dame, par moitié.

8.

La foire de Saint-Michel est aussi au lundy suivant, double et est le doublage au prieur de Saint-Ladre.

9.

La foire Saint-Martin qui est aussi au lundy suivant, double et est au seigneur.

10.

La foire de la Toussaint au lundy suivant, double et est le dit doublage au prieur de Saint-Nicolas.

11.

Ceux de la paroisse de Saint-M'Hervé, pour eux présents : Julien Frotin, trésorier; Mathurin Orrière et Pierre Bedier, paroissiens; doibvent rendre compte au dit provost, le jour saint Eloy, des marchandises qu'ils auront achetées en la dite baronnie, amenées de dehors ou vendues en icelle et doibvent chacun huit deniers monnoie, payables au bourg Saint-M'Hervé, à peine d'amende.

12.

Les paroisses de la grande Erbrée et ceux de la Chapelle doibvent mesme droit, entre Noël et la Saint-Vincent, aussi amendables.

13.

Le provost peut mettre des branchères aux paroisses et autres endroits de la dite baronnye, le plus à propos, pour la conservation et la réception des dits droits et à ce que ceux qui n'ont payé aux entrées et sorties paient aux receveurs commis aux dites branchères.

14.

Les métayers des bourgeois et habitants de la ville et fauxbourgs de Vitré qui amènent les fruits et revenus de leurs héritages et leurs provisions, sont tenus prendre un mareau de depry, à peine de l'amende.

15.

En la paroisse d'Étrelles, le dit seigneur a droit de **quintaine**, au jour de Quasimodo, sur tous les nouveaux mariés de l'année et doibvent chacun quatre boisseaux d'avoyne, mesure de Vitré.

16.

À Pasques, le premier jour des ferriers (?), le seigneur a droit, en l'assemblée de Montautour, de prendre les debvoirs de coustume, minaige, cohuage, bouteillage et autres droits sur les marchands et Bragva (?) qui y seront vendus et débités, et n'y peut rien prétendre le seigneur du dit lieu.

17.

Pareillement, le dit seigneur a mesme droit de coutume aux **assemblées** de Saint-Laurent de *Panlou*, de la Magdeleine à Champeaux, de l'Angevine à Villaumeu, de Saint-Laurent à Goulvays, à Maillet en Saint-M'Hervé, le dit jour de saint Laurent; encore à Cornillé le mesme jour; le jour saint Éloi à Saint-M'Hervé et Toreé; le jour saint Pierre à Estrelles, Argentré, Montreuil et Taillix; le jour saint Gervais et de la Nostre-Dame à Izé; le jour de la Nostre-Dame à Vergeal; le jour saint Martin à Erbrée; le jour saint Jean à Balazé; le jour saint Laurent au Bourg-Neuf en Izé; le jour saint Barthélemy à la chapelle d'Erbrée; le jour saint Léonard et saint Marc aux daubles (?) et le mardy de la Pentecoste au Pertre et autres assemblées qui se font dans paroisses de la dite baronnie, sauf sy les seigneurs vassaux en avaient concession du dit seigneur.

18.

Et d'autant qu'anciennement et avant l'union du duché à la Couronne, le dit procureur fiscal a remontré que les foires sus-déclarées estoient franches dans le dit duché et qu'à présent la dite franchise n'a lieu; la Compagnie délibérant a esté d'avis que le dit seigneur baron sera supplié de procurer vers sa Majesté l'obtention d'une ou deux foires franches et privilégiées dans la dite ville de Vitré.

19.

Les articles concernant les foires cy-dessus et assemblées de Montautour et de Panlou ont esté extraits de mot à mot sur la dite ancienne Pancarte, n'ayant été jugé a propos d'y augmenter ny diminuer pour estre icelles demeurées en marché ordinaire; et au regard des autres articles de ce chapitre qui n'ont été trouvés en la dite Pancarte, après que le dit sieur procureur fiscal a requis qu'ils y fussent employés pour la conservation des droits du dit seigneur, attendu qu'il maintient la possession immémoriale d'en user; sur lesquels droits de possession ayant été délibéré et iceux recognus par les députés et autres présents en cette assemblée, a esté adjugé qu'ils seraient couchés et écrits au présent procès-verbal; ce qui a été fait en la forme que dessus.

Et attendu l'heure de six heures, etc....., renvoi de l'assignation à mardi prochain, pareille heure de midy, pour cause des festes et du jour et marché de lundy.

Advenant le dit jour, etc....., après le son de la grosse cloche....., le procureur syndic, absent (à Rennes) pour ses affaires; il a été délibéré qu'il serait passé outre.....

Troisième chapitre contenant le **droit de coustume** que les bourgeois et habitans de cette ville et fauxbourgs doibvent au seigneur baron.

1er Article.

Les dits bourgeois et habitans recognoissent debvoir le septain denier au provot, qui se monte neuf deniers tournois et se paye entre les jours de Noël et la Saint-Vincent, sur peine de l'amende de soixante sols, et pour le surplus de l'article de la dite ancienne Pancarte concernant le droit de compte y raporté, le seigneur, par son dit procureur fiscal, en faveur des dits habitants, l'a supprimé et les en a déchargés.

2.

Chacun nouveau marié de l'année, au même temps, doibt une paire de gants au provost et s'il les refuse, luy sera payé huit sols tournois amendables à soixante sols tournois.

3.

Le provost a droit de vendre du vin pendant le dit temps, franchement et sans aucun debvoir.

4.

Et au regard de l'article concernant les droits de hobée, de fenestrage et de compte deubs par les marchands drapiers de soye et de layne, et de l'obligation en laquelle ils étaient constitués d'aller vendre en halle, au désir de l'ancienne Pancarte, la Compagnie a été d'advis de régler et réformer le dit article plein d'obscurité et au désadvantage des dits marchands; et à ceste fin, paravant résoudre aucune chose sur les dits articles, l'on eut mandé plus grand nombre des dits marchands drapiers pour venir répondre ce qu'ils entendaient estre fait touchant le dit article, et iceux fait venir, scavoir : Nicolas Coulon, Hierosme Logeais, Jean Durand, Guillaume Logeais et Jean Burel, et leur fait entendre l'intention de la Compagnie, qui estoit que pour demeurer deschargés des susdits debvoirs et subjections, ils eussent payé à l'advenir chacun un sol par sepmaine, au moyen de quoy ils demeureraient libres de vendre par détail en leurs maisons sans aller en la halle. Interpellés de conférer entre eux sur ce sujet ou de faire quelque autre ouverture pour la dite réformation du dit article à ce qu'ils ne demeurent grevés à l'advenir. Tous lesquels cy-dessus, ayant par entre eux advisé, ont fait offre aux conditions que dessus de paier annuellement au provost six sols tournois chacun, ce qui ayant été mis en délibération en la dite assemblée, a esté résolu l'article qui en suit :

Les marchands drapiers de soye et de laine vendant en boutique ou dans leurs maisons, par détail, payeront par an, outre le septain denier, scavoir : les marchands de draperies de laine, seize sols, et ceux de soye vingt-quatre sols, pour demeurer exempts d'aller vendre en halle, des droits de hobée et fenestraige, mesme de compte dû au provost pour leurs marchandises. Et pourront vendre en leurs dites maisons et boutiques, aux jours de foires et marchés et autres de la semaine, les dites marchandises et assortiments de leurs boutiques ; et ceux qui auront esté en halle seront quittes du dit debvoir, en considération du louage de leur estail, ce que les dénommés ci-dessus ont accepté.

5.

Et sur la remontrance du dit sieur procureur que par l'ancienne Pancarte, le dit droit de fenestraige est acquis au seigneur sur toutes personnes indifféremment qui ont boutique et y vendent et débitent soit en ville ou fauxbourgs. Ouy sur ce le précédent fermier du dit debvoir, ensemble René d'Orléac, mercier; René Hernier, potier d'estain; Guillaume Gérard, faiseur de fourrures et plusieurs autres, qui ont dit que le prix du dit debvoir estoit incertain et l'avoir payé à diverses estimations, requérant réglement et réformation sur le dit article et sur le debvoir qu'ils doivent au seigneur touchant le droit de compte ; de l'advis de la Compagnie a esté résolu l'article ci-après couché, comme en suit :

Les merciers artisans qui travaillent de leurs mains, boulangers et autres débitans marchandyes, ceux qui vendent denrées en boutiques, en la ville et fauxbourgs, sont exempts de comptes avec le provost et doibvent par an, pour droit de fenestraige, outre le septain denier, deux sols tournois amendables, payables entre Noël et la Saint-Vincent, et ne sont comprins au présent article les marchands drapiers de soye et layne.

6.

Vendeurs de cuirs, alun ciré,   et carlure, sont quittes du droit de coustume aux jours de foires et marchés, parce qu'ils ne pourront vendre et débiter ailleurs qu'en la halle et sur les étaux du seigneur.

7.

Chacune pièce de toile exposée en vente et jours de marché doibt trois deniers de coutume.

8.

Toute marchandie amenée à charge de cheval : de mercerye, quincaillerye, draps de soye et layne, souliers et autres espèces, pour estre vendue et débitée, sera exposée et étalée en halle et au cas qu'il n'y eut d'étaux, les marchands pourront étaler hors la dite halle soubs le porche ou ailleurs et payeront pour le droit d'étalage, avecq les autres marchands de dehors étalant marchandyes, un double par semaine.

Et l'heure de six heures frappée, s'est la Compaignie séparée avec assignation au lendemain, pour commencer à huit heures.

Le lendemain, heure de huit heures de ce mecredy 28e jour du dit mois de juin......, avons poursuivi à la dite réformation comme en suit :

Chapitre quatrième concernant les mêmes denrées et viatiques vendues ès marchés des ville et fauxbourgs du dit Vitré, ce que l'ancienne Pancarte appelle **cohuage**.

1er Article.

Le procureur fiscal ayant remontré que par la dite ancienne Pancarte, le dit seigneur baron de Vitré a droit de prendre le debvoir de coustume, toute espèce de chaie vendue en détail à la boucherye ; Hilaire Salmon, l'un des bouchers, faisant pour les autres, a remontré qu'ils étoient obligés de payer de grands louages pour les étaux de la cohue sur lesquels ils vendent et débitent leurs viandes, et pour cette considération, ils supplient le dit seigneur baron de leur remettre les dits droits auxquels ils étaient obligés ; ce que mis en délibération, la Compagnie a été d'advis qu'au nom des dits bouchers, le dit seigneur sera supplié de leur remettre les dits debvoirs parce qu'ils ne peuvent débiter qu'en la cohue sur les étaux d'icelle, qui leur seront baillés par le fermier, ce que le seigneur a accordé par son dit procureur.

2.

Et pour les peaux de bœufs, vaches et génisses, qu'ils vendront avec le poil, payront comme ils ont accoutumé : deux deniers par chacune.

3.

A encore remontré le dit procureur que, par la dite ancienne Pancarte, toutes sortes de menues denrées et viatiques doibvent le debvoir de coustume au provost, comme : pois, fèves, cerises cuites, pruneaux, œufs, poires cuites, cerises vertes, naveaux, oranges, citrons, melons, chastaignes, raisins, poulets, chapons et autres viatiques apportées à col, requérant le dit debvoir estre employé en la dite réformation. Sur ce, la Compagnie a déclaré que ce debvoir était plus à l'oppression du menu peuple qu'à l'utilité du seigneur pour les exactions et abus qui se commettaient par les commis du dit provost et fermier, et a esté d'avis de supplyer le dit seigneur de vouloir supprimer les dits debvoirs et autres de pareille nature contenus en la dite Pancarte ; ce qui pareillement a été accordé par le dit seigneur, le consentant le dit sieur procureur fiscal.

4.

Pour pot de beurre ou de graisse, pains de cire, de suif et d'oingt (?), soit qu'ils soient apportés à charge de cheval ou à col, le provost interrogé du debvoir qu'il prenait sur les dites marchandyes et qu'il a dit qu'il cueillait trois deniers par chaque pot et pain des dites espèces, la Compagnie a été d'advis de réduire les dits trois deniers à un double, parce que les dits marchands seront tenus d'aporter et exposer les dites marchandies en halle.

5.

Pot de miel et de cerisé, ne debvra rien du consentement du dit seigneur qui a supprimé le devoir comme aussi les charges de pain blanc, de pain de seigle, apportées du dehors, attendu la police sur le pain.

6.

Charge de cheval, de fromage et de pastés (?) de poisson ; le provost en prendra un sur chasque charge.

Cinquième chapitre concernant le droit de **minaige**, **mesuraige** et de **porche** qui se prend sur toute espèce de blasterye.

1er Article.

Les marchands et bourgeois des ville et fauxbourgs de Vitré ne payront aucun debvoir du minaige ny mesuraige de ce qu'ils vendent en leurs maisons, de leurs bleds cueillis en leurs propres fonds ; mais s'ils le vendent au marché ou s'ils l'achètent pour le revendre, ils doibvent le minaige et mesuraige.

2.

Pour charge de bled froment rouge, orge, avoyne, froment noir, cheneveix, linette et gruau, est deub de droit de minage : trois deniers.

3.

Pour charge de sel, est deub pareil debvoir.

4.

Pour charretée de ce que dessus, réduite à quatre charges la charretée, est deub : un sol.

5.

Vendeurs d'oignonettes et autres menues semailles, doibvent par chacun jour de marché : un denier.

6.

Charge de cheval, de noix et pruneaux, doibvent : trois deniers.

7.

Cheval chargé de pois et febves, doivent à esgal du bled.

8.

Toute espèce de grain ou de marchandise que dessus, qui se mesurent au boisseau et qui se vendent au marché du dit Vitré, se doibvent vendre au porche du seigneur et mesurer à son boisseau dont le provost doibt fournir dûment etelonné et marqué; et pour droit de mesurage est deu, par chacune charge de grain : six deniers et de la charretée au prorata.

9.

Pour droit de porche qui est de garder les blateryes d'un marché à l'autre lorsque les marchands ne le peuvent vendre, est deub pour le dit droit : six deniers par charge et ne se peuvent icelles blateryes conserver ailleurs qu'en payant le mesme droit, cy : six deniers.

10.

Les marchands vendant farine seront tenus apporter au porche les dites farines sans les pouvoir vendre ailleurs et payront le minage et mesuraige, à esgard du bled, et les boulangers et autres qui les achèteront de cette ville et fauxbourgs, si elles ont été moulues hors des moulins du seigneur, payront le debvoir de moulte aux mousniers sur le champ.

Sur ce, l'heure d'onze heures ayant sonné, la Compagnie a séparé et renvoyé, pour achever cette réformation, à une heure de relevée de ce dit jour.

Et la dite heure d'une heure ayant frappé....., a été, notre dite commission, poursuivie comme en suit :

Sixième chapitre concernant le droit de **levage**, scavoir : que le seigneur baron a droit de prendre sur les marchandyes qui se lèvent sur le territoire de la baronnie, ville et fauxbourgs de Vitré, qui y ont été vendues ou qui sont du crû du dit territoire pour estre transportées ailleurs, et ce, dans, ou hors la dite baronnye.

1ᵉʳ Article.

Charge de seigle, froment rouge, avoyne, orge, froment noir, cheneveix, linette et aux autres espèces de blateryes et sel (?), prises et levées du marché du dit Vitré et transportées hors la ville et les fauxbourgs, quelque part que ce soit en la dite baronnye, pour le droit et levage : trois deniers.

2.

Et si elle fait trépas hors la terre de Vitré, doibvent aussi trois deniers.

3.

Et la charretée au prorata : à quatre charges la charretée.

4.

Tout homme qui achète vin en cette ville ou fauxbourgs pour transporter hors, s'il est despensé en la baronnie, doibt de levage : six deniers pour pipe ; et s'il trépasse hors du territoire : un sol.

5.

Doibt de levage chacune charge de draperie et soyrie qui sort de cette ville, menée par le forain, hors la baronnie : deux sols.

6.

Et toute autre marchandye, achetée et levée en cette ville et fauxbourgs, doit, pour charge : quatre deniers ; et feix à col : un denier.

7.

Pipe de cildre achetée en ville et fauxbourgs pour estre transportées hors, de droit de levage, doibt : quatre deniers ; et si elle trépasse : huit deniers.

8.

Charge de fer non en œuvre achetée en cette ville et fauxbourgs pour estre menée hors de la baronnye, doibt : quatre deniers; et de trépas : huit deniers; et pour la charretée au prorata : à quatre charges la charretée.

9.

Charretée de blaterye prise aux champs de la baronnye pour transporter hors, doibt, de levage: seize deniers; et la charge : quatre deniers.

10.

Pipe de vin en celiers hors la ville et fauxbourgs, sur la baronnie, doibt : six deniers de levage, quelque part qu'elle aille en icelle baronnie; et pour trépas : un sol.

11.

Pipe de cildre achetée sur les paroisses de la baronnye, sortant hors le territoire de Vitré, doibt : un sol.

12.

Chasque cheval chargé de toile doibt, pour levage et trespas : un sol.

13.

Et pour chacun balot tiré et mené en charrettes : huit deniers ; et au prorata la charretée des fardeaux et balots des dites toiles.

14.

Charge de beurre prise et levée au marché du dit Vitré et sur les paroisses de la baronnye pour estre transportée hors le territoire, doibt, de droit de levage : un double par pot.

15.

Charge de peaux à poil et peaux tannées levées en la baronnye pour estre transportée hors, doibt, de droit de levage : un sol.

16.

Beste aumaille, cheval et poulain achetés au marché, doibt, de levage : un double ; et s'ils trépassent : quatre deniers.

17.

Beste porchine achetée au marché du dit Vitré, doibt de levage : deux deniers et si elle trespasse le territoire : quatre deniers ; et achetées sur les champs doibvent pareil trespas, sans comprendre les alaitons suivant mère.

18.

Et en cas qu'on eschangerait sans retour les dites bêtes aumailles : porcs, cheval, poulain et autres bestiaux, chacun des copermutans debvra demy debvoir, ou s'il y a retour, celuy qui le fera doibt.

19.

Bourgeois et habitants du dit Vitré et fauxbourgs ne doibvent de levage s'ils n'achètent pour transporter hors la baronnie ; qu'en ce cas, ils payeront le trespas et le droit de levage, revendant dans la baronnie les mesmes marchandyes.

20.

Les articles de seize deniers portés par l'ancienne Pancarte par couette levée en la baronnye, lainage de chèvres et moutons, et de draperies, merceryes ou marchandises menées hors le territoire par les marchands drapiers et merciers, habitans du dit Vitré, aux marchés ou foires voisines, ont été supprimés du consentement du dit seigneur par son dit procureur en faveur des dits habitants.

Du premier juillet mjl six cent vingt-trois, en la dite maison commune de Vitré, assemblés au son de la cloche en manière accoutumée, où nous sommes transportés avec les dits Garnier et Godé, les dits officiers, procureur fiscal, bourgeois et habitants présents, en nombre suffisant, avec les dits procureurs et marguilliers des dites paroisses et corps de ville.

Le procureur fiscal a remontré que pour closre et parachever la dite réformation, il reste à présent parler du droit de pavage appartenant au seigneur, ce qui se fait pour la conservation de ses droits encore qu'il ait dit que les deniers en provenant soient destinés au public de la dite ville et fauxbourgs pour l'entretien des pavés d'icelle et que, à ceste fin, le chastelain du dit Vitré a accoutumé les mettre ès mains du miseur de cette ville qui lui en délivre acquit pour en tenir le dit chastelain compte en la chambre des comptes de Laval avec le surplus de sa recepte, à laquelle condition la Compagnie a esté d'advis d'entendre la lecture des dits articles suivants et sur chacun délibérer comme dessus.

Chapitre septième touchant le debvoir de pavage.

1er Article.

Pour charrettes entrantes et sortantes en la ville et fauxbourgs de Vitré, à bœufs ou à chevaux, est deu pour le droit de pavage : deux deniers.

2.

Pour cheval de charge chargé ou non chargé, entrant ou sortant aux dites ville ou fauxbourgs, doibt : un denier.

3.

Tout cheval, poulain, mené à main pour vendre, trépassant les mettres des dites ville et fauxbourgs, doibt : six deniers.

4.

Il n'y a aucun excepté du droit de pavage en ville et fauxbourgs du dit Vitré, lorsque les habitants n'y doibvent point pour leurs provisions.

5.

Pour le debvoir de trespas que les bourgeois et habitans du dit Vitré estoient obligés payer par l'ancienne Pancarte, ayant supplié le dit seigneur de les en acquitter et affranchir, il l'a supprimé, si les dits habitants n'achètent pour transporter hors la baronnie ville et fauxbourgs, auquel cas ils doibvent le dit trespas, comme il est ci-dessus dit.

6.

Et en ce qui est de tous les autres articles qui ne sont contenus au présent verbal dont est fait mention en la dite ancienne Pancarte, pour quelque espèce de denrées ou marchandises que ce soit, ils ont en pareil esté supprimés par le dit seigneur en la personne du dit procureur fiscal, et ce, à la prière et supplication de la dite assemblée.

7.

En cet endroit a, le dit procureur fiscal, remontré qu'il ne reste autre chose à revoir et reformer en la dite ancienne Pancarte, pour ce qui concerne les debvoirs et droits du dit seigneur; mais pour éviter aux abus et exactions qui se commettent par les collecteurs des dits debvoirs, il requiert à la Compagnie d'y apporter un ordre tel qu'elle le jugera à propos; sur quoy ayant délibéré et les voix prises, elle a été d'advis que pour l'advenir, le fermier et ses commis seront obligés à prester serment de se bien acquitter en la dite charge et qu'ils bailleront caution de deux cents livres, deument certifiée pour répondre des faultes personnelles qu'ils pourraient commettre, et que en tous les endroits du ressort de la dite baronnye où la billette sera attachée et où les dits debvoirs seront reçus, les dits fermiers et commis seront obligés de tenir et avoir tableau de la dite Pancarte, imprimée et signée du juge, procureur fiscal et greffier d'office au dit Vitré.

Afin qu'il en soit gardé estat et que ceux qui y contreviendront, soit les dits marchands ou fermiers, chacun en droit luy soit multé d'amende....., selon l'exigence du fait et que la dite Pancarte soit lue et publiée ès paroisses de la dite baronnie, à l'issue des grandes messes, mesme en l'audience, ès marchés de ceste ville et fauxbourgs et enregistrée au greffe d'office, afin que personne n'en prétende cause d'ignorance. De toutes lesquelles remontrances, propositions, advis et délibérations ci-dessus, nous avons rédigé le présent procès-verbal signé de nous, des susdits Godé et Garnier, notaires, des juges et procureur fiscal du dit Vitré, ensemble du dit Radier, sieur de Hasulvé (?), advocat en la Cour, ancien bourgeois et habitant de cette dite ville, pris et nommé d'office pour signer en l'absence du procureur syndic, et est, la..... et original du dit procès-verbal, demeuré vers le dit Godé, notaire soussignant, pour en délivrer copie tant au dit seigneur baron que à tous autres qui le requerront.

Conclu et arresté en la dite maison de ville, le dit premier jour de juillet mil six cent vingt-trois.

Ainsi signé au registre : LAVAL, B. DUVERGER, LE MOYNE, CHESNAU, RADIER, GARNIER et GODÉ. (Communiqué par M. H. de Courville et extrait de ses archives).

Notices sur les principaux personnages employés en la précédente Pancarte.

Gilles Chesneau, sieur de la Motte, n'était point originaire de Vitré. Il est l'auteur de plusieurs opuscules, entr'autres: d'un *Traité des moyens* dont la commune de Rennes a usé pour occuper la présidence au tiers-ordre des États généraux de Bretagne, in-4°, 1620.

C'était un homme de talent, mais passé maitre en fait d'intrigues. Il faisait à Vitré la navette entre catholiques et protestants, répandant les faux bruits, les malveillantes insinuations. Une enquête, datée du 16 août 1622, mit à nu ce vilain jeu : « Et estant recogneu que le dit sieur procureur fiscal est un homme fastieux, semant de la dissention et zizanie entre les habitants de cette dite ville, tant de l'une que de l'autre religion, a esté, le sieur procureur syndic, chargé de lever le présent acte et présenter requête à nosseigneurs de la Cour, pour y donner l'ordre qu'il luy plaira, selon sa prudence pour le service du Roy et pour le repos de la Communauté ». (*Journal historique de Vitré*, par l'abbé PARIS-JALLOBERT, p. 86. — Consulter encore sur Chesneau : VAURIGAUD, *Histoire des Églises reformées de Bretagne*, t. II, pages XIX, XXIV, XXIX.

René du Verger, sieur du Boislebault, sénéchal de Vitré. — Chesneau ne l'aimait guère et le prouvait en ces termes : 19 juillet 1622.

« Par les effets, nous congnoissons les conseils des plus séditieux, d'autant qu'ils m'ont absolument banni de leurs assemblées et publiques et particulières. Monsieur Votre Sénéchal m'en porta la parole au nom du corps et accompagna son oncle et le procureur syndic (Guy Le Cocq, sieur de la Gérardière), pour prier le sieur des Perrières (capitaine du château) de ne m'y point admettre. *Aujourd'hui cette famille commande tout, ayant de leur costé l'authorité du premier juge, qui leur preste la main à perdre et ruiner votre juridiction, vos droits et votre revenu.* Le préjudice qu'en reçoit votre Excellence et mon propre dommage me font regretter de l'avoir autrefois suppliée en sa faveur ; et l'expérience fait connaître qu'il vaudrait mieux quelquefois acheter un homme que de vendre un office..... ».

Daniel Le Moyne de la Maisonneuve appartenait à la religion prétendue réformée. Il fut en charge de 1612 à 1631 et eut pour successeur son fils Jean Le Moyne, sieur de la Maisonneuve. Daniel avait épousé en premières noces Anne Conseil; en deuxièmes noces Anne Le Moyne, sa cousine. — Jean, son fils, épousa Étiennette Nouail.

André de Gennes, sieur du Mée, procureur syndic, descendait en directe ligne de Jean de Gennes, époux de Gillette Cholet, auteur du *Mémorial domestique* conservé à la Bibliothèque nationale.

Julien Geffrard est fils de Guy, sieur de Lentillère, ce ligueur capturé et désarmé par Montmartin. Julien a été esleu capitaine de Vitré le 29 mai 1621, en l'assemblée générale de la Communauté, tenue par commandement de Monseigneur le duc de Vendôme, venu en notre ville pour briser l'opposition huguenote. Julien Geffrard est en outre le beau-frère du sénéchal René du Verger.

Pierre Le Cocq du Pin, marié à Marie Burel, avait été procureur syndic de Vitré les années 1611, 1612, 1613.

Jacques Malherbe de la Moricière avait été miseur de 1620 à 1622. Il avait épousé une fille de Pierre de Montalembert, sieur de la Mousserie. (Voir 1er fasc., p. 61).

Extrait de la vente des meubles, dépendants de la communauté de deffunt noble homme Anthoine de Laval, sieur de la Tousche, et de D^{lle} Françoise Ringues, sa veuve. — 12 mars 1639 :

Une vieille garde-robe de Flandres, cuir doré, avecq son soubastement, vendue et délivrée à Catherine Clavier	XIII¹	X²
Quatre chesres couvertes de , de velours et clous dorés, vendues à la dite veuve Françoise Ringues	VIII	XV
Cinq chesres de bois de noyer, couvertes de bougrain, vendues à la dite veuve	VII	
Deux chesres brodées, vendues à la dite veuve	VIII	X
Deux chesres brodées, vendues à la dite veuve	IX	
Encore deux autres chesres brodées, vendues à la dite veuve	VI	
Une vieille garde-robe de Flandres, peinte	V	
Une vieille litière avec ses brancards, vendue à la dite veuve	XV	
Huit pièces de tapisseries, vendue à la dite veuve	XL	
Une arquebuse à rouet, d'environ quatre à cinq pieds de canon	XX	
Une autre faillie petite carabine	VI	V
Une autre vieille arquebuse	VI	X
Ung espée avecq garde apasdane	III	X
Une casaque de drap de Berri, doublée de vieille panne	XV	
Un manteau de drap d'Espagne, doublé de panne, vendu à la dite veuve	XVI	
Un manteau de poilx de soye, doublé de panne	IX	
Une robe de soye, à usage de femme, vendue à la dite veuve	XX	

Février 1717.

(13) De l'Inventaire après décès des titres et papiers d'Anne Laval, dame de la Rivière Ravenel, nous avons extrait ce qui suit : Deux lettres de cachet du Roy, signées Louis; et plus bas, de Louine et Arnault, en date des 27 juillet 167 et 25 juillet 1675, adressées à M. de la Rivière Ravenel, pour se rendre aux États de Vannes et Dinan. Inventoriées et cottées I.

Adveu rendu par Perrine Le Clavier, femme de Jacques Le Fort, de la seigneurie de la Troussanais, en date du 18 août 1603. Signé : Godart et Boutherel. Inventorié et coté Z.

Grosse de l'acte de fondation faite par feu Jean Ravenel, sieur du Perray, au chapitre de l'église collégiale de la Magdeleine de Vitré, en date du 25 mars 1565. Rapporté par Couldray et Duchesne, notaires de Vitré ; signée au collationné : Faverot requérant ; Perthois et Masson, notaires. Inventoriée et cottée A A A.

---

12 juin 1870.

(14) Je soussigné, François-Paul de Marcille, sieur de la Guischardière, confesse avoir reçu de M. des Vergers de France, mon beau-frère, la somme de trois cents livres, qui est à cause de la vente et livraison qu'il m'a ce jour fait d'une jument, âgée de quatre ans, poil bai, qu'il m'a vendue et livrée *pour aller au service du Roy*, laquelle somme je promets payer aujourd'hui en un an. Ce 9e septembre 1666.

François-Paul DE MARCILLE.

---

(15) Monsieur Le Faucheur, en sa maison à Vitré.

Monsieur,

J'ai reçu la lettre que vous m'avez fait l'honneur de m'écrire, datée du 3 du mois courant. Je n'ai point eu la première que vous me marquez m'avoir envoyé au sujet de la parenté de M. de France et de moy. Nous étions cousins germains, sortis l'un de frère, l'autre de la sœur de mère. La mère de M. de France s'appelait une Laval et mon père de Marcille. Pour Madame Camus, je n'en sais point la filiation ; j'étais une jeune personne quand je sorty de Vitré. Je n'en ai jamais entendu parler. Madame de France sait tout cela mieux que moi, et vous qui êtes sur les lieux, vous pourrez en apprendre des éclaircissements positifs, et j'ai l'honneur d'être, Monsieur, votre très humble et très obéissante servante.

DE MARCILLE DU BOISRAUDRY (a).

À Roz-sur-Couaisnon, ce 25 janvier 1751.

(a) Jeanne Ravenel, dame de la Cocherie ; Jean Ravenel et Marie Ravenel, dame de Chapeau ; Monsieur de France et Madame du Boisbaudry, héritèrent dans l'estoc maternel de Françoise Le Roy, épouse de Monsieur des Rouxières Camus, procureur du Roy et sindic de la Communauté de Vitré. Daniel de Gennes du Bois-Guy ; Gilles Mellet, mari de Gilonne Georget ; Jacques Georget, sieur des Perrines, et Gilles Georget, représentaient l'autre estoc.

XXXIV

Descendance de PERRINE LE CLAVIER, quatrième enfant de René et de Marguerite Leziard.

Elle épousa à la Genève : 1° Jacques Le Fort ; 2° Floridas de Gennes.

Jean Le Fort, né le 18 juillet 1560, nommé par Guillaume Tirel.

Judith Le Fort, née le 29 juin 1561, nommée par Jean Lefebvre de 1562.

Dan. Le Fort, né le 2 août 1562.

Marie Le Fort, née le 14 mars 1573, présentée au baptême le 10 juillet 1576 par Mathurin Le Moyne.

Jean Le Fort, né le 9 mars 1574, présenté au baptême le 10 juillet 1576 par Jean Mauny.

René de Gennes, né le 11 septembre 1583, présenté au baptême par René de Gennes, dit Chapelle.

Outre les quatre enfants que nous avons, suivant l'opinion la plus commune, donnés à René Le Clavier, fils de Jean et de D^lle de Gennes, on trouve encore sur les registres des Le Clavier contemporains qui pourraient être frères ou cousins des quatre susdits : Jean l'aîné, Jean le jeune, Julien et Perrine, dont nous avons donné la descendance. Nous ne pouvons rien prononcer là-dessus et nous nous contenterons de les rappeler ici tels qu'on les trouve. (Note extraite d'une ancienne généalogie.)

Julien Le Clavier, né environ 1535, marié à Renée Saulvaige.

Perrine Le Clavier, mariée à Jacq. Charbonnier le 19 avril 1587, décédé le 2 octobre 1619.

Mathieu Le Clavier, né le 15 mai 1570, nommé par maître Mathieu Chollet 1565.

René Le Clavier, baptisé le 2 mai 1565.

Le dit Julien Le Clavier, appelé sieur du Verger, remarié en 1576 à Julienne Paris, décédé le 8 mai 1592.

Daniel Le Clavier, né le 6 août 1563, présenté au baptême par Louis Gesbert.

Renée Le Clavier, dame de Manzé, née le 17 août 1604, nommée par Etienne Lambaré et Renée Le Clavier, mourut le 28 mai 1629.

Olive Le Clavier, née le 4 mars 1606. Parrain : Jean Burel des Méaules ; marraine : Olive Le Clavier, d^e de la Touche.

Etienne Le Clavier, né le 7 mai 1603, nommé par Etienne Ringues de la Troussanais et Mathurine Morel.

Julien Le Clavier, né le 27 mars 1576, nommé par Etienne Berte, dame du Brocaix.

Etienne Le Clavier, né le 7 mai 1603, nommé par Etienne Ringues de la Troussanais et Mathurine Morel.

Marguerite Le Clavier, née le 27 octobre 1574. Parrain : Etienne Ringues.

Jean Le Clavier, né des Loges, marié à Jeanne Berte, dame du Brocaix.

Jean Le Clavier (2).

Jean Le Clavier (3).

(1) Jean Le Clavier, né le 9 août 157?, épousa le 2 juillet 1602 et mourut à Paris le 10 août 1609.

(2) Jean Le Clavier, né le 3 janvier 1606, fut nommé par Jean Besmardiais de la Bourlière et Perrine Berte, dame du Verger.

(3) Autre Jean Le Clavier, né le 16 juillet 1607, nommé par Jean Burel des Méaules et Gillette Charbonnel, dame de la Troussanais.

On trouve encore : Jean Le Clavier, marié à Marguerite Gérard, d'où : 1° Pierre Le Clavier, né le 8 août 1557, nommé par Yves Ravenel le jeune ; 2° autre Pierre Le Clavier, né le 5 décembre 1557, nommé par Jean Le Clavier et Magdeleine Gérard.

XXXV

MACÉ LE FORT (1).

Étienne Le Fort, marié à Dlle Le Moyne.

Guyon Le Fort, né en 1489, marié : 1° à Perrine Gauvaign (2), s. h. ; 2° à Etiennette Geffrard, fille d'Armel Geffrard.

Guyon Le Fort, marié à Dlle Le Moyne, sœur de son frère.

Marguerite Le Fort épousa Pierre Guillaudeu de la Vieuville.

Jacquine Le Fort, mariée à Gilles Ravenel de Grande Lande (2 bis).

François Le Port Veillonnière.

Jacques Le Fort de Brimbault, marié en 1558 à Perrine Le Clavier, mourut le 28 octobre 1613.

Jean Le Fort, marié à Jeanne Hazain.

Suzanne Le Fort, mariée à Jean Godart de la Foltière.

Jean Le Fort de la Babinière, docteur en médecine.

Marie Le Fort, mariée à Thomas de Beauvoir, 5 septembre 1604 (3 bis).

Isaac Le Fort de la Pifferie.

Jacques Le Fort de Brimbault, marié à Jeanne Le Moyne.

Daniel Le Fort, né le 2 août 1563, alloué de Vitré ; fut marié à Marie Pelisson (3).

Guyon Le Fort, né le 13 août 1561 et Samuel ; s. h.

Jean Godart de la Foltière, marié à Marie de Gennes.

Jacques Godart, marié le 13 octobre 1630 à Anne Gendrel.

Marie Le Fort, mariée à Jean Ravenel du Fail, fermier général de la baronnie de Vitré (4).

Jacques Le Fort de la Jeuvrie, marié à Laval à Jeanne Marais.

Guédé du Bourgneuf, marié à Marie Le Moyne. (Voir Tabl. III).

Isaac et Jean Godart, décédés s. h.

Marguerite Ravenel, mariée au sieur Chapeau Blain (10).

Jeanne Ravenel, mariée à François Le Fort de la Pifferie (9).

Marie Ravenel, mariée à Paul Vigoureux, sr de la Touche (8).

Daniel Ravenel de la Jeuvrie, marié à Jeanne de Gennes (7).

Jean Ravenel, sr de la Mossrais.

Renée Ravenel, mariée à Pierre de Gennes, sr du Pont (6).

Dlle Le Fort, mariée au sieur Guédé du Bourgneuf.

Françoise Le Heup des (13) Mesnils, mariée à écuyer Saint de Brehert de la Soudestrie.

Sara Le Fort, mariée au sieur Jean Le Heup des Mesnils (12).

Isaac Le Fort de la Guilmarais, né le 14 janvier 1664.

Suzanne Le Fort, mariée à Jacq. de la Noé (11).

Jacques Ravenel, huissier à Rennes.

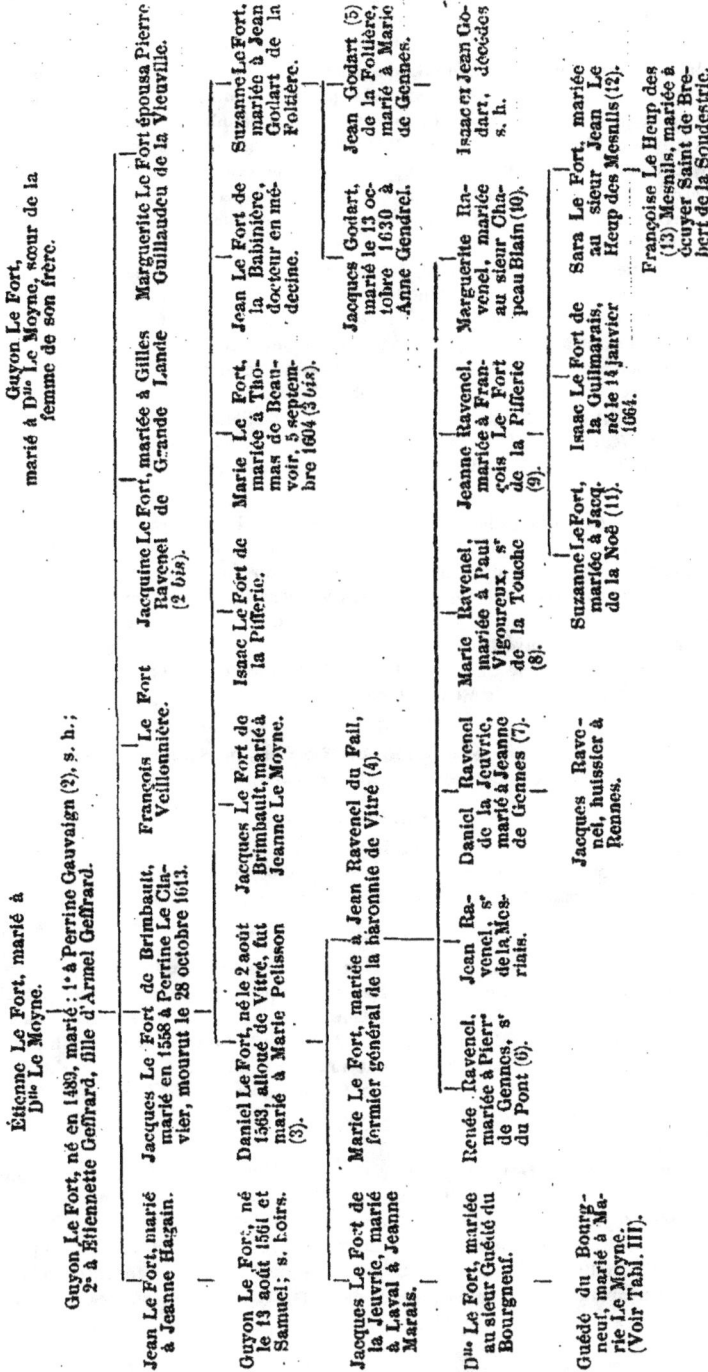

(1) « Cecy est la copie d'une généalogie faite par Messieurs de Gennes Guilmarais et de la Foltière Godart. **Macé Le Fort** vivait en 1468. On le fait descendre d'un gouverneur de l'île de Wight et l'on prétend qu'il y avait des capitaines nommés Le Fort qui se distinguèrent dans l'armée de Guillaume le Conquérant, roi d'Angleterre ». (Voilà de bien beaux commencements ; nous les rapportons sans rien garantir).

Guyon Le Fort fut élu prévost de la Confrérie des Marchands d'outre-mer en 1535.

Le Fort de la Pifferie portait : de gueules à un éléphant d'argent chargé de deux pals de vair et un chef de même.

Le 18 juillet 1560, **Jacques Le Fort** et **Perrine Le Clavier** firent baptiser leur fils Jean, en l'église P. R. Il fut présenté par Guillaume Tirel.

Georges Le Fort signe, en 1571, la Police des Paouvres. *(Journal historique de Vitré, p. 34).*

A la fin du XVI⁺ siècle, partie des Le Fort donnent dans les idées nouvelles et sont les colonnes de l'église huguenote de Vitré. Ils se trouvent aux bons endroits : soit pour recevoir un ministre, soit pour troubler les cérémonies catholiques : « Le lundi, quatorzième de mars 1594, est arrivé en ceste ville de Vitré maistre Jean Parent, sieur du Préau, et ce pour estre pasteur et ministre du Sainct-Évangile en l'église réformée de ce lieu, lequel a apporté avec soy la lettre dont la coppie en suit ; Messieurs et très honorés Frères, estant certifié par Monsieur de Brimbault (Le Fort) et autres, au nom de tout vostre corps, que désiriez après que notre très cher frère et compaignon en l'œuvre du Seigneur, Jean Parent, aurait été façonné en l'exercice du ministère de l'Évangile, qu'en luy imposant le meur advis et consentement de la compagnie des Anciens, pour vous estre envoyé ou plustôt que faire se pourroit..... ». *(Journal historique de Vitré, p. 46).*

1640, 1641. « Sur ce que Jean Le Fort Pifferie, Jean de Gennes Guinarderie, l'un des fils de M. de la Baste de Gennes, et Heulé, gendre de M. de Grimaudet (de la religion P. R.), seraient venus la nuit de la fête de Noël, dernière passée, en l'église de Notre-Dame, frapper à la porte des orgues et faire du bruit en la dite église ; qu'il aurait fallu que missire René Hodemon, recteur de la dite église, quitta le service divin et se faire accompagner de Mᵉ Jean Le Moyne Maisonneuve et Mᵉ Pierre Godé, alloué et procureur fiscal de la ville de Vitré, pour les faire sortir de la dite église..... ». *(Journal histor. de Vitré, p. 121).*

En avril 1597, les Le Fort étaient représentés à Vitré par : Guillaume Le Fort Longrais, Mᵉ Daniel Le Fort de Brimbault, alloué de Vitré ; Jacquine Le Fort, dame de la Largère ; Pierre Le Fort Veillonnière. *(Journal historique de Vitré, p. 49, Répartition pour l'assistance des pauvres).*

---

(2) Cette famille **Gauvaign** était représentée à Vitré en 1571 par : Pierre Gauvaign, signataire de la Police des Paouvres ; en 1584 ; par J. Gauvaign, lequel avec André de Couasnon, sénéchal de Vitré, Jean Geslin, Jacques Le Faucheur, J. Duchesne signa le règlement de police au temps de la peste. *(Journal historique de Vitré, p. 41).* En 1571, 1576, 1579, Jacques Gauvaign fut député par la Communauté de Vitré aux États tenus à Rennes ; à la tenue de Vannes en 1582 ; à la tenue de Nantes en 1583.

A la date du 27 may 1566, on trouve les lots et divisions des biens dépendant de la succession de maître Marc Gauvaign, se firent entre Marie Gauvaign, femme de Regnauld Bigot ; Jeanne Gauvaign, femme de Jehan Seré ; Olive Gauvaign, femme de René Le Moyne.

(2 *bis*) Le 4 may 1593, **Gilles Ravenel** et **Jacquine Le Fort** marièrent leur fils Olivier avec Judith Fougeray. (Extraits protestants). Ces derniers eurent onze enfants.

14 juin 1595.

Comme propriétaires de la métairie de la Largère, sise en Étrelles, Olivier Ravenel et Judith Fougeray, sieur et dame de la Haute-Maison, confessent être sujets de nobles gens : Gabriel Le Bascle et Marguerite du Bouschet, seigneurs de la Haie de Torcé. L'aveu au rapport de BIDAULT, notaire.

13 août 1610.

Par devant JOLLIVET et HERGÉ, notaires de la Cour de Vitré, honorables gens : Olivier Ravenel et Judith Fougeray, son épouse, sieur et dame de la Haute-Maison, faisant leur demeure actuelle en la paroisse d'Erbrée, vendent à honorable homme Pierre Guillaudeu, sieur de la Vieuville, l'un des bourgeois de ceste ville de Vitré, la métairie de la Largère, située sur le bord de la lande du Fresne, paroisse d'Étrelles, comme le tout du dit lieu est et appartient aux dits vendeurs, à cause du dit Ravenel et suivant et au désir des partages à deffunte Jacquine Le Fort, mère du dit Ravenel, des successions de deffunts Guyon Le Fort et d'Estiennette Geffrard, ses père et mère.....

---

(3) **Daniel Le Fort** et **Marie Pelisson** épousèrent en 1591. Daniel succéda comme alloué de Vitré à Philippe Le Militaire et mourut le 3 juillet 1612. Marie Pelisson décéda le 4 décembre 1616.

Les **Pelisson** étaient représentés à Laval en 1608 par Daniel Pelisson, sieur de la Baronnière, maître des eaux et forêts. *(Mémoire chronologique de MAUCOURT DE BOURJOLLY, t. 3ᵉ, p. 63).* A sa première entrée dans la ville de Laval, Émilie de Hesse Cassel, princesse de Tarente, « rencontra soixante hommes habillés en Turcs qui semblaient tenir en esclavage ; dans un petit carosse, six jeunes belles personnes de la ville dont les habits étaient ornés de pierreries, qui représentaient six filles égyptiennes qu'ils tenaient attachées avec des chaînes de perles et de diamants; lesquelles apercevant la princesse comme leur libératrice se prosternèrent à ses pieds » et exhalèrent en bouts rimés une longue plainte. **Jeanne Pelisson de Montigné** figurait parmi ces égyptiennes. « La princesse rompit les chaînes de ces belles captives, l'une desquelles prit et baisa la main d'Émilie pour lui dire sa bonne aventure ».

Sur ces Pelisson, les papiers des affaires de l'église réformée de Laval ont fourni à M. A. Joubert les renseignements ci-après:

L'an 1601, Madame Céline Pelisson contribua, pour six escus, au traitement du ministre Estienne Besnard, sieur de la Branchouère. — Le 7 décembre de l'année 1603, Samuel Pelisson, sieur de l'Hommelaye, présente au baptême Jeanne, fille de Pierre Le Royer et de Marie Brillet. — Le 24 avril 1611, le même Samuel Pelisson présente au baptême Samuel, fils de Mᵉ Duboys, pasteur de l'église P. R. de Laval et de Dᴸᴸᵉ Anthoinette Chastine. — Le 19 avril 1612, Élisabeth, fille de Samuel Pelisson, sieur de l'Hommelaye et d'Élisabeth Grimaudet, est présentée par Jean Huet, sieur de la Baltière et par Marie Pelisson, femme de Daniel Le Fort, alloué de Vitré. — Le 20 février 1639, le pasteur Rousseau baptise Samuel, fils de Mᵉ du Rocher et de la fille aînée de Mᵉ de l'Hommelaye, nommée Élisabeth Pelisson. L'enfant est présenté par Mᵉ de la Baronnière Jérôme Pelisson, et par Mademoiselle de l'Hommelaye, sa grand'mère. — Le 25 mai 1642, baptême de la fille de Jérôme Pelisson, sieur de la Baronnière, présentée par Jean Legentilhomme, son grand-père et par Françoise Pelisson, sa cousine germaine. *(Bulletin de la Commission archéologique et historique de la Mayenne, 1ʳᵉ et 2ᵉ livraisons, 1888-1889).*

Un Pelisson de Gennes était bailli du Sonnois en 1789. (Voir l'année 1789 au Mans et dans le Haut-Maine, par Robert Triger).

Jacques Le Fort de Brimbault décéda le 28 octobre 1613.

(3 *bis*) Un autre **de Beauvoir** épousa le 26 février 1623 Anne de Gennes. Cette famille de Beauvoir, maintenant éteinte à Guernesey, était très ancienne et jouissait d'une haute position dans l'île. (Communication de M. Mac Culloc'h, bailli de Guernesey, au congrès de l'*Association bretonne* tenu à Vitré en 1876).

-----

(4) **Jean Ravenel le Fail** était fils de Lucas Ravenel, sieur du Fail et de Renée Mauny, dont la sœur, Marie Mauny, avait épousé Pierre de Gennes de la Gaulairie. — Le contrat de mariage de Jean Ravenel et de Marie Le Fort fut passé le 13 novembre 1614 par Barbé et Hautbois, notaires royaux. Le dit Ravenel était autorisé de Jean Ravenel, sieur du Boisteilleul (*a*), son oncle et curateur. Signèrent à ce contrat, comme parents du marié : le dit sieur du Boisteilleul de Rennes et Jean Ravenel, sieur de la Mesriais, ses oncles; Jacques de l'Espine, sieur de la Blanchardière, mari de Jeanne Ravenel; Pierre Nouail de la Massais; Marie Ravenel, veuve de Guy Nouail (*b*) et Lucas Ravenel, sieur du Bois-Jean. Et comme parents de la mariée : Marie Pelisson, sa mère; Jean Godart, sieur de la Foltière, mari de Suzanne Le Fort, sa tante; noble Daniel Pelisson, sieur de la Baronnière, grand maître des eaux et forêts de Laval; Pierre Guillaudeu, sieur de la Vieuville; Le Clavier, sieur du Rocher. (Notes généalogiques dressées par Pierre Frain de la Motte, procureur fiscal de la baronnie de Vitré, fils de Jean et de Marguerite de Gennes).

Jean Ravenel du Fail et Marie Le Fort épousèrent en l'église P. R., l'an 1615, le 18 octobre.

(*a*) C'est ce Jean Ravenel du Boisteilleul qui épousa Jeanne Grislet, fille de Mathurin, sieur de la Tirelière, apothicaire, et de Marie Seré.

(*b*) Marie Ravenel, veuve de Guy Nouail, se remaria le 20 juillet 1617 à Pierre Paris, pasteur de Pontorson.

-----

(5) Ces **Godart de la Foltière**, père, fils et petit-fils, furent anciens de l'église protestante de Vitré. Le premier en 1612, le second de 1659 à 1668. — Au moment de la révocation de l'Édit de Nantes : 24 novembre 1684, un Godart de la Foltière, Daniel Guesdon, Jean Ravenel de Baillé sont anciens de l'église prétendue réformée de Vitré. En cette qualité, ils ont chacun une clef du coffre où sont renfermés les papiers, enseignements et titres du Consistoire. Ce coffre se trouve en la maison de Jean Ravenel. (Archives des hospices de Vitré).

Outre ces Godart de la Follière, il y avait les **Godart de la Motte**, représentés à la fin du XVI° siècle par écuyer Julien Godart de la Motte, mari de Jeanne Chevallerie; les **Godart de Villiers**, représentés en 1580 par noble Michel Godart, seigneur de Villiers, marié à Françoise de Champagné; en 1600 par René Godart de Villiers, conseiller au Parlement de Rennes, marié à Renée Le Febvre (voir Tabl. XV). né au château de Villiers en 1584, décédé au même château en 1635. *(Certificats de l'État religieux de la noblesse du Bas-Maine en 1577, publiés par l'abbé* Pointeau. — *Commission historique de la Mayenne, Procès-verbaux,* 1884-85). — Les registres de la paroisse de Balazé près Vitré contiennent cette mention : « Monsieur de Villiers, conseiller du Roy en son parlement de Rennes, décédé en sa maison de Villiers, paroisse de Launay, evesché du Mans, le 10 décembre 1635, et le 13 du dit moys fut ensépulturé en l'église neufve de Launay, lequel icelluy de Villiers a fait bastir en entier, à ses frais ».

René Godart, seigneur de Villiers, fils du précédent, épousa Marie-Anne de la Hatte. Le 22 novembre 1600, il avait emprunté de Marie Ravenel, femme de Michel Le Lou, conseiller au Parlement de Bretagne, seigneur de la Haye, la somme de 850 livres tournois. Le même René Godart, Gilles Rouxel, seigneur de Premerel, y demeurant paroisse de Plédren, évêché de Dol, messire Jean Peschart, seigneur du Tertre, paroisse de Pipriac, avaient constitué conjointement sur leurs biens moubles et immeubles, 250 livres de rente annuelle et perpétuelle en faveur de Gilles Ravenel, écuier, sieur du Plessix, conseiller au Présidial de Rennes, demeurant rue du Griffon, Par une série de telles opérations, René Godart obéra tellement sa fortune qu'à sa mort il laissa sa fille unique sans aucuns biens.

(6) Le contrat de mariage de Renée Ravenel et de Pierre de Gennes du Pont était au rapport de Lambaré et Hunaut, notaires, et daté du 19 avril 1638. — **Pierre de Gennes**, sieur du Pont, était fils de Pierre et de Suzanne Ravenel; son contrat fut signé par Jean de Gennes, sieur du Boisguy, oncle; Daniel de Gennes le Pont; Jacques Nouail, sieur de la Grande Lande, mari de Jeanne de Gennes, sœur du dit Pierre de Gennes.

(7) **Daniel Ravenel** et **Jeanne de Gennes** épousèrent le 20 février 1650. (Extraits protestants).

(8) **Paul Vigoureux**, sieur de la Touche, était originaire de Thouars. Son acte de mariage le dit fils de Jean Vigoureux et de Françoise Benard. Il se maria à Vitré le 19 mai 1652. (Registres de l'église prétendue réformée). Le 17 août 1653, il eut une fille nommée Émilie par Émilie de Hesse, princesse de Tarente. Nos généalogistes vitréens notent qu'il quitta Thouars pour se retirer à Moncontour.

(9) Ils épousèrent le 17 décembre 1651. **François Le Fort** était fils d'Isaac Le Fort et de Suzanne Le Fort.

(10) Le 16 décembre 1668, noble homme **Jacques Chapeau de Blain** épousa, en l'église prétendue réformée de Vitré, Marguerite Ravenel. — Le père de Jacques Chapeau figure dans « l'Estat de ceux qui ont contribué à la construction du temple basti au lieu de Bottier en Blain en l'année 1639 ». (Vauriguad, *Histoire des Églises réformées de Bretagne,* t. II, p. 202).

(11) **Jacques de la Noë**, fils de David et d'Anne Osmond, était ministre à Ducé (Normandie). Son père exerçait les mêmes fonctions à Falaise. Le mariage de Jacques fut célébré le 29 janvier 1679.

(12) **Jean Le Heup**, sieur des Mesnils, avocat au siège et baillage de Saint-Lô, fils de feu Pierre et **Sara Le Fort** épousèrent le 18 août 1678.

XXXVI

MACÉ LE FORT.

Étienne Le Fort, marié à Dlle Le Moyne.

Guyon Le Fort, marié à Dlle Le Moyne.

Guyon Le Fort, né en 1480, marié en premières noces à Perrine Jauvaign; 2° à Étiennette Geffrard, fille d'Armel.

Jean Le Fort, marié à Jeanne Hagain.

Jacques Le Fort de Brimbault, marié à Perrine Le Clavier.

François Le Fort Veillonnière.

Daniel Le Fort, alloué de Vitré (Voir Tab. XXXV).

Jacques Le Fort de Brimbault, marié à Jeanne Le Moyne (1).

Jacquine Le Fort, mariée à Gilles Ravenel de la Grande Lande.

Isaac Le Fort de la Pifferie.

Jean Le Fort de la Babinière, docteur en médecine.

Jeanne Le Fort, mariée : 1° à Me de la Chesnais (2) Mahot; 2° à Jacques Allerye du Bois-Pannier.

Jacques Le Fort de Brimbault, marié à Olive Ravenel.

Judith Le Fort, mariée à Me de la Bourlière-Besnardais. S. h.

Élisabeth Allerye, mariée à Jean Blanchard, sieur de la Bulais, gentilhomme de Normandie.

Marie Le Fort, morte sans alliance en 1693.

Paul Le Fort, marié à Suzanne Mouraut.

Jeanne Le Fort.

Jean-Baptiste Le Fort, commis au greffe criminel du Parlement.

Perrine Le Fort, religieuse hospitalière à Vitré.

Marguerite Le Fort, mariée à Pierre Guillaudeu de la Vieuville.

Suzanne Le Fort, mariée à Jean Godart de la Poitière. (Voir Tableau XXXV).

Marguerite Le Fort, mariée à Georges Bouvet du Bourgdoil.

(1) Ils épousèrent le 2 août 1594. **Jeanne** était fille de Michel Le Moyne et de Jeanne Ravenel, sieur et dame de Lescoublère.

(2) **Jean Mahot de la Chesnais** et **Jeanne Le Fort** furent mariés le 27 juillet 1625 par Mr de la Servannière, pasteur de l'église de Condé, en Normandie. Jean Mahot devait être le fils de Jacques Mahot, originaire de Normandie, premier pasteur des églises prétendues réformées de Saint-Malo, Dinan, Plouër, Combourg, Beaufort et la Corbonnais. Ce Jacques comparut au synode de Vitré en 1577; au colloque de Vitré en septembre 1583 et mourut à Pontorson en 1593.

Guyon Le Fort.

Étienne Le Fort, marié à Dlle Le Moyne.

Guyon Le Fort, marié : 1° à Perrine Gauvaigne ; 2° à Étiennette Geffrard.

Jean Le Fort, marié à Jeanne Hagain.

Jacques Le Fort de Brimbault. Marguerite Le Fort, mariée à Pierre Guillaudeu de la Vieu-ville.

Jacques Le Fort, marié à Perrine Le Clavier.

Jacques Le Fort de Brimbault. (Voir Tableau XXXVI).

Isaac Le Fort de la Pisserie, marié : 1° le 27 avril 1600 à Anne Gui- ceau ; 2° à Suzanne Le Fort (1) en 1613.

François Le Fort. Jacquine Le Fort, mariée à Gilles Veillonnière. Ravenel.

Jean Le Fort de la Babi-nière, docteur en méde-cine (2).

Suzanne Le Fort, mariée à Jean Godard de la Poulletière. (Voir Tableau XXXV).

Daniel Le Fort de la Jeu-vrie, allié de Vitré. (Voir Tableau XXXV).

1er lit.

François Le Fort de la Pisserie, marié à Jeanne Ravenel. (V. T. XXXV).

Suzanne Le Fort, mariée à Isaac Journée, sieur de la Coulière (4).

Jeanne Le Fort, mariée à Ma-thurin Le Moyne, sieur de la Lehorie.

Élisabeth Le Fort, mariée à Jean de Gennes de la Guinarderie.

Isaac Le Fort de la Belotais épousa Jeanne Rebondy (3).

Suzanne Journée, mariée : 1° à Jean de (6) Bocque-mar ; 2° à Jean de Gennes de la Guilmarais.

Jeanne Le Moyne, ma-riée à Paul de Gennes du Perray.

Catherine Le Moyne, ma-riée à Jean Le Moyne.

Suzanne Le Moyne, ma-riée à Jacq. Hardy de la Mézière.

Rachel Le Moyne, ma-riée à Paul de Gennes du Perray.

Daniel Le Fort, sieur de Cha-let, marié à Catherine de Lépine (5).

Nicolas de Bocquemar, ma-rié à Dlle Suzanne Cha-pelier.

Paul de Gen-nes, marié à Jean Go-dard. (V. T. XXXV).

Marie de Gen-nes, mariée à Jean Go-dard. (Voir T. XXXV).

Suzanne Har-dy, mariée à Pierre Jolan de Clairville (7).

Élisabeth de Bocquemar, mariée à André Jossen, d'Amsterdam, s. h.

Suzanne de Bocquemar, mariée à écuyer Daniel Brière, sieur de Valigny (8).

Suzanne de Bocquemar, ma-rié Mlle Anne-François Richier, seigneur de Brain.

Suzanne-Henriette Jolan, mariée à Mlle Anne-François Richier, seigneur de Nantes.

Pierre-Jean Jolan de Clairville, ma-rié à Dlle Le Bre-ton, de Nantes.

(1) **Anne Guineau** était, croyons-nous, fille de Jacques Guineau, premier ministre de Sion, lequel assisté de Mathurin Le Moyne, diacre, avait baptisé à Vitré le 28 juin 1576 Jean Ravenel, fils de Gilles et de Marie de Montlevaut. L'enfant était présenté par Pierre Nouail de la Bazillais. Réfugié à Blain en 1569, Jacques ne revint à son poste qu'en 1571 : il le quitta de nouveau après la Saint-Barthélemy et rentra en juin 1576. Pour réparer le temps perdu, il prêcha à Sion le 17 juin; à Châteaubriand le 23; le 24 à Sion; le 26 à Bric; le 28 à Vitré; le 30 à Sion. Il assista au synode de Vitré en 1577, au colloque en 1583. En 1585, on eut le regret de le voir s'enfuir de nouveau. Retiré à Guernesey, il y finit ses jours heureusement, dit VAURIGAUD, l'an 1593. Son fils suivit les erreurs et la profession de son père. Il devint ministre à La Rochelle. — Anne Guineau et Isaac Le Fort épousèrent le 27 avril 1600. Leur union dura neuf années. Anne mourut le 6 juillet 1609. Quatre ans plus tard, Isaac se remaria à Suzanne Le Fort.

(2) **Jean Le Fort de la Babinière**, demeurant à la Grande-Jeuvrie, près Vitré, vendit le 18 juillet 1615 à Isaac Le Fort de la Pifferie, le lieu de la Basse-Jeuvrie, dépendant de la succession de Jacques Le Fort l'aîné, sieur de Brimbault, leur père commun. — Les Jeuvries sont à droite du chemin vicinal qui conduit de Vitré à Champéaux. — La **Pifferie** est une grande terre située en la paroisse de Saint-M'Hervé; elle est actuellement la propriété de M. Ragot, ancien maire de Vitré, président du tribunal.

(3) **Isaac Le Fort** et **Jehanne Rebondy** épousèrent le 27 février 1628. Jehanne était fille de Daniel Rebondy, docteur-médecin à Angers. Isaac Le Fort décéda en 1670 à Châlet, en Pocé. Il était âgé de 64 ans.

(4) Les **Journée**, zélés huguenots de Laval. Ils comptent parmi les anciens du troupeau avec les de la Chevallerie et du Chemin. — Madame de la Ronse donne deux escus pour l'entretien du pasteur Besnard de la Branchouère. — Le 23 octobre, Isaac Journée, sieur de la Ronse et Françoise Bellac, dame d'Orvilette, veuve de feu René Pelisson, présentent au baptême Isaac Hamon, fils de Nicolas et de dame Renée Baude. — Le 21 mars 1604, baptême de Paul Journée, fils d'Isaac et de Jehanne de Gennes, paroissiens d'Entrammes. — 24 juin 1605. Mariage d'honorable Simon Pallory, ministre en l'église réformée de La Moussaye et de Plouer, pays de Bretaigne, avec Judith Turpin, fille de deffunt Jacques et de Guillemine Journée. — Le 1er janvier 1606, baptême de René, fils d'honorable homme Isaac Journée, sieur de la Ronce et de Jehanne de Gennes, présenté par haut et puissant seigneur René de Montboucher et Catherine de la Roussardière, dame de Poligny. — Monsieur de la Ronse fut envoyé par les anciens de Laval vers Madame de la Tremouille « pour obtenir que M. de Juigné, qui avait été reçu pasteur de l'église de Von, près Sedan, fut envoyé à Laval pour y remplir les fonctions de ministre. — 26 avril 1607. Mariage de Mr Simon Pallory, ministre de La Moussaye et de Plouer, avec Marthe Journée, fille de Mathurin et de Guyonne Le Maignan, dame de la Ronce. — Le 11 novembre 1608, baptême de Jehanne, fille d'honorable homme Isaac Journée, sieur de la Ronce et de Jeanne de Gennes, présentée par honorable homme Jehan Ravenel, sieur de la Mesriais, et par Guyonne Le Meignan. (A. JOUBERT, *Histoire de l'Église protestante de Laval*).

Les actes qui suivent ont été relevés, par l'abbé PARIS-JALLOBERT, sur les Registres tenus par les huguenots de Vitré :

François Planson, sieur de la Planche, marié à Marie Journée, fille de Madame de la Ronce, le 24 septembre 1592, en l'assemblée faicte en la salle du château. — Le 30 mars 1593, Isaac Journée, sieur de la Ronce, épouse Jeanne de Gennes, fille de Jean de Gennes Boisguy.

(5) **Daniel Le Fort** et **Catherine de Lépine** épousèrent le 31 juillet 1650. Daniel passa en Angleterre.

(6) Le premier mariage de **Suzanne Journée** fut célébré en l'église prétendue réformée de Vitré, le 17 juin 1663. Jean décéda le 18 juin 1673, et Suzanne se remaria le 31 janvier 1677; Jean de Gennes de la Guilmarais, son second mari, était fils d'Olivier et de Marie Noguet.

Les **de Bocquemar** étaient originaires de Rouen. Plusieurs membres de cette famille ont paru au Parlement de Normandie. — Pierre FRAIX DE LA MOTTE, procureur fiscal de la baronnie, a laissé sur Jean de Bocquemar les notes suivantes : 15 mai 1663, au rapport de LOUAISIL et JEHANNET, notaires. Contrat de mariage entre noble homme Jean de Beauquemard, originaire de Rouen, demeurant à Saint-Malo, et Demoiselle Suzanne Journée, fille de noble homme Pierre-Isaac Journée et Suzanne Le Fort, sieur et dame de la Coudre. Dot de la future : 20,000 livres, payables au décès de Suzanne Le Fort de la Pifferie. — Jean de Bocquemar décéda le 18 juin 1673. Il faisait à Saint-Malo le commerce maritime. De son mariage avec Suzanne Journée issurent : Nicolas de Bocquemar; Suzanne, mariée et décédée sans hoirs; Élisabeth, passée à l'étranger pour cause de religion. Ces enfants eurent d'abord pour tuteur leur oncle Nicolas de Bocquemar, qui mourut sans hoirs. — Suzanne Journée, suivant l'édit du Roy de décembre 1689, hérita des meubles laissés par ses deux filles passées à l'étranger pour cause de religion. Elle n'eût point d'enfants de son second mariage. Nicolas de Bocquemar, fils aîné de Jean, fut tuteur de ses sœurs. Il épousa Suzanne Chapelier, laquelle se fit séparer de biens. Les biens du dit Nicolas, situés en Normandie, y furent saisis réellement à requête de ses créanciers, qui le firent arrêter à Paris et conduire au fort Levesque. Parmi ces créanciers figurait Suzanne Journée ; elle vendit tous ses droits à Suzanne Chapelier, sa belle-fille. La permission de vendre, signée de Louis XIV, est en date de Marly, 16 juin 1700.

Le 8 juin 1680, Jean de Gennes de la Guillemarais, avocat, époux de Suzanne Journée, veuve en premières noces de Jean de Bocquemar, avait donné procuration à Nicolas de Bocquemar, bourgeois de Rouen, frère du dit Jean; pour toucher, de Me Nery-Coquard, sieur du Petit-Camp, 30,500 livres, prix de la charge de conseiller au Parlement de Rouen, dont jouissait Michel de Farcy (a). Le dit deffunt de Farcy et René de Farcy, écuyer, sieur de la Ville-du-Bois (b), s'étaient engagés au paiement de cette somme, par acte au rapport de GAUTIER et MELLET, notaires, le 1er avril 1676 et le 28 novembre 1677.

(a) Il avait épousé Suzanne Beraudin, fille d'un intendant de La Rochelle.

(b) Marié à Charlotte de la Vesque, fille de Gabriel et de Charlotte de Gennes.

Dans le Catalogue des gentilshommes de Normandie qui prirent part ou envoyèrent leur procuration aux assemblées de la noblesse pour l'élection des députés aux États-Généraux de 1789, nous avons lu : bailliage d'Orbec, **de Bocquemar**, représenté par M. Bertin, écuyer.

---

(7) Leur contrat de mariage est en date du 29 mars 1717. Noble homme Pierre Jolan y est dit cy-devant mousquetaire de la garde du Roy, ensuite lieutenant de dragons au régiment Dauphin avec commission de capitaine, fils de noble Pierre Jolan, sieur de Clairville et de Marguerite de Ramin (?). Le contrat, signé : Pierre Jollan, Suzanne Hardy, Jacques Hardy, Rachel Le Moyne, Aubin de Kerbouchard, Suzanne Hardy, Catherine Le Moyne, Jeanne Le Fort, de Gennes, Suzanne Aubin, Jeanne Aubin de Kerbouchard, Marie Aubin, Marthe et Renée de la Farelle, et notaires.

---

(8) Le contrat de mariage de Daniel Brière, écuyer, sieur de Valigny, demeurant paroisse de Crepeville en Caux, fils de Daniel Brière, écuyer, sieur de Picauville et de Marie Hebert, avec Dlle Suzanne de Beaucquemard, fille non héritière de Nicolas et héritière de Suzanne Chapelier, sa mère, est daté du 26 octobre 1729. Signèrent : Brière de Valigny; S.-E. de Beaucquemard; Marie Hebert; Brière; J. Chapelier; Catherine Chapelier; Suzanne Chapelier; du Mont-Brière; Lermont-Deusquerque, de Rouen; de Bernonville; Oursel; veuve Lermont-Banage; Pierre Brière; Simon Brière; Chauvel de Bernonville; de Cavelande; Legendre de Cavelande; M.-H. Lermont-Brière; Lermont fils; François, duc d'Harcourt; Suladuchal-Mazet; Marie Daussy de la Garenne; Baldan; Brulart; Mme d'Harcourt; Harcourt; Beuvron; Chapelier de Sainte-Claire; de Beauquemart; de Beauquemart; Mallet; Guillaume Pouyer; Saint-Aulaire; Beuvron; Henry d'Harcourt; .....; Anne Thouard; du Moncet; Fraslin; Thouard; Golosville (?); Drumare du Moncet; Caillard de Caumont; Le Diacre de Caumont; Charles La Courtade; Boisguilbart; Godarville; A.-N. Freville; M.-C. de Sainte-Claire.

XXXVIII

MACÉ LE FORT.

Guyon Le Fort.

Étienne Le Fort, marié à Dlle Le Moyne.

Guyon Le Fort, marié : 1° à Perrine Gauvaign; 2° à Étiennette Geffrard.

- Jean Le Fort, marié à Jeanne Hagain.
- Jacques Le Fort de Brimbault, marié à Perrine Le Clavier.
- François Le Fort de la Veilonnière. (V. Tabl. XXXIX.)
- Jacquine Le Fort, mariée à Gilles Ravenel.
- Marguerite Le Fort, mariée à Pierre Guillaudeu de la Vieuville.

Daniel Le Fort de la Jeuvrie, alloué de Vitré.

Jacques Le Fort de Brimbault.

Isaac Le Fort de la Pifferie épousa : 1° Anne Guineau; 2° Suzanne Le Fort.

Jean Le Fort de la Babinière, docteur en médecine.

Suzanne Le Fort, mariée à Jean Godart de la Foliière.

1er lit. — 2e lit.

- Isaac Le Fort de la Blotais épousa J. Rebondy.
- François Le Fort de la Pifferie, marié à Jeanne Ravenel, sa nièce au 2e degré.
- Suzanne Le Fort, mariée à Isaac Journée, sieur de la Coudre.
- Jeanne Le Fort, mariée à Mathurin Le Moyne de la Lehorie.
- Élisabeth Le Fort, mariée à Jean de Gennes de la Guinarderie.
- Jean Godart, marié à Marie de Gennes.

- Dan. Le Fort, sr de Châtelet, marié à Dlle de Lespine.
- Suzanne Le Fort, mariée à David Postel le 15 janvier 1651.
- Suzanne Journée, mariée en 1res noces au sieur de Bocquemar; en 2es noces, au sieur de Gennes de la Guillmarais.
- Jeanne Le Moyne, mariée à Jean de Gennes du Perray.
- Catherine Le Moyne, mariée à Jean Le Fort.
- Suzanne de Gennes, mariée à Jean Le Fort.
- Catherine de Gennes, mariée au sieur Daniel Guesdon de la Boutaudière (1).
- Jeanne de Gennes, mariée à Pierre Fleury, ministr protest.

- Nicolas de Bocquemar, marié à Suzanne Chapelier.
- Dlle de Bocquemar, mariée à André Jossen, d'Amsterdam.
- Deux Dlles Le Fort passées en Angleterre.
- Une troisième passée en Hollande.
- Dlle Le Fort, religieuse Ursuline de Vitré.
- Élisabeth Guesdon, mariée au sieur Berny, négociant à Rennes.
- Jea. Guesdon. Daniel Guesdon.
- Benjamin Guesdon.

Dlle Suzanne de Bocquemar, mariée au sieur de Valigny.

(1) Catherine de Gennes, dame de la Boutaudière, décéda le 17 may 1685, âgée de 41 ans. (Registres protestants).

Macé Le Fort.

Étienne Le Fort, marié à Dlle Le Moyne.

  Guyon Le Fort.

Guyon Le Fort, marié : 1° à Perrine Gauvaign; 2° à Étiennette Geffrard.

  Guyon Le Fort.

Jean Le Fort.

  Jacques Le Fort Brimbault.

    François Le Fort Veilhonnière, marié à Marguerite de Moucheron (1), résida à Anvers et à Londres. Il mourut en 1599.

      Jacquine Le Fort, mariée à Gilles Havenel de la Grande-Lande.

        Jacques Le Fort, capitaine sous le prince d'Orange, tué en duel.

        Esther Le Fort, mariée : 1° à Josias Fortin, sieur de Verrieres en Flandre; 2° à Messire Daniel Heurtepot, de Rouquencourt près Caen.

      Marguerite Le Fort, mariée à Pierre Guillauden de la Vieu-ville.

    Pierre Le Febvre épousa Suzanne Le Febvre.

      Jacques Le Fort, Daniel Le Fort.

        Jean le Fort, Abraham et Jérémie Le Fort.

        Élisabeth Le Fort, mariée à Pierre Le Moyne de Lescoublière.

  Suzanne Le Fort, mariée à Isaac Le Fort de la Pifferie, son oncle et fut ensuite demeurer à la mode de Bretagne.

    Pierre Le Fort se maria à Anvers et fut ensuite demeurer à Amsterdam.

      Jean Le Fort, né à (2) Amsterdam, négociant en la Fosse de Nantes, épousa en 1res noces...; en 2es Suzanne de Gennes; en 3e Catherine Le Moyne.

1er lit.

  Jean Le Fort s'établit aux lieux d'Amérique.

  Dlle Ysabelle Le Fort, demeura à Nantes.

1er lit.

  Trois garçons passés en Angleterre.

  Dlle Le Fort, passée en Hollande.

3e lit.

  Dlle Le Fort, religieuse Ursuline de Vitré.

(1) **de Moucheron.** Famille originaire d'Anvers; a produit des négociants de grande initiative. On la trouve représentée en Normandie et en Bretagne vers la fin du XVIe siècle. Plusieurs de ses membres contractèrent alliance avec des Vivréens. Suit une série de documents qui la montreront à l'œuvre :

Seigneur Pierre Moucheron,

Nous, Macé Gravé et René Le Cocq, avons écrit une lettre au sieur Ch. Paryot afin de vous escrire que si Vincent Gravé, lequel va devers vous en Anvers, a affaire d'argent, que s'il vous plait, vous lui en bailliez jusqu'à 200 livres de gros ; en prenant lettre de recipe de lui. Nous promettons payer au dit Charles ou Louis Bosnard, celuy qui portera sa lettre, huit jours après la veue, pour chacune livre de gros, sept livres quatre sous, payement de France, et outre nous obligerez à vous faire service, priant Dieu mettre paix en ce royaume. (Extrait du *Mémorial de Jean de Gennes du Méx,* continué par son gendre : René Le Cocq).

A Saint-Malo, ce 6 septembre 1581.

Moucheron Balthazar, marchand hollandais, se rendit maître de l'île du Prince en Éthiopie, l'an 1598. Ce marchand, après avoir gagné par ses présents et de grands repas les premiers habitants du pays, les obligea de lui prêter le serment de fidélité et chassa par ce moyen les Espagnols et les Portugais, mais il ne jouit pas longtemps en paix de sa conquête, car il fut contraint de l'abandonner, à cause des perpétuelles révoltes des habitants. (Hugues Grotius, *Histoire des troubles des Pays-Bas,* cité par Moreri).

Lettre d'Henri IV en faveur de Melchior de Moucheron.

A très illustre et très excellent prince, nostre très cher et bon amy le grand-duc de Russye, Vollodomire et Moscowie, Cesard de Casian et Astracan (1).

Très haut, très excellent et très puissant prince, nostre très cher et très amé bon frère et cousin, salut et toute fraternelle amitié et dilection. Nos bien amez..... marchands, nos subjects et vassaux nous ont faict entendre, comme il y a environ quatre ans, qu'ils envoyèrent en vostre ville de Mosco, Melchior de Moucheron (2), leur facteur, pour y résider, négotier et trafficquer, affin que par leur cours et usance d'iceluy trafficq, les pays, provinces et subjects d'entre nous fussent secourus et aydez des commoditez les uns des autres. A quoy depuis le dict temps, le dict facteur se seroit toujours employé par les moyens, marchandizes et biens des dicts marchands ses maistres, lesquels luy auroient envoyé bon nombre de marchandizes. Aussy en auroit-il envoyé de ça, qui ont esté deschargées en nos villes de Caen et Havre de grace; et autant que iceulx marchands désirent que le dict Moucheron, leur facteur, vienne devers eulx pour leur rendre compte et raison de la charge, maniement et administration qu'il a eue, depuis le dict temps ez contrées de votre obeissance, de leur biens et marchandizes, comme pareillement ils désirent que ..... leur serviteur, qui est à présent au dict Mosco, revienne de deça, chose que, de nostre part nous aurons très agréable; néantmoins attendu que vous ou les gens de vostre conseil avez faict contraindre le dict Moucheron de bastir maison en vos contrées, avecq deffenses très expresses d'en sortir sans vostre congé, ils nous ont très humblement supplié et requis vous en escrire en leur faveur, ce que volontiers nous leur avons octroyé, pour l'assurance que nous avons de vous, selon les lettres que avez cy-devant données à toute bonne correspondance de fraternelle amitié entre nous et le libre accès, trafficq et commerce des subjects de part et d'aultre, sans aulcun empeschement : ce que désirons maintenir et conserver autant qu'il nous sera possible. A ces causes nous vous prions autant et sy affectueusement que faire pouvons, que, pour l'amour de nous, vous permettiés au dict Moucheron et au dict ..... de partir dudict lieu et contrées de vostre obeissance, pour revenir de deça rendre cette raison a leurs susdicts maistres, de la negociation et maniement qu'ils ont eu par de là, et a cette fin commander leur en estre expédié tout passe-port et sauf conduict necessaire ; vous asseurant que nous serons toujours bien ayses de faire le semblable envers vos dicts subjects, lorsqu'ils voudront venir trafficquer sur nos terres, selon que votre bonne amitié et intelligence le requiert. Sur ce, nous prions Dieu, très haut, très excellent et très puissant prince, qu'il nous ayt en sa sainte et digne garde.

HENRY.

(1) Le czar était Fédor Ivanovitch, né en 1547, fils du czar Ivan et de la czarine Nastasia. Succéda à son père en 1584 ; mort en 1598.

(2) Le goût des voyages hasardeux et des entreprises lointaines était encore rare en France, et la famille normande de Boulay-Moucheron devança notablement en cela l'esprit de son temps. Cette lettre montre Melchior Boulay de Moucheron établi de sa personne à Moscou au commencement du règne d'Henri IV, pour diriger lui-même ce qui se faisait alors de commerce entre la France et la Russie. De là il fit sans doute passer à Balthasar de Moucheron, que les troubles religieux avaient fait émigrer en Hollande, des notions neuves et précieuses pour les États de ce pays, qui désiraient envoyer en Chine par la mer Glaciale. En effet, dès 1594, Balthasar de Moucheron est chargé par les États de Hollande de donner des instructions aux trois navires qui furent équipés pour cette expédition, racontée par de Thou dans CXIX° livre de son *Histoire. La famille de Moucheron* s'acquit beaucoup de considération en Allemagne, et continua ses relations avec la branche établie en Russie ; car nous voyons en 1634 soit ce même Balthasar de Moucheron, soit, de même nom que lui, envoyé en Moscovie, comme chargé d'affaires du duc d'Holstein. C'est ce que constatent les voyages faits en Moscovie par Olearius, tome 1er, p. 38.

Lettres d'Henry IV, publiées par M. Berger de Xivrey, t. III, p. 113.

Extraits des Registres paroissiaux de Vitré.

15 may 1570. Baptême de Pierre de Moucheron, fils de noble homme Georges et de Perrine Le Coupvreux. — 6 août 1570. Baptême de Suzanne de Moucheron, fille de Georges, receveur des Fouages de l'évêché de Rennes. Parrain : Pierre Clyneau, sieur de Droigné. — Escuier Estienne de Moucheron, sieur

de Laiglerie, conseiller du Roi, auditeur des Comptes, décéda le 25 janvier 1617; fut inhumé en l'église Saint-Martin de Vitré le 26. *Il avait donné cent livres tournois à la dite église, à la charge d'une messe par an.* — 30 septembre 1605. Baptême de Jeanne de Moucheron, fille de noble homme Julien et de D^{lle} Roulleau. — 20 avril 1613. Baptême de Guy de Moucheron, fils de noble homme Estienne, conseiller du Roy, auditeur des Comptes.

Extraits des Registres protestants.

5 juillet 1603. Décès de Mathurine Le Coupvreux, veuve de Monsieur de Moucheron. — 31 may 1640. Charlotte de Moucheron épouse Antoine de Gaillardy. — 1644. Marguerite de Moucheron, veuve de François Le Fort, décéda à la Rapinière, à La Croixille, et fut apportée à Vitré. Signé : Guy LE Noir. — 24 avril 1621. Baptême de Jean de Moucheron, fils de Julien, sieur du Boulay. — 25 mars 1627. Autre Jehan de Moucheron, fils de Julien, présenté par Jean de Grimaudet, conseiller, secrétaire du duc.

Charlotte de Moucheron, femme d'Antoine de Gaillardy, passa à l'étranger lors de la Révocation de l'édit de Nantes. De Guernesey et de Londres elle écrivit à Pierre du Bourdieu, resté à Vitré. Ses lettres dénotent un esprit abusé, mais un cœur excellent. Il s'y trouve en outre d'intéressants détails sur l'émigration des Gaillardy, du Bourdieu, de Farcy, de Malaccar, etc. Suivent quelques extraits de nature à justifier nos assertions :

Grenesay, septembre 1686.

..... Je ne doute pas que notre sortie de France ne vous ait surpris et que vous n'ayez été touché de voir une mère abandonner trois petits enfants (elle parle de sa belle-fille Élisabeth du Bourdieu, mariée à Louis de Gaillardy), mais, Monsieur, il était impossible à elle et à moi de rester plus longtemps dans cet état. Il fallait tout hasarder pour chercher le repos de nos esprits et de nos consciences, ce que nous avons trouvé par la grâce du Tout-puissant, qui nous y a amené comme par la main. Nous espérons encore de sa grande miséricorde qu'il aura soin des petites créatures que nous avons laissées après nous et qu'il suscitera des amis qui en prendront soin. Nous en voyons, dès à présent, des preuves à l'égard de mon cher Louison (Olivier-Louis de Gaillardy), que vous avez eu la bonté de mettre chez vous..... Je vous supplie d'embrasser ce cher enfant pour moi..... J'ai su la douleur qu'il a ressenti en perdant ses mères. Bon Dieu, que la mienne a été grande lorsqu'on m'a appris les larmes qu'a répandu ce cher enfant (il avait eu six ans le 31 août 1686), mais comme les enfants oublient bientôt ce qu'ils ont de plus cher, je vous prie, encore une fois, de conserver en sa mémoire, son......, et lui dites s'il vous plaît, de ma part, que je prie le Seigneur de tout mon cœur qu'il le bénisse et le conserve, et que je l'aimerai toujours tendrement. Je lui commande de vous obéir et de vous regarder comme son père..... Je le prie aussi qu'il vous rende tous vos bienfaits et qu'il vous donne toutes sortes de prospérité. C'est ce que je souhaite avec passion et vous persuader que je vous estime et honore parfaitement.....

P. S. — J'ai une prière à vous....., Monsieur, en faveur de ma cousine de Couasnon. Vous avez bonne connaissance que lorsqu'elle est arrivée de Blain chez nous du château, elle apporta un lit avec d'autres meubles dont elle a disposé..... Vous pouvez rendre ce bon office en témoignage que la chose est véritable. Cela serait injuste si on le lui faisait perdre. Je ne sais si on n'a point procédé à la vente de nos pauvres meubles. Benjamin (l'aîné des Gaillardy, parti pour Londres avec sa mère), laissa sa casaque sur mon lit. Ne souffrez pas qu'elle soit vendue. Vous la pouvez demander pour Louison..... J'ai cru, Monsieur, que vous ne seriez pas fâché d'apprendre des nouvelles de votre sœur. Elle est partie pour l'Allemagne. La passion qu'elle avait de revoir son cher mari (le ministre de Saint-Lô : Fleury, lors à Cassel, sur le Rhin) a surmonté toutes difficultés. Vos neveux sont demeurés à Londres. (Communiqué par M. Tardif et extrait des Archives de Madame Rouilly).

Londres, 8 novembre 1692.

Après avoir félicité Pierre du Bourdieu à l'occasion de son récent mariage, Marguerite de Moucheron ajoute : Monsieur votre aîné (Samuel), de la Caroline, se porte bien. Il s'est remarié pour la troisième fois. La dernière est une fille de très bonne famille française, marchande de la ville de Tours et qui a du bien, de sorte qu'avec la plantation que votre frère a acquise, ils sont fort à l'aise. Il a un enfant de sa deuxième femme et point encore de sa troisième. Vous savez que les enfants de *Madame de Farcy* sont revenus de la Caroline. Madame leur mère est ravie de revoir ses enfants. Le fils est fort avancé

dans les sciences que votre frère lui a apprises. Madame de Farcy est si satisfaite de l'éducation qu'il a donné à ses enfants qu'elle en parle à tous ses amis avec une reconnaissance éternelle....., Je viens à votre deuxième frère (Mathieu dit Gaulairie) ; il est en bonne santé. Ma belle-fille (Élisabeth du Bourdieu) est toujours traînante..... Votre pauvre sœur Renée est dans le même état. Elle a été deux mois à Franc-fort avec la princesse (la bonne Tarente). Je ne vous dis rien de Madame Fleury (Esther du Bourdieu). Elle ne m'écrit que rarement. Je sais par M. son beau-frère qu'ils sont en bonne santé et fort à leur aise. Vous ne serez pas fâché, Monsieur, de savoir que vos parents du Bourdieu sont ici avec leurs familles (l'un de ces du Bourdieu était le ministre du maréchal de Schomberg), établis, honorés, estimés de tout ce qu'il y a de personnes de qualité pour leur grand mérite et leur grand savoir. Ils ont des garçons qui seront de grands hommes en leur temps. Ils se connaissent particulièrement mon petit-fils et eux......
Je vous prie de me dire des nouvelles de Madame Farcy. Vous savez peut être que M. de Malaccar est ici avec deux de ses fils et ses deux filles. Sa femme et sa fille aînée sont en Suède.....

Dans une autre lettre, elle reproche à Louis-Olivier de Gaillardy, son petit-fils, d'avoir oublié sa pauvre grand'mère. « Ne te souviens-tu plus, écrit-elle, de l'amitié qu'elle t'a témoignée, le temps que je t'avais à ma conduite, temps heureux pour l'un et pour l'autre, bien différent de celui où nous vivons aujourd'hui, qui nous voyons privées de ce que nous aimons le plus au monde. Dieu le veut ainsi. Il lui faut obéir. Je te demande donc de me donner une marque d'amitié en m'écrivant. Je pense à toi et à tes petits frères...... Je vous ai fait à tous des bas, des bonnets, des camisoles. J'ajoute des couteaux, des boucles d'argent et des boutons pour vos manches. Je chercherai plusieurs voies à vous les envoyer à Saint-Malo...... — Votre bonne grand'mère qui vous embrasse avec tante de Couesnon du meilleur de nos cœurs ».

Ailleurs, piquée par certains propos sinon malséants, du moins indiscrets, son ardeur huguenote se réveille et s'épand en ces termes :

« Je me promets que vous reprendrez votre filleul de beaucoup de choses que les Brutaux lui inspirent. Donnez lui, je vous en prie, d'autres sentiments pour le temps qu'il a le bonheur d'être avec vous ...... Bon Dieu, quelle douleur pour moi de voir une partie de mon sang pour être élevée dans une fausse doctrine. La prière que je fais à Dieu soir et matin est de leur faire la grâce de les délivrer. Il a divers moyens en sa main pour cela. Je l'espère de sa miséricorde. Je vous suis très obligée de l'intérêt que vous prenez en ce qui me regarde. Je puis dire en vérité que je suis plus riche que je ne m'étais vue il y a longtemps quoique je fusse dans ma famille. Je possède les biens spirituels qui tombent tous les jours à nos portes et du côté du temporel, je suis satisfaite. Rien ne traverse ma joie que ces petits misérables que j'ai laissés par force. Mais j'espère que l'Éternel leur donnera ce qu'il a donné à Moïse. Ils iront visiter leurs frères !

» Je finirai en vous assurant que j'aurai pour vous l'estime, l'amitié et l'inclination à vous rendre service. Je dirai sans vous flatter que vous êtes celui de la famille qui avez eu des égards pour moi. Je suis bien payée par vos honnêtetés des petits services que je vous ai rendus dans votre enfance ». Nous avions bien dit : c'est toujours le cœur qui a le dernier mot.

Charlotte de Moucheron était née le 15 janvier 1616. Elle était fille d'écuyer Julien, sieur du Boulay, et de Jeanne Rouleau, et sœur d'Anne de Moucheron, née le 30 septembre 1608 et mariée le 8 octobre 1628 à André de Couaisnon. (*Église protestante de Vitré*, par l'abbé P. Paris-Jallobert).

Extrait des arrêts de DE VOLANT, page 313.

« Les nobles, non originaires de la province de Bretagne, s'étant habitués en icelle et y faisant trafic, quoiqu'ils dérogent à leur qualité pendant l'exercice du trafic, peuvent comme les autres nobles de la province reprendre leur qualité sans être obligés de prendre lettres chez le Roy, pour être restitués contre la dérogation par eux faite. — Jugé entre les **Moucheron**, 5 juin 1642. — LEFEUVRE, rapporteur ; TANOUARN, partiteur ».

Moucheron : d'argent à la fleur de lys d'azur faillie ou séparée par le milieu et détachée de toute part. Devise : *Altum, alii teneant!* Jean épouse vers 1560 Jeanne de Bailleul ; Gilles, sieur de Lavernaud au Perche, homme d'armes dans la compagnie de César, duc de Vendôme en 1598. **Georges, sieur du Boulay,** épouse à Vitré Mathurine Le Coupvreulx, dont Étienne, père d'autre Étienne, auditeur des

Comptes. Jean, marié en 1627 à Marguerite Huon de Kermadec, dont la postérité, qui a produit un sous-lieutenant du régiment de Berry, fusillé à Quiberon en 1795, s'est fondue dans Le Borgne de Keruzoret. (*Armorial de Bretagne*, par Pol. de Courcy, 3e édit., t. II, p. 312). — Cette famille est encore représentée en Normandie par le comte de Moucheron, marié le 7 avril 1888 à Mlle de Muyssart.

(2) Noble homme **Jean Le Fort**, né à Amsterdam, demeurant à Nantes, marié à Suzanne de Gennes, fille de Jean et d'Élisabeth Le Fort, le 26 août 1663. Suzanne de Gennes était décédée avant 1670, car elle ne parut pas au partage des biens de sa mère : Isabeau Le Fort, dame de la Guinarderie. Jean Le Fort fut ancien de l'église P. R. de Nantes et en perpétuelle opposition avec le ministre Raton de Brissac. Ces démêlés tragi-comiques ont été narrés par Vaurigaud en son *Histoire des Églises réformées de Bretagne*. « Le 16 avril, l'Assemblée s'occupa d'une querelle d'un ancien, nommé Le Fort, avec un de ses collègues nommé de Bie, et de paroles injurieuses échangées entre le même Le Fort et M. Wyckerstoot, ancien également du Consistoire. Elle blâma les deux contradicteurs et leur enjoignit de s'embrasser, ce qu'ils firent..... Le 22 avril, il y eut un consistoire général auquel assistèrent : Messieurs de Brissac et de Malnoë, pasteurs; M. Van Aersen, scribe; de la Joliverie et Van Haerzell, anciens; assistés et renforcés de Messieurs Jean de Varnigues, Bechard, Rouxeau des Aiguessières et Simon de Licht, chefs de famille. L'affaire Le Fort fut examinée d'une manière approfondie. Il était accusé d'avoir chassé sa belle-sœur à dix heures du soir, lui jetant ses hardes par les fenêtres; d'avoir communié deux jours sans se réconcilier avec elle. Il l'avouait. On l'accusait encore d'avoir abandonné, pendant un an, les fonctions de sa charge; d'avoir insulté M. de Brissac et sa belle-fille, *d'avoir publié un libelle diffamatoire contre le pasteur et une partie des membres de l'église; c'était une chanson qu'il avait chantée dans son bateau en revenant de Sucé*, au lieu des louanges de Dieu suivant la coutume; d'avoir insulté M. Wyckerstoot en plein consistoire peu avant la prédication et M. de Bie au sortir du temple. C'est pourquoi la compagnie déposa le sieur Le Fort de sa charge d'ancien, jugement dont notre homme se porta appelant d'une manière scandaleuse, t. II, p. 338, 339.

Le 30 juin 1678, le Consistoire de Nantes, réuni à Sucé, censura Le Fort et sa famille, parce qu'ils n'assistaient pas au culte, t. II, p. 344. — Le 23 juin 1680, le malheureux Le Fort, dont l'opiniâtreté et l'endurcissement auraient lassé et irrité des hommes moins fermes et moins convaincus que les membres du Consistoire de Nantes, renouvela encore ses attaques contre M. de Brissac. Ce pasteur informa qu'il avait reçu de Le Fort trois significations pour comparaître devant la justice. Le Consistoire cita ce dernier devant lui. Le Fort comparut le 23, mais pour récuser l'autorité de ses juges et pour demander que les commissaires du Synode fussent présents....., t. II, p. 351. — Jean Le Fort était soutenu par le sieur de Malnoë, aussi ministre de Nantes. Le scandale de ses dissensions prolongées et son humeur difficile amenèrent sa fille Ysabelle à la religion catholique. Peu après, Le Fort et sa femme ayant déclaré au Consistoire ne vouloir jamais plus entendre M. de Brissac, et de fait n'allant entendre nul autre, furent exclus de la Cène, t. II, p. 363, 364.

XL

MACÉ LE FORT.

Guyon Le Fort.

Étienne Le Fort, marié à D^lle Le Moyne.

Guyon Le Fort, marié : 1° à Perrine Gauvaign; 2° à Étiennette Geffrard.

Jean Le Fort. | Jacques Le Fort Brimbault.

François Le Fort Veillonnière, marié à Marguerite de Moucheron.

Jacquine Le Fort, mariée à Gilles Ravenel de la Grande-Lande.

Marguerite Le Fort, mariée à Pierre Guillauden de la Vienville. (Voir Tableau XLI).

Olivier Ravenel, marié le 4 mai 1593 à Judith Fougeray.

Judith Ravenel, mariée à Paul Paindebled, le 10 février 1630.

René Ravenel Barre-Levée ou Malaumosne, né le 20 janvier 1591, marié à Françoise Vergeais, d'Angers.

Jean Ravenel (1), marié à Marie Droyaud.

Olive Ravenel (2), mariée à Jacques Le Fort Brimbault.

Marie Ravenel, marié au sieur de St-Christ (3).

Suzanne Ravenel, mariée à Jean de Launay, greffier à Blain (4).

Pierre Ravenel, décédé en ses voyages en mer.

Olive Ravenel, mariée à Julien Colin.

René de Launay chirurgien, marié à Renée Bongrain (6).

Marguerite Ravenel, mariée : 1° à Noël Deligné, sieur de la Roche; 2° à Jean Rabaut (5).

Hélène Deligné, mariée à Gervais Le Roux.

Perrin Colin, mariée à Franç. Relec, de St-Brieuc.

Paul Deligné, procureur fiscal du Pinel, à Gennes.

René Deligné, notaire et procureur à Vitré (7).

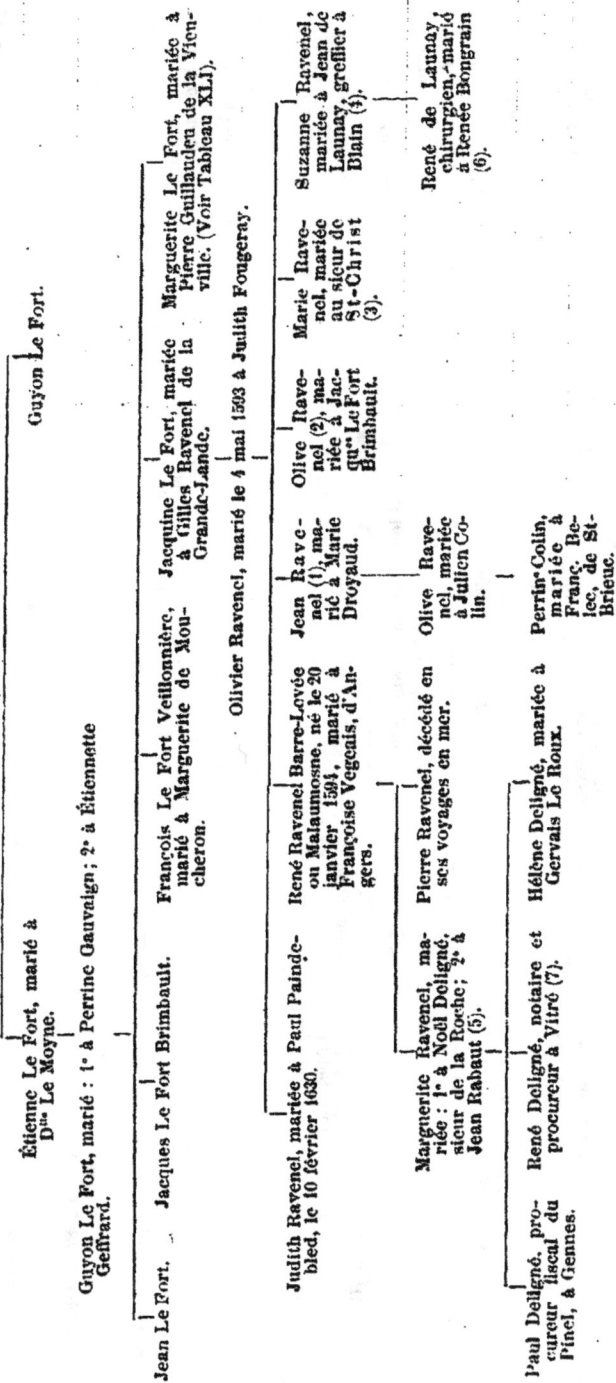

(1) Né le 7 avril 1602. — (2) Née le 25 février 1597. — (3) Née le 19 mars 1598. — (4) Un Delaunay contribua, en 1639, à la construction du temple de Blain. (Voir VAURIGAUD, t. II, page 202). — (5) Commis au greffe de Vitré. — (6) Petite-fille de Paul Bongrain, sieur de la Boisnelle et de Léonarde Le Bouc, mariés à la Genèvre, au château de Terchant, le 21 janvier 1629; fille de Paul, sieur de la Boisnelle, marchand, et de Marguerite Charlot. (Voir l'Église protestante de Vitré, par l'abbé PARIS-JALLOBERT, page 18). — (7) Le Livre doré de la ville de Nantes contient cette mention: René Waldeck-Rousseau, maire de Nantes, né à Avranches le 27 septembre 1809, fils de Charles Waldeck-Rousseau, ancien officier de l'armée de Mayenne, directeur des Contributions indirectes à Avranches, et de Félicité Deligné, fille d'un procureur au Parlement de Rennes.

XLI

MACÉ LE FORT.

Étienne Le Fort, marié à Jeanne Le Moyne.

Guyon Le Fort, marié: 1° à Perrine Gauvaing; 2° à Étiennette Geffrard.

Guyon Le Fort, marié à Marie Le Moyne.

Jacques Le Fort.

Marguerite Le Fort, mariée à Pierre Guillaudeu de la Vieuville.

Jean Le Fort, marié à Jeanne Hagnin.

Arnel Le Fort, marié à N***.

Jean Le Fort, marié à N***.

Georges Le Fort.

Jacques Le Fort.

Jean Guillaudeu de la Vieuville, marié à Jeanne de Gennes.

Jacques Le Fort Brimbault.

François Le Fort, marié à Gilles Ravenel.

Jacquine Le Fort, mariée à Gilles Ravenel.

1er lit.

D.lle Le Fort, mariée à René Seré de la Sihomnière.

1er lit.

Le père Le Fort (Pierre), recteur du collège Henri IV, à La Flèche (2).

Jean Le Fort des Longrais (1), marié: 1° à Julienne de Montalembert; 2° à Gillette Le Faucheur. 2e lit.

Gilonne Le Fort, mariée à Étienne Charil, s.d.n. Boisquet. (V. T. XLII.)

Pierre Guillaudeu de la Vieuville, marié à Françoise Le Manceau.

Anne-Marie Guillaudeu, mariée à Étienne Charil de Beauvais.

Marie-Françoise Charil, mariée à Pierre-Ignace Le Faucheur.

Ét. Charil des Mazures, marié à D.lle Le Royer.

Luc-René Charil des Mazures, marié à D.lle Olive Frain de la Motte.

N. Seré, prêtre. 2° à Julienne Seré, s. alliance.

Mathurin Seré du Tell, maire de Vitré, marié: 1° à D.lle Malherbe; 2° à Marguerite Frain de la Motte.

D.lle Marie-Anne Le Faucheur, mariée à de Gennes du Chalonge.

Marie-Anne Charil, mariée à J. Le Faucheur de la Coelerie.

Marie-Anne Le Faucheur de la Coelerie.

Julienne Charil, mariée à Julien Bruneau.

Gilonne Charil, mariée à Mathurin Seré.

Gilonne Seré de la Sihomnière (3), mariée à René Charil des Briettes.

Anne Seré, mariée à Claude de Chanteloup.

Pierre de Gennes, jésuite.

Nicolas de Gennes, s. b.

Marie de Gennes, Ursuline.

Françoise de Gennes, hospitalière.

Jeanne-Françoise Le Faucheur, mariée à Mathurin Hardy.

René Charil des Mazures, marié à Marie Berny.

Prosper Charil des Mazures, marié à D.lle Lamy.

Félicité de Gennes, mariée à Julien Richard (4).

Marie-Anne de Gennes, mariée à Maurice Bernard de Courville (5).

Marguerite Hardy, mariée à Jean Frain de la Gaulairie.

Félix de Gennes de Chanteloup, marié à Constance Thomas de la Plesse.

29 août 1636.

(1) Inventaire, certification et prisaige faits par autorité de la cour de Vitré, des biens meubles morts et vifs dépendant de la communauté de deffunt honorable homme **Jean Le Fort, sieur de la Longrais,** et d'honorable femme **Gillette Le Faucheur,** demeurée sa veuve et tutrice de leurs enfants mineurs, instant la dite veuve au dit nom ; et honorable homme **Pierre de Montalembert, sieur de la Mousserie,** aussy tuteur et garde des enfants mineurs du dit deffunt et de deffunte honorable femme Julienne **de Montalembert,** femme en premières noces du dit deffunt sieur de la Longrais, à la préservation de leurs droits et de tous autres qu'il appartiendra ; les dits biens meubles nous représentés par la dite veuve et le dit sieur de la Mousserie, en la maison où le dit deffunt est décédé. Les dits biens ont été prisés par honorables personnes : **Olivier Duverger,** sieur de la Goupillère, et **Guy Ronceray,** sieur du Teilleul, curateur particulier pour défendre contre le dit sieur de la Mousserie aux affaires où il aura intérêt.....; ont promis se porter fidèlement au fait du dit prisaige; le rapport duquel a esté fait par moy, greffier d'office de la dite cour, comme en suit :

Du 29ᵉ jour d'août 1636.

Certification des papiers et enseignements des dites communautés.

L'inventaire dont nous venons de donner le début est rempli de détails intéressants sur le commerce maritime, le mobilier, le vêtement, etc..... Il comprend 45 folios écrits sur verso et recto, dont voici quelques *extraits* :

Un petit sac dans lequel il y a douze pièces concernant la succession de maître Georges Le Faucheur. — Mémoire des frais deus au dit deffunt par deffunt Jean de Montalembert, sieur de l'Étang, du 2ᵉ octobre 1628. — Copie de compte-courant que Pierre de Montalembert a tenu à Louis Le Corvaisier, sieur de la Courjeonnière. — Tenue de la maison et jardin du Rachapt dépendant de la dite succession, rendue à Monseigneur le baron du dit Vitré, datée de la réception le 9ᵉ octobre 1632. — Autre tenue rendue à la dame du Pinel pour le lieu de la Hervelaye, datée de la présentation le 23ᵉ may 1626. — Copie du contrat d'acquet fait à deffunt Guillaume Le Fort, sieur des Longrais, par André Gaulay et femme, pour le jardin et maison du Rachapt. — Un pacquet de comptes et de lettres missives. — Copie de contrat sur papier, touchant l'acquest fait par le dit deffunt d'avecq François Gastet et femme, de quantité de jardin située près Vilaudin pour cent livres tournois, en date du 28ᵉ décembre 1633. — Ratification d'entre le dit defunt sieur des Longrais et Hierosme Logeais, pour le lieu de la Chevallerye en Torcé, signée : de N. Tirel, du 21ᵉ novembre 1631. — Contrat judiciel touchant l'acquet fait par le dit deffunt, des biens du dit deffunt de Montalembert, sieur de l'Estang, en date du 17 et 27ᵉ août 1629, signé : Nouail et de Gennes. — Contrat sur velin, touchant la rente constituée, faict par le dit sieur de la Mousserie d'avecq Macée Le Gouverneur, sa belle-mère, rapporté de..... et Bidault; au pied duquel il y a un reçu de quatorze cents livres y contenues; signé : de Montalembert, du 21ᵉ septembre mil six cent trente. — Un contrat sur velin, touchant l'acquet fait par le dit feu sieur des Longrais et la dite Le Gouverneur d'avec Gilles Levesque et femme, de certains héritages situés au village du petit..... en Estrelles, en date du 1ᵉʳ août 1623, signé : Sernois et Bidault. — Inventaire des biens meubles de la Communauté du dit deffunt et de deffuncte Julienne de Montalembert, sa première femme, en date du 7ᵉ août 1630, signé du dit de Gennes. — Esgail du fief de Brin (?) en tant qu'il en est tenu de la seigneurie des Rochers, daté le 10ᵉ décembre 1613. — Acte de donation fait entre le dit deffunt et sa première femme Julienne, au présidial de Rennes, le 21ᵉ octobre 1623. — Tenue rendue au sieur prieur de Sainte-Croix par le dit defunt, pour la préc de la Longrais, présentée et reçeue par les officiers du dit sieur, le 4ᵉ novembre 1621, signé : Roulleaux, Bonnieu et Renard. — Copie du contrat de mariage entre le dit deffunt et la dite de Montalembert, sa première femme, en date du 5ᵉ janvier 1621, signé : ..... et Bidault, notaires. — Neuf contrats sur veslin, qui ne servent que de garantie de l'acquet fait par le dit deffunt d'avecq Guy Ronceray Teilleul du dit lieu de la Hervelaye. — Copie des partages des biens appartenant à Jean et Julienne de Montalembert, femme du dit deffunt, en date du 5ᵉ octobre 1621. — *Trois actes en langue espagnole.* — Copie d'accord fait entre le dit deffunt et Jacquine Le Fort, sa sœur, en date du 30ᵉ novembre 1627, signé : Coiscauld et Thomelier. — Facture de quatre ballots de toile de Laval, contenant ensemble 3,630 verges d'Espaigne, qui ont cousté, avec les frais : 1,787 livres 10 sous 6 deniers. — Tenue rendue à la seigneurie du Plessix en

Argentré par le dit deffunt, de deux pièces de terre près la Hervellaye, reçeue le 11ᵉ février dernier. — Sept quittances consenties au dit deffunt par le dit sieur de la Mousserie, le sieur de Gaillon, du Rocher Hardy, Rocher Le Clavier et du Fail Ravenel. — Tenue rendue à Monseigneur le baron de Vitré, de la maison où le dit deffunt est décédé. — Quittance consentie au dit deffunt, par Étiennette Le Faucheur, des meubles de la succession de deffunt maître Georges Le Faucheur, en date du 15ᵉ octobre 1632.

Ensuit l'inventaire des meubles, auquel nous avons fait les emprunts suivants :

Un petit escriptonez de bois de cyprès, estimé xv livres tournois. — Quatre chesres brodées de laine, à accoudoir, et une autre aussi brodée, sans accoudoir : xxii livres. — Une grande garde-robe de Flandre, couverte de cuir doré, à dix-neuf basres, avecq son soubassement : xx livres. — Deux petites chesres de Flandre et autre petite de noyer, sans accoudoirs. — Un arquebuze à mèche, un pistolet, une petite arbalète en acier et une espée. — Deux tableaux de paysage, une carte marine, montée, et quatre autres tableaux : xv livres. — Deux tantes de sacre, toile blanche, que la veufve nous a dit estre pour servir au logix du Rachat, prisées : xii livres. Quatre autres rideaux toile, pour servir de tenture au sacre : xx livres. — Soixante et treize livres de vaisselle d'étain, prisées 13 sous la livre, fait le tout ensemble : xlvii livres ix sols. — Un manteau de draps d'Espaigne noir, à trois luisans de soie, doublé de serge : xxx livres. — Une pièce de tenture de serge verte : xx livres. — Deux aulnes camelot violet, prisées : l sous. — Un ciel brodé avec les rideaux d'étamine verte, à grand luisans et crespine de soye verte : l. livres. — Un vieux pourpoinct de satin noir, un autre de satin blanc. — Dans la dite garde-robe, un pochon que la dite veufve dit avoir reçeu d'envoy de Michel Lambaré de Saint-Malo, comme l'a fait conster par sa lettre du 15ᵉ août dernier, dans lequel pochon il y a en reaux d'Espaigne 267 livres 11 sous 4 deniers. — Une garde-robe de Flandre, à cuir doré, à treize basres, avec son soubassement de noyer à godrons : xvi livres. — Deux landiers, façon de Flandre, à pommettes de cuivre : vi livres. — Une pièce de toile cannevas et autre morceau pareille toile, contenant 78 aunes, prisée 10 souls l'aune, fait le tout : 39 livres. — Un grand mirouer monté de bois doré. — Un habit pourpoinct, haut et bas de chausses ; une paire de jarretières de taffetas et la casaque sarge....., couleur tannée ; ensemble, prisé : 40 livres tournois. — Un vieil pourpoinct et haut-de-chausses, satin noir découpé : 12 livres. — Un vieil haut-de-chausses de velours à fleurs noires, avec haut-de-chausses en satin noir découpé : 15 livres. — Deux bréviaires des deux temps, garnis d'attaches d'argent, prisés : vi livres. — Deux petites écharpes ; une taffetas bleue à frange de fil d'or, ensemble prisées : 40 sous. — Deux garnitures d'oreillers à usaige d'Espaigne, avec broderies d'or, ensemble : viii livres.

Joyaux de Gillette Le Faucheur

Prisés par Jean de Gennes Guinarderye et Jean Hardy, maistre orphevfre du dit Vitré.

SAVOIR :

Une bague d'or qui enchasse une pierre d'émeraude, prisée : 45 livres. — Une autre bague d'or, appelée Jasnette : 18 livres. — Un petit ruby doublet, monté sur une bague d'or, prisé : 6 livres. — Une bague d'or montée d'une amethyste, prisée : 10 livres. — Cinq autres bagues d'or ; deux pendants d'oreilles ; une petite croix d'or, avec un petit chaignon d'or et deux petites attaches ; ensemble : 63 livres 15 sols. — Une filée de perles de trois tours de col, prisée : 120 livres. — Un chapelet de corail, avecq cinq marques et une médaille : 20 livres.

Vêtements de Gillette Le Faucheur :

Une robe de taffetas plein avec passements au corps d'icelle : 30 livres. — Une robe de Samin : 4 livres. — Une robe de Samin avec les manches en satin découpé : 7 livres. — Un cotillon de damas, couleur de peusse et orange : 14 livres. — Un cotillon de taffetas cramoisy, avec passements : 9 livres. — Un cotillon de satin à fleurs, le fond incarnat : 15 livres. — Un autre cotillon de ....., changeant : 5 livres. — Un mantelet de taffetas noir, doublé de velours, à ramaige : 4 livres.

Mobilier des deux chambres hautes du manoir de l'Étang, paroisse d'Étrelles.

Table de bois noir ; 2 bancelles ; un escabeau ; deux tabourets. — Un lit de bois de noyer, sans quenouilles; un lit de bois de chêne, avec quenouilles. Ces lits garnis de couettes de plume, traversins, oreillers. — Une vieille garde-robe de Flandre avec son soubassement; un bahut; quelques ustensiles de cuisine.

Prisaige du linge estant au dit lieu de l'Étang :

Dix-sept chemises, à usaige d'hommes, à raison de 30 sous l'une. — Deux cent vingt-six bas de fil, à raison de 10 sous la paire. — Deux linceulx de gros lin, à 3 livres 10 sous l'un. — Huit linceulx de brin en brin, à 40 sous chacun. — Neuf linceulx de brin en testure, à 30 sous pièce. — Vingt-sept serviettes en brin de testure, à 6 sous chacune. — Vingt-quatre serviettes à soixante sous la douzaine. — Six touailles de brin en testure, à 12 sous pièce. — Treize souilles d'oreiller de lin, à 15 sous chacune.

Prisaige des bestiaux estans aux champs, sur les lieux et métairies dépendant de la dite succession, qui ont été prisés par les dits sieurs de la Goupillère et du Teilleul qui ont appelé avec eux : Pierre Gandon, du Grand-Bren, et..... Barbot, métayer à Marpalu, paroisse d'Étrelles, qui ont procédé comme en suit :

A l'Étang.

Une cavale à poil rouge brun, ...	50 livres.
Deux bœufs, prisés, ...	90
Quatre porcs de l'année passée et deux plus petits	30
Six mères vaches, une génisse et un veau	118
Une autre plus petite jument, poil rouge brun, avec son poulain	36

Au lieu du Petit-Bren, paroisse d'Étrelles.

Cinq mères vaches et un veau de l'année passée	85 livres.
Deux poureeaux de l'année passée et trois petits; l'un d'iceux a une jambe rompue. . . .	23

Au lieu de la Hervelaye.

Quatre vaches, prisées ensemble	60 livres.
Deux grandes génisses	20
Deux veaux	10
Trois grands porcs avec quatre petits	26
Ung cheval et une cavale avec son poulain, ensemble prisés . . .	40

Moitié de ces bestiaux appartenait à la succession.

Se rappeler que la livre, au temps de Louis XIII, valait trois francs. Il faut donc tripler chacune des sommes exprimées ci-dessus pour connaître sa valeur intrinsèque; la quadrupler ensuite pour avoir sa valeur comparative. Les deux bœufs de l'Étang estimés, en 1636, 90 livres, représentent en valeur actuelle 1,080 francs.

----

(2) **Pierre Le Fort**, né en 1628, mort le 24 décembre 1718, fut le premier supérieur du séminaire et le premier instituteur des *aumôniers de la marine de Brest*. Après avoir enseigné la philosophie et la théologie, il fut successivement recteur des collèges de Nevers, d'Orléans et de Quimper. Il gouverna le collège de La Flèche du 12 juillet 1679 au 19 novembre 1683.

Sous le gouvernement du père Le Fort, les vitréens affluaient au collège de La Flèche : Jean Burel de l'Espinay, Joseph Billon, Alphonse Le Corvaisier, Mathurin Charil du Boisquet (neveu du recteur), Denys Burel, Julien-François Le Clavier, sont acteurs dans les « Arts, les Sciences et les Armes » emploiez par l'hymenée pour le mariage de Monseigneur le Dauphin, pièce mêlée de chants, de spectacles et de danse, représentée au collège royal de La Flèche le 13e jour de mai de l'an 1680. (Voir : *Un Collège de Jésuites aux XVIIe et XVIIIe siècles*; *Le Collège Henri IV de La Flèche*, par le Père C. DE ROCHE-MONTEIX, t. 3 et 4).

28 septembre 1678.

(3) Le contrat de mariage de Gilonne Seré, dame de l'Étang, et de René Charil, sieur des Briettes, fils aîné de nobles personnes André Charil et Damoiselle Renée Nouail, fut dressé au domicile de noble homme Mathurin Charil, sieur de la Barre, dict fauxbourg Saint-Martin, parent allié des parties; avec les seings des parties, du dit sieur de la Barre et ceux de nobles personnes : Olivier Seré, sieur de Lorvinière, oncle paternel de la future épouse; Estienne Charil, sieur du Boisguet, oncle maternel d'elle et noble homme Alphonse de la Besnardais, sieur du dit lieu, cy-devant curateur d'elle et son proche parent; et de la Demoiselle Guillemette de Mardeaux, dame de Maurepas, ayeule maternelle du dit sieur des Briettes, et plusieurs de leurs autres parents et amis, le vingt-huitième septembre mil six cent soixante-dix-huit. Ainsi signé : René Charil, Gilonne Seré, A. Charil, Renée Nouail, Charil, Guillemette de Mardeaux, Gillonne Le Fort, Boisguet, Charil, Jean Charil, Pierre de Lespine; et pour notaires : LÉNÉ et CHABOT.

---

(4) Représenté par Jules-Marie Berhard, son petit-fils, archiviste paléographe, correspondant du ministère des Beaux-Arts à Laval, membre titulaire de la *Commission historique de la Mayenne.*

---

(5) Le manoir et la métairie de l'Étang appartiennent à Maurice de Courville, ingénieur de la marine, fils du général Alfred de Courville, petit-fils de Maurice-Bernard de Courville et de Marie-Anne de Gennes de Chanteloup.

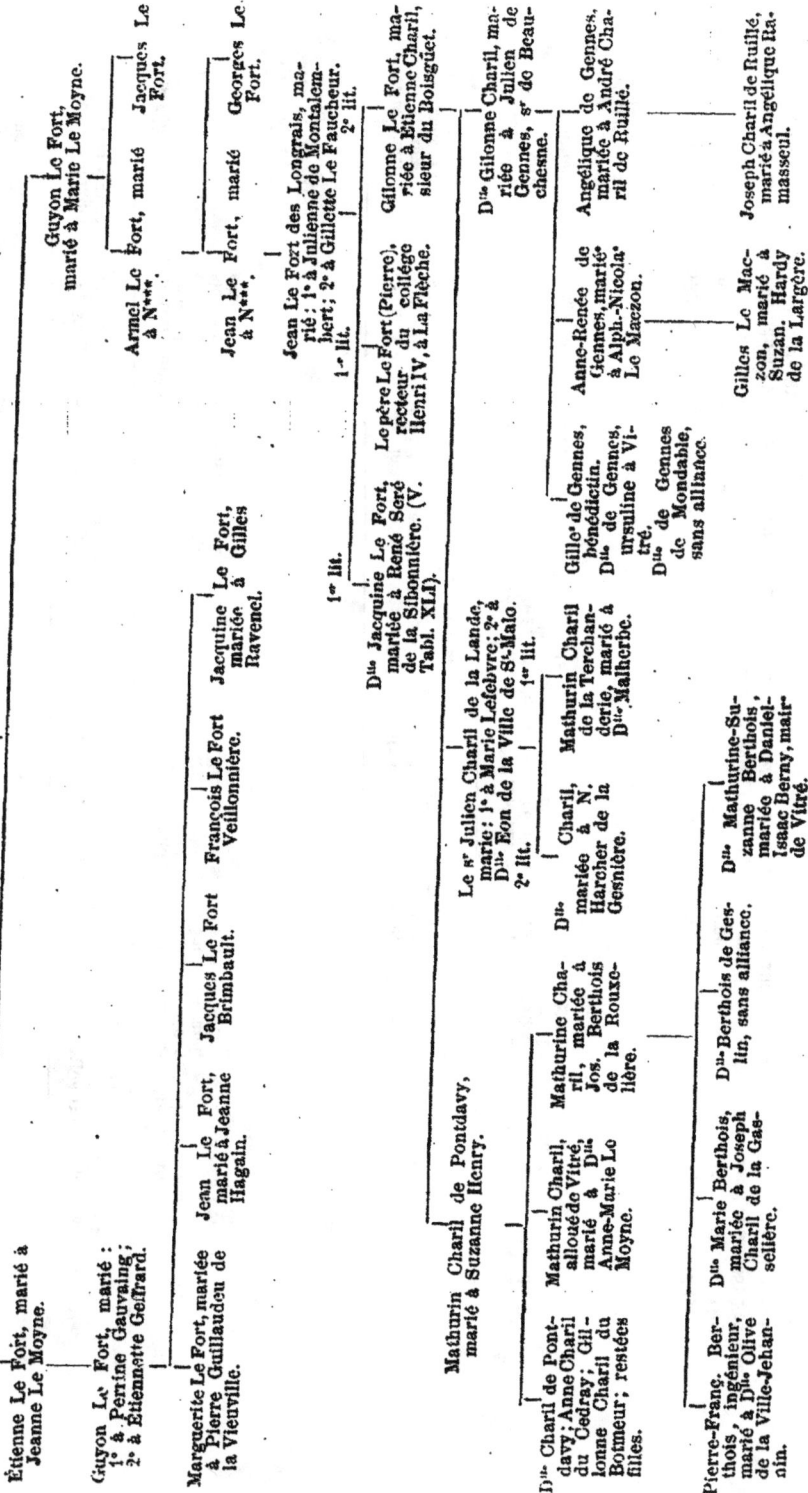

XLII

MACÉ LE FORT.

Étienne Le Fort, marié à Jeanne Le Moyne.

Guyon Le Fort, marié : 1° à Perrine Gauvaing ; 2° à Étiennette Gelfrard.

Guyon Le Fort, marié à Marie Le Moyne.

Armel Le Fort, marié à N***.

Jacques Le Fort.

Jean Le Fort, marié à N***.

Georges Le Fort.

Marguerite Le Fort, mariée à Pierre Guillaudeu de la Vieuville.

Jean Le Fort, marié à Jeanne Hagain.

François Le Fort Veillonnière.

Jacques Le Fort, marié à Jeanne Brimbault.

Jacquine Le Fort, mariée à Gilles Ravenel.

Jean Le Fort des Longrais, marié : 1° à Julienne de Montalembert ; 2° à Gillette Le Faucheur.

1er lit.

Le père Le Fort (Pierre), recteur du collège Henri IV, à La Flèche.

2e lit.

Gilonne Le Fort, mariée à Étienne Charil, sieur du Boisguet.

Dlle Gilonne Charil, mariée à Julien de Gennes, sr de Beauchesne.

Dlle Jacquine Le Fort, mariée à René Seré de la Sibonnière. (V. Tabl. XLII).

Anne-Renée de Gennes, mariée à Alph.-Nicola° Le Maczon.

Angélique de Gennes, mariée à André Charil de Ruillé.

Gilles de Gennes, bénédictin. Dlle de Gennes, ursuline à Vitré. Dlle de Gennes de Mondable, sans alliance.

Gilles Le Maczon, marié à Suzan. Hardy de la Largère.

Joseph Charil de Ruillé, marié à Angélique Rau. masseul.

Mathurin Charil de Pontdavy, marié à Suzanne Henry.

Le sr Julien Charil de la Lande, marié : 1° à Marie Lefebvre ; 2° à Dlle Éon de la Ville de St-Malo.

1er lit.

Mathurin Charil de la Terchanderie, marié à Dlle Malherbe.

Dlle Charil, mariée à N. Harcher de la Gesnière.

2e lit.

Dlle Charil de Pontdavy : Anne Charil du Cedray, Gilonne Charil du Botmeur ; restées filles.

Mathurine Charil, allouée de Vitré, marié à Dlle Anne-Marie Lo Moyne.

Mathurine Charil, mariée à Jos. Berthois de la Rouxolière.

Dlle Mathurine-Suzanne Berthois, mariée à Daniel-Isaac Berny, maire de Vitré.

Pierre-Franç. Berthois, ingénieur, marié à Dlle Olive de la Ville-Jehannin.

Dlle Marie Berthois, mariée à Joseph Charil de la Gassellère.

Dlle Berthois de Gesslin, sans alliance.

XLIII

N. GUILLAUDEU (1).

Pierre Guillaudeu de la Villemorel.

N. Guillaudeu, sieur de l'Épayère.

Pierre Guillaudeu de la Vieuville, marié à Marguerite Le Fort, fondateurs de la chapelle Notre-Dame de Pérouse (2).

Jean Guillaudeu de la Vieuville, marié à Jeanne de Gennes.

Jacques Guillaudeu de la Motte, écuyer Olivier Frotet de la marié à Suzanne de Couasnon.

Jeanne Guillaudeu, mariée à thieu Le Moyne de la Rebour-Touche-aux-Bégasses.

Olive Guillaudeu, mariée à Ma-sière.

(3) Jean Guillaudeu de la Vieu-ville, marié à Jeanne de Gennes.

(4) Pierre Guillaudeu de la Vieuville, marié à Françoise Le Man-ceau.

Brie Guillaudeu, sieur du Bas-Gast (5), puis sieur de la Lar-gère.

Dlle Guillau-deu, reli-gieuse à Er-née.

Jean Guillau-deu de la Largère.

René Guillaudeu du Boisbiche-tier, marié à Oliv. Lambaré.

Jeanne Guillau-deu, mariée à Jacq. Durand, sr de la Noë.

Marguerite Guil-laudeu, mariée à René Gef-frard des Fer-rières. (Tabl. XXI).

Olive Guil-laudeu.

Anne-Marie Guillau-deu, mariée à Étienne Charil de Beauvais, procureur fiscal de Vitré.

Marguerite Charil de (6) Beauvais, mariée à Pierre-Ignace Le Pau-cheur.

Joseph Charil de la Vieuville, marié à Dlle Malherbe.

André Charil de Ruillé, procureur syndic de Vitré, marié à Angé-lique de Gennes.

René Charil de Ruillé, capitaine au régiment des Boulonnois, tué à Malplaquet.

Anne-Marie Charil, ma-riée à François Le Tanneur de la Pro-vostière.

Jeanne-Françoise Le Faucheur, mariée à Mathurin Hardy du Rocher, mairede Vitré.

Joseph Charil de la Vieu-ville, avo-cat, s. h.

Gabriel Cha-ril, mariée à Félix de Gennes.

Joseph Charil de Ruillé, marié à Angélique Rannas-liance.

Marie-Anne Charil, décédée sans al-liance.

Louis Le Tanneur de Malhaire, marié à Dlle Le Pannetier.

François Le Tan-neur du Breil.

Marguerite Hardy du Rocher, mariée à Jean Frain de la Gaulay-rie.

(1) Les **Guillaudeu** ont produit : deux prévôts de la Confrérie des marchands d'outre-mer, Jehan Guillaudeu pour 1554-55; Jehan Guillaudeu, le **jeune**, pour l'an finissant en 1561, 25 mars. — Quatre ligueurs, poursuivis par le sénéchal de Rennes en 1590, savoir : Jean, Mathurin, Olivier et Pierre Guillaudeu. — Trois secrétaires du Roi : Étienne (branche de la Louvelais), en 1656; Guillaume (branche de la Villemorel), en 1736; François-Pierre-Hilarion (même branche), en 1746. — Deux maires de Saint-Malo. — Un député de la Communauté vitréenne, aux États de Bretagne, tenus à Vitré en 1673 : M. Guillaudeu de la Matllonnais.

L'an 1576, **Jean Guillaudeu de la Vieuville** était trésorier de Notre-Dame. Il avait pour collègues Guillaume Lefebvre de Laubinière, Jean Le Moyne de la Bréardière. — Le 27 novembre 1588, Jean Guillaudeu de la Vieuville, mari d'Olive Le Moyne, donnait au tronc et fabrique parochiale de Notre-Dame de Vitré la vitre du pignon de la porte du bas de la dicte église, peincte ou historiée de la vie de saint Jean ou de saint Pierre. « Il sera écrit au second panneau du bas comme j'ai donné la presente vitre en cette façon : Honorable homme Jean Guillaudeu, sieur de la Vieuville, etc... et sera mis aux deux panneaux de chacun bout ma marque. » (Ext. d'un testament, conservé par la famille Charil des Mazures).

En avril 1597, les Guillaudeu étaient représentés à Vitré par : Jean Guillaudeu de la Villemorel et par Pierre Guillaudeu de la Vieuville, taxés : le premier à nourrir six pauvres ; le second : huit. (Voir : *Journal historique de Vitré*, Répartition d'une taxe pour l'assistance des pauvres, p. 49). Les habitants étant taxés « à proportion de leurs facultés. » Les Guillaudeu doivent être comptés parmi les plus riches vitréens. Au dessus d'eux, nous n'avons trouvé que Guy Geffrard, taxé à douze pauvres ; Jean du Verger de Gaillon : dix pauvres ; Olive Le Moyne, dame de la Vieuville : douze pauvres, et notez que cette dernière était la veuve d'un Guillaudeu.

Les registres paroissiaux de Vitré ont livré à M. l'abbé Paris-Jallobert les mentions suivantes : 25 juin 1553. Baptême de Jehan Guillaudeu, fils de Jehan et de Gillette Jouail. — 5 mai 1596. Baptême de Jehanne, fille de Guy de Gennes de la Pinéllière et de Jehanne Guillaudeu. — Jean Guillaudeu de la Richardais mourut aux Indes. On lui fit service à Notre-Dame de Vitré le 18 octobre 1636. — 26 mai 1642. Baptême de René-Estienne de Gennes, fils de René, sieur de la Contrie, et de Jehanne Guillaudeu. — Le 14 mai 1661, messire Jean-Antoine de Vauborel, seigneur de Sainte-Marie, d'Erbrée, épousa Dlle Marie Guilaudeu, dame de Belair.

30 juillet 1689.

Sentence établissant l'alliance des Guillaudeu et des Montmorency.

Entre dame Marie de Rabatin Chantal, veuve de messire Henry de Sévigné, chevalier, seigneur, marquis du dit lieu, douairière du Buron, demanderesse aux fins de l'exploit signifié par Ragot, sergent royal, le 23 juin dernier, contrôlé le 26 à Nantes par Lohier, Angebault, procureur, et messire Jullien de Langle, chevalier, seigneur d'Assigné, défendeur (Gourdon, procureur) ; escuier Pierre Poullain, sieur de la Vincendière (Moriceau, procureur) ; messire Michel Le Lou, chevalier, seigneur de la Motte-Glain, fils, héritier principal de noble messire Michel Le Lou (Boulonois, procureur) ; dame **Marie Guillaudeu**, veufve de messire **Louis de Montmorency** (a), vivant chevalier, seigneur de la Rivière Dabaret (Geslin, Pierre Renoisson, procureurs) ;

Le siège, parties ouies, a ordonné, du consentement du dit de Langle, que la demanderesse aura délivrance des deniers deubs par les deffendeurs au dit de Langle, à la déduction de leurs frais d'arrêts, faisant au préalable lever les saisies, si aucunes ont été faites entre les mains de la dite Guillaudeu. — Fait et expédié en l'audience de la Cour et siège présidial de Nantes, où présidait monsieur le sénéchal. Assesseurs : Messieurs le lieutenant Pichot?, Chauvin, Morlet?, Levot?, Le Boucher et Drouet, conseillers.

Le samedy trentième juillet mil six-cent-quatre-vingt-neuf.

LE BOUCHER.

(Copié sur l'original sur vélin servant de gardes à l'acte de vente de la Haute-Gaulayrie).

(a) **Louis de Montmorency** descendait de Georges de Montmorency, baron d'Aumont, seigneur de la Neuville, gentilhomme ordinaire de la Chambre, chevalier de l'ordre du Roi et de Françoise de Bouquerie. — Louis et Marie **Guillaudeu** eurent pour fils François de Montmorency, chevalier, seigneur de la Rivière d'Albaretz de Monjonnet, la Vrillère, chevalier de Saint-Louis, colonel du régiment de son nom, puis de celui de Brest, brigadier des armées du Roi. Il naquit le 18 octobre 1676. Le 10 juin 1712, en chassant les ennemis qui faisaient du fourrage aux environs de Valenciennes, il reçut une blessure au cou. Son contrat de mariage avec Émilie-Félicité de Cornulier est daté du 29 juin 1718. François de Montmorency et Émilie de Cornulier ne laissèrent qu'une fille : Marie-Anne-Claude, mariée en 1733 à Louis-Alexandre-Xavier Le Sénéchal, marquis de Carcado, lieutenant-général des armées du Roi. De ce mariage deux filles : 1° Marie-Anne Le Sénéchal, mariée en 1751 à Corentin-Joseph Le Sénéchal de Carcado, marquis de Molac et de Pontcroix, lieutenant-général en 1781 ; 2° Marguerite-Louise Françoise Le Sénéchal, mariée en 1763 à François de Grasse, marquis de Sarcus. (Voir : *Dictionnaire* de MORERI, *Généalogie de la maison de Cornulier, Armorial* de POL DE COURCY et BOREL D'HAUTERIVE).

Une généalogie des Guillaudeu, dressée au siècle dernier, porte la mention suivante : « Il existe encore, je crois à Paris, trois dames Guillaudeu : l'une mariée à M. de Cazes de la Beaume, de la maison de l'intendant de Bretagne ; une autre à M. Craumo de Fougi (?) et la troisième à M. de Nesle. On ignore à quelle branche elles appartiennent; cependant elles sont primitivement sorties des Guillaudeu de Vitré ; elles désirent même savoir si leurs armes ne se trouvaient pas jadis en l'église de la Madeleine. » (Donné sous toutes réserves).

(2) Fondation de Notre-Dame-de-Pérouse par Pierre Guillaudeu et Marguerite Fort.

« La chapelle de Notre-Dame-de-Pérouse fut fondée au commencement du XVII⁰ siècle par les seigneurs du Plessix, terre seigneuriale en Montreuil. Le sanctuaire s'élève solitaire sur une colline, au dessus du cours de la rivière de Pérouse, qui lui donne son nom. On y voit l'inscription suivante : Pierre Guillaudeu et Marguerite Le Fort, sa femme, sieur et dame de la Vieuville et du Plessix, ont fait cette chapelle en l'an 1610. On y retrouve aussi les armoiries des Guillaudeu : d'azur à 3 gantelets d'argent en pal. » (Voir : *Pouillé du diocèse de Rennes*, t. V).

Manoirs et terres nobles acquis par P. Guillaudeu.

Écuyer Isaac Thorel vendit à Pierre Guillaudeu de la Vieuville le grand manoir de la Guichardière, en Cornillé. Cette demeure, dont nous avons donné la description : p. 28 de l'Appendice aux *Lettres adressées par l'Intendant général de la maison de la Trémoille à l'Advocat fiscal de la Baronnie de Vitré*, 1696-1700, appartenait aux de Cornillé au commencement du XV⁰ siècle. Isaac Thorel la vendit avec fiefs et droits en dépendant et notamment : le droit de chapelle en l'église de Cornillé, au côté senestre, vers l'epistre, en laquelle les dits sieurs de la Guischardière ont droit d'enfeu, ceinture et listre avecq droit d'y mettre ecussons soit en bosse, soit en peintures, en laquelle ils ont droit de sépulture prohibitive à tous autres, banc à queue et à accoudoirs en la dite chapelle appelée chapelle de la Guischardière, aux vitres de laquelle sont écussons armoriés aux armes de la dite seigneurie : trois corneilles de sable sur fond d'argent.

Le 19 décembre 1605, le dit Pierre Guillaudeu, sieur de la Vieuville, marchand bourgeois de Vitré, avait également acquis la métairie du Boishichetière, déclarée noble en 1513 par les paroissiens de Torcé et à Pierre de Cornillé. Les vendeurs étaient : noble seigneur de Constantin, chevalier de l'ordre du Roi, et dame Renée de Romillé, sa femme, sieur et dame de Tourville, aïeux du maréchal de Tourville, mort en 1701. — Par contrat du 30 août 1600, le même Pierre Guillaudeu de la Vieuville acheta les terres et seigneuries de la Motte et du Plessix-Torcé. Les vendeurs étaient : René Gueheneuc et Jeanne de Kermainguy. Un de ses héritiers revendit ces deux propriétés le 11 juillet 1638 à Mathurin Geffrard, auditeur des Comptes.

(3) Le 3 septembre 1627, **Jean Guillaudeu de la Vieuville** et Jeanne de Gennes rendirent aveu à Henry de la Trémoille et de Thouars pour la Guischardière et ses fiefs, savoir : la Bouchardière, en Cornillé; la Maillardière, le fief des Chentres, le fief des Prés, le fief de Passais, les Teignellières, en Torcé. Cet aveu comprenait en outre : la métairie noble de la Bichetière, en Torcé; la métairie de la Largère et manoir, en Étrelles; les closeries du Haut et du Bas-Boisroul, en Yzé, sous le fief de la Grande-Verge de Landavran; la métairie noble du Bas-Gast : grand corps de logix, pavillon, jardin, verger, vivier, chesnais, rabine, à foy et hommage, sans rachapt ni chambelainage; un pré, au bas de la Billonnière, proche du Pontbillon, tenu noblement à foy et hommage comme dessus; le lieu de la Grange, sous le fief franc à la Dame; sous le même fief : une pièce de terre dépendant de la métairie de la Motte, habitant le grand chemin tendant de Vitré au moulin de la Haie d'Erbrée; la moitié indivis du lieu noble de la Petite-Hairie, paroisse d'Argentré, à partager entre les dits Guillaudeu et Jeanne de Gennes et Ysabeau Le Cocq, héritière de René Le Cocq des Croix.

(4) Partage entre nobles personnes : Pierre Guillaudeu, sieur de la Vieuville, Jean Guillaudeu, sieur de la Largère; René Guillaudeu, sieur du Boishichetière; Briec Guillaudeu, sieur du Bas-Gast; damoiselle Jeanne Guillaudeu, dame des Hupries; René Geffrard et demoiselle Marguerite Guillaudeu, sieur et dame des Perrières; et Olive Guillaudeu, pour laquelle agit Jacques Le Moyne, sieur de la Chesnais.

son curateur, tous enfants et héritiers de Jean Guillaudeu et de Jeanne de Gennes, auquel partage a été vacqué par Jean Beziel, arpenteur royal, Pierre Gauvaing et Jacques Nouail, notaires de la baronnie de Vitré, les 22, 23 et 24º jour de décembre 1648.

---

(5) Contrat d'acquet du Bas-Gast.

Le 18 juin 1584, noble homme François **Brillet** (a), sieur de Laubinière, y demeurant paroisse d'Arquenay, pays du Maine, faisant le fait valable pour Dᴸˡᵉ Marguerite **de Houssemaigne**, sa compagne, cède à honorables personnes : Guillaume **de Gennes**, sieur de la Grange, marchand bourgeois de Vitré, et à Andrée Burel, sa compagne, un grand corps de logix qui dépend de la métairie du **Bas-Gast**, située en la paroisse Saint-Martin de Vitré, composée de trois salles basses accomodées de cheminées, grenier dessus....; des pièces de terre tenues prochement et noblement du baron de Vitré, à foy et hommage seulement; sauf une pièce dite la Sency, relevant du Bois-Blin, à foy et obéissance, plus de rente annuelle : trois sols et un boisseau et demi d'avoine menue. Il reçoit en échange la Pinelière, terre située en la paroisse d'Erbrée et acquise de nobles gens **Michel Godart** et **Françoise de Champaigné**, sieur et dame de Villiers, tenue prochement et noblement de la juridiction du Breilmanfany avec debvoir d'obéissance et deux sols six deniers, monnoie de rente. Cet échange conclu, François Brillet vend le parsur du lieu du Bas-Gast moyennant 883 escus : un tiers d'escus d'or sol, sur quoy il reçoit de Guillaume de Gennes 243 escus et un tiers en espèces de quarts d'escus et reaux d'argent, le reste payable huit jours après. — Guillaume Brillet avait pour sœur aînée Richarde Brillet, mariée à noble Georges de la Hunaudais, sieur de Noyal. — L'acte au rapport de Charil et Pinel (b).

(a) François Brillet descendait de Pierre Brillet, sieur de Laubinière et d'Isabeau d'Orenges. Il comptait parmi ses grands-oncles : Guillaume Brillet, évêque de Saint-Brieuc puis de Rennes. Sa famille posséda encore en vitréais le Rolland, paroisse d'Étrelles; Langevinière, paroisse de Montreuil-sous-Pérouse. Elle portait : d'argent à trois têtes de loup arrachées de gueules.

(b) Andrée Burel, femme de Guillaume de Gennes, était fille de Jean Burel, sieur des Meaules, demeurant au fauxbourg Saint-Martin de Vitré.

Rendirent Aveu pour le Bas-Gast :

Le 8 avril 1599, Andrée Burel, veuve de Guillaume de Gennes de la Grange. Elle signa sa déclaration avec les notaires Godart et Gouaut. Aveu rendu au baron de Vitré.

Le 18 octobre 1604 : 1º Jean Burel, sieur des Meaules, demeurant au fauxbourg Saint-Martin de Vitré, comme tuteur et garde de Gilles et d'Andrine de Gennes, enfants de Guillaume de Gennes de la Grange et d'Andrine Burel; 2º Jean Guillaudeu de la Vieuville et Jeanne de Gennes, sa femme, fille majeure des dits Guillaume et d'Andrine Burel. (Aveu rendu à noble Jean du Grasmenil, sieur du Bois-Blin, conseiller du Roy en sa cour du Parlement de Bretagne).

3 septembre 1624. Jean Guillaudeu et Jeanne de Gennes au baron de Vitré.

26 mai 1638. Jean Guillaudeu de la Vieuville à René de Grasmenil, sieur du Bois-Blin, Bretel, etc. Déclaration signée Jean Guillaudeu et pour notaires : René Huет et Lambaré.

4 janvier 1680. Étienne Charil, sieur de Beauvais, et Anne-Marie Guillaudeu à Charles de la Trémoille, baron de Vitré.

25 mai 1709. Anne-Marie Guillaudeu, veuve d'Étienne Charil, sieur de Beauvais, à messire François de la Corbinaye, chevalier, seigneur de Bourgon, du Bois-Blin, le Grand-Mesnil, la Salle, etc.

4 avril 1736. Pierre-Ignace Le Faucheur et dame Marie-Françoise Charil à Charles-Armand-René, duc de la Trémoille et de Thouars.

16 février 1758. Marguerite-Françoise Charil, veuve de noble homme Pierre Le Faucheur, à messire François-René, sieur de la Corbinays, chevalier.

Le 23 juillet 1624, **Gilles du Grasmenil**, chevalier, seigneur du Bois-Blin, de Bréal, la Campagnère, résidant au forbourg de la Mesriais au dit Vitré, franchit et amortit à honorable homme Jean Guillaudeu, sieur de la Vieuville, la somme de deux sols, six deniers monnoie et un boisseau et demi d'avoine menue comble, poids et mesure de Vitré, que le dit Guillaudeu luy devait de rente annuelle en chacun terme d'Angevine, à cause d'une pièce de terre nommée la Censie, dépendant du lieu noble du Bas-Gast, en Erbrée, laquelle pièce contenant trois journaux ou environ est prochement et noblement tenu du dit seigneur franchissant, moyennant la somme de 28 livres monnoie.

Le Bas-Gast a conservé ses trois salles basses. Deux sont encore pourvues de cheminées dont les pieds droits et les vastes manteaux accusent le XVᵉ siècle; une porte ogivale donne accès à l'une d'elles. C'est la partie contemporaine des Brillet. Les propriétaires qui suivirent : de Gennes ou Guillaudeu, élevèrent à l'extrémité occidentale des dites salles un pavillon Louis XIII bien coiffé, que les voyageurs allant de Vitré à Laval peuvent remarquer sur leur gauche, au fond d'une belle prairie, avant d'atteindre l'étang de Paintourteau.

Le 29ᵉ de mars 1664, devant les notaires de la Cour et Baronnie de Vitré : GÉRARD et DOUSSIN ; noble homme Brice Guillaudeu, sieur de la Largère, avocat en la Cour, demeurant en cette ville du dit Vitré, en la maison ou pend pour enseigne le *pot d'Ettain*, vend à demoiselle Renée **du Verger**, veuve de noble homme Pierre **Hardy**, sieur du Rocher, la métairie de la **Largère**, sise en la paroisse d'Étrelles, avec ses logements, cours, jardin pourpris, vivier avec poisson, bois de haute futaie, terres arables et non arables, landes et geillois, etc.....

En marge du contrat est écrit : 1ᵉ Comme recevveur de la Baronnie de Vitré, j'ay reçu les ventes du présent contrat en ce qui en relève de la Baronnie de Vitré, suivant l'évantillement par les mains de l'acquéreur, au sol par livre et du *parsur luy ay fait remise suivant l'ordre particulier de son Altesse*, sauf les droits seigneuriaux et sans approbation de l'évantillement. — Fait au château, ce premier jour d'avril 1664.

D. RAVENEL.

2ᵉ Comme recevveur de Madame la marquise de Sévigné, j'ay reçu la somme de cent-soixante-quinze livres pour les ventes du present contrat à la moitié en ce qui en relève de la Haie de Torcé et au désir de l'évantillement qui en a été fait *et le parsur*, Madame en ce fait don à l'acquéreur, sans préjudice de droit de reneuvrer le dit évantillement et à la charge qu'il se bannira et appropriera par la veuve du dit sieur, ou autrement, le don sera nul et sans préjudice de ses autres droits seigneuriaux et autres. — Le 7ᵉ avril 1664.

Jacques BOESSIN (?).

Description du manoir de la Largère.

Dempuis et fut que le seizième jour d'avril 1664; devant nous, notaires de la Baronnie de Vitré, a comparu venerable et discret missire Pierre Geffrard, sieur de Léguillerie, lequel au moyen du pouvoir a lui donné par le contrat du vingt-neuvième mars 1664, cy-devant écrit, a mins et enduit la dite demoiselle au Rocher Hardy en la réelle et actuelle possession des choses cy-après descrites, situées à la métairie de la Largère, située en la paroisse d'Étrelles, évêché de Rennes, distante du dit Vitré d'environ une lieue et demie, ou nous sommes transportés avec le dit sieur de Léguillerie; laquelle métairie de la Largère consiste : en une maison de retenue bâtie de pierre colombage et terrasse couverte d'ardoise, ayant une salle par bas avec cheminée au septentrion et son entrée au midy, doublée de planches, un retranchement au côté occidental de la dite salle ayant manière de cheminée, chambre sur le dit retranchement, doublée de planches, escalier au côté vers orient et midy du dit retranchement; cellier au coing vers orient et septentrion de la dite salle, avec descharge ou laverie au coing vers orient et midy de la dite salle; escalier posé au coing vers orient et midy de la dite salle pour servir le superfice; chambre sur le dit cellier et dite laverie, pavée de carreaux, ayant cheminée vers orient; petit grenier en forme de pigeonnier sur la dite chambre, etc.....

―――――

(6) Le décès de dame **Anne-Marie Guillaudeu**, dame de Beauvais, estant arrivé le 25 février 1721 et estant question de partager les biens de la dite dame entre les quatre enfants restés de son mariage avec feu noble homme Étienne Charil, sieur de Beauvais; *mesme la métairie noble et fief du Grand-Ruillé, circonstances et dépendances, leur eschue de la succession d'écuyer René Charil, sieur de Ruillé, leur frère, capitaine au régiment de Boulonnois infanterie, mort dans la bataille de Malplaquet*, restée indivise entre eux jusqu'à ce jour, ainsi qu'elle était tombée au deffunt sieur de Ruillé, en partage et chargée des mêmes rentes, retour et charges exprimées par l'acte de partage du 24 novembre 1708, fait entre eux et le dit feu sieur de Ruillé, des biens de la succession du feu sieur de Beauvais Charil, père commun, au rapport de CHEVALIER, notaire et arpenteur, etc. — Ont pour cet effet comparu

en personnes devant nous, Pierre Orrière, arpenteur et priseur royal de la ville et baronnie de Vitré, juridiction et membres en dépendants, ayant pour adjoint Jean Berthois, commis au greffe des experts, nobles gens : maître Joseph-Mathurin Charil, sieur de la Vieuville, advocat en Parlement ; maître André Charil, sieur du Bas-Gast, aussi advocat en Parlement, demeurant en cette ville de Vitré, paroisse Notre-Dame ; François-Guillaume Le Tanneur, sieur de la Provostière, syndic de la ville de Fougères et Anne-Marie Charil, son épouse, demeurant ensemble en la ville de Fougères, paroisse de Saint-Léonard ; et Pierre-Ignace Le Faucheur et Marguerite Charil, son épouse, ensemble demeurant en cette ville de Vitré ; les tous héritiers purs et simples de la dite dame de Beauvais et les tous ayant excédé l'âge de 25 ans et par conséquent capables d'user de leurs droits sans aucune formalité de justice. Toutefois, pour reconnaître plus exactement la valeur et le revenu des dits fonds ont fait comparoître les sieurs René Le Moyne, sieur de la Borderie et René Malherbe, sieur du Plessix (a), bourgeois et habitants de Vitré et connaisseurs aux estimations de fonds et héritages, amis communs et convenus pour priseurs, par l'avis desquels et sur la vue des titres anciens, grands et partages de leurs familles, ils ont dit avoir été faites quatre lotties égales des dits biens, dont ils nous ont prié de rapporter l'acte de partage comme en suit :

Les biens compris en ce partage étaient : le Bas-Gast, le Grand-Ruillé, terres nobles ; le Petit-Ruillé, la Vieuville, située en la paroisse d'Erbrée ; la Gastais et le Bas-Chemin, en Yzé ; une maison à Vitré, dans la rue des pères Bénédictins, « en laquelle est décédée la dame de Beauvais» ; une autre dans la rue Hellerie ; une maison et jardin situés à la Poultière ; plusieurs constituts.

(a) Mari de Renée Frain.

XLIV

N. GUILLAUDEU.

Pierre Guillaudeu de la Vieuville, marié à Marguerite Le Fort.

- **Jean Guillaudeu de la Vieuville, marié à Jeanne de Gennes.**
- **Jean Guillaudeu de la Villemorel, marié à Gillette Nouail.**
- **N. Guillaudeu, de l'Epayère.**

- Pierre Guillaudeu de la Vieuville, marié à Françoise Le Manceau, s. h.
- Anne-Marie Guillaudeu, mariée à Etienne Charil, s' de Beauvais, procureur fiscal de Vitré.
- Brice Guillaudeu, sieur du Bas-Gast, puis de la Largère, s. h.
- D^lle Guillaudeu, religieuse à Ernée.
- Jacques Guillaudeu de la Vieuville, marié à Suzanne de Couasnon.
- Jeanne Guillaudeu, mariée à Olivier Frolet, s' de la Touche-aux-Bégasses.
- Olive Guillaudeu, mariée à Mathieu Le Moyne de la Rebour-sière.

- Guillaudeu de la Largère s'éta-blit à Saint-Malo et épousa N... à Nantes.
- Guillaudeu de la Largère, marié à Mme du Bourgneuf Gravé.
- Jean Guillau-deu de la Largère s'éta-blit à Martin Ma-rin Bros-sard.
- Deux frères Guillaudeu, passés aux Ind^les Orien-tales.
- Elisab. Guil-laudeu, ma-riée à Franç. du Pré-Bonneau, al-loué de Vitré.
- Jean Guillau-deu, s' de la Largère, marié à N...
- Ré^né Guillaudeu, s' du Boisbi-chetier, marié à Olive Lam-rey.
- Jeanne Guillau-deu, mariée: 1° à Eon des fiu-fraril des Per-rières; 2° à Jacq. Durand, not^re. (XXI).
- Marguerite Guil-laudeu, mariée à René Gef-fraril des Per-rières. (Tabl. XXI).
- Olive Guil-laudeu, mariée à Oli-vier Monne-rie, s. h.

- D^lle Jouet du Tertre.
- D^lle Per-Jeanne Le Breton, ma-riée à Prigent Jouet (3).
- L... Guillaudeu, mariée à Jean-neau, du Pré-Bon-neau, marié à René du Tertre Le Breton (1).
- D^lle du Pré-Bon-neau, marié à René du Tertre Le Breton (1).
- Marguerite Eon.
- Jeanne Eon, ma-riée à Julien Charil.
- Perrine Du-rand, ma-riée à Paul-L. Raseau de Gérard.

- Fidèle Ra-seau, marié à J.-Bapt. Delisle.
- Paul-L.-Julien Raseau, av. à la Cham-bre des Comp^tes.
- Claire-Marie-Rose Ra-seau, mariée à Alexan-dre-Julien Fleury (3).
- Thérèse Raseau, mariée à Pierre-Charles Beus-cher.
- Raseau de Beau-vais (Paul-L.), marié à ..... (4).
- D^lle Raseau de (4) Beauvais, mariée à Mr de Kerverzant (Christophe-Da-niel), négociant et maire de Nantes.
- Raseau de Beauvais (Paul-L.), marié à Ma-rie Males-cot (2).

28 septembre 1756.

(1) Aveu du Tertre (Extraits de l'). — Rentes dues par le général du fief Adam. — Description du manoir du Tertre. — Fondation de Saint-Julien, etc.

Devant nous, notaires des juridictions du marquisat d'Épinay, soussigné fut présent noble homme René Le Breton, sieur du Tertre, demeurant rue d'Ernée, paroisse Notre-Dame de la ville de Vitré, lequel reconnaist et confesse qu'il est homme vassal étager et non domicilié de haut et puissant Jacques-René Le Prestre, chevalier, seigneur de Chasteaugiron, du marquisat et ordinaire d'Épinay et des chastellenies du Boisorcan, Gosné, Sévigné, Legast et autres lieux, conseiller du Roy en tous ses conseils et président à mortier au Parlement de cette province de Bretagne, et que de son dit seigneur il tient prochement et roturièrement sous la seigneurie de l'ordinaire d'Épinay, au *fief Adam* en dépendant, à devoir d'obéissance, charges et rentes cy-après déclarées, suivant l'usage et nature du dit fief Adam, laquelle est telle que le général des vassaux qui en dépendent doivent à leur dit seigneur, au terme d'Angevine, la rente *de quatre livres six sols, huit deniers monnoie, huit boisseaux d'avoine* menue comble et poisle, mesure de Vitré, et que chacun d'iceux qui font feu et fumée ou leurs fermiers, en l'étendue du dit fief Adam, luy doibvent en outre personnellement *une poule geline et une corvée, leur faisant dépense et nourriture suffisante,* le tout de rente payable au dit terme par un d'iceux ou sergent du dit baillage, qui en fera la cueillette à l'ordre du rôle et qui est tenu d'en faire le port à la recette du château de la dite seigneurie d'Épinay, et d'en retirer quittance pour luy et le général des vassaux du dit fief.

Scavoir est au village du Tertre, paroisse de Champeaux ; en premier lieu :

Une grande maison au milieu du dit village, bastie de pierre, couverte d'ardoise, consistant en une salle, cave au-dessous, salon et cuisine, chambres sur la cuisine et salon, cour au-devant. Autre maison servant d'écurie à l'occident de la dite cour ; le jardin au nord des dites premières maisons, séparé d'une palissade, en partie clos de murs ; autre petit jardin à l'orient et midy de la dite salle où était anciennement un four et fournil, et le verger derrière et au bout vers midy de la dite écurye, contenant le tout ensemble cinquante-sept cordes de terre, joint de tous côtés maisons et cours des deux closeries cy-après..... Suit l'énumération des bâtiments affectés à l'exploitation agricole, l'énumération des pièces de terres et la mention de la fondation du sieur Hubert, prêtre, dite de Saint-Julien. — Le total du grand monte à 36 journaux douze cordes deux tiers.

Et comme les dits héritages sont, se poursuivent et comportent sans réservation et qu'ils sont venus au dit vassal de la succession de *Renée Morel, épouse du sieur René Le Breton, sieur de Montigné,* et duquel il est leur fils et unique héritier ; que n. h. *Jean Morel, sieur du Tertre,* son ayeul, les a possédées, pour cause et raison desquels le dit sieur vassal reconnoist devoir pour la portion des rentes dues au dit baillage Adam, la somme de vingt-quatre sols huit deniers monnoie deux boisseaux, deux havées d'avoine, mesure de Vitré, deux poules gelines et deux corvées payable au sergent du dit baillage.

En second lieu, le dit sieur vassal déclare posséder prochement et roturièrement, à charge d'obéissance et rentes cy-après en l'étendue du dit baillage Adam, les terrains anciennement et nouvellev . .féagés, tant sur la lande de la Nouaillère qu'un reste de vallon proche de la dite lieu du Tertre. A. .nts consentis moyennant payement de vingt sols monnoie au terme d'Angevine.

En troisième lieu, le dit Le Breton du Tertre reconnait et confesse tenir prochement et roturièrement de son dit seigneur de l'ordinaire d'Épinay, en l'étendue du fief du Breil, en la dite paroisse de Champeaux, a devoir d'obéissance, office de sergentise et cueillette des rentes y dues, à son tour et rang, charges et rentes cy-après ; savoir est :

Un pré, clos et hayé, nommé le pré de la Planche, proche le village du Breil, dite paroisse de Champeaux, contenant un journal onze cordes, et comme le dit pré se poursuit et comporte et qu'il appartient au dit vassal et à dame Perrine-Jeanne Le Breton, sa fille, épouse de noble homme Prigent-Mathurin Jouet, docteur en médecine, par l'avoir acquis en société de messire Jean-Baptiste **Arot,** chanoine à Vitré, et de Perrine **Logeais,** dame du Breil, par contrat du 4 janvier 1723, du rapport de Fournier et Chevalier, notaires royaux à Vitré ; pour cause duquel il reconnaît devoir à son dit seigneur la rente noble d'un sol un denier monnoie et deux mesures et demie et demi quart d'avoine menue, mesure de Vitré, payable terme d'Angevine.

Reconnait en outre qu'il appartient à son dit seigneur sur ses vassaux d'Épinay, droit de haute, moyenne et basse justice et en général tout ferme droit, au payement et continuation desquelles rentes, charges et devoirs seigneuriaux, le dit sieur vassal a déclaré affecter et hypothéquer à son dit seigneur de l'ordinaire d'Épinay ses prédits héritages, fruits et revenus d'iceux pour à défaut être saisis et vendus....., — Fait et passé avec le seing du dit sieur vassal après lecture luy donnée au long du présent et de ses deux doubles, par extraits, l'un pour le baillage Adam, l'autre par iceluy du Breil et les nostres y apposés.

Le 28 septembre 1756.

LE ROUX,
not.

DU TERTRE LE BRETON.
DUBOIS,
not.

En l'audience et par devant Messieurs les juges des juridictions du marquisat et ordinaire d'Épinay, l'aveu cy-dessus a été présenté par maître Leroux, procureur du vassal, à Monsieur le sénéchal; en présence de Monsieur le procureur fiscal qui l'a reçu sauf à l'impunir dans le delay de la coutume, passé de la communication et exhibition des titres au soutien et de tous autres droits seigneuriaux et féodaux. — Fait de l'ordonnance de Monsieur le sénéchal, donnant audience à Champeaux le samedy 20 novembre 1756.

JEAU
gratis.

DE FARCY
gratis.

LECHAT. greffier
gratis.

(2) **Malescot**, famille dont on suit la filiation depuis la fin du XVIe siècle. — Pierre Malescot eut Bertrand Malescot, marié à Julienne Bernant, d'où : Pierre Malescot, né à Visseiche, marié le 13 août 1624 à Andrée Guyon, fille de Gervais, sieur des Aulnais et d'Andrée Le Royer, d'où : Gervais Malescot, décédé à Visseiche le 22 février 1697; il était sieur de la Haie-Collin et avait épousé Perrine Legris, fille d'écuyer René Legris et de Perrine Chauvin, d'où : Charles Malescot, marié à Marie Sedille, sieur et dame des Fresnais, d'où : 1° Julien Malescot, sieur de Mesbier, né à Visseiche, aux Épinettes, le 5 octobre 1695, mort à Vitré, paroisse Notre-Dame, le 1er mai 1745, marié en l'église de Saint-Aubin-des-Landes à Marie-Louise de Houessel; 2° Marie Malescot, née à Visseiche le 8 octobre 1689, mariée à Paul-Louis Raseau, avocat au Parlement et négociant à Nantes. — Paul Raseau de Beauvais figure au livre doré de la ville de Nantes. Il fut consul pour l'année 1739-40.

(3) Le docteur **Prigent Jouet** était fils de noble homme Jean Jouet, sieur de la Meurgeonnière, demeurant dans l'enclos de la ville de Rennes, rue aux Foulons, paroisse de Saint-Jean; petit-fils de maître Jean Jouet, aussi sieur de la Meurgeonnière et de demoiselle Marie Hubaudière. Ces derniers possédaient la terre de la Tullerye, sise en Parcé et relevant partie de la châtelenie de Châtillon aux fiefs des quartiers et de la Lezardière, partie des seigneurs de Vauboudin et de la Rouxière en Châtillon. L'an 1617, Gilles Hubaudière était sieur de la Tullerye. (Registres de Luitré). — Le docteur avait pour neveu N. Poussin, mentionné par KERVILER dans ses *Notices sur les députés aux États généraux de 1789.*

À Monsieur Jouet, docteur en médecine, à son hôtel à Vitré.

Monsieur et cher oncle,

Vannes, ce 3 de l'an 1786.

Je fus on ne peut plus puni de ne pouvoir vous embrasser, comme je me l'étais proposé en me rendant à Paris au mois de mai dernier. Pendant le petit séjour que je fis à Rennes, M. l'intendant me procura l'occasion d'un Monsieur qu'il envoyait à Paris et qui me donna une place dans sa voiture, à condition de passer par la route de Fougères où il avait affaire.

Je me flattais bien d'être plus heureux à mon retour; mais voyageant avec trois autres personnes de ma connaissance, il me fallut les suivre par la Normandie, ce qui nous ramena encore par la route de Fougères où nous pensâmes briser notre voiture. Sans ces circonstances forcées, ne doutez pas que je me fus fait le plus sensible plaisir de passer un moment avec vous.

Je crois que ma mère vous a instruit de l'objet de mon dernier voyage à Paris : j'allais réclamer de Monseigneur le duc de Penthièvre la fixation d'une indemnité que je réclamais de M. Le Guevel, procureur du Roy de la nouvelle amirauté de Lorient formée d'une partie de notre ressort. Ma demande était juste, mais j'avais à combattre la puissante protection du ministre qui soutenait mon confrère et vous savez, mon cher oncle, qu'à la cour, la justice sans appui est souvent victime du crédit. Ce fut cette idée qui me fit entreprendre le voyage de la capitale pour la quatrième fois; je n'ai pas lieu de m'en repentir car j'ay réussi à obtenir justice et je ne la dois qu'à la fermeté que j'ai mise dans mes démarches et mes mémoires.

Je me flatte, mon cher oncle, que vous distinguerez de la foule des compliments que l'usage dicte en cette saison, l'hommage bien sincère de mes vœux pour vous et votre chère famille. Ils s'étendent sur tout ce qui peut contribuer à votre félicité. Daignez les faire agréer et ceux de ma femme à ma tante et cousines.

Nous n'avons reçu aucune nouvelle de mon frère. Je présume qu'il nous apportera lui-même les premières. Voilà bientôt un an qu'il est parti. Je présume que vous n'avez pas encore terminé la vente de *la Thuillerie*, puisque vous ne nous en avez pas écrit. Je désirerais cependant bien qu'elle fut consommée, *car je ne vous cacherai pas que pour obliger mon beau-frère et lui procurer des conditions plus favorables avec ses armateurs, je me suis engagé pour lui pour une somme de trois mille livres*. Si quelques événements le retenaient en mer plus longtemps qu'il ne comptait, le porteur du billet viendrait sur moi et m'embarasserait beaucoup. D'un autre côté, je pourrais employer ce qui reviendra à ma femme à payer une partie de *l'acquisition de ma charge de procureur du Roy de l'Amirauté* que je me suis obligé de franchir dans l'an.

Je vous prie donc, mon cher oncle, de hâter cette affaire et de me croire, avec le plus sincère et respectueux attachement, monsieur et cher oncle, votre très humble et très obéissant serviteur.

POUSSIN.

Le docteur **Jouet** avait réuni en son manoir du Tertre une bibliothèque choisie. Les livres de médecine s'y trouvaient en nombre, mais n'encombraient pas. A côté d'eux, figuraient de bons ouvrages théologiques, historiques et littéraires. Plusieurs de ces volumes portaient sur leurs gardes les noms de vitréens inscrits en nos *Tableaux généalogiques*. Cette particularité leur donne, croyons-nous, le droit d'être mentionnés à cette place.

De Missa Evangelica et de veritate corporis et sanguinis Christi in Eucharistiæ sacramento. Libri V. editi Germanice à D. Joanne FABRI HAILBRUNI; Latine conversi per F. LAURENTIUM CARTHUSIANUM. Parisiis, apud Gulielmum Guillard sub. D. Barbaræ signo, via Jacobæâ 1567, in-32. Sur la garde : Sum ex libris **Guydonis Guyot**, diocesis redhonensis. — *Paradisus animæ christianæ studio et opera Jacobi Merlo Horstii*. Col. Agrippinæ sumpt JOANNIS KINCHII, 1644. Un volume in-32. Sur la garde : J'appartiens à **Mathelays de Gennes**. — *La Cosmographie aisée contenant la sphère, l'usage du globe terrestre et la géographie; le tout abrégé méthodiquement et succinctement en faveur de la noblesse*, par G. de L., Paris, Estienne Michallet, 1681, in-12. Sur la garde : **du Bourdieu**. — *Traité complet de la navigation*, par BOUGUER, in-4°, dédié au Cte de Pontchartrain. — *Iatrosophistæ de urinis lib singularis*. FRÉD. MORELLUS, prof. et interpres reg. ex bibliothecâ reg. nunc primum prodeuntem latine vertit. Lutetiæ ap. Federicum Morellum architypographum regium 1608. Sur la garde : **M. Villartay**. — *A Corn. Celsi de medicina libri octo cum recognitione Joh. Antonidæ van der Linden*. Lugduni batav. apud Johannem Elsevirium. 1657. Sur le grand titre : **Jouet**, D. M. — *D. Nicolaus Andry e facultate parisiensi doctor medicus e regia scientiarum academia, lector ac professor regius, in aphorismos Hyppocratis, commentarios prælegebat in regiis Franciæ auditoriis, audivit scripsit que Renatus Josephus* **Harcher de la Gesnière** (manuscrit). — *Agapeti expositio admonitoria e græco ad verbum expressa*. Authore Guid. BRITONELLO. Parisiis apud J. Libert, 1634, in-12. Sur la garde : **Joannes Frain** filius Demini **de Droigné**, 1660. — *Stilicon*, tragédie de T. CORNEILLE, imprimé à Rouen, 1640. — *Œuvres de Madame et de Mademoiselle Deshoulières*. Paris, PRAULT, 1753; 2 vol. Sur la garde : Mademoiselle **Jouet du Tertre**. — *Lettres d'un Suisse à un Français*. In-4°. Sur les gardes : **de Legge** et **de Courchamps**. — *Mémoires* contenant les vies et les ouvrages de plusieurs modernes célèbres dans la république des lettres, par ANCILLON. A Amsterdam, chez les Wetsteins, 1709. Sur le titre : **de la Mathelays** et au dessous : acheté par M. Jouet. — *Les Voyages de Jean Struys* en Moscovie, en Tartarie, en Perse, aux Indes et plusieurs autres pays étrangers, à quoi l'on a ajouté comme une chose digne d'être sur la relation d'un naufrage dont les suites ont produit des effets extraordinaires, par M. GLANIUS. Amsterdam, chez la veuve de Jacob Van Meurs, 1681, in-4°. Sur le titre : **J. G. Arot**, recteur de Notre-Dame; à présent à **Mathelays de Gennes**.

(4) **Christophe-Daniel de Kervégan**, juge consul en chef de Nantes en 1774, fut élu maire en 1789. A l'expiration de son mandat, il fut réélu par 418 voix sur 643 électeurs. « Kervégan refusa ce nouvel honneur malgré les vives instances qui lui furent adressées et Giraud passa par 386 voix sur 701 votants. On venait de fixer les émoluments du maire à 6000 livres...... L'installation de Girand eut lieu en grande pompe le 30 novembre 1791 ». Le procureur de la commune Rouel y fit l'éloge du maire sortant et de son successeur. Ce discours achevé, Kervégan prit la parole et après avoir fait l'éloge de Giraud il termina par ces paroles qui prévoyaient exactement les principales difficultés de l'avenir et qui traçaient un programme de conduite pour son successeur : La liberté, dit-il, ne doit pas être resserrée ou étendue à volonté par les administrateurs : les lois générales doivent seules en déterminer les bases. Elle doit être maintenue surtout dans l'exercice des cultes comme l'objet le plus essentiel au repos public et le plus digne de la sollicitude du magistrat. L'Assemblée nationale a décidé que, de quelque religion qu'on fut, on pouvait être un citoyen utile, un bon patriote; ne cherchons pas à être plus sage qu'elle et ne nous persuadons pas qu'on est ennemi de la Constitution dès qu'on exerce un autre culte que nous. Cette idée a fait commettre bien des actes répréhensibles; les hommes dont on veut contraindre la religion s'y affermissent presque toujours par la contrainte..... et l'on ne fait de véritables prosélytes que par la persuasion. Si ces principes étaient généralement reçus et mis en vigueur, je ne verrais aucun trouble à redouter dans le département.

Ce langage était hardi, car l'ère des persécutions allait commencer et ce passage étrange de la Constitution en vers par Marchand, se trouva véritable :

> Tous les cultes seront permis
> Et même celui de Moïse.
> De Mahomet le Paradis
> Sera vanté dans mainte église,
> Comme à présent dans les cantons
> D'être conséquent on se pique,
> De toutes les religions
> Nous exceptons la catholique.

(Kerviler, *Notices sur les députés aux États-Généraux*, notice Giraud).

Daniel de Kervégan mourut en 1817. Sa famille, originaire du ressort de Saint-Brieuc, avait été déboutée en 1669. Elle portait : de gueules (alias d'azur) au sautoir d'or accompagné en chef et en pointe d'un besant de même.

En son étude sur la *Course et les Corsaires*, M. de la Nicolière Teijeiro a imprimé : « Terminons par un fait qui a bien sa valeur et est tout à l'honneur des Corsaires et des armateurs dont beaucoup figurent parmi les bienfaiteurs des hospices de Nantes....., de l'an V à l'an IX (1796-1801), les négociants accordèrent benevolement un pour mille sur le montant des prises, pour l'entretien des hospices civils et du bureau de bienfaisance ».

Le maire de Nantes, **Daniel de Kervégan**, de sympathique mémoire, provoqua cette généreuse et charitable mesure. (*Revue de Bretagne et Vendée*, 30ᵉ année, p. 187).

(5) **Fleury de l'Osseyère et du Praud**, paroisse de Coueron, évêché de Nantes. D'azur au sautoir d'or cantonné de 4 guivres d'argent posées en fasce. Un échevin de Nantes en 1777; un secrétaire du Roi en 1781. (*Armorial*, Pol. de Courcy).

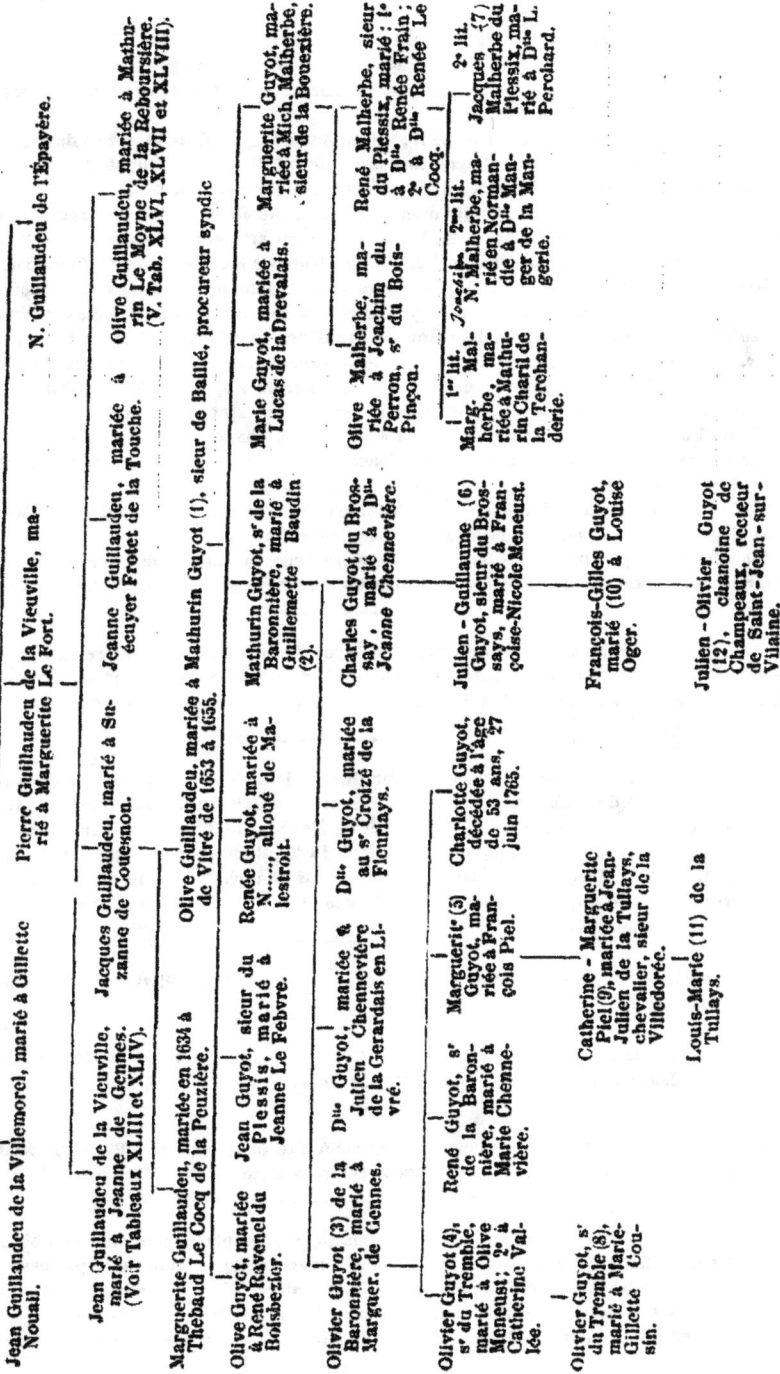

N. GUILLAUDEU.

Jean Guillaudeu de la Villemorel, marié à Gillette Nouail.

- Pierre Guillaudeu de la Vieuville, marié à Marguerite Le Fort.
- N. Guillaudeu de l'Epayère.

- Jean Guillaudeu de la Vieuville, marié à Jeanne de Gennes. (Voir Tableaux XLIII et XLIV).
- Jacques Guillaudeu, marié à Suzanne de Couesnon.
- Jeanne Guillaudeu, mariée à écuyer Froket de la Touche.
- Olive Guillaudeu, mariée à Mathurin Le Moyne de la Reboursière. (V. Tab. XLVI, XLVII et XLVIII).

- Marguerite Guillaudeu, mariée en 1634 à Thébaud Le Cocq de la Pouzière.
- Olive Guillaudeu, mariée à Mathurin Guyot (1), sieur de Baillé, procureur syndic de Vitré de 1653 à 1655.

- Olive Guyot, mariée à René Ravenel du Boisbezier.
- Jean Guyot, sieur du Plessis, marié à Jeanne Le Febvre.
- Renée Guyot, mariée à N...., alloué de Malestroit.
- Mathurin Guyot, s' de la Baronnière, marié à Guillemette Baudin (2).
- Marie Guyot, mariée à Lucas de la Drevalais.

- Olivier Guyot (3) de la Baronnière, marié à Marguer. de Gennes.
- D⁰ Guyot, mariée à Julien Chennevière de la Gerardais en Livré.
- D⁰ Guyot, mariée au s' Croizé de la Fleurlays.
- Charles Guyot du Brossay, marié à D⁰ Jeanne Chennevière.
- Olive Malherbe, mariée à Joachim du Perron, s' du Bois-Pinçon.
- René Malherbe, sieur du Plessix, marié : 1° à D⁰ Renée Frain ; 2° à D⁰ Renée Le Cocq.

- Olivier Guyot (4), s' du Tremble, marié à Olive Meneust ; 2° à Catherine Vallée.
- René Guyot, de la Baronnière, marié à Marie Chennevière.
- Marguerite (5) Guyot, mariée à François Piel.
- Charlotte Guyot, décédée à l'âge de 53 ans, 27 juin 1765.
- Julien-Guillaume (6) Guyot, sieur du Brossays, marié à Françoise-Nicole Meneust.
- Marg. Malherbe, mariée à Mathurin Charil de la Terchanderie. *(1er lit.)*
- Joseph Malherbe. *(2me lit.)*
- N. Malherbe, mariée Normandie à D⁰ Manger de la Mangerie. *(2me lit.)*
- Jacques (7) Malherbe du Plessix, marié à D⁰ L. Perchard. *(2e lit.)*

- Olivier Guyot (8), s' du Tremble, marié à Marie-Gillette Cousin.
- Catherine - Marguerite Piel (9), mariée à Jean-Julien de la Tullays, chevalier, sieur de la Villedorée.
- François-Gilles Guyot, marié (10) à Louise Oger.
- Julien - Olivier Guyot (12), chanoine de Champeaux, recteur de Saint-Jean-sur-Vilaine.

- Louis-Marie (11) de la Tullays.

(1) **Guyot du Pontriou**, de la Fontenelle, de la Baronnière, de Baillé, du Brossays, du Tremble, très ancienne famille de Saint-Jean-sur-Vilaine, représentée de nos jours par deux Guyot du Tremble : l'un ancien conservateur des Hypothèques ; l'autre ancien capitaine d'infanterie, chevalier de la Légion d'honneur, marié à D^lle d'Esparron.

Les manuscrits de la Réformation portent : « Guillaume Guyot, franchi par le duc (1448). — 1513. Ennoblissement de la Petite-Fontenelle, lequel lieu appartient à Guillaume Guyot, fils de feu Jean Guyot ; le dit Jean fils d'autre Jean, médecin des ducs de Bretagne Jean et Pierre ».

L'ennoblissement de ce lieu fut l'objet d'un mandement de Jean V, duc de Bretagne, daté du château de Plaisance le 16e jour de décembre 1440. Une copie de cet acte adressée par nous à M. René Blanchard, bibliophile breton, paraîtra dans les *Lettres et Mandements du duc Jean V*, (publication de la Société des Bibliophiles bretons). — Jean Guyot figure comme témoin au procès de canonisation de saint Vincent Ferrier. Il attesta avoir en vain prodigué ses soins à l'abbé de Redon : Yves Le Senéchal, guéri subitement par l'intercession du Saint. — Armoiries des Guyot : d'azur à trois gantelets d'argent.

Ils avaient fondé la prestimonie du Poirier, desservie en l'église de Saint-Jean-sur-Vilaine. — Le 25 juin 1610, écuyer Jean de la Porte, sieur du Val, conseiller du Roy en la Cour du Parlement de Bretagne, passait un contrat d'échange avec noble homme Guy Guyot, sieur de la Baronnière, présentateur de la chapelle du Poirier et procureur de messire Pierre Vallée, chapelain de la dite prestimonie.

Jeanne Guyot, dame de la Hamonnais, fonda une rente de 36 livres pour l'entretien des cierges pendant l'octave du Saint-Sacrement en l'église de Saint-Jean-sur-Vilaine.

Jean Guyot fut recteur de Saint-Jean-sur-Vilaine et mourut vers 1585. (*Pouillé de Rennes*, t. VI, p. 97). Deux **Guyot** furent procureurs fiscaux du marquisat d'Épinay.

Le manoir des Guyot, la *Baronnière*, existe encore avec sa tourelle du XVIe siècle, sa grande salle, cour fermée au devant, jardin à l'occident. Il appartient à Mme la marquise de Villoutreys, née de la Tullays.

---

(2) **Guillemette Baudin**, veuve de Mathurin Guyot de la Baronnière ; se remaria le 3 avril 1691 à n. h. Guy Ronceray de la Sagerie, lieutenant garde-côte de l'évêché de Dol, né en Notre-Dame de Vitré. (Voir : l'*Appendice aux Lettres de l'intendant général de la maison de la Trémoille à l'advocat fiscal de la Baronnie de Vitré*, p. 43).

---

(3) Le contrat de mariage de n. homme Olivier Guyot, sieur de la Baronnière, demeurant à Saint-Jean-sur-Vilaine, fils aîné de deffunt n. h. Mathurin Guyot et de D^lle Guillemette Baudin avec Marguerite de Gennes, fille de noble homme René de Gennes et de Marguerite Blanchet, sieur et dame du Boisvie, est au rapport d'ORRIÈRE et GOTEREAU, notaires, daté du 2 juillet 1702 et signé : René de Gennes, René Malherbe, Ol. Guyot, Marguerite de Gennes, Marguerite Blanchet, Guy Ronceray, Guillemette Baudin, J. du Perron, Charles Guyot, Jeanne Guyot, Servanne Guyot, La Motte de Gennes, Servanne Croizé, P. Orrière et Gotereau, notaires.

---

(4) **Olivier Guyot** et Olive Meneust épousèrent le 10 janvier 1736. Olivier mourut le 9 novembre 1780, âgé de 74 ans.

---

(5) **Marguerite Guyot** fut baptisée le 3 juin 1705 et eut pour parrain Charles Guyot du Brossays et pour marraine Marguerite Blanchet, demoiselle du Boisviel.

---

(6) **Julien Guyot**, sieur du Brossays, fut baptisé à Yzé le 22 octobre 1701 et eut pour parrain Julien Chennevière de la Gerardais. Il épousa Françoise-Nicole Meneust de la Mousserie le 23 septembre 1732.

---

(7) Le 3 février 1742, fut passé le contrat de mariage de noble homme Jacques Malherbe, sieur du Plessis, fils de deffunt René Malherbe et de dame Renée Le Cocq, natif de la paroisse Saint-Martin de Vitré et de D^lle Louise Perchard, demoiselle de la Bazinière, fille de Nicolas Perchard de la Villatte et de D^lle Renée Fouassier. Signèrent : Louise Perchard, Plessis-Malherbe, du Perron, Primault, recteur de Vergeal ; Jeanne Hunaut, de Girard, Mélanie de Girard, La Terchanderie, de La Terchandrie-Charil,

Charil, Marguerite Malherbe, Marie Jeusse du Perron, Marguerite Le Cocq, du Verger-Ruillé, de Girard, du Perron, Charles Bouverie, Anne-Marie du Verger et pour notaire : Chabot.

(8) Né à Saint-Jean-sur-Vilaine en 1745.

(9) **Catherine-Marguerite Piel,** fille de François et de Marguerite Guyot, naquit à la Baronnière, le 7 octobre 1756. Elle épousa le 30 mai 1786 Jean-Julien de la Tullays, chevalier de la Ville-Dorée, fils de Rodolphe-René-Julien, chevalier, seigneur de la Jaroussaye et d'Agathe Le Gras de Charrost. — Un René Piel des Passais, sénéchal d'Épinay de 1687 à 1715, eut pour successeur Étienne-François de Farcy. Il avait eu pour prédécesseur Paul Paindebled, sieur de Léguillerie, 1683 à 1687.

(10) Naquit le 29 avril 1737.

(11) **Louis-Marie de la Tullays** mourut célibataire à la Baronnière le 4 décembre 1818. Il était âgé de 29 ans. — Cette même année 1818, son oncle, Salomon-Louis de la Tullays, né le 21 mars 1753, veuf d'Élisabeth Jamyot de la Cotardais, vint mourir à la Baronnière le 12 avril 1818.

(12) **Julien-Olivier Guyot du Brossays,** pourvu le 29 janvier 1789, fut déporté en Flandres l'an 1792, et réinstallé en 1803. Il est mort le 26 juin 1810. *(Pouillé du diocèse de Rennes, p. 98).*

Jean Guillaudeu de la Villemorel, marié à Gilette Notaill.

Pierre Guillaudeu de la Vieuville, marié à Marguerite Lefort.

N. Guillaudeu de l'Épayère.

Jeanne Guillaudeu, mariée à Jacques Frotet de la Touche-aux-Bégasses.

Jacques Guillaudeu, marié à Suzanne de Coussnon.

Jean Guillaudeu de la Vieuville, marié à Jeanne de Gennes. (Voir Tableaux XLII et XLIV).

Jeanne Le Moyne, mariée à Pierre Pavillon.

Olive Guillaudeu, mariée à Mathurin Le Moyne de la Relnurssière.

Olive Le Moyne, mariée le 24 janvier 1630 à J. Geoffrard du...

Josselin Frotet.
Marguerite Frotet.
Jean Frotet.

Jean Frotet.
Jacques Le Moyne, marié à Françoise de Montalembert.

Jeanne Le Moyne, mariée à Pierre Pavillon.

Georges Le Moyne sé-tabliten Espagno.
Pierre Le Moyne, recteur d'Erbrée.

Pierre Le Moyne, recteur d'Erbrée.
Mathurin Le Moyne de la Pontière, chanoine de la Magdeleine.

Jean Le Moyne, marié à Dlle Hérault du Port-Louis.

Mathurin Le Moyne, religieux dominicain.

Le Moyne, re-bert, mariée à Jacques Malherbe de la Morière. (Voir Tableaux XLVII et XLVIII).

Dlle Le Moyne, décédée sans alliance à l'âge de 78 ans.
Jacques-Antoine Le Moyne, marié à Elisabeth de Gennes.

Jean Le Moyne de la Chesnaie, marié à Dlle Marie de Beaudouard.

René du Verger, marié à Dlle Le Moyne de la Borderie. (Voir Tableau IV).

Dlle de Montalembert, mariée à Paul de la Rousselière du Châtelet.

Dlle de Montalembert, mariée à N. Le Corvaisier.

Olive de Montalembert, mariée à Jean Lucas de la Croix.

Augustin Le Moyne.

Jean Le Moyne, Prêtre-curé de Marly.

Jeanne-Aimée Le Moyne, mariée le 31 mai 1760 à Mathurin-François-Mathieu Hardy de la Largère, maire de Vitré, député aux États de Bretagne, député aux États-généraux de 1789.

Marguerite du Verger, mariée à François-Daniel du Jarday.

Anne-Marie du Verger, mariée à François-Daniel du Jarday.

Dlle Lucas de la Croix, mariée à Etienne du Verger, maire de Vitré.

Etienne-Franç.-Pierre Daniel du Jarday, marié 1° à Anne-Perrine Collet de la Ville-Collet; 2° à Marie-Thérèse Le Gac de Lansalut.

Dlle Jeanne du Jarday, mariée à Louis-de-Kergus. — Anne-Marie-Marguerite Daniel, Ursuline.

François-Jacques(1) Daniel du Jarday, maire de Vitré en 1750.

François Daniel du Jarday

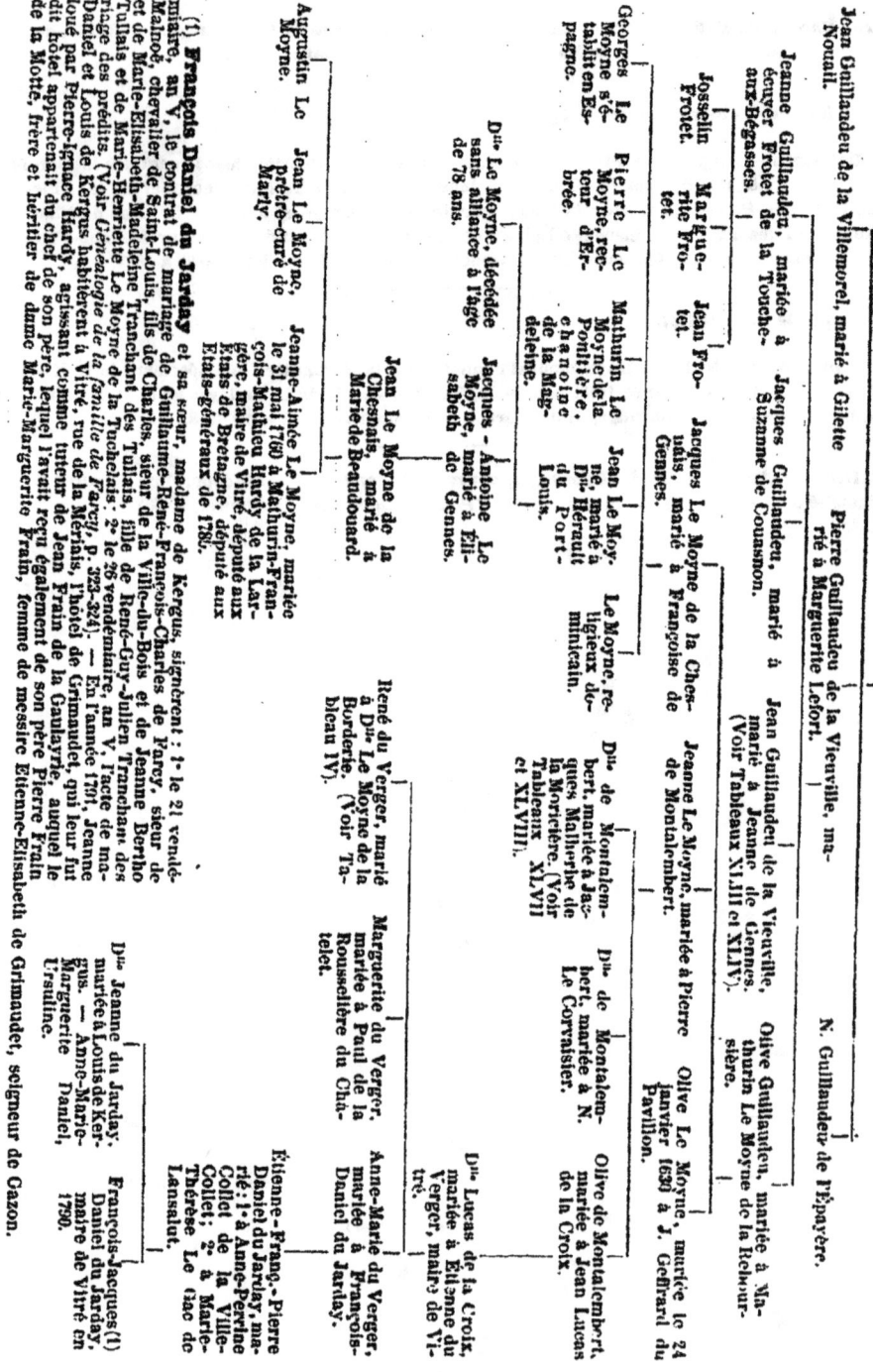

(1) **François Daniel du Jarday** et sa sœur, madame de Kergus, signèrent : 1° le 21 ventôse, an V, le contrat de mariage de Guillaume-René-François-Charles de Parcy, sieur de Mainot, chevalier de Saint-Louis, fils de Charles, sieur de la Ville-ès-Bois et de Jeanne Bertho Tullais et de Marie-Élisabeth-Madeleine Tranchant des Tullais, fille de René-Guy-Julien Tranchant des Tullais et de Marie-Henriette Le Moyne de la Touchelais; 2° le 25 vendémiaire, an V, l'acte de mariage des prédits. (Voir *Généalogie de la famille de Parcy*, p. 323-324). — En l'année 1791, Jeanne Daniel et Louis de Kergus habitèrent à Vitré, rue de la Mériais, l'hôtel de Grimaudet, qui leur fut loué par Pierre-Ignace Hardy, agissant comme tuteur de Jean Frain de la Gaulayrie, auquel le dit hôtel appartenait du chef de son père, lequel l'avait reçu également de son père Pierre Frain, frère et héritier de dame Marie-Marguerite Frain, femme de messire Etienne-Elisabeth de Grimaudet, seigneur de Cazon.

N. GUILLAUDEU.

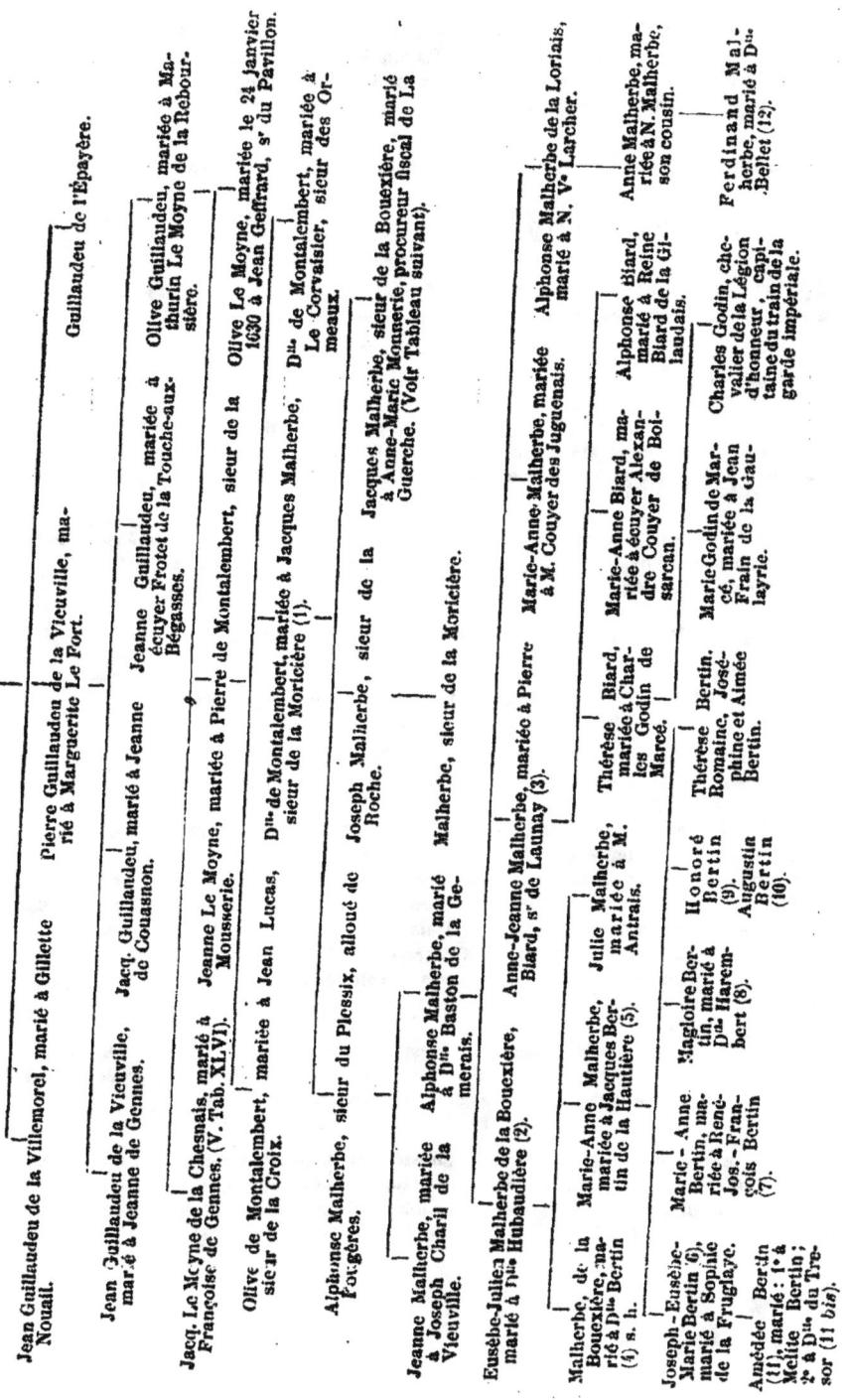

Jean Guillaudeu de la Villemorel, marié à Gillette Nouail.

Pierre Guillaudeu de la Vicuville, marié à Marguerite Le Port.

Guillaudeu de l'Epayère.

Jean Guillaudeu de la Vicuville, marié à Jeanne de Gennes.

Jacq. Guillaudeu, marié à Jeanne de Couasnon.

Jeanne Guillaudeu, mariée à écuyer Frotet de la Touche-aux-Bégasses.

Olive Guillaudeu, mariée à Mathurin Le Moyne de la Rebourssère.

Jacq. Le Moyne de la Chesnais, marié à Françoise de Gennes. (V. Tab. XLVI).

Jeanne Le Moyne, mariée à Pierre de Montalembert, sieur de la Mousserie.

Olive Le Moyne, mariée le 24 janvier 1630 à Jean Geffrard, sr du Pavillon.

Olive de Montalembert, mariée à Jean Lucas, sieur de la Croix.

Dlle de Montalembert, mariée à Jacques Malherbe, sieur de la Moricière (1).

Dlle de Montalembert, mariée à Le Corvaisier, sieur des Ormeaux.

Alphonse Malherbe, sieur du Plessix, alloué de Fougères.

Joseph Malherbe, sieur de la Roche.

Jacques Malherbe, sieur de la Bouexière, marié à Anne-Marie Monnerie, procureur fiscal de La Guerche. (Voir Tableau suivant).

Jeanne Malherbe, mariée à Joseph Charil de la Vieuville.

Alphonse Malherbe, marié à Dlle Baston de la Gemerais.

Malherbe, sieur de la Moricière.

Eusèbe-Julien Malherbe de la Bouexière, marié à Dlle Hubaudière (2).

Anne-Jeanne Malherbe, mariéo à Pierre Biard, sr de Launay (3).

Marie-Anne Malherbe, mariée à M. Couyer des Juguenais.

Alphonse Malherbe de la Loriais, marié à N. Vve Larcher.

Malherbe, de la Bouexière, marié à Dlle Bertin (4) s. h.

Marie-Anne Malherbe, mariée à Jacques Bertin de la Hautière (5).

Julie Malherbe, mariée à M. Antrais.

Thérèse Biard, mariée à Charles Godin de Mareé.

Marie-Anne Biard, mariée à écuyer Alexandre Couyer de Bolsarcan.

Alphonse Biard, marié à Reine Biard de la Gilaudais.

Anne Malherbe, mariée à N. Malherbe, son cousin.

Joseph — Eusèbe-Marie Bertin (6), marié à Sophie de la Fruglaye.

Magloire Bertin, marié à Dlle Harembert (8).

Honoré Bertin (9), Augustin Bertin (10).

Thérèse Bertin, Roraaine, Joséphine et Aimée Bertin.

Marie Godin de Marcé, mariée à Jean Frain de la Gaulayrie.

Charles Godin, chevalier de la Légion d'honneur, capitaine du train de la garde impériale.

Ferdinand Malherbe, marié à Dlle Bellet (12).

Marie - Anne Bertin, mariée à Rémi-Jos. - François Bertin (7).

Amédée Bertin (11), marié: 1° à Melitte Bertin; 2° à Dlle du Tresor (11 bis).

(1) Fils de N. Malherbe et de Renée Fromentin, dame de la Bouexière et de la Morclère, morte le 5 juillet 1640, inhumée le lendemain à Saint-Martin de Vitré, au désir de son testament. Petit-fils de Macé Malherbe et d'Olive Jolays; arrière-petit-fils d'Olivier Malherbe.
Eusèbe Malherbe demeurait au Bourget en Saint-Georges-de-Reintembault.

(2) **Hubaudière**, famille de ligueurs. Elle porte : d'azur à trois têtes d'aigle arrachées d'argent.

(3) Un **Biard**, député aux États de Bretagne en 1788.

(4) Fille d'Exupère-Joseph Bertin, dit *le dormeur*, premier médecin de l'hospodar de Valachie, de 1742 à 1744, associé anatomiste de l'Académie des sciences en 1744; mort à Gahard le 25 février 1781.

(5) Sous-lieutenant de maréchaussée.

(6) Né à Fougères en 1774 (18 janvier). Premier prix de l'École de Médecine de Paris en 1801, professeur à l'École secondaire de Médecine de Rennes, associé regnicole de l'Académie de Médecine en 1823, chevalier de la Légion d'honneur en 1833, mort à Fougères le 6 novembre 1839.

(7) Né à Gahard (11 avril 1767), d'Exupère-Joseph Bertin *le dormeur*, médecin de l'hôpital Cochin à Paris, professeur d'hygiène à la Faculté de Paris en 1822, chevalier de la Légion d'honneur; mort à Fougères en 1827.

(8) **Magloire Bertin**, conservateur des Hypothèques à Nantes.

(9) C'est le père d'Honoré Bertin, ancien maire de Fougères, conseiller général d'Ille-et-Vilaine.

(10) Capitaine de frégate, chevalier de Saint-Louis et de la Légion d'honneur, marié à Aimée-Louise-Joséphine Maley Guérault.

(11) **Amédée Bertin**, né à Rennes le 21 octobre 1805, fils de Joseph-Marie-Eusèbe et de Sophie de la Fruglaye, docteur en médecine, professeur de chimie à Rennes, sous-préfet de Fougères de 1830 à 1848, député d'Ille-et-Vilaine en 1848, conseiller général d'Ille-et-Vilaine. — Sur ces Bertin, consulter la *Biographie bretonne*; Maupillé, *Notices sur Fougères*; Kerviler, *Bio-Bibliographie bretonne*; Vapereau, *Dictionnaire des contemporains*, etc. — Tous nos Bertin descendaient de ce pieux docteur en médecine : René, sieur de la Hautière, décédé le 30 mars 1716 à Tremblay, inhumé dans le cimetière « pour satisfaire à son humilité ». (*Anciens Registres paroissiaux de Bretagne : Tremblay*, par l'abbé Paris-Jallobert).

(11 b's) Fille du comte du Tresor et de demoiselle Agathe d'Alençon. Sa famille, maintenue en 1667, élection de Carentan, porte : d'azur à 15 pièces de monnaie d'or et d'argent posées en forme de montagne accostée de 2 épées d'argent soutenues de 2 brassarts du second émail.

(12) Auteur d'une branche fixée dans le Finistère et alliée aux Denis de Trobriand. Par décret impérial du 2 novembre 1865, enregistré au tribunal de Fougères le 13 septembre 1867, les descendants de Ferdinand Malherbe ont été autorisés à ajouter à leur nom patronymique celui de la Bouexière. — La Bouessière, terre située paroisse de Balazé, près Vitré, autrefois villa gallo-romaine, devint un centre féodal important.

XLVIII

N. GUILLAUDEU.

Jean Guillaudeu de la Villemorel, marié à Gillette Nouail.

Pierre Guillaudeu de la Vieuville, marié à Marguerite Le Fort.

Guillaudeu de l'Épayère.

Jean Guillaudeu de la Vieuville, marié à Jeanne de Gennes.

Jacques Guillaudeu, marié à Jeanne de Couasnon.

Jacques Guillaudeu, marié à écuyer Frotet de la Touche-aux-Bégasses.

Jeanne Guillaudeu, mariée à Mathurin Le Moyne de la Rebour-sière.

Olive Guillaudeu, mariée à Ma-

Jacques Le Moyne de la Chesnais, marié à Françoise de Gennes.

Jeanne Le Moyne, mariée à Pierre de Montalembert, sieur de la Mousserie.

Olive Le Moyne, mariée à Pierre de Montalembert, sieur de la

Olive Le Moyne, mariée à Jean Geffrard du Pavillon.

Olive de Montalembert, mariée à Jean Lucas, sr de la Croix.

D¹¹ de Montalembert, mariée à Jacques Malherbe, sieur de la Moricière.

D¹¹ de Montalembert, mariée à Le Corvaisier, sieur des Or-meaux.

Alphonse Malherbe du Plessix, alloué de Fou-gères. (Voir Tableau précédent).

Jacques Malherbe, sieur de la Bouexière, marié à Anne Marie-Monmerie, procureur-fiscal de La Guerche.

Joseph Malherbe, sieur de la Roche.

Jacques Malher-be de la Bouc-xière, s. all. (1).

Jean Malherbe, sr de la Roche, marié à J.-Louise Thomelier.

Joseph Malherbe, sieur des Mazures, marié à D¹¹ Cha-ril.

D¹¹ Malherbe, marié à Bochin de Lange (2).

Joseph Malherbe de la Moricière (3).

Jean - René - Élisabeth Malherbe, sieur de la Bouexière, cons. au présidial de Rennes, marié à Julienne Lar-cher.

Malherbe des Raim-baudières, mariéà sa cousine Thé-rès-Rose Métayer.

Marie-Jacqueline-Bo-chin de Lange, ma-riée à René Le Masson de la Mazurie, seignr de Saint-Maurieux (4).

Thérèse Malherbe, ma-riée à Jean-Baptiste Métayer des Fontai-nes.

Renée - Jacquel. Métayer, ma-riée à J.-B. de Renouard du Boulay (5).

Augustin-Jean-Félix Malherbe, sieur de Meguerin, décédé à Fougères le 6 novembre 1779.

Jeanne Malherbe, mariée à Mathu-rin Seré du Teil (6).

René-Jean-Baptiste Malherbe de la Fauconnerie, ma-rié à Marie-Su-zanne Hullin (7).

Joseph-Fran-çois Mal-herbe.

Marie - Anne Mal-herbe, mariée à messire François de Saint-Germain du (8) Houlme.

Olive Malherbe, ma-riée à Jean-Bapt. Avenel (9), cheva-lier, seigneur de Nanfrel.

(1) 1711. Partage de la succession de deffunte Perrine Monnerie, dame de Séville, décédée sans hoirs, fait entre noble homme René Monnerie, sieur de la Touchebelle, avocat en parlement et demoiselle Anne-Marie Monnerie, autorisée de *noble homme* Antoine Guihery, sieur de la Marquerie, son mari, frère et sœur par représentation de feu noble homme René Monnerie de Préclos; et Jacques Malherbe de la Bouexière, procureur de dame Anne-Marie Monnerie, sa mère, femme de feu n. h. Jacques Malherbe de la Bouexière, sœur germaine de la dite dame de Séville.

(2) Le contrat de mariage de **Simon Bochin**, sieur de Lange, demeurant à Saint-Hilaire-du-Harcouët, fils de noble homme Bochin, sieur de Beauchesne et de Marie-Françoise Dubin et D^lle Marie Malherbe, dame de Léguillerie, fille aînée de nobles personnes Jacques Malherbe, sieur de la Bouexière et de dame Marie Monnerie, demeurant à Vitré, fut dressé le 30 janvier 1715 par Bourdin et Leblanc, notaires à Vitré, avec l'assentiment de nobles personnes Jean Grihaut, avocat au bailliage et vicomté de Mortain; Julien de Pracontal, écuyer, sieur de la Vaillandière; Jean de Pracontal, écuyer, sieur du Verger; François Mahey, sieur du Cabier; François Bochin, sieur de Beauchesne; vénérables et discrets messires François Bagot, curé de Landelle; Dom Jean du Bois, prieur, curé des Loges-Marchix; noble homme René du Bois, sieur de Courneuve; noble personne Sébastien Morel, sieur de la Chaudronnais, époux de Marie du Bois; Paul Chopin, écuyer, sieur de la Gastonnière, parents du futur. Ainsi signé : Siméon Bochin, Marie-Françoise du Bois, Marie Malherbe, René Malherbe, Jacques Malherbe, Marie Monnerie, Emmanuel de Ralon, Renée de Marcille, Charlotte Ferré, Chopin et les notaires.

(3) Un **Malherbe de la Moricière** signa, en 1775, au contrat de mariage de Thérèse Biard et de Charles Godin de Marcé.

(4) Le 5 janvier 1744, devant les notaires royaux d'Avranches, René-Marie Le Masson de la Mazurie, seigneur de Saint-Mauvieux et de Potrel, conseiller du Roi et président en l'élection d'Avranches et dame Marie-Jacqueline Bochin de Lange, sa compagne, demeurant paroisse de Saint-Gervais, donnent procuration à Jacques Malherbe, sieur de la Bouexière, à l'effet de vendre la closerie de la Sibonnière.

(5) Noble homme **Jean-Baptiste de Renouard du Bois-Boullay**, fils de Jean-Baptiste et de Magdeleine Graffard, épousa Renée-Jacquine Métayer, d^lle des Raimbaudières, fille de noble maître René-Jean-Baptiste et de Thérèse Malherbe, le 28 janvier 1758.

(6) **Mathurin Seré du Teil** n'eut pas d'enfants de ce mariage; il se remaria à Marguerite Frain de La Motte.

(7) Noble homme **Jean-Baptiste-Benjamin Malherbe de la Faüconnerie**, échevin de La Guerche, fils de noble homme Joseph, seigneur du fief de la Rembaudière avec haute-justice, et de Thérèse-Rose Métayer, sieur et dame des Mazures, épousa le 5 mars 1787 Suzanne Hullin, fille d'écuyer Louis, sieur de la Fresnais-Pommerais et de Suzanne **Martin du Boistaillé**. (Extraits communiqués par l'abbé Paris-Jallobert).

Hullin, originaires d'Anjou, maintenus par arrêt du Parlement en 1775. 13 générations. De gueules à 2 bandes d'argent accostées de 3 besants de même entre les bandes. — Cette famille était représentée à la fin du XVIIIe siècle par Louise-Élisabeth Hullin de Beauchêne, Eulalie-Reine Hullin du Boischevalier, Joseph-Hyacinthe Hullin du Boischevalier, héritiers de Jeanne-Renée Hullin, dame de Mouline.

(8) **de Saint-Germain** : de gueules accompagné de 3 besants de même. Roger de Saint-Germain, compagnon de Guillaume le Conquérant. Un membre de cette famille au nombre des gentilshommes de Normandie qui prirent part à l'élection des députés aux États-généraux de 1789. Madame de Saint-Germain, née Malherbe, signa au contrat de mariage de Thérèse Biard et de Charles Godin.

(9) **Avenel**, famille d'origine normande, porte : de gueules à 3 aigles d'argent; a produit un compagnon de Guillaume le Conquérant à la conquête de l'Angleterre. Un croisé : Robert Avenel. « Le littérateur normand contemporain : Jos.-Aug. d'Avenel, membre du Conseil général de la Manche, est de cette famille ». *Bio-bibliographie Bretonne*, par Kerviler, page 403).

N. GUILLAUDEU, sieur de l'Épayère.

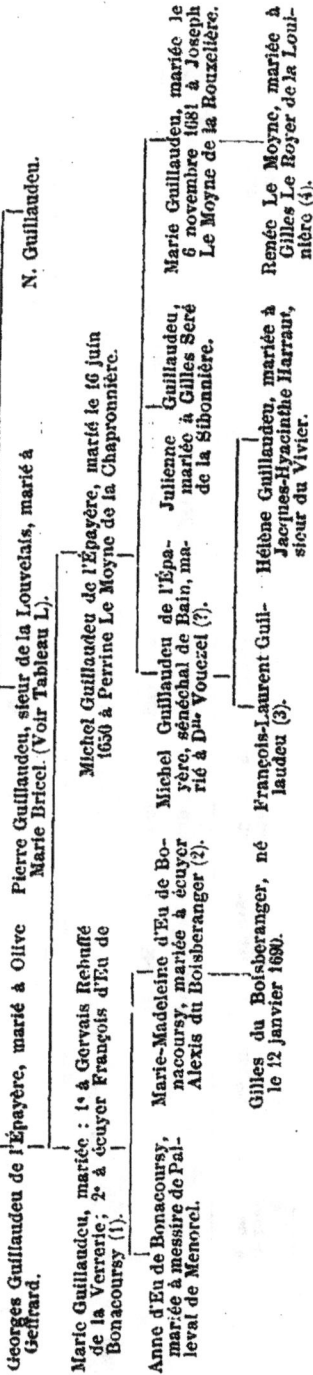

- **Georges Guillaudeu de l'Épayère**, marié à Olive Geffrard.
  - Marie Guillaudeu, mariée : 1° à Gervais Rebuffé de la Verrerie; 2° à écuyer François d'Eu de Bonacoursy (1).
    - Anne d'Eu de Bonacoursy, mariée à messire de Palleval de Menorel.

- **Pierre Guillaudeu**, sieur de la Louvelais, marié à Marie Bricel. (Voir Tableau L).

- **Michel Guillaudeu de l'Épayère**, marié le 16 juin 1650 à Perrine Le Moyne de la Chapronnière.
  - Michel Guillaudeu de l'Épayère, marié à Dlle Vouczel (?).
  - Marie-Madeleine d'Eu de Bonacoursy, mariée à écuyer Alexis du Boisberanger (2).
    - Gilles du Boisberanger, né le 12 janvier 1680.
  - François-Laurent Guillaudeu (3).
  - Julienne Guillaudeu, mariée à Gilles Seré de la Sibonnière.
  - Hélène Guillaudeu, mariée à Jacques-Hyacinthe Harraut, sieur du Vivier.
  - Marie Guillaudeu, mariée le 6 novembre 1681 à Joseph Le Moyne de la Rouxelière.
  - Renée Le Moyne, mariée à Gilles Le Royer de la Louinière (4).

- **N. Guillaudeu.**

(1) Ils épousèrent à Vitré, en la chapelle Sainte-Anne, le 8 avril 1652. **François d'Eu** est dit originaire de la Fresnais, au Maine. — M. l'abbé PARIS-JALLOBERT a donné le décès d'un autre membre de cette famille : Daniel d'Eu, capitaine d'une compagnie de cavalerie, mort à la Baconnière, comté de Laval, apporté à Vitré le 19 janvier 1628.

(2) Sur les du **Boisberanger**, consulter les *Certificats de la Noblesse du Bas-Maine*, par l'abbé POINTEAU; les *Croisés de Mayenne*, par le même, etc.....

(3) Noble homme **François-Laurent Guillaudeu** et Dlle Hélène Guillaudeu, enfants de deffunt noble homme Michel Guillaudeu, sieur de l'Épayère, autorisés d'écuyer Charles-Richard de Legge leur curateur; Dlle Julienne Guillaudeu, veuve de noble homme Gilles Seré, sieur de la Sibonnière; Marie Guillaudeu, veuve de noble homme Joseph Le Moyne, sieur de la Rouxelière, se disaient, en 1716, héritiers de Marie Le Moyne, dame de la Motte-Plessix.

(4) La Louinière, terre et manoir situés dans la commune du Pertre, passés des Le Royer aux de Courson de la Bellyssue.

Un ami de Madame de Sévigné.

M. l'abbé PARIS-JALLOBERT a relevé sur les *Registres paroissiaux de Vitré*, l'acte de mariage d'une **Guillaudeu, dlle de Belair**, avec messire Jean-Antoine du Vauborel, sieur de Sainte-Marie (14 mai 1661). — (Voir dans la *Revue historique de l'Ouest* notre monographie des *Vauborel normands et bretons*; dans la *Revue de Bretagne et Vendée* : *une Héroïne*, épisode du bombardement de Saint-Malo, par M. HARVUT). Aimable et loyal Sainte-Marie, mon vieux ami, lieutenant de Roi de Saint-Malo, m'est venu voir. Il m'a dit qu'il vous avait écrit pour une sollicitation; je vous conjure qu'il soit content de vous : c'est un homme qui se mettrait en pièces pour moi; tout le monde l'aime en ce pays; il est la consolation de tous les exilés, de tous les prisonniers de Saint-Malo; en un mot, un petit Artagnan qui est fidèle au Roi et humain à ceux qu'il est obligé de garder (a), il a mille bonnes qualités; il dit que c'est moi qui les lui ai données. Vous vous souvenez comme je l'ai converti, en lui donnant ma foi et ma parole que notre religion était meilleure que celle de Calvin.....

Lettre adressée à Mme de Grignan, écrite aux Rochers et datée du 6 nov. 1689.

(a) Allusion aux calvinistes qui essayaient de sortir du royaume après la révocation de l'édit de Nantes.

L

N. GUILLAUDEU.

Pierre Guillaudeu, sr de la Vieuville, marié à Marguerite Le Fort, fondateurs de la chapelle Notre-Dame de Pérouse. (V. Tableaux précédents).

N. Guillaudeu de l'Épayère.

Jean Guillaudeu de la Villemorel, marié à Gillette Nouail.

De Langle, président au Parlement de Bretagne, marié à Dlle de Robien, S. h.

Pierre Guillaudeu de la Louvelais, marié à Marie Bricel, fille du président Bricel de Beauregard et de Gillette Lambaré. (Voir Tableau IV).

Georges Guillaudeu de l'Épayère, marié à Olive Geffrard. (Voir Tableau XLIX).

Étienne Guillaudeu, écuyer, sr de la Louvelais (1), marié à Jeanne Le Ray (2).

Jeanne-Marie Guillaudeu, mariée à Franç.-Joseph-Louis de Langle de Kernorvan.

Cte Ferdinand de Langle, s. all.

Augustin, vte de Langle, marié à Dlle Nathalie Rancher.

Daniel-Bertrand de Langle, abbé de Blanche-Couronne, évêque de St-Papoul.

Louis-Marie de Langle, marié à Judic Aubert du Lou.

Dlle de Langle, mariée au président de la Falière.

Marie de Bizien.

Marie de Langle, mariée au marquis de Bizien.

Yves de Langle.

Alphonse, vte de Langle, au vte Thomé de Kéridec, député, puis sénateur du Morbihan.

Augustin-Marie-Joseph de Langle, sous-préfet de Vitré en 1843, marié à Céleste de Montboucher.

Augustin de Langle, chanoine.

Dlle de Langle, marié à N. Le Corgne de Bona-bry.

Henri de Langle, marié à Dlle Le Bihan de Pennelé.

Louis, vicomte de Langle, marié à Dlle du Boberil.

Mathilde de Langle, mariée au vte Raoul Le Gonidec de Traissan.

Dlle de Langle, mariée : 1° à M. de Bégasson du Roz; 2° au chevalier Le Corgne de Bona-bry.

Joseph de Langle.

Gabriel Rolland de Rengervé.

Henri, comte de Tredern, marié à Dlle du Boberil.

Céleste de Langle, mariée au chevalier de St-Louis.

Judic Le Corgne, mariée à Louis de Tredern, chevalier de St-Louis.

Louis de Rengervé, marié à Dlle Ann.-Hardy de Beauvais.

Olympe de Tredern, supérieure des Filles de la Ste-Vierge à Rennes.

Augustin de Rengervé, ancien zouave pontifical, chevalier de la Lég. d'honneur, marié à Marie de la Grandière.

Mar.-Thérèse de Tredern, supérieure des filles de la Ste-Vierge à Rennes.

Adamine de Tredern, mariée au Rolland de Ker-gariou.

Joséphine de Tredern, mariée à Fidèle Rolland de Rengervé.

Judic de Rengervé, supérieure des Filles de la Ste-Vierge à Rennes.

Joséphine Rolland de Rengervé, mariée à E. Frain de la Gaularie.

(1) En juin 1676, **Étienne Guillaudeu**, écuyer, sieur de la Louvelais, conseiller secrétaire du Roi, représente le général de la paroisse de Montreuil-sous-Pérouse dans un accord entre le dit général et François de la Forest d'Armaillé, mari de dame Marie de la Briolle, héritière de messire René de la Briolle, abbé de Saint-Serge, prieur du prieuré de Montreuil, ayant des prétentions de sommes immenses contre la dite paroisse dont il poursuivait le paiment. Les parties transigent pour 4,200 livres. Le 27 juin 1676, l'esgail de cette somme est fait par devant Jean Frain, avocat en la Cour, sénéchal de la juridiction du prieuré de Sainte-Croix de Vitré, commis à ce faire par M. l'alloué du siège présidial de Rennes. Dans cet esgail, Michel Guillaudeu de l'Épayère est taxé à la somme de 110 livres; Étienne Guillaudeu à 80 livr s. Écuyer Étienne Guillaudeu de la Louvelais fonda près de son manoir des Tesnières une chapelle en laquelle sa femme, Jeanne Le Ray, proposa de fonder des messes.

(2) A nos Seigneurs de Parlement.

Supplient humblement dame Jeanne Le Ray, dame de la Louvelais et D^{lle} **Jeanne-Marie Guillaudeu**, demoiselle de la Louvelais, sa fille (mariée au président de Langle de Kermorvan, ancêtre de tous les de Langle dits Beaumanoir), disant que de certains particuliers les ayant attaquées dans la ville de Vitré, le neuvième novembre, elles en portèrent leur plainte devant le sénéchal de Vitré, lequel, après des publications de monitoire, a procédé à des informations qu'on prétend estre très concluantes contre les agresseurs; elles ont été portées chez maître **Étienne Charil** (a), procureur fiscal de la juridiction pour y prendre conclusion, lequel, après les avoir veues a déclaré n'y pouvoir conclure attendu l'alliance qu'il dit avoir avec les suppliantes ainsy qu'il le justifie par sa lettre missive de ce mois; et comme maître **Jean Frain**, avocat fiscal de la même juridiction est parent des suppliantes dans un degré encore plus proche (voir cette parenté établie au Tableau VI, 1er fascicule); que le dit sieur Charil et que maître Daniel de Gennes, ancien des avocats postulants dans la juridiction et maître René Arnoul, aussi avocat, ne peuvent connaître de cette affaire, celui-cy pour avoir esté tesmoin dans la même affaire et l'un des enfants de celui-là ayant assassiné le sénéchal de La Guerche, cousin germain de la dite dame de la Louvelais (Jacques Rondel (b), pourquoi il y a eu une grosse procédure criminelle contre les moyens de suspicion contre luy, il ne reste d'avocats postulants que maître Pierre Pichot; ce considéré vous plaise, messeigneurs. Voir cy attachée la lettre missive du dit sieur Charil, procureur fiscal de Vitré, justifiant qu'il se déporte et ayant égard aux moyens de suspicion et parenté contre les autres avocats, commettre le dit Pichot ou tel autre praticien de la juridiction de Vitré pour prendre conclusion sur les informations et dans la suite de l'instance et ferez bien ainsy. Signé : SANNEY (?).

La cour enjoint et fait commandement au dit Pichot et en cas d'absence à l'ancien praticien de la juridiction de Vitré de conclure dans l'instance dont est question. — Fait en Parlement, le 3e janvier 1696. Signé : CORNULIER et GUYART.

La requête et l'arrest ci-devant a esté par moy, huissier au Parlement de Bretagne, demeurant à Rennes, estant de présent en la ville de Vitré ...... Instant et me requérant, les dites dames de la Louvelais, demeurantes en cette ville de Vitré, qui font élection de domicile chez M. Jean Sanney, leur procureur en la Cour, demeurant en la ville de Rennes, intimés et signifiés à noble maître Jean Frain, sieur de la Motte, monsieur l'advocat fiscal de la baronnie de Vitré, à ce qu'il n'en ignore et ayt à y garder estat à peine de tous dommages et intérêts. Fait savoir au dit sieur ..... et lui baille cette copie en parlant à sa personne en son domicile. — Ce vingt six janvier mil six cent quatre-vingt-seize, avant midy.

PIOCHE,
gratis, attendu que je suis à la suite de M. le Com^{re}.

(a) Étienne Charil de Beauvais avait épousé Anne-Marie Guillaudeu, arrière-petite-fille de Pierre et de Marguerite Le Fort. (Voir Tableau XLIII).

(b) N. H. René Rondel, sénéchal de La Guerche, sieur des Longrais, avait eu de Renée Binaize :

Jac. Rondel, sieur de Falaische, marié à Renée Martin des Bigottières, tué le 23 juin 1689 d'un coup d'épée par M. de Gennes de Vitré.	Perrine Rondel, mariée à n. h. Pierre de Bregel, sieur des Guyonnières.	Marie Rondel, mariée à écuyer Claude Guérin, sieur de la Pislais.
Jean Rondel, sieur de Falaische, marié à Marie Rondel, sa cousine.	Perrine de Bregel, mariée à Sébastien Frain de la Villegonthier.	Françoise Guérin, mariée à écuyer Claude Lorfeure du Boisnouault.

(Dressé sur les notes de M. M.-A. de Courville et de M. G. de Carné).

Un Rondel (Étienne), originaire de Provence, vint à Vitré comme homme de chambre, puis apothicaire du comte de Laval. Il se maria en 1577 à Élisabeth Berny, fille du ministre de ce nom; en secondes noces il épousa Marguerite Maulevault. Ses descendants s'allièrent aux Suppligeau, de Gennes, Rebondy, de Forsans, de Couaisnon, Gauvaing, de Saulce, Grislel. L'un d'eux fut pasteur de Plouër en 1637. Nous ignorons si ces Rondel et les sénéchaux de La Guerche avaient la même origine.

(3) **Jeanne Le Ray**, veuve d'Étienne Guillaudeu, sieur de la Louvelais, choisit le monastère des Hospitalières de Vitré pour y finir ses jours dans les exercices d'une piété solide et donna partie de la somme qui servit à dorer l'autel de la chapelle Saint-Nicolas. « Le grand autel de notre église étant doré, il parut si beau et si brillant, qu'on ne pouvait voir sans dégoût un ancien tabernacle posé dessus, on pensa le vendre pour en faire un neuf qui eut du rapport à la beauté de l'autel. Notre reverende mère (a) qui disposait de la bourse et de la bonne volonté de Madame de la Louvelais, lui fit donner 200 livres qui, jointes à quelques autres petits présents, furent suffisants pour payer le menuisier et le sculpteur qui firent cet ouvrage, à qui on donna 400 livres et la nourriture, l'espace d'un an que dura leur travail ». Archives des Hôpitaux. (Voir *Journal historique de Vitré*, p. 302).

(a) Olive Le Moyne, demi-sœur d'Étienne Guillaudeu, sœur de Jean Le Moyne de la Maisonneuve et de Daniel Le Moyne de la Courbe, portés au Tableau IX.

Louis-Marie de Langle et **Judith Aubert du Lou** sont aussi les ancêtres de Louis-Joseph-Théophile, marquis de Langle Beaumanoir, né en 1801, sous-préfet de Quimperlé en 1840, député de l'arrondissement de Quimperlé en 1842, conseiller général des Côtes-du-Nord, colonel de mobiles en 1870; père de Tristan-Louis-Anne, marquis de Langle Beaumanoir, officier de marine, chevalier de la Légion d'honneur, préfet des Côtes-du-Nord en 1877, élu sénateur des Côtes-du-Nord en 1885; d'où : Raoul de Langle de Beaumanoir, auteur d'un volume de poésies intitulé : *Les Perles noires*.

LI
N. GUILLAUDEU, d'où :

N. Guillaudeu de l'Épayère.	Jean Guillaudeu de la Villemorel, marié à Gillette Nouail.	Pierre Guillaudeu de la Vieuville, marié à Marguerite Le Fort.
Georges Guillaudeu de l'Épayère, marié à Olive Geffrard. (V. Tabl. XLIX).	Pierre Guillaudeu de la Louvelais, marié à Marie Bricel. (Voir Tabl. L).	N. Guillaudeu (1).

(1) On lui donne comme petit-fils Michel Guillaudeu, qui eut un fils dit sieur de la Matillonnais, marié à Élisabeth Le Moyne, fille de Jean Le Moyne de la Maisonneuve et d'Étiennette Nouail. — Du sieur de la Matillonnais et d'Élisabeth Le Moyne issurent : 1° René Guillaudeu de la Bischetière, prêtre; 2° Élisabeth Guillaudeu, mariée à Yves Courtois, greffier en chef des enquêtes du Parlement de Bretagne, d'où : écuyer Louis Courtois; 3° Marie-Servanne Guillaudeu, mariée à Alain Guillard de la Motte, de la ville de Saint-Malo, d'où : Alain Guillard de la Gastinais, vivant en 1768. — Le 22 mars 1727, écuyer Yves Courtois, sieur de Villasselin, conseiller du Roy, greffier en chef au Parlement de Bretagne aux deux chambres des enquêtes, époux de dame Élisabeth Guillaudeu, vendit la Basse-Morandière à noble homme Joseph Hoisnard, sieur de Loresse, conseiller du Roy, receveur des Fouages au département de Vitré, époux de Suzanne Hardy.

Guillaudeu de l'Epayère. Jean Guillaudeu de la Villemorel, marié à Gilette Nouail. Pierre Guillaudeu de la Vieuville, marié à Marguerite Le Fort.

Jean Guillaudeu de la Villemorel et de la Bischetière, né le 25 juin 1553, marié à Marie Le Moyne.

Nicolas Guillaudeu (1), sieur de la Bischetière, marié à Guillemette Picot (2). René Guillaudeu, né le 12 mars 1603, sieur du Plessix, marié à Servanne Pepin. Il fut maire de Saint-Malo. René Guillaudeu du Plessix, maire de Saint-Malo, marié à Jeanne Goret. François Guillaudeu, sieur du Plessix, marié à Marie-Thérèse Bon.

Jean Guillaudeu. Jeanne Guillaudeu, mariée à Guillaume Artur, sieur de la Motte et de la Bischetière (3). Marie Guillaudeu.

N. Guillaudeu, mort au Cap.

Thérèse-Pélagie Guillaudeu (4), baptisée le 3 décembre 1728, mariée à écuyer Claude-Marie-Vincent des Bas-Sablons. Guillotinée pour la foi à Paris le 20 juin 1794.

(1) Voir ses prétentions aux prééminences dans l'église de Cornillé. (Appendice aux Lettres de l'Intendant de la maison de la Trémoille, p. 28).

(2) Fille de Jean Picot, sieur de la Gicquelays, procureur syndic de la communauté de Saint-Malo en 1644.

(3) Conseiller du Roi, maître en la chambre des Comptes. Il eut : François-Jean-Baptiste, né le 21 juin 1659. — Françoise-Jeanne, nommée le 1er novembre 1661 par Josselin Frotet, sieur du Pré-Henri et Françoise Guillaudeu, dame de la Chesnaye. — Marie-Anne, née le 11 novembre 1662. (Extraits des Registres de Cornillé, par l'abbé Paris-Jallobert).

(4) « Devenue veuve, Thérèse Guillaudeu se retira chez son père dont elle partagea d'abord, puis surpassa toutes les bonnes œuvres. Elle y resta jusqu'au 2 mai 1776; à cette date elle remplaça, au bureau de la Providence, Mlle Le Gobien. Sa figure était noble et intéressante, son air des plus gracieux, sa conversation aussi instructive que spirituelle. Aucune bonne action ne lui coûtait à faire et il n'est pas un seul grenier dans nos murs, où cette Notre-Dame de Bon-Secours, comme ses amis l'appelaient en riant, n'ait porté pendant près d'un demi-siècle la consolation et la paix.... Aux approches de la révolution, malgré la sollicitation de ses amis, elle n'émigra point... Une religieuse de Vitré, sa parente, croyant lui devoir des remerciments, eut l'imprudence de lui écrire par la poste et l'imprudence plus grande encore de lui faire le récit de toutes les scènes révolutionnaires dont elle avait été le témoin. Cette lettre fut remise au comité de surveillance le lendemain 6 avril 1794, Madame des Bas-Sablons fut arrêtée. Le 2 juin 1794 on l'emmenait à Paris où elle mourut martyre le 21 juin ». (Malouins célèbres, par Manet, pages 287, 298).

JEAN FRAIN, sieur de Droigné

Avocat au Parlement, fermier des Devoirs (1) de Messieurs les États de Bretagne et de la Baronnie de Vitré

Marié le 24 avril 1632 à Marie Dauphin, dame de la Perrine (2),
fille d'Etienne et de Suzanne Hardy.

Remarié en mai 1640 à Perrine du Perron. (Voir Tableau suivant).

1er lit.

Etienne Frain (2 bis), né le 17 mars 1633.	Renée Frain, née le 21 avril 1634.	Pierre Frain, sieur des Chesjeune, né le 25 juin 1636.	Etienne Frain, le (3), marié à Georgette de l'Hommel.	Suzanne Frain, mariée à (3) Françoise du Perron.	Jeanne Frain, née le 29 juillet 1639.

| Frain, Jean, né le 12 mai 1865. | Frain, Georges-François, né le 30 octobre 1869. | Frain, Renée, née le 13 mai 1864. | Frain, Jean, né le 18 juin 1875. | Frain, Marie, née le 7 septembre 1877. Frain, Pierre, né le 11 octobre 1866. Autre Frain, Jean, né le 27 novembre 1878. | Suzanne du Perron, née le 1er août 1655. Pierre du Perron, chanoine de la Collégiale de la Madeleine. Il naquit le 17 septembre 1656. |

(1) **Jean Frain**, sieur de Droigné, fut fermier du Devoir des États de Bretagne et du Devoir de la Communauté de Vitré depuis 1637 jusque vers l'an 1660. Il agit en cette qualité, tantôt sous son propre nom, tantôt sous le pseudonyme d'écuyer Poids de Vallot, sieur des Noyers.

Bail des Devoirs pour la paroisse de Billé.

Le douziesme jour de juin, avant midy, mil six cent quarante et sept, devant nous, notaires de la Cour du Vitré, a personnellement comparu : noble homme Jean Frain, sieur de Droigné, fermier des Debvoirs de Messieurs les États en cette baronnie, demeurant au dit Vitré, lequel, pour six mois entiers qui commenceront le premier juillet prochain et finiront le dernier décembre aussi prochain, a affermé pour le dit debvoir le bourg et paroisse de Billé à honnestes personnes Jean Cresving Hosserye et Julienne Lendormy sa femme ; le dit Carcaing présent et promettant faire avoir les presentes agréables à sa dite femme et la y faire ratifier dans huitaine, demeurant au dit Billé, pour pendant le dit temps recueillir le dit debvoir, au dit bourg et paroisse de Billé, à ses frais, sur les vins, cidres qui s'y vendront ; courre le bailleur a droit, moyennant la somme de cent livres tournois par quartier pour le dit debvoir, payable par le dit preneur au dit Frain par le finissement d'iceux comme echoiront sans espoir de rabais, vendu ou non vendu, ou qu'il arriveroit accidens de guerre, famine, peste, stérilité de fruys, de trafficq, augmentation de devoirs, passée de gens de guerre ny autres cas fortuits, sans toutes lesquelles conditions le present n'auroit été concédé à si bas prix, sauf les autres droits et actions des parties et à ce que le dit Carcaing doit au dit Frain du passé et devra pour le quartier courant et laissera caution de la dite ferme, lorsque requis sera et lui delivrer : autant du present dans huictaine. A quoy faire ils s'obligent avecq leurs biens, meubles et immeubles...... Faict au dit Vitré, tablier de Malcost, quel il ne le savoir faire...... et cedui de maitre Charles Renault la Barre, sergent royal pour le dit Carcaing, quel a dit ne le savoir faire......

Toscé est afferné pour trois ans à Georges Huet qui devra, pendant le dit temps, recueillir le dit devoir ainsy que le bailleur a droit, à charge de faire faire la marque à ses frais et de ne souffrir les dites ... estre transportées aux paroisses voisines pour y estre débitées. Pour ferme de quoy, le dit preneur paira au dit bailleur le doix; le trois pipes de vin par quartier, payable en cette ville par le finissement d'iceux comme eschoiront qui est: pour l'année courante, à raison de ... rente livres par pipes de vin; pour la prochaine, quarante livres aussi par pipe et pour la dernière, quinze livres par pipe, payable sans espoir de rabais......

Le 2 janvier 1654, le bail de Saint-Jean-sur-Coisnon est consenti à Vincent Civel, demeurant en la ville de Saint-Aubin-du-Cormier, pour trois années. Pour ferme de quoy, paira au sieur de Droigné, le debvoir de quatre pipes de vin par quartier à raison de 30 livres tournois par pipe, pour l'année courante, qui sont six vingt livres par quartier; pour l'année prochaine, quarante livres par pipes, qui sont huit vingt livres aussi par quartier; et la dernière année, 15 livres par pipes qui reviennent à soixante livres par quartier, sans espoir de rabais.

Le second jour de may 1654, le bail de Dourdain est consenti à Jean Savatte, aux mêmes conditions que dessus.

Le 2 may 1654, le bail de Marpiré est consenti à Guillaume Bouessy, pour deux années neuf mois, à partir du 1er avril 1654 (mêmes conditions).

1653.
Curieux élément de statistique.

L'an 1653, par le ministère du sergent royal général et d'armes, établi à Vitré, Jean Frain, sieur de Droigné (sous le pseudonyme d'écuyer Poida de Vallot), fit donner terme et assignation à tous hôtes vendant vins, cidre, bière et eaux-de-vie par détail dans la ville et forbourgs de Vitré et paroisses dépendant de la baronnie, ainsi qu'à tous les marchands de vins en gros, à comparoir au lundy 29e du mois de décembre 1653, au barreau de la Cour du siège présidial de Rennes, par devant monsieur le sénéchal; pour assister, si bon leur semblait, à la jurée des commis marqueurs dont le dit Frain entendait se servir à la marque et conservation du dit debvoir et voir ordonner les dits marchands en gros « qu'ils souffriront les marques de leurs vins en leurs celliers et qu'ils auront pour cet effet papiers chiffrés et millésimés de monsieur le sénéchal, pour, sur iceux, insérer les charges du nombre de leurs vins et que, lorsqu'ils s'en déchargeront soit entre les mains des dits hôtes et cabaretiers ou autres, seront tenus de requérir les dits commis afin de les en décharger et charger les dits hôtes, et ordonne qu'ils auront aussi papier chiffré et millésimé pour, les dits commis, insérer leurs marques de vins, cidres, etc ».

Cette assignation offre un précieux élément de statistique. Après avoir, en effet, cité les marchands de vins en gros au nombre de quatre, elle donne la série des hôtes et cabaretiers vendant en la ville et forsbourgs de Vitré, au nombre de   80

Celle des hôtes vendant dans les paroisses de la baronnie, soit :

En Pocé.	2	*Report.*	52
En Saint-Aubin-des-Landes.	4	En Saint-Jean-sur-Coisnon	1
En Cornillé	2	En Mezière	3
En Étrelles	2	En Livré	4
En Torcé	1	En Servon.	2
En Vergeal	2	En Broons	9
En Saint-Germain-du-Pinel	5	A Châteaubourg	1
En Brielles	5	En Marpiré	3
Au Pertre	5	En Champeaux.	1
En Argentré	2	En Montreuil-sous-Pérouse	2
En Bréal	1	En Taillis.	2
En Erbrée.	1	En Balazé.	3
En La Chapelle.	3	En Saint-Christophe-des-Bois . . .	3
En Saint-M'Hervé	3	En Châtillon.	4
En Princé	1	En Saint-Didier	1
En Luitré	1	En Saint-Melaine	4
En La Selle	1	En Saint-Jean-sur-Vilaine. . . .	1
En Parcé	2	En Chevré	2
En Javené.	2	En La Bouexière	8
En Billé	3	En Izé	2
En Vendel	1	En Dourdain.	1
En Chesné	3	En Acigné	1
A reporter.	52	En Dompierre-du-Chemin.	1
		Soit un Total	191

Les marchands de vins en gros se nomment : Philippe Collot, sieur de Landavran; Daniel Le Fort, sieur de Châlet; Michel Dauphin, sieur de la Perrine; François Le Vigoureux, sieur de la Touche. Jugez si ce sont là les premiers venus.

Dans son Aveu rendu au baron de Vitré en 1595, Marie d'Entraignes, veuve de Samuel de Beaumanoir, seigneur de Gazon, choisit pour procureur général et spécial noble David Collot, sieur d'Escury. — Ce David avait épousé Marie Le Noir, dame de Landavran, fille de Christophe Le Noir et d'Esther de Couaisnon et tante de Philippe Le Noir de Crevain, ministre protestant, auteur de l'*Histoire ecclésiastique de Bretagne* depuis la réformation, et d'un poëme intitulé : l'*Emmanuel*; d'autre part, dans le *Nobiliaire et Armorial de Bretagne*, par P. POTIER DE COURCY, 3ᵉ édition, nous trouvons : Collot, originaires de Picardie, sieurs d'Escury, de Landavran, maintenus à l'intendance en 1699 : d'azur au chef d'argent chargé d'une molette de sable. Jean, homme d'armes des ordonnances du Roi sous le commandement du connétable Anne de Montmorency, en 1531; André, confirmé ou anobli en tant que besoin, par lettres de 1675.

Sur les Le Fort, leur origine, leurs alliances, se reporter aux Tableaux. Rappelons seulement que Daniel, sieur de Châlet, est fils d'Isaac Le Fort de la Belotais et de Jeanne Rebondy, neveu de Daniel Le Fort de la Jeuvrie, alloué de Vitré, et qu'il appartient par sa naissance et son mariage à la religion prétendue réformée. — Michel **Dauphin** de la Perrine est catholique. Sur l'ancienneté de sa famille, voir la notice ci-après, consacrée à Marie Dauphin, première femme de Jean Frain, sieur de Droigné. — Paul **Vigoureux**, sieur de la Touche, est originaire de Thouars; le 19 mai 1652 il a épousé, en l'église huguenote, Marie **Ravenel**, fille de Jean, sieur du Fail. Le 17 août 1653, sa fille Émilie a été présentée au baptême par **Émilie de Hesse**, princesse de Tarente.

---

(2) **Jean Frain de Droigné** et **Marie Dauphin** avaient épousé le 24 avril 1632, en la chapelle des Pères Dominiques. Leur traité de mariage fut rédigé par LEROY, notaire, et consenti le neuvième jour de mars 1632 et le signèrent : les futurs; leurs père et mère; noble et discret messire François Joublin, sieur du Plessix, recteur de l'église Notre-Dame du dit Vitré, devant lequel Jean Frain et Marie Dauphin s'étaient fiancés; Estienne Frain, sieur de la Barbotterie, frère du futur; Jean Ronceray, sieur de Droigné, son cousin-germain maternel; Jean Becheu, sieur de la Haye; Robert Dauphin, sieur des Hayes, oncle de la future épouse; Gilles Le Clavier, sieur de Préclos; Pierre Hardy, sieur du Rocher et Paul Hardy, sieur de la Guilmelière, ses oncles et autres parents. — Entre autres particularités, le traité porte que Jean Frain a donné à la future une bague d'or garnie d'une pierre de diamant. — Pour s'acquitter d'une partie de la dot promise à leur fille, Estienne Dauphin et Suzanne Hardy passèrent à leur gendre une cédule de 2,156 livres 10 sous sur Michel Guillaudeu, sieur de l'Épayère, marchand bourgeois de la ville de Saint-Malo. — La famille de Marie Dauphin était représentée à Vitré dès 1469 par André Dauphin « au nombre des vitréens consentant à la fondation de Pierre Landais, en l'église Notre-Dame de Vitré ». (*Journal historique de Vitré*, page XXX).

Le 21 août 1628, Robert Dauphin le jeune, sieur de la Croix-Blanche, résidait au manoir seigneurial du Breilmanfany. Le neuf août de la dite année, il avait acquis de Michel Languet, sieur de l'Aubespin, marchand à Laval, procureur de Jeanne Le Chartier, sa femme, la closerie noble des Haies en Bréal, avec droit d'avoir banc à queue à accoudoirs et autres prééminences en l'église de Bréal. — Cette closerie noble passa par acquêt à Joseph Martin, sieur du Val, demeurant en son lieu d'Ardrillon en Mondevert; puis à noble homme Jean-François Le Corvaisier de la Missonnais, lequel compta, en février 1730 : soixante-douze livres pour le droit de franc fief des Grandes-Haies en Bréal. — Lors de l'esgail de la Taille en 1633, les paroissiens de Bréal ayant taxé le fermier du lieu noble des Hayes en la dite paroisse, Robert Dauphin présenta requête à messieurs du Présidial de Rennes, puis abandonna sa poursuite; les paroissiens ayant reconnu et promis de ne plus taxer le dit Dauphin ni son fermier.

L'*Armorial* de 1696 donne pour armes aux **Dauphin** : d'or à un sautoir de sable accompagné de 4 dauphins d'azur.

Le compte de Guillaume Mazurais, sieur de Châlet, prévôt de la Confrérie des Marchands d'outre-mer, pour l'année 1614-1615, contient cette mention : cy-après sont déclarées les personnes qui se sont enrôlées au nombre des frères de la Confrérie en cette année : noble missire Ysaac Hay, seigneur de la Goderye, prieur commandataire de Notre-Dame et de Sainte-Croix en cette ville de Vitré : 6 livres 8 sous d'aumônes; écuyer Mᵉ Jean de Couasnon, seigneur de Trélan et sénéchal de Vitré, et

Andrine de Gennes, sa compagne : 3 livres 4 sous; M* Jean Regnault : 3 livres 4 sous; Louise Ferragu, veuve de Jean Monnerie de la Vigne et Jean Monnerie, son fils : 3 livres 4 sous; **Étienne Dauphin Croix-Blanche** et **Suzanne Hardy**, sa femme : 3 livres 4 sous; Nicolas Langlois et Marie Dauphin : 3 livres 4 sous; Gilles Besnardais, sieur de la Billonnière : deux quarts d'écu; Georges Besnardais et Michel Besnardais : deux quarts d'écu; Jeanne Leziart, femme d'André de Gennes-les Hayers : 16 sous; Guyonne Le Maczon Clarderye, fille de René : 16 sols; M* Claude Husson, regent à Vitré et René Regnault : 3 livres 4 sous.

Dans la répartition faite en 1597 pour l'assistance des pauvres en temps de calamité et de famine, Robert Dauphin est chargé de nourrir deux pauvres; Nicolas Dauphin et Jean Dauphin Billerie doivent nourrir chacun un pauvre. Tous ces Dauphin habitent le fauxbourg Saint-Martin. (*Journal historique de Vitré*, page 62).

(2 *bis*) Il eut pour parrain Étienne Dauphin, sieur de la Croix-Blanche et pour marraine Andrée Burel, dame de la Barbotterye. — Dans un factum imprimé en 1743, chez Vatar, une Renée Dauphin est dite femme de noble homme Joachim du Verger, sieur de Clerheux.

(3) Pierre Frain naquit le 3 novembre 1635 et fut nommé par Pierre Hardy, sieur du Rocher et Charlotte de la Chevallerie.

(4) Sur cette famille : voir notre *Mémoire généalogique*, page 74. — Pierre Frain et Georgette de l'Hommel épousèrent le 12 avril 1663.

(5) Suzanne Frain, demoiselle des Landelles, née le 25 mars 1637, fut nommée par André Huré de la Massonnais et Suzanne Hardy, femme d'Étienne Dauphin de la Croix-Blanche. Elle épousa le frère de sa belle-mère : François du Perron, fils de Pierre et de Jeanne Gaumer.

La banqueroute Law et ses effets en Bretagne.

Joseph Frain, sieur des Chesnots et Suzanne Le Saulnier, son épouse, acquirent, moyennant cent livres de rente non franchissable, une maison et dépendances sise à Vitré, sous les porches de la rue Poterie, tombant en ruines et que les dits révérends Pères ne peuvent relever *par la perte de la plus considérable partie de leurs biens qui consistaient en plusieurs petites fondations assises sur des contrats de constituts à eux remboursés en billets de banque en 1720, qui leur sont demeurés en pure perte pour avoir été décriés et annéantis aussy bien que tous les autres billets de banque aux mois de septembre et de novembre de la même année.*

Un Frain appartenant à cette branche réclama, en 1743, la succession de Georgette Geffrard, fille d'André et de Perrine Miaulais, née le 5e jour de décembre 1661. Il se prétendait le seul héritier. A l'encontre de cette prétention, certain Jacques Geffrard affirma avoir au moins droit à la moitié de la dite succession (estoc Geffrard). — Le dit Jacques obtint main levée de la succession et demanda caution au dit sieur Frain; celui-ci, le 10 juin 1743, présenta François Frain, négociant à Lyon, qui fut reçu. Le 12 juin eut lieu à Saint-Malo le procès-verbal du levé des scellés pour le recolement des meubles. Il fut trouvé en argenterie et en argent : 2 saladiers, deux compostiers, une cuillère, une fourchette, pesant 3 marcs 4 onces. — Six couteaux à manche d'argent, pesant 2 marcs 3 onces; un gros, 16 marcs 5 onces; un gros de piastres. En pignes : 12 marcs 7 onces; 2 gros qui font le 1/8 de 103 marcs 2 onces, portés à un bordereau. — En bartons ou pignes fondues : 3 marcs 7 onces, 1 gros le 1/8 de 31 marcs 1 once. — En une enveloppe de papier : 2 livres 15 sols. — En une autre : 40 louis d'or et demy de 24 livres et un escu de trois livres, donnant 975 livres. — En un sac, ecus de six livres : 1833 livres 8 sols 9 deniers; en un autre : 183 livres 9 deniers. — Le dit bordereau mentionne en outre deux articles de 129 livres 5 sols 6 deniers; mais il s'est retrouvé dans un des saladiers 78 livres 19 sols, de sorte qu'il paraît manquer 50 livres 6 sols 6 deniers.

LIV

JEAN FRAIN, sieur de Droigné

Avocat au Parlement, fermier des Devoirs de Messieurs les États de Bretagne et de la Baronnie de Vitré, veuf de Marie Dauphin, épousa en 1640 Perrine du Perron.

Jean Frain, né le 10 septembre 1641.

Olive Frain, religieuse hospitalière à Vitré, née le 19 décembre 1644.

Jeanne Frain, prieure du Tiers-Ordre de (†) Saint-Dominique, née le 1er septembre 1650, décédée le 9 janvier 1722.

Jean Frain, qui suit.

Renée Frain, née le 27 octobre 1652, mariée le 21 septembre 1683 (?) à René Malherbe, sieur du Plessix (3).

René-Pierre Malherbe, né le 30 octobre 1687.

Olive Malherbe, née le 27 juin 1686, décédée le 27 octobre 1703.

Pierre Malherbe, né le 13 juin 1685.

Marg. Malherbe, née le 15 avril 1684, mariée à Mathurin Charl... de la Terchanderie 14 juin 1718.

(1) Bibliothèque ascétique de Jeanne Frain, dame du Boispinçon, en son vivant prieure des Sœurs du Tiers-Ordre de Saint-Dominique autrement de Sainte Rose de Lima.

Ses exécuteurs testamentaires étaient vénérables et discrets missires Jean Arot et Paul Bely, recteurs alternatifs des paroisses de Notre-Dame et de Saint-Martin, et Pierre Frain, procureur fiscal de la baronnie de Vitré. A leur requête, le mobilier de Jeanne Frain fut vendu les 20, 21, 23 février et 6 mars 1722. On trouva dans sa bibliothèque :

4 tomes des livres de la *Connaissance* et de l'*Amour du Fils de Dieu*, par le père Saint-Jure de la Compagnie de Jésus. (Ils furent vendus au recteur Paul Bely : 5 livres 5 sols). — 4 tomes du livre du père Nouet, (Ils furent vendus à Dlle Lemoyne, sœur de Sainte Rose : 4 livres). — 2 autres livres du père Nouet, vendus à l'épouse du sieur Méhaignerye : 2 livres 10 sous. — Les tomes du livre de la *Vie des Saints*, par le père Bonnefonds de la Compagnie de Jésus. (Vendus à mademoiselle de la Tretonière : 3 livres). —Autre livre contenant le *Mémorial de Grenade*. (Vendu 2 livres 10 sols). — Plusieurs petits livres couverts en parchemin. — Autre livre contenant la *Balance du Temps et de l'Eternité*. (Vendu à mademoiselle de la Tretonière : 10 sols). — Autre livre contenant la *Semaine sainte*. (Vendu à madame des Roches : 1 livre 15 sols). — Autre livre contenant la *Vie de Jésus dans les Saints*. (Vendu au recteur Bely : 15 sols). — Trois livres : l'un contenant l'*Histoire de la Bible*; un autre, la *Retraite pour se préparer à la Mort*; et l'autre la *Vie mystique de Jésus*. — Les deux tomes de la *Vie du Chrétien intérieur*. (Vendus à la dame des Roches : 2 livres 15 sols).

(2) Elle mourut âgée de 37 ans, le 17 janvier 1690, au manoir de Fayel.

(3) Dans la 3e édition de son *Nobiliaire et Armorial de Bretagne*, M. DE COURCY a rédigé comme suit l'article *Malherbe* : Malherbe, sieur de la Morictère, paroisse d'Argentré; du Plessis, de la Bouexière, paroisse de Balazé; de la Rivière, paroisse de Montreuil-sur-Ille; de Dourgueny et du Quistinic, év. de Cornouailles; déboutés, réformation de 1668, ressort de Rennes.—D'hermines à six (alias à trois) roses de gueules 3, 2 et 1. (*Armorial*, 1696). — Olivier, sieur de la Morictère, acquéreur d'un hébergement, paroisse d'Argentré, en 1555; père de Marc, marié à Olive Jolays; Jacques, petit-fils des précédents, épousa en 1640 Jeanne de Montalembert; des conseillers au présidial de Rennes depuis 1668 et un syndic de Quimper en 1696. — Les sieurs de Mallcorne, en Normandie, de même nom et armes; maintenus à l'Intendance d'Alençon en 1666, ont produit le poète *François Malherbe*, 1628. (Se reporter en outre à la page 5 de notre premier fascicule et aux Tableaux XLVII, XLVIII.)

LV

JACQUES DU PERRON, marié à Marguerite de Saint-Ermer, sieur et dame de Loracy, en la ville d'Embrun, province du Dauphiné.

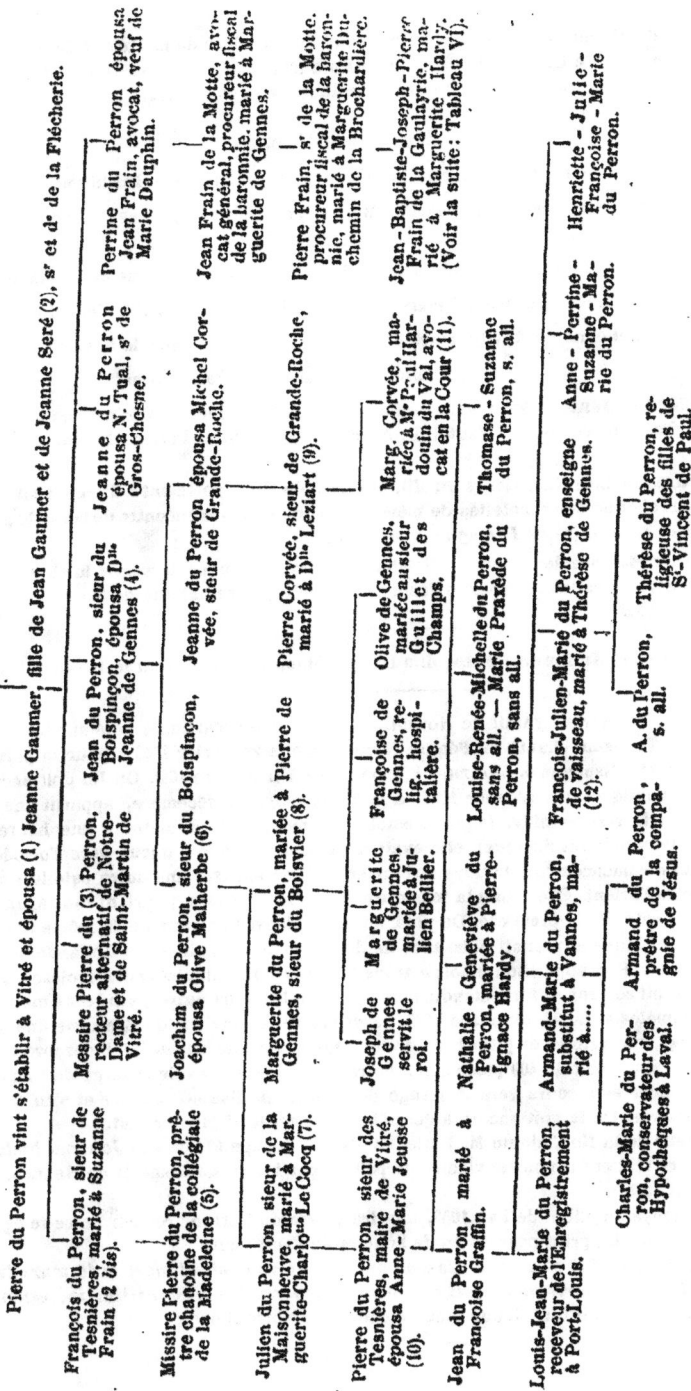

Pierre du Perron vint s'établir à Vitré et épousa (1) Jeanne Gaumer, fille de Jean Gaumer et de Jeanne Seré (2), sr et dr de la Flécherie.

- François du Perron, sieur de Tesnières, marié à Suzanne Frain (2 bis).

- Messire Pierre du (3) Perron, recteur alternatif de Notre-Dame et de Saint-Martin de Vitré.

- Jean du Perron, sieur du Boispinçon, épousa Dlle Jeanne de Gennes (4).
  - Missire Pierre du Perron, prêtre chanoine de la collégiale de la Madeleine (5).
  - Joachim du Perron, sieur du Boispinçon, épousa Olive Malherbe (6).
  - Jeanne du Perron épousa Michel Corvée, sieur de Grande-Roche.
    - Pierre Corvée, sieur de Grande-Roche, marié à Dlle Leziart (9).
      - Marg. Corvée, mariée à Mre Paul Hardouin du Val, avocat en la Cour (11).
  - Julien du Perron, sieur de la Maisonneuve, marié à Marguerite-Charlot Le Cocq (7).
  - Marguerite du Perron, mariée à Pierre de Gennes, sieur du Boisvier (8).
    - Joseph de Gennes servit le roi.
    - Marguerite de Gennes, mariée à Julien Bellier.
    - Françoise de Gennes, relig. hospitalière.
    - Olive de Gennes, mariée au sieur Guillet des Champs.
  - Pierre du Perron, sieur de Tesnières, maire de Vitré, épousa Anne-Marie Jeusse (10).
    - Jean du Perron, marié à Françoise Graffin.
      - Nathalie-Geneviève du Perron, mariée à Pierre-Ignace Hardy.
        - Louis-Jean-Marie du Perron, receveur de l'Enregistrement à Port-Louis.
        - Armand-Marie du Perron, substitut à Vannes, marié à......
          - Charles-Marie du Perron, conservateur des Hypothèques à Laval.
          - Armand du Perron, prêtre de la compagnie de Jésus.
      - Louise-Renée-Michelle du Perron, sans all. — Marie Praxède du Perron, sans all.
      - Thomase-Suzanne du Perron, s. all.
      - François-Julien-Marie du Perron, enseigne de vaisseau, marié à Thérèse de Gennes.
        - A. du Perron, s. all.
        - Thérèse du Perron, religieuse des filles de St-Vincent de Paul.
      - Anne - Perrine - Suzanne - Marie du Perron.

- Jeanne du Perron épousa N. Tual, sr de Gros-Chesne.

- Perrine du Perron épousa Jean Frain, avocat, veuf de Marie Dauphin.
  - Jean Frain de la Motte, avocat général, procureur fiscal de la baronnie. marié à Marguerite de Gennes.
  - Pierre Frain, sr de la Motte, procureur fiscal de la baronnie, marié à Marguerite Duchemin de la Brocharolière.
    - Jean-Baptiste-Joseph-Pierre Frain de la Gaularie, marié à Marguerite Hardy. (Voir la suite: Tableau VI).
    - Henriette - Julie - Françoise - Marie du Perron.

(1) Voir Tableau XXVIII où il faut lire Jean Gaumer et non Jean Gauvaing.

(2) Jeanne Seré, sœur de Mathurin Seré des Sibonnières et de Luc Seré de la Pasquerie, était fille de Georges Seré et de Mathurine Le Clavier; petite-fille de Mathurin Seré et d'Olive Guillaudeu, sieur et dame de Lambert. Elle avait eu pour curateur Pierre Ribretière de la Hamelinays.

Filiation des Ribretière.

Julien Ribretière, marié à Guillemette Levesque, sieur et dame des Hurlières.

Pierre Ribretière de la Hamelinais, marié à Barbe Seré, tante de Jeanne, prédite.

Mathurine Ribretière, mariée à Jean Le Moyne de la Chapronière.

Perrine Ribretière, mariée à Jean Besnardais, sieur et dame du Boishalbran (a).

Renée Besnardais, mariée à écuyer Jean de Ravily (b), sieur du Hil.

Julienne de Ravily, mariée à Julien Ballourdes, sieur de la Cochardière.

Louis Ballourde, sieur (c) du Boishalbran.

(a) **Perrine Ribretière** et **Jean Besnardais** avaient fondé, le 7 avril 1632, trois messes par semaine à être célébrées en l'église Notre-Dame, à l'autel de Notre-Dame-de-Pitié. Perrine fut inhumée devant cet autel.

(b) **Ravilly**, originaires de Lorraine, sieurs du Hil, paroisse de Piré, portaient : d'argent au chevron de sable accompagné en chef de deux molettes de même et en pointe, d'un rencontre de bœuf de gueules. (DE COURCY, *Armorial et Nobiliaire de Bretagne*, 3ᵉ édition.)

(c) Noble homme **Louis Ballourdes**, sieur du Boishalbran, présenta pour desservir la chapellenie de Notre-Dame-de-Pitié vénérable et discret messire Jacques Beillard, prêtre habitué de Torcé ; lequel prit possession le 17 octobre 1732.

(2) **François du Perron** et **Suzanne Frain**, dite Dⁿᵉ des Mazures, épousèrent le 15 août 1654.

(3) **Pierre du Perron**, recteur alternatif de Notre-Dame et de Saint-Martin, a noté sur les registres de ces deux paroisses le Te Deum chanté en l'église Notre-Dame le 28 février 1660 « pour la paix entre les couronnes de France et d'Espagne ». *(Journal historique de Vitré*, page 164). On lui doit encore ces deux observations astronomiques : « L'année 1664, à la fin du moys de décembre, apparut une estoile ou comète au costé du sud, vers le midy, laquelle estoile commençoit à paroistre à une heure après minuit et disparaissoit vers le point du jour; elle avait un grand rayon ou queue vers l'occident; et quinze jours apprès, au commencement du moys de janvier 1665, en apparut une autre estoile qui avait le rayon et la queue vers l'orient. Elle tenait la même route que la première, pourtant son rayon n'avait garde d'être si long que celui de la première. De plus, au moys d'apvril suivant de la même année 1665 en apparut une troisième, laquelle prenait naissance de devers la Normandie et la Hollande, esloignée beaucoup de notre horizon. Son apparition estoit à troys heures après minuict et disparoissoit à quatre heures du matin; elle avait son rayon fort estendu, plus long que les deux autres, tendant à monter vers le ciel et s'estoit des comètes ». Le 22 décembre 1680, parut sur cette province de Bretagne une comète, laquelle commençoit par une estoile et jettoit un grand rayon, fort de flasme et incorporé à la dite estoile, lequel dit rayon était long de 400 pieds selon notre fasson de concevoir et large de 2 ou 3 pieds. Elle sembloit de commencer son cours vers le rivage de la mer en Basse-Bretagne et s'en retourner vers le nord ou l'Angleterre. On la voit encore aujourd'hui, qui est le 16 janvier 1681.

Pierre du Perron, sieur de la Noë, ajoute M. Paris-Jallobert à la page 574 de son *Journal historique*, naquit à Vitré le 7 juillet 1722 et fut nommé vicaire perpétuel, par lettres de Rome et de Rennes, datées du 5 juin et du 24 juillet 1655. ·

Le vingt-sixième du moys de juillet de l'an 1655, missire Pierre du Perron, recteur de cette église de Notre-Dame et de Saint-Martin, print possession de l'une et de l'autre cure.

« *Messire Pierre du Perron fut vicaire trente-sept ans ou environ, et est mort le 16 mars 1692 subitement, sortant de l'autel et après avoir fait une grande exhortation à Saint-Martin, estant pour lors semainier* ». — Le 17 mars, il fut inhumé dans le chœur de Notre-Dame.

(4) **Jean du Perron du Boispinçon** et Dᴵˡᵉ **Jeanne de Gennes** épousèrent dans la chapelle des Bénédictines le 26 juillet 1610. Jeanne de Gennes était fille de Jean de Gennes et d'Étiennette Le Lièvre, sieur et dame de la Hunaudière.

(5) Fondateur d'un Obit à estre celebré chaque année à perpetuité dans l'eglise de la collégiale de la Madeleine pour le repos de son âme et des âmes de deffunts nobles gens : François du Perron et Suzanne Frain, sieur et dame de Tesnière, ses père et mère. (Voir *Familles de Vitré*, p. 39; et dans notre *Mémoire généalogique* : Le testament de ce chanoine, p. 75.

(6) **Olive Malherbe** était fille de Michel et de Marguerite Guyot, sieur et dame de la Bouexière.

(7) **Marguerite-Charlotte Le Cocq** était fille de René Le Cocq et d'Anne de Gennes, sieur et dame du Fresne.

(8) Un **de Gennes du Boisvier** était lieutenant des milices urbaines. Il eut pour successeur le sieur Guyot de Baillé, élu le 16 septembre 1638. *(Journal historique de Vitré*, p. 112).

(9) N. H. **Pierre Corvée** (de Vitré), épousa Laurence Leziart le 6 décembre 1712. (Extrait des Registres de Livré). Il se remaria le 6 février 1725 à Marie Chennevière, dame de Laigrière.

(10) La famille de Mᵐᵉ du Perron de Tesnière était originaire de La Chapelle-Erbrée. — François **Jeusse** et Marie Vettier vivaient en cette paroisse en 1655. Leur fils unique : Mathurin Jeusse, baptisé en la paroisse de La Chapelle-Erbrée, eut pour parrain : Mathurin Frotin Chavagnel; et pour marraine : Jeanne du Feu, sa grande mère paternelle. Il épousa en 1676 Jeanne Gilbert et fut demeurer en la paroisse de Taillix; d'où : René Jeusse (fils unique), baptisé à Taillis le 24 septembre 1677, qui eut pour parrain : René Vettier; pour marraine : Françoise Boucherye. Le dit René Jeusse, sieur de la Bastière, épousa à Balazé Jeanne Frain (a) de la Bastière; d'où :

Pierre Jeusse, sieur de la Touche, né à Balazé en 1698; épousa en 1716, en la paroisse de Saint-M'Hervé, Dᴵˡᵉ Marie Turpin (b).	René Jeusse (c) sʳ du Feu, marié : 1ᵉ à Dᴵˡᵉ Caillet-Vaillandière; 2ᵉ à Thomase Corbillet, de Saint-Malo.
Anne-Marie Jeusse, baptisée en Balazé, en février 1717, mariée le 21 septembre 1740 en la paroisse de Saint-Martin de Vitré à Pierre du Perron de Tesnière.	Julie Jeusse (fille unique), mariée le 22 juillet 1771 à M. Badereau, procureur du Roy au siège présidial de Nantes.

(a) Sur les registres de la paroisse de Balazé, M. l'abbé Paris-Jallobert a trouvé mention de Pierre Frin, sénéchal du Châtelet, marié à Olive Le Gouverneur; de Jean Frin, notaire royal. Ce Pierre et ce Jean étaient sieurs de la Galerie.

(b) **Marie Turpin** n'avait qu'un frère, nommé Joseph, sieur de la Clarderie. Il épousa Dᴵˡᵉ Levesque, d'Yzé.

(c) « René Jeusse, sieur du Feu, fils de René et de Jeanne Frain, n'eut point d'enfants de son premier mariage. Il se remaria en 1750. Son contrat de mariage fut raporté et contrôlé à Saint-Malo. Il alla huit jours après demeurer à Nantes, sur la Fosse, paroisse de Saint-Nicolas, où il demeure encore en cette année 1779. Il a fait le commerce et gagné plus de trois cent mille livres. Il a acquis et fait bâtir une maison avec jardin et vigne nommée la Grille, à l'extrémité du fauxbourg des ponts de Pilmy, proche la communauté des bénédictins de Saint-Jacques. Il a acquis la terre du Plantis proche le lac de Grand-Lieu, dans la paroisse de la Chevrolière et a augmenté cette terre par plusieurs acquets de biens voisins jusques à quatre mille livres de rente. Il avait, lors de son second mariage, vingt et une mille livres en argent, les closeries de la Champagnerie et Juquet, en Taillix; la Touche-Bouillon, Memhard et les Fosses, en Balazé; le tout des successions de ses père et mère et profits et les Grandes-Cours de la Benardais, en Cornillé, d'acquet. Il a encore ces biens en 1779 hors les Grandes-Cours de la Benardais, qu'il vendit en 1778 à M. de la Plesse Thomas.

De son second mariage il n'eut qu'une fille : Julie Jeussé, baptisée en l'église Saint-Nicolas en 1754 et mariée à M. Badereau. L'usage des principaux habitants de Nantes est d'aller épouser à la campagne. Le contrat de mariage fut raporté chez M. du Feu, en présence de M. du Perron, par maitre Gérard de la Contrie, notaire royal, demeurant sur la Fosse, le 19 juillet 1771. Le futur est pris avec ses droits dans la succession de feu son père. La dot de la D^{ll} du Feu est de quatre mille livres de rente, payables chaque année par le dit sieur du Feu et outre trente mille livres payées comptant le jour du contrat par M. du Feu à son futur gendre, dont dix mille livres en communauté et vingt mille livres reputées propres à la future et aux siens, hypotequées sur la charge de procureur du Roy, dont la finance est de *cent vingt mille livres*. Les successions furent aussi reputées propres, excepté les meubles meublants, desquelles successions le futur époux s'est obligé de faire raporter inventaire et d'en placer le produit en fonds d'héritages.

On observe que les sieur et dame du Feu ont *un grand mobilier en commerce de toiles* ; les hardes, livres et armes, reputés propres au futur ; les hardes, toilettes, bagues et joyaux, reputés propres à la future. Les futurs époux firent publier les bans de leur mariage et partirent aussitôt après avec M. et Mme du Feu, Mme Badereau, mère du futur et M. du Perron pour le Planty et .. 2 juillet 1771 ils épousèrent à la paroisse de la Chevrollière, près le lac de Grand-Lieu. Depuis, ils ont demeuré à Nantes, où leurs enfants sont nés ».

Cette longue note est accompagnée de l'observation cy-après : « Rien n'est plus utile dans les familles que d'être en état de prouver son degré de parenté avec les différentes branches qui descendent de la même souche ; cependant il arrive assez souvent que dans peu d'années, les descendants du même père ne scavent à quel degré ils sont parents, surtout lorsqu'ils sont éloignés les uns des autres. Il est donc fort utile de conserver mémoire des généalogies et des moyens de les prouver. La note cy-dessus est faite pour remplir cet objet ». (Écrit de la main de Pierre-Ignace Hardy).

(d) **Badereau**, dit M. de Courcy en la troisième édition de son *Armorial de Bretagne*, porte : de gueules à deux épées en sautoir, la pointe en haut, accompagnées en chef et en flanc de 3 étoiles et en pointe d'un croissant, le tout d'argent. — Trois conseillers auditeurs des Comptes depuis 1724. — Famille transplantée dans l'Auxerrois.

(11) **Hardouin**, famille alliée aux Ridouel, de Châteauvieux, Dubois de la Cotardière et représentée de nos jours à Rennes par M. Abel Hardouin, marié à D^{lle} Courcier, fille d'un ancien président du tribunal de Vitré.

(12) **Thérèse de Gennes**, née le 23 janvier 1793, de Pierre-Marie-François de Gennes de la Mesriais et de Marguerite Le Royer.

LVI

THEBAUD LE COCQ (1)

« Marchand de Vitré à la fin du XV° siècle, fit bâtir la tour et la Grande-Maison de Mouthorin dite Botte-Dorée et acquit la Roussière, en Étrelles, d'avec Briand de Chateaubriand ».

Joachim Le Cocq, marié à Dinan, à Bertranne Vincent.

Jean Le Cocq, l'aî-né, sieur de la Roussière.

Jean Le Cocq, le jeune, qui fut l'auteur des Le Cocq de la Martinais (ressort de Fougères), portant, suivant l'Armorial de 1696 : de sinople à 3 gerbes de blé d'or.

Michel Le Cocq de la Martinière, marié à Michelle Guesdon.

Jean Le Cocq, sieur de la Peuzière, marié à Perrine de la Besnardais.

Pierre Le Cocq, sieur de la Peuzière, marié à Olive Gérard.

Pierre Le Cocq, sieur du Pin, marié à Marie Burel.

Messire Pierre Le Cocq, sr de Domagné, prêtre. Messire André Le Cocq, sr de Montorin, recteur de Domagné (2).

Ma... Le Cocq, mariée à Amaury Vardion, sr du Fresne (3).

Etiennette Le Cocq, mariée à Jacques Morel, sr de Lourme (4).

Guillem... Le Cocq, mariée à André Lambaré, sr de la Chesnais (5).

René Le Cocq, sr du Pin.

Etienne Le Cocq, sr de la Jalestre, marié à Mathurin Droyaux.

Thebault Le Cocq, sr de la Peuzière, marié à Marguerite Guillauden (V.T.LVII).

Vincent Le Cocq du Val, marié à Gillette Le Bigot.

Jean Le Cocq du Bois marié à Olive Guy (V. Tableau LVIII).

Olive Le Cocq, dame de la Chesnais.

Jeanne Le Cocq, mariée à Gilles Reste, sieur du Buslot, de la ville de Fougères.

Oliv Le Cocq marié au sr du Portail Georget (6).

Joseph Le Cocq, s' de la Jalestre, marié à Prowins, à D... Charlotte Guillaumot.

Joseph Reste des Orrières, marié à Renée Le Mercier.

Marie-Anne Le Cocq, mariée à Mathurin Guyon de Montfleury.

N. Le Cocq, sieur de la Jalestre.

Anne Reste, mariée à Pierre Hardy, s' de la Largère.

N. Reste, s' des Orrières.

Adélaïde-Jacquette Guyon de Montfleury, mariée à Pierre Draack.

Le Cocq de la Jalestre, conseiller au Présidial de Provins en 1766.

Le Cocq de la Peuzière du Plessis du Bois : d'azur à un besant d'argent chargé d'un coq de sable barbelé de gueules. *(Armorial de 1696).*

« A l'entrée du bourg Saint-Martin fut mis sur ma dite dame (Anne de Montmorency), femme de monseigneur le comte de Laval, un biau pelle de damas cramouezy ; au milieu y avait ung lion d'argent très bien fait et aux quatre cornières à chacune ung lion d'argent et fut porté le dit pelle par quatre des sieurs de la ville, savoir : Bodynais de Gennes, Jehan Lemoyne, Jehan Ravenel et *Thebault Le Cocq* ; et dempuys l'entrée du dit bourg Saint-Martin jusques au château, *tout était tendu à ciel tant de la pisserie que de linge* ».

(1) **Thebaud Le Cocq** fut élu prevost de la Confrérie des Marchands d'outre-mer pour l'an 1500. — Eurent la même dignité : Jehan Le Cocq pour 1533 ; René Le Cocq en 1560 ; autre Jehan Le Cocq pour 1580 ; Pierre Le Cocq du Pin l'an 1617 ; Jean Le Cocq Martinais pour 1620 ; Jean Le Cocq Maisonneuve en 1559 ; Pierre Le Cocq de la Peuzière en 1585.

Pierre Le Cocq du Pin en 1611-1612-1613 ; Guy Le Cocq de la Gerardière pour 1620-1621-1622 ; Joachim Le Cocq de la Rouxière de 1629 à 1631 ; Jean Le Cocq du Bois de 1647 à 1649 ; Thebaud Le Cocq de la Peuzière de 1656 à 1661 ; Isaac Le Cocq du Bois de 1740 à 1744, figurent parmi les procureurs syndics de la Communauté de Vitré.

De 1690 à 1772, sauf une interruption d'une année, les Le Cocq furent miseurs de Vitré. — Huit d'entre eux représentèrent leurs concitoyens aux États de Bretagne, savoir : René Le Cocq à Nantes en 1572, à Rennes en 1574 ; René Le Cocq, sieur des Croix, à Rennes en 1593 ; Pierre Le Cocq, sieur du Pin, à Rennes en 1611, à Redon en 1612, à Rennes en 1613 ; Jean Le Cocq, sieur de la Gerardière, à Saint-Brieuc en 1620, à Guérande en 1621, à Nantes en 1622 ; Joachim Le Cocq, sieur de la Rouxière, à Vannes en 1629, à Ancenis en 1630 ; Jean Le Cocq, sieur du Bois, à Nantes en 1647, à Vannes en 1649, à Vitré en 1655 ; Thebaut Le Coq, sieur de la Peuzière, à Nantes en 1657, à Saint-Brieuc en 1659, à Nantes en 1661 ; Isaac Le Cocq du Bois à Rennes en 1742.

Le 4 août 1469, Pierre Le Cocq souscrit à la fondation de Pierre Landays en l'église Notre-Dame de Vitré. (P. XXX, *Journal historique*, par l'abbé Paris-Jallobert). — Le 14 juillet 1495, G. Le Cocq signe l'acte de fondation de la Confrérie des Marchands d'outre-mer. — Le 14 février 1571, Jean Le Cocq signe la police des paouvres. — Le dernier avril 1597, Jean Le Cocq est taxé à nourrir un pauvre ; Jean Le Cocq Rouxière à nourrir trois povres ; Pierre Le Cocq du Pin : deux povres ; René Le Cocq des Croix : huit povres. — « Le 25 février 1599 fut enlevé le marchepied du grand autel de deux pieds deux poulces, et Joachim Le Cocq Rouxière a fondé les deux cierges des deux piliers à costé du balustre et donné la balustrade du grand autel de Notre-Dame ». (Extrait du *Journal historique de Vitré*, cité dans notre Étude sur les Vitréens et le Commerce international, *Revue historique de l'Ouest*). — Jean Le Cocq au nombre des Vitréens partis pour les Molucques en 1601 avec Frotet de la Bardelière et Grout. Il périt pendant le voyage. — Gilles Le Cocq signa en 1622 l'enquête sur les projets hostiles des catholiques et des protestants. — Pour la fondation de la Confrérie du Port du très Saint-Sacrement, Gilles Le Cocq de la Gerardière donna, en 1634 : quinze livres ; Thebaud Le Cocq de la Peuzière : trente-deux livres ; Joachim Le Cocq Rouxière : soixante livres ; Jean Le Cocq le Bois : cinquante livres ; Perrine Le Cocq, veuve du feu sieur de Chavigné : trente et quatre livres.

(2) **André Le Cocq**, sieur de Montorin, fut nommé recteur vers 1634 et devint chanoine de Vitré vers 1652. *(Pouillé de Rennes, t. IV, p. 521).* Il avait succédé à Pierre Le Cocq, recteur dès 1619, résignataire vers 1634 ; décédé le 28 mai 1659. — André Le Cocq, recteur de Domagné, bénit la première pierre d'une chapelle construite par Mathurin de Mannoury, sieur de Saint-Germain, à son manoir de la Pouardière.

(3) Les registres de Domagné donnent sur les **Vardon** les renseignements cy-après : Amaury Vardon, sieur du Fresne, fils de Pierre et de Perrine Croizé, baptisé le 22 avril 1622. — Noble homme Étienne de Gennes, sieur de la Meriais, de Vitré, épouse D^{lle} Marguerite Vardon le 30 novembre 1645. — Marie de Gennes, fille de noble homme Étienne, sieur de la Mesriais et de Marguerite Vardon, baptisée le 5 août 1646, eut pour parrain Amaury Vardon et D^e Le Cocq, dame du Fresne. — Une D^{lle} de Gennes, fille d'Étienne et de Marguerite Vardon, mourut à Chancé le 18 septembre 1679, tertiaire du Tiers-Ordre

de sainte Rose. — Olive Vardon, fille de noble homme Amaury Vardon, sieur de la Derotterye, et de D[lle] Jeanne Lambaré ; fut baptisée le 23 juin 1647 et nommée par écuyer Étienne de Gennes, commissaire ordinaire de l'artillerie de France, et par Olive Lambaré, dame du Hautchesne.

(4) **Jacques Morel**, sieur de Lourme, vendit en 1669 sa terre de Lourme à Michel du Verger. Il est dit dans l'acte de vente que dans la chapelle de Lourme se desservait la fondation du Fresne, consistant en deux messes par semaine et valant 30 livres de rente.

(5) **Guillemette Le Cocq**, dame de la Chesnais Lambaré, fut marraine de Magdelon de Gennes, baptisée le 8 décembre 1653.

Partage et division en deux lotties des maisons, terres et héritages qui estoient et appartenoient à deffunte honorable fille Marguerite Fleury, vivante dame du Pin et à présent sont et appartiennent à honorables personnes : Perrine Fleury, veuve de Michel Le Vayer, vivant maître chirurgien; Michel Bidault, sieur de la Miochère, autorisé d'honorable maître Estienne Le Cocq, sieur de la Jaleatre, son curateur particulier; Mette Bidault, assistée et autorisée d'André Boutemy, sieur de la Touche, aussy son curateur particulier; honorable femme Marie Tuffé, veuve de deffunt maître Guillaume Bidault, sieur de la Miochère et mère tutrice des enfants de eux deux, par representation de deffunte Jacquine Fleury, mère aïeule des dits Bidault tant du premier que dernier lit; de luy pour une moitié et l'autre moitié appartient en indivis à la dite Perrine Fleury, pour une tierce partie, d'icelle moitié; auxdits Michel et Mette Bidault et la dite Tuffé, au dit nom qu'elle procède par representation du dit deffunt, sieur de la Miochère, aussi pour une autre tierce partie. Et à noble homme Thebaut Le Cocq, sieur de la Peuzière, faisant tant pour lui que pour ses consorts enfants et héritiers de deffunt noble homme Pierre Le Cocq, vivant sieur du Pin, leur père, pour l'autre tierce partie de la dite moytié.

Auquel partage, cordage, prisage et mesurage a été vacqué par nous, Guy Ernaud, arpenteur royal; Pierre GAUVAING et Michel BLANCHET, notaires et priseurs; les six et sept août 1655. Ce partage comprend : 1° la Grande-Maison de Montorin ou Botte-Dorée, située rue de la Porte-d'En-Bas et construite au XVe siècle par Thebaud Le Cocq; 2° la moitié du Grand-Logix du lieu du Pin, sis en la paroisse Saint-Martin de Vitré.

(6) Le 11 avril 1713, au rapport de FOURNIER et CHABOT, notaires, demoiselle Olive Le Cocq, veuve de noble homme Julien Georget, sieur de Portal, fonde pour l'accomplissement des intentions de ses defunts père et mère et de son mari, en l'église des Reverends pères religieux Augustins, une messe par semaine et un service solennel par année, le 24 may, anniversaire de la mort de son mari et un second service solennel par chacun an, à partir du jour du décès de la dite dame, moyennant une rente annuelle de 52 livres. La dite demoiselle fera placer à ses frais une pierre tombale avec inscription sur l'emplacement de la sepulture du dit sieur du Portal, proche celui de Joseph Georget, sieur du Portal, son fils, dans la chapelle de Saint-Thomas-de-Villeneuve, ce qui est accepté par les religieux qui sont : Antonin Lecomte, prieur; Étienne Clairon, sous-prieur; Yves Lezot, Hilaire Jolive, dépositaires; Jean Roussay, procureur; Bruno Docourt, dépositaire; Jean-B. Vigier, sacriste; et Charles de Preuil.

LVII

THEBAUD LE COCQ, vivant à la fin du XVe siècle.

Joachim Le Cocq, marié à Bertranne Vincent.　　Jean Le Cocq, sieur de la Roustère.　　Jean Le Cocq, le jeune.

Thebaud Le Cocq de la Peuzière, né en 1602, marié en 1634 à Marguerite Guillaudeu.

Michel Le Cocq, de la Martinière, marié à Michelle Guesdon.

Jean Le Cocq de la Peuzière, marié à Perrine de la Besnardais.

Pierre Le Cocq de la Peuzière, marié à Olive Gérard.

Pierre Le Cocq, sieur du Pin, marié à Marie Burel.

Pierre Le Cocq de la Peuzière, né en 1694, marié en 1714 à Dlle Olive Le Febvre de la Faucillonnais (1).

Joseph Cherminais, sieur de la Martinière, marié à Dlle Huard.

Olive Le Cocq, mariée à François-Joseph Cherminais, sieur de la Martinière.

Jeanne Le Cocq, mariée à Gilles Reste, sieur du Buslot, de Fougères.

Pierre Le Cocq de la Peuzière, né en 1648, marié à Dlle Charil des Ormeaux.

Joseph Cherminais, sieur de la Martinière, marié à Renée Le Mercier.

Joseph Reste, sieur des Oriières, marié à Renée Le

René Le Cocq, sieur du Pin, marié à N.....

Joseph Le Cocq, né en 1728, marié à Dlle Jeanne-Marguerite-Louise d'Helland.

Jean-Baptiste Le Cocq, né en Mazure, né en 1732 (2), marié à Dlle Thomas de Maurepas.

Mélanie Le Cocq, née en 1730, mariée en 1750 à messire Léonor-Charles Gaudin, sr (3) du Mesnilboeufs.

Marie Cherminais, mariée à François Boulé des Gracières.

N. Reste, sr des Oriières.

Anne Reste, mariée à Pierre Hardy de la Largère.

Jean-Baptiste Le Cocq, sr de l'Ecotay, marié à Victoire-Suzanne Radegonde de la Chevière.

Pierre-Joseph-Marie Le Cocq de la Lionais (4), marié à Catherine-Pauline-Valentine de Manjanes de Veillac.

Henri-Olivier-René Gaudin, de Vilaine (5), mariée à Renée du Vauborel.

Suzanne-Anne-Sainte Hardy de la Largère, mariée à Gilles-Charles Le Maczon.

Mathurin Hardy de la Largère, député aux Etats-Généraux, marié à Jeanne-Mark Le Moyne.

Victoire-Joséphine Le Cocq, mariée au Cte Isidore des Nétumières.

Sidonie Le Cocq de la Lionais, mariée à Jac.-Sévère-Marin Le Minier.

Auguste-René-Henri-Gabriel Gaudin du .....

Marie-Mélanie Gaudin. Marguerite-Henriette Gaudin.

Isidore Hay, Cte des Nétumières, marié à Dlle Collin de la Biochais.

Charles Hay, Cte des Nétumières, marié à Germain-Emmelin-de Poret.

Sidonie Le Minier, mariée à M. Harrington.

Guy, Cte des Nétumières, marié à Dlle du Breil de Landal.

Yvan, Cte des Nétumières, marié à Dlle Aline des Nétumières, sœur de Guy ci-contre.

Eir des Nétumières, marié à Alix des Nétumières.

Henry Hay des Nétumières, marié à Dlle de Gourcy.

(1) 4 octobre 1714. — Contrat de mariage entre n. h. **Pierre-François Le Cocq de la Peuzière**, fils de n. h. Pierre Le Cocq de la Peuzière, conseiller du Roy et son receveur, ancien alternatif des deniers patrimoniaux et d'octroi de la ville et communauté de Vitré. Le dit de la Peuzière Le Cocq fils, assisté de h. h. Mathurin Charil, sieur du Pontdavy, son curateur, et D^{lle} Olive Le Febvre, fille de Jean-Baptiste Le Febvre de la Faucillonnais et de D^{lle} Marguerite Geffrard. — Les dits sieurs et D^{lle} Le Febvre constituent en dot à leur fille 13,000 livres en argent et la jouissance de la métairie de la Mazure, en Étrelles. Signent : Olive Le Febvre, de la Peuzière Le Cocq fils, Marguerite Geffrard, de la Peuzière Le Cocq, Marie Le Royer, de la Faucillonnais Le Febvre, Charil, Jeanne Le Cocq Peuzière, L.-F. Fourmy, prêtre; J. Gambert, prieur des Bénédictins; Renée Le Cocq, Marie Le Cocq, René Le Febvre, procureur du Roy à Fougères; Marguerite Le Febvre Martinière Cheminays, M. Charil, Conterie Nouail, du Bois Le Cocq, Marguerite-Françoise Charil, Jeanne du Verger, Olive Le Cocq, Perrine Bruneau, Gilonne Charil, Mathurin de Bouessel, Marguerite Le Febvre, Jeanne Le Corvaisier, Angélique Le Febvre, Orrière, Paul Besly, prêtre, recteur alternatif des paroisses de Notre-Dame et de Saint-Martin; la Pontdavy, la du Bois Le Cocq, Le Moyne Borderie fils, Marie-Anne Le Moyne, La Motte Frain, procureur fiscal de Vitré; Suzanne Gemin, Olive Malherbe, du Perron, Jeanne Le Cocq, Renée de Gennes, Jeanne de Gennes, Marguerite Le Cocq, Ollive Geffrard, CHABOT et FOURNIER, notaires.

5 avril 1751. — Noble homme Pierre-François Le Cocq de la Peuzière, miseur de Vitré, comme procureur de messire Léonor-Charles Gaudin, sieur du Mesnilbœuf, demeurant en son manoir du Mesnilbœuf (Normandie), et de Mélanie Le Cocq de la Peuzière, sa femme, rend aveu du Boisbichetière à messire Jean-Baptiste-François Geffrard, sous-lieutenant des Gardes françaises du Roi, seigneur du Plessix, le Bois-Cornillé, la Motte-Rouxel, Taillis, la Duchais, etc.....

(2) 24 novembre 1770. — Acte au rapport de TRIBONDEL et AUBRUGER, notaires; dépôt par noble homme **Jean-Baptiste Le Cocq**, officier de la Compagnie des Indes, tuteur de Jean-Baptiste et de Pierre Le Cocq, enfants de Joseph-Marie Le Cocq de la Peuzière, miseur et contrôleur de la ville et communauté de Vitré et de Jeanne-Marie-Marguerite-Louise d'Héliand: des procurations de Benjamin-Claude du Bourdieu de Heulet, chevalier, député aux États de Bretagne, mari de Marguerite-Thérèse Malescot, parent allié du 4e au 5e degré au paternel; Louis d'Héliand, écuyer, sieur de Rorton, parent au 3e degré au maternel, demeurant à Châteaugonthier; Michel-Jean-Joseph Guillet de la Brosse, parent du 2e au 3e degré, demeurant à Nantes; écuyer Léonor-Charles Gaudin, chevalier, seigneur du Mesnilbœuf, oncle paternel, demeurant au château du Mesnilbœuf; Jean-Baptiste d'Héliand, chevalier, parent au 3e degré au maternel, demeurant à Craon; Messire Pierre d'Héliand, chevalier, seigneur d'Ampoigné et d'Ossé (a), parent au 5e degré au maternel, demeurant à Châteaugonthier. Les autres parents étaient : Le Corvaisier, Nouail de la Contrie, Boullé, Le Maczon et Hubert de Kerambert.

(a) **Pierre-Philippe d'Héliand**, chevalier, seigneur d'Ampoigné, parent au 5e degré des Le Cocq de l'Écotay, était fils de Renée d'Héliand et de Philippe de Hardouin. Il épousa, le 20 juin 1730, Renée-Augustine-Elisabeth de Juigné; d'où :

Augustin-Pierre-Philip. d'Héliand, comte de l'Isle du Gast, marié à Elisabeth-Vict. de Montécler, 1771.	Henri-René d'Héliand, chevalier de St-Louis, offic. aux Gardes françaises, marié à D^{lle} Marie-Françoise Guérin.	Marie-August. d'Héliand, mariée en 1761 à René de Juigné.	Louise-Anselme-Françoise d'Héliand, mariée à messire Jac.-Camille, marquis de Maillé de la Tour Landry.
Pierre-Jean-Bapt. d'Héliand, comte de l'Isle du Gast, chevalier de St-Louis, marié (20 floréal, an II) à D^{lle} Agathe Gallery de la Tremblay.	Hen^{ri}-Joseph d'Héliand, marié à Marthe-Joséphine de Préaulx.		Marie-Hyacinthe d'Héliand, mariée à M. de Bernouilly.
Pierre-Georges, comte d'Héliand, marié en 1839 à D^{lle} Marie-Pauline de Quatrebarbes.	Augustine-Henriette-Hyacinthe d'Héliand, mariée au Cte Louis de Malortie de Campigny.	D^{lle} d'Héliand, mariée à M. de Bailly.	D^{lle} d'Héliand, mariée à M. Aprix de Mérienne.
Georges, Cte d'Héliand (a), né à Angers le 25 janv. 1842, élevé au collège St-Franç.-Xavier de Vannes, engagé volontaire aux zouaves pontific., frappé d'une balle en plein front à Castellidardo le 18 sept. 1860.	Mar^{ie}-Clotilde d'Héliand, décédée à Angers le 4 avril 1862.	Catherine d'Héliand, sœur de St-Vincent-de-Paul, supérieure de la communauté établie au château de l'Isle, appelée à Rome en oct. 1884 par Sa Sainteté Léon XIII, pour soigner les cholériques.	

(a) Sur Georges, comte d'Héliand, voir : *Son Oraison funèbre*, prononcée par Monseigneur Pie, évêque de Poitiers. — *Georges d'Héliand*, par le comte de Ségur. — *Notices sur les élèves tués à l'ennemi*, par le père CHAUVEAU. — *L'Age héroïque de Saint-François-Xavier*, chap. II, p. 220, de l'éducation des Jésuites, par F. BUTEL. — *Fleurs de Bretagne*, p. 5, 6, 91, 92, 93. — *Les Seigneurs de Saint-Fraimbault-de-Prières et de l'Isle du Gast*, par l'abbé POINTEAU.

---

(3) Le 18 avril 1775, **Léonor-Charles Gaudin**, seigneur du Mesnilbœuf, se dit tuteur et garde naturel des enfants issus de son mariage avec Marie-Mélanie Le Cocq; loue le Boisbichotier.

Le **Mesnilbœuf** : grand manoir situé dans la paroisse de même nom, arrondissement de Mortain.

En voici la distribution et le mobilier d'après un curieux inventaire dressé l'an 1738, après le décès de René Gaudin, seigneur du Plessix et du Mesnilbœuf, à la requête de Léonor-Charles Gaudin, héritier principal et noble du prédit.

A l'entrée : un vestibule où se voient deux coffres. L'un renferme les habits des maîtres de céans; l'autre l'avoine pour les chevaux. Une petite horloge est attachée au mur par de petites fiches; non loin des coffres, un établi pour menuisier. A l'ouest de ce vestibule, la salle de la maison du Mesnilbœuf, en laquelle est décédé messire René Gaudin. Elle est garnie de tapisseries haute lisse, d'un lit à ciel, d'un autre lit à quenouille. Les autres meubles sont : un canapé, huit fauteuils, une grande armoire à quatre vantaux avec tiroirs au milieu; une grande table carrée, placée sous le miroir au cadre doré; une autre table de toilette servant aux dames et demoiselles de céans. Dans ce même appartement, nous trouvons les habits, les armes du défunt, savoir : habit, veste, culotte de drap d'Elbeuf à boutons d'or; une veste de pluche écarlate, justaucorps, veste, culotte de drap noir d'Andan; une redingote de gros drap, deux vestes de grenade blanche, un chapeau de castor, deux perruques; l'épée à poignée à fil d'argent, à garniture de cuivre, autrefois dorée (lame et fourreau cassés et hors d'état de servir); quatre pistolets de selle; trois fusils, dont le plus beau a le canon crevé. A l'occident du vestibule, autre salle, dont les meubles sont : une grande armoire à quatre vantaux et deux tiroirs « où le linge de la maison est enfermé »; autre petit buffet en forme de crédence, une grande table, autre grande table pliante, une autre moyenne, une cuvette de cuivre; dans l'âtre, deux petits chenets de fer à pommettes de cuivre.

Dans la cuisine : de grands landiers de fer, de vieilles tables avec leurs bancelles, les poêles, les écuelles, les salières; le cabinet où sont les confitures.

Dans l'office : les grands plats et compotiers de fayence.

Dans la laverie et le cuveau à côté de la cuisine : les saloirs, pots de beurre et marmites.

Au bout de l'office, derrière la salle à manger : les appartements où couchent les domestiques.

Montant l'escalier ménagé dans la tour du manoir, nous trouvons dans une chambre sur le vestibule, des tapisseries au point de Hongrie, appendues aux murailles; un rideau de serge rouge de Caen appendu à la fenêtre. Ressortant sur les tapisseries, un miroir encadré de bois avec plaques de cuivre autrefois dorées; un lit, trois fauteuils, une armoire en noyer à quatre battants, deux tiroirs au milieu, dont la clef était toujours aux mains du défunt. Dans ces tiroirs, le notaire et ses assesseurs comptent 12 louis de 24 livres chaque, 15 pièces d'argent de 6 livres chaque. Là se trouvent également : les contrats, les vieilles écritures, les lettres d'anoblissement de la famille du dit sieur Gaudin, octroyées par Henri, roi de France et de Pologne, du mois de janvier 1587; confirmatives d'autres lettres accordées en 1427. Dans ces lettres de 1587, se voit l'empreinte des armes des Gaudin. L'armoire contient en outre : une robe de satin à fleurs, un jupon de damas blanc, bordé de dentelles d'argent; autre, de taffetas rayé; une capote de taffetas, une capote de camelot mi-soie, une robe et jupe de raz de Saint-Maur, noires; une jupe de bazin.

La chambre sur la salle vers soleil levant est meublée de trois lits : dont l'un à la duchesse. On y voit encore une petite table sous le miroir; trois tableaux de piété, quatre fauteuils, huit chaises, un écran aux armes de Julienne Tesson, dame du Mesnilbœuf; cinq morceaux de tapisserie de Bergâme pendent aux murailles; des rideaux de toile garnissent les fenêtres. De cette chambre, vous passerez dans un petit cabinet propre à servir d'estude. Madame du Mesnilbœuf a toujours la clef de cet appartement, qui renferme les papiers et titres la concernant, ses laines et chanvres, ses fils et filasses, d'où l'on peut inférer que les châtelaines de ce temps n'étaient pas mijaurées, propres à rien, mais faisaient œuvre de leurs dix doigts.

Sans révéler de curieuses particularités, l'inventaire se poursuit dans la chambre vers le jardin, les chambres sur la cuisine, sur le caveau, la petite chambre du haut de la tour. Arrivés au grenier, la Compagnie fait ouvrir les grandes armoires où le linge de la maison est soigneusement rangé : les doubliers, les draps de lit, les nappes, les serviettes d'œuvre fines à cœur fleuri et carreaux couronnés, etc.

Les caves du Mesnil renferment : 1° deux tonnes de cidre de 1.000 pots; l'une est pleine de cidre fort maigre; l'autre à moitié consommée contient de bon cidre; 2° un fût rempli de petit cidre.

Dans la grange de la métairie on trouve : 300 gerbes bled, seigle, estimés devoir rendre 12 boisseaux le cent; — 100 gerbes de froment estimées devoir rendre 10 boisseaux; — 600 gerbes d'avoine, soit 12 boisseaux au cent.

Dans le grenier, sur la cave du manoir, on mesure 30 raseaux de sarrazin.

L'écurie du manoir contient : une vieille cavalle, un petit cheval gris, une petite cavalle de harnais attaquée de pousse; deux vieilles brides; trois selles, l'une de femme dont la dame du Mesnilbœuf se sert ordinairement.

Dans les étables et écuries du métayer, les priseurs estiment : six jeunes bœufs, cinq vaches desquelles il y en a une mise à graisse; six génisses de l'année; deux jeunes cavalles qui ne servent pas encore, quatre petits porcs avec leur mère; deux petits porcs pour engraisser et faire le saloir de la dame du céans.

Dans la paroisse de la Godefroy, les Gaudin possédaient un autre grand manoir appelé le Plessix. Ce manoir n'était pas habité en 1738 et partie des appartements servait de greniers. Les priseurs trouvent, dans le pressoir de la métairie attenante : un vieil fût vide et quatre douzaines de cercles, estimés quatre livres.

La grange contient : 800 gerbes d'avoine rapportant 10 raseaux au cent. Comme elle est chargée de mauvaises herbes, on l'estime 10 sols le raseau.

Dans l'étable : cinq bœufs de différents prix sont estimés ensemble 100 livres, le fort portant le faible; une vieille cavale de harnois bien ruinée, une petite cavale de harnois, un vieux cheval timonnier, valent quarante livres avec les attelages. Cinq vaches, deux génisses d'un an, une de trois ans, trois autres de l'année. Dans l'étable aux moutons : dix-sept vieilles brebis et dix-sept agneaux. Dans la porcherie : une truie et deux autres.

400 gerbes de seigle sont entassées dans la grange du jardin à plant. Suivant ce qui en a été battu du vivant du dit sieur, elles ne produiront qu'environ 10 raseaux au cent, attendu que ce seigle est fort chargé de mauvaises herbes; le raseau est estimé 20 sols. Dans le même local : 500 gerbes de froment qui produiront également 10 raseaux au cent, attendu les mauvaises herbes, estimés 20 sols le raseau.

Dans une chambre, dessus la salle du Plessix : 15 raseaux de bled et paumelle mal nette et mellelée; 4 raseaux d'avoine valent 9 livres 10 sols; 30 raseaux de sarrasin valent 22 livres 40 sols.

Au Mesnilbœuf, les grains se partagent par moitié entre le propriétaire et le laboureur. Le fermier du Plessix a le cinquième des grains, la moitié des génisses et des agneaux.

Nous ignorons les mises du maître; mais tout bien considéré, gentilshommes et fermiers étaient loin de la richesse.

René Gaudin, seigneur du Mesnilbœuf et Julienne Tesson eurent quatre enfants : Léonor-Charles, marié à Marie-Mélanie Le Cocq; Antoinette Gaudin, femme de Louis-François de la Bellière, seigneur de Chavoy; Renée Gaudin, dame de Gallery de Limmerville; Marie Gaudin, mariée le 21° d'août 1749 à René du Vauborel, capitaine de grenadiers royaux, chevalier de Saint-Louis en 1762 et major d'infanterie en 1773. (Voir notre *Monographie des Vauborel normands et bretons*).

---

(4) **Pierre Le Cocq**, sieur de la Lionnais, garde du Roi, colonel de la milice urbaine en 1789 (voir *Journal de Vitré*, Procès-verbal du Vendredi fou, page 415), chevalier de Saint-Louis, chevalier de la Légion d'honneur et de l'ordre de Charles III d'Espagne.

---

(5) 17 juillet 1781. — **Henri-Olivier-René Gaudin de Vilaine et Renée de Vauborel**, son épouse, donnent pouvoir à Jean-Baptiste-Marie Le Cocq de l'Écotay, officier du régiment d'Agénois, pour vendre le Boisbichetière 8,000 fr.; le dit immeuble échu au dit Gaudin de la succession de Pierre Le Coq de la Peuzière, son ayeul maternel. Jean-Baptiste Le Cocq vendit le 5 septembre 1781 à René-Louis Minault de la Hallaudière et à Jeanne Thomas, son épouse. L'acte au rapport de HEULOT et PIHIER, notaires.

THÉBAUD LE COCQ, vivant à la fin du XVe siècle.

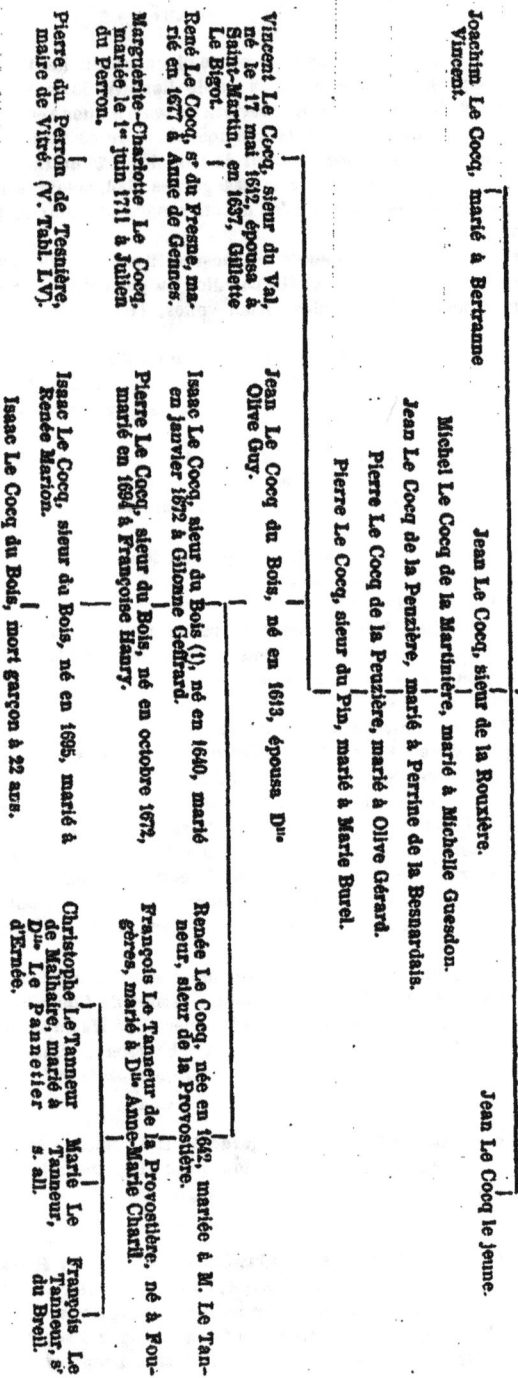

Joachim Le Cocq, marié à Bertraune.
Vincent.

Jean Le Cocq, sieur de la Roustère.
Jean Le Cocq le jeune.

Michel Le Cocq de la Martinière, marié à Michelle Guesdon.

Jean Le Cocq de la Peuzière, marié à Perrine de la Besnardais.

Pierre Le Cocq de la Peuzière, marié à Olive Gérard.

Pierre Le Cocq, sieur du Pin, marié à Marie Burel.

Jean Le Cocq du Bois, né en 1613, épousa Dᵉˡˡᵉ Olive Guy.

Vincent Le Cocq, sieur du Val, né le 17 mai 1612, épousa à Saint-Martin, en 1637, Gillette Le Bigot.

René Le Cocq, sᵉʳ du Fresne, marié en 1677 à Anne de Gennes.

Marguerite-Charlotte Le Cocq, mariée le 1ᵉʳ juin 1711 à Julien du Perron.

Pierre du Perron de Tesnière, maire de Vitré. (V. Tabl. LV).

Isaac Le Cocq du Bois (1), né en 1640, marié en janvier 1672 à Gillonne Gefffard.

Pierre Le Cocq, sieur du Bois, né en octobre 1672, marié en 1691 à Françoise Haury.

Isaac Le Cocq, sieur du Bois, né en 1695, marié à Renée Marion.

Isaac Le Cocq du Bois, mort garçon à 22 ans.

Renée Le Cocq, née en 1662, mariée à M. Le Tanneur, sieur de la Provostière.

François Le Tanneur de la Provostière, né à Fougères, marié à Dᵉˡˡᵉ Anne-Marie Charil.

Christophe Le Tanneur de Malhaire, marié à Dᵉˡˡᵉ Le Pannetier d'Ernée.

Marie Le Tanneur, s. all.

François Le Tanneur, sᵉʳ du Breil.

(1) Le 26 mars 1686, **Isaac Le Cocq du Bois** acheta le Lois du Petit-Fouillet, vendu par Anne Rondel qui le tenait de sa mère, Jacquine Grislet. — Fouillet dépendait de la seigneurie de la Haie de Torcé. — Le 30 août 1660, Étienne Rondel et Jacquine Grislet avaient rendu aveu pour le Petit-Fouillet à haute dame Marie de Rabutin-Chantal, baronne de Bourbilly, veuve de messire Henri, marquis de Sévigné, maréchal de camp, gouverneur de Fougères.

Additions et Corrections

DU

PREMIER VOLUME

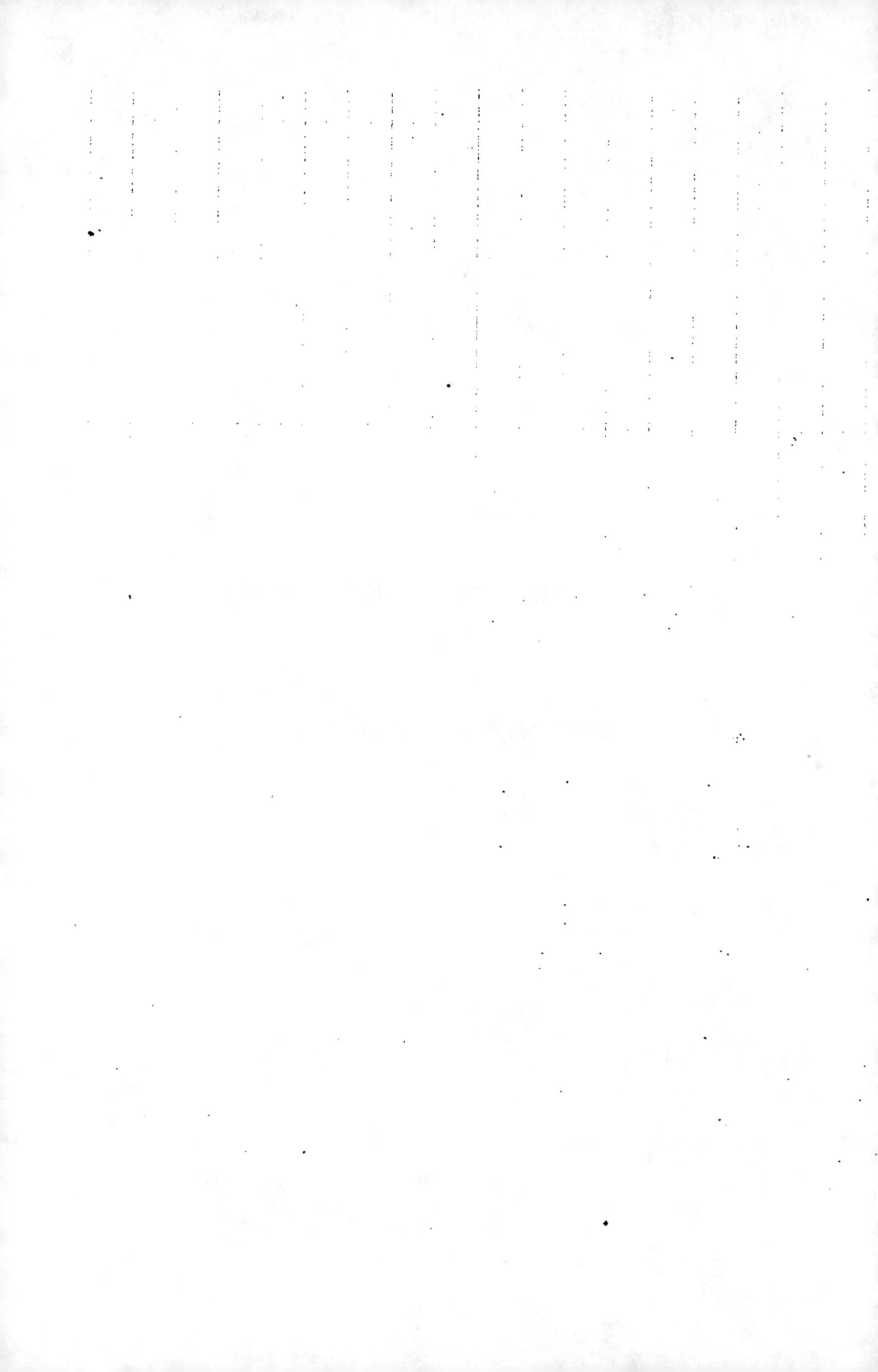

ADDITIONS & CORRECTIONS

Page 3, ajoutez à la Note 1 :

18 octobre 1488.

Pierre Frain, témoin et premier chapelain de la fondation de messire Pierre Hubert, doyen de Vitré.

Par nos Courts de Vitré, de l'official de Rennes, fut présent messire Pierre Hubert, doyen de Vitré, recteur de La Chapelle-Erbrée, chanoine prebendé en l'église collégiale de la Madeleine de Vitré, lequel a dit et affirmé, dit et affirme par devant nous, avoir paravant cette heure, acquis heritellement, du revenu et emolument de ses benéfices, le lieu domaine, terres et heritaiges, vulgairement appelés le Plessix-Gasnier, avec un autre vulgairement appelé la Gasniais, en intention et désir d'en faire fondation d'une chapellenie en l'église paroichiale de Notre-Dame du dit Vitré, à estre perpetuellement desservie à l'autel et à l'honneur de Mr Saint-Hubert et en la chapelle prochaine du bas et près les fonts de la dite église, *en laquelle chapelle le dit messire Pierre Hubert a elu et ordonné, elit et ordonne sa sépulture à l'endroit et au lieu où il a fait faire une tombe et asseoir sur icelle sa representation* (a), et en outre, considerant qu'il a vescu des biens de l'Église, le cours de sa vie, sans avoir jamais joui d'aucun patrimoine et que le parsur d'iceux biens doit, selon droit, redender, retourner et demeurer à l'Église et aux pauvres, a fondé, doté et ordonné une chapellenie qui sera pour l'avenir er perpetuel service et desservie en la dite église et ès dit autel et chapelle où il sera mis et assis une image du dit Mr Saint-Hubert et y sera dit et célébré à jamais perpetuellement, par chacun jour de l'an, une messe en basse-voix qui sera sonnée par le chapelain d'icelle chapellenie avec le gros son de cloche de la dite église par quinze gobets à l'heure de neuf heures, et incontinent dite, ainsi que paravant ces heures, le dit messire Pierre avait accoutumé de faire faire. Pour la fondation et dotation de laquelle chapellenie, pour être iceluy, messire Pierre, ses père, mère, parents, bienfaiteurs et amis trépassés participants à ces messes; le dit messire Hubert donne le Plessix-Gasnier et la Gasniais et en outre au trésor et fabrique de la dite église 20 sous de rente pour souffrir que le chapelain sonne la messe les dits jours, à neuf heures. Le dit messire Hubert se réserve la présentation, sa vie durant; à sa mort, elle appartiendra aux trésoriers et fabriqueurs de la paroisse Notre-Dame, qui seront tenus faire la dite présentation quatre jours après le décès ou à défaut elle sera, par les trésoriers et chapitre de la Madeleine, le prochain vendredi après les quatre jours passés. Ils ne pourront présenter homme, s'il n'est prêtre, et natif des paroisses Notre-Dame et Saint-Martin de Vitré. La collation appartenant à monseigneur l'évêque de Rennes.

Fait le 18 octobre 1488. — Signé: P. Hubert, M. Vivian, passe; P. Martin, **P. Frain**, I. de P. Boucherye.

La copie de cette fondation, délivrée le 19 mars 1763 sur la grosse originale existant aux archives de Notre-Dame, par le trésorier Hardy, qui a signé.

Le 13 avril 1576, Julien Le Moyne, prêtre, titulaire de la chapellenie de Saint-Hubert, requert de Philippe Le Militaire, alloué de Vitré, de dresser acte de la demande qu'il fit de communication de pièces étant en possession du chapitre de la Madeleine et concernant la dite chapellenie.

Messires Guy Demoné (?), recteur de Montreuil; Olivier Pregean, recteur de Saint-Aubin; messire Jean Billon, chanoine, représentent le testament du dit sieur Hubert. L'acte de dotation qui précède et une présentation faite par le dit Hubert, de dom *Pierre Frain*, son parent, chapelain, pour servir la dite chapellenie.

(a) « La chapelle Saint-Hubert et de Notre-Dame-de-Pitié renferme le plus curieux tombeau de l'église, mais il est malheureusement très mutilé; orné de sculptures du XVᵉ siècle et placé dans une arcade pratiquée dans l'épaisseur du mur, il nous donne la représentation de messire Pierre Hubert, prêtre, doyen de Vitré, etc. ». (Rapport sur les excursions archéologiques du congrès de l'*Association Bretonne* à Vitré en 1876, par l'abbé PARIS-JALLOBERT.

Testament de Pierre Hubert, doyen de Vitré (3 novembre 1488).

PRÉAMBULE

In nomine Domini. Amen.

Serie presentis publici instrumenti, cunctis innotescat evidenter, quod anno a nativitate ejusdem Domini milesimo quadragintesimo, octuagesimo octavo, indictione septimâ, die vero tertiâ mensis novembris pontificatus sanctissimi in Christo patris et domini nostri Domini Innocentii divina providentiâ Papæ octavii anno quinto; in mei notarii publici testium que infra scriptorum ad haec vocatorum specialiter et rogatorum presentia; presens et personaliter constitutus vir venerabilis circumspectus magister Petrus Hubert presbyter, Decanus de Vitreio, canonicus que prebendatus Ecclesiæ collegiatæ Beatæ Mariæ Magdalenæ ejusdem loci ac Rector parochialis et curator Ecclesiæ de Capella Erbreyâ, integer corpore compos que mentis et rationis, advertens quod immensa Dei bonitas, ut magis bonum effunderet, et angelorum deperditorum ruinam repararet, creavit hominem ad imaginem et similitudinem suam non ad subiturum morborum angustias et periculum diræ mortis, sed gratiæ suæ participem et æternæ vitæ futurum heredem; deinde superveniente hostis antiqui suggestione nequissima mors indicta est homini quæ in posteros est postmodum declinata; propter quod decet hominem vigilem esse..... maxime cum dies nostri brevissimi sunt et sicut umbra præteribunt; quapropter pia mente et animo plene deliberato ac hono intellectu illius sententiæ reminiscens : memento homo quia cinis es et in cinerem reverteris, memor que conditionis humanæ quam semper incitat humana fragilitas, volens que, cum ratio regit mentem et vigor in sui corporis menbris quiet, de suis temporalibus bonis disponere saluti animæ suæ ac Joannis Huberti ejus fratris et heredis principalis..... et de bonis et rebus sibi a Deo collatis salubriter ordinare. Consideratis omnibus.....

Choix de sa sépulture en la chapelle Saint-Hubert.

Si cum de infirmitate, qua de presenti laborat, decedere contingat, corpori suo *sepulturam elegit in Ecclesiâ Beatæ Mariæ Virginis* de Vitreio, in capellâ sancti Huberti per eum fundata juxta fontes baptismales ejusdem ecclesiæ, in loco et sub tumba *super quam ejus representationem* seu similitudinis effigiem ac imaginem apponi fecit.

Ordonnance de ses funérailles.

Ad quem locum ordinavit deportari per quatuor sacerdotes superpelliciis indutos, concomitantibus tredecim pauperibus vestitis quolibet una ulna cum dimidia (galice d'une aulne et demie), pannei lanei talis precii et coloris prout et secundum quod ab eius executoribus ordinabitur, quiquidam pauperes portabunt quilibet unam torcam ponderis unius libræ ceræ; assistentibus aliis quatuor pauperibus vestitis quolibet etiam una ulna et dimidia panni lanei albi coloris incensum seu thus deferentibus una cum quatuor cereis ponderibus (?) quolibet eorum dimidiæ libræ ceræ : Quibusquidam tredecim et quatuor pauperibus respective ejusdem vestes seu pannos laneos secundum quantitates pretaxatas, is testator elemosinarie largitus est atque dedit, ut et ipsi sint pronicores ad orandum pro ejus animâ.

Item ordinavit et voluit fieri et celebrari pro animâ suâ ac animabus fidelium defunctorum pro quibus orare tenetur in eadem ecclesia beatæ Mariæ duo obsequia seu generalia servitia cum luminaribus, oblationibus, elemosinis et aliis necessariis.

Rappel et ratification de sa fondation. — Nomination du premier chapelain.

Item fondationem et dotationem capellæ seu capellaniæ prænominatæ alias et die decima octava mensis octobris ultimi elapsi per eumdem dominum testatorem, factam, juratam et passatam per Michaelem Vivien et Petrum Boucheri, Petrum Frain, presbiterum et Joannem de Passays..... signo que manuali eiusdem domini testatoris vivificatum et roboratum, laudavit, ratificavit et approbavit, voluit et vult quod teneat et suum sortiat effectum, secundum tenorem eiusdem fundationis et registri. Et ad eamdem capellaniam desserviendam et obtinendam nominavit, elegit et presentavit prout nominat eligit et presentat **Petrum Frain** presbiterum, eius consanguineum.

Don de cent sous de rente annuelle aux religieux Augustins.

Item dedit atque legavit religiosis viris, priori et conventui fratrum eremitarum ordinis sancti Augustini situatis et fundatis in ecclesia beatissimæ Trinitatis prope eumdem locum Vitreii et eorumdem successoribus religiosis ejusdem conventus successive centum solidos annui et perpetui redditus (a).

(a) Ces cent sous de rente seront payés par ses héritiers le jour anniversaire de son décès. Le même jour, les religieux Augustins devront célébrer, pour le repos de son âme, le repos des âmes de son père, de sa mère et des âmes pour lesquelles il était tenu de prier ; un obit avec vigiles videlicet vesperis et matutinis mortuorum novem lectiones cum missâ defunctorum et aliis solemnitatibus requisitis etiam cum diacono et sub diacono.

Cette rente était assise : 1° « Sub hypotheca et obligatione domus et herbregeamenti eidem testatori spectantis et pertinentis per acquestum per eumdem testatorem factum a quodam *Jameto Bonnyeu; 2°* Sub hypotheca triginta unius solidorum redditus per *Joannem Frain* allutarium et ejus uxorem eidem testatori debitores ; 3° Sub hypotheca viginti solidorum redditus per heredes defuncti Petri Loileu atque sub hypotheca viginti solidorum redditus eidem testatori debitorum super quamdam domum quam nunc possidet in burgo sancti Martini prope Vitreium quidam Matheus Heulot.

Legs aux fabriques de Notre-Dame de Vitré, de la Madeleine, de Notre-Dame de Montautour.

Item dedit atque legavit fabricis ecclesiarum sequentium videlicet : Beatæ Mariæ virginis de vitreio et beatæ Mariæ Magdalenæ ejusdem loci, cuilibet, unum scutum aureum, Beatæ Mariæ de Montautour viginti solidos.....

Pélérinages et Offrandes à Saint-Mathurin de Larchamps, à Saint-Fiacre des Iffs, à Notre-Dame-de-toutes-Joays en La Boussac.

Item voluit et ordinavit fieri apud ecclesiam et loca sequentia videlicet apud Sanctum Mathurinum de Larchamps (a), apud Sanctum Fraxium des Yffs (b), apud Nostram Dominam de toutes Joays (c), sitam in parochia de la Boeczart, ad quamlibet ecclesiam, unum veagium seu peregrinationem cum oblationibus a suis executoribus ordinandis, sumptibus dicti testatoris.

(a) Pélérinage célèbre et très fréquenté durant tout le Moyen-âge.

(b) Chapelle de la très curieuse église des Iffs. « Deux confréries, fort anciennes, existent encore en cette église : celle du Rosaire et celle de Saint-Fiacre. Cette dernière, rétablie en 1859, est surtout très florissante. La fontaine Saint-Fiacre est non loin de l'église et de charmantes légendes locales s'y rattachent ». (*Pouillé de Rennes*, t. IV, p. 737).

(c) Notre-Dame-de-toutes-Joyes (nunc de Broualan) n'était naguère qu'une chapelle frairienne sise dans la paroisse de La Boussac. C'est l'édifice de notre diocèse qui rappelle le mieux les charmantes chapelles gothiques de Basse-Bretagne. Elle semble avoir été construite à deux reprises; sa nef est, en effet, séparée du chœur par une grande arcade surmontée d'un fronton élevé et supportant le clocher en forme de campanile. Ce dernier, de forme très élégante, est orné de colonnettes et d'aiguilles fleuronnées, et

présente trois baies où les cloches étaient primitivement suspendues. On y arrive par un escalier pratiqué à l'extérieur dans une tourelle octogone construite avec beaucoup de soin et d'habileté.

La partie orientale de l'édifice, c'est-à-dire le chœur, est d'un fort bon style flamboyant: on y remarque
des colonnettes très délicates dont les chapiteaux supportent les nervures d'une voûte récemment ache-
vée. Les fenêtres sont dans de belles proportions et ornées de riches meneaux du XV⁰ siècle. Tous les
murs sont en grand appareil et en beau granit du pays.

« En 1490, le prieur du Brégain prenait la tierce partie des oblacions faictes en la chapelle de Brualen,
fondée en l'honneur de Nostre-Dame, appelée de Toutes-Joyes, lesquelles oblacions se peuvent affermer
commun an, 20 lives ». Dès cette époque, en effet, Broualan était le but de fréquents pèlerinages, et nous
voyons beaucoup de paroisses des environs y venir processionnellement durant le XVII⁰ siècle. (Extrait
du *Pouillé historique de Rennes*, t. IV., p. 258 et 259).

Legs à sa servante Théobalde Julienne.

Item dedit legavit atque manualiter tradidit et livravit Theobaldæ Julienne, suæ ancillæ in elemosinam sex gobletos, seu cyphos argenteos et deauratos aliquantulum... una cum cubertà, traverserio,
superlectili, garnitis seu munitis prout decet, supra quod jacet et... similiter eidem Theobaldæ Julienne
dedit et dat, vita ejus durante, dumtaxat usumfructum domus novæ in qua nunc morat is testator, a
fundo usque ad tectum atque usum in hortum in quem intratur de eadem domo; in puteo, per puram et
simplicem donationem irrevocabilem ut et ipsa plus inclinetur orare pro anima dicti testatoris et ejus
parentum et benefactorum.

Legs à son filleul Pierre Cholet.

Item Petro Cholet (d) ejus filiolo, dedit atque legavit omnes et singulos ejusdem testatoris libros...
ut ipse teneatur orare pro eodem testatore et in consideratione quod dictus testator habuit atque pos-
sedit prebendam quam nunc obtinet in dicta ecclesia Beatæ Mariæ Magdalenæ, *mediante defuncto
Nicolao Dollier* (e) consanguineo et predecessore dicti Petri Cholet et ut ipse Petrus teneatur orare pro
anima dicti defuncti Doliei pro quo et is testator tenebatur orare.

(d) Les Cholet de la Mériais, du Mée et des Hayers. Réformations de 1478 à 1513, portaient : d'argent
à trois feuilles de choux de sinople. Ces armoiries se voient encore sur un cul de lampe du vieux
manoir de la Mériais, nunc couvent des Ursulines de Vitré.

(e) Dollier de la Caillère, paroisse de Luitré; de la Haye, paroisse d'Erbrée; du Port de Roches, paroisse du Fougeray; portait : d'argent à trois molettes de sable. Aux obsèques d'André Chollet, sieur de
la Mesrials, Guillaume Dollier, seigneur de la Caillère, portait le drap. (Voir *Journal historique de
Vitré*, page 8).

Don de sa vaisselle d'étain à Julien N..... et à Julien Biscoing, ses serviteurs.

Item dedit atque legavit in puram elemosinam Juliano famulo duos tertias partes vasorum staneorum
ejusdem testatoris et Juliano Biscoing alio ejus famulo reliquam tertiam partem eorumdem vasorum
seu vessillas staneas in compensationem seu renumerationem servitiorum per eos et quemlibet eorum
eidem testatori impensorum.

Choix des exécuteurs testamentaires.

Ut antea præmissa omnia et singula sortiant effectum, ejusdem testamenti seu ultimæ voluntatis preno-
minatus testator executores et procuratores suos constituit curavit, nominavit et solemniter ordinavit
videlicet viros discretos *Andream Cholet* (f) et *Petrum Brocquet* (g) et *Andream Tirel* (h).

(f) André Cholet, sieur de la Mériais, noble et riche négociant vitréen, avait marié sa fille Briande au
sieur des Nétumières; sa fille Gillette à Jean de Gennes du Mée et Jacquine à Gilles du Mesnil.

Il fut le second prévôt de la confrérie des Marchands d'outre-mer, dite de l'Annonciation. (Voir *Jour-*

nal *historique de Vitré* et *notre Étude sur les Vitréens et le Commerce international*, *Revue historique de l'Ouest*).

(*g*) Pierre Brocquet, seigneur du Feu, portait le drap mortuaire d'André Cholet avec Guillaume Dollier, Guillaume de Grasménil et Gilles Gaulay, seigneur du Mesnil-Morel.

(*h*) André Tirel, d'une très ancienne famille vitréenne, mentionnée dans les Chroniques de Pierre le Baud, dans les chartes du XII° siècle, dans l'acte de fondation du trésorier Pierre Landais, etc., auteur des Tirel de la Gaulayrie fondus dans de Gennes.

Institution d'héritier.

Quibus suis executoribus et eorumcuilibet, is testator cessit dimisit et transportavit omnia et singula bona sua mobilia et immobilia... constituta usque ad integrum complementum hujusmodi testamenti seu ultimæ voluntatis, relinquens pro ut reliquit residuum suorum bonorum, eodem testamento prius completo, *Joanni Hubert* (*i*) ejusdem testatoris fratri germano quem constituit seu nominavit in suum hæredem unicum.

(*i*) Père ou grand-père d'Armelle Hubert, mariée à Guillaume Lescaubert, d'où : Jean Lescaubert, qui testa en langue espagnole le 30 octobre 1575 et par ce testament fonda, en l'église Notre-Dame de Vitré, trois messes par semaines pour être dites à l'autel de l'Ecce homo. (Voir les Vitréens et le Commerce international, *Revue de l'Ouest*, 6° année, 3° livraison, page 276).

Mention des témoins.

Acta sunt hàc in villa Vitreii in domo herbregeamenti dicti testatoris sub anno, die, mense, indictione pontifici quibus supra, presentibus ad haec viris discretis Joanne Matheo, Jacobo Loaysel, laicis; Petro Fraín presbitero Rhedonensis diocesis testibus ad præmissa vocatis atque rogatis.

Suit l'attestation du notaire Michel VIVIAN :

Omnia et singula sic fieri, dici, vidi pariter et audivi, in notitiam que sumpsi... idcirco huic presenti publico instrumento signum meum, quo dictis actibus utor, apposui in fidem robur et testificationem videlicet omnium et singulorum præmissorum requisitus atque rogatus.

TABLEAU III.

Au lieu de : Le Moyne, mariée à du Reste de Guingamp. *Lisez* : Suzanne Le Moyne, mariée à Le Goff, sieur du Reste de Guinguamp.

Madame Floyd de Tréguibé, née Le Goff du Reste, avait pour sœurs : Magdeleine-Marie-Suzanne Le Goff de Murado, Marie-Françoise-Catherine Le Goff du Tresle, Catherine-Thérèse-Perrine Le Goff du Reste, Marie-Suzanne-Olive Le Goff de Mallenville, Thérèse-Marie-Jacquette Le Goff de Kerviiy. Elle eut pour enfants : Marie-Hyacinthe Floyd de Tréguibé, Marie-Françoise-Joseph Floyd de Kerouvel, Marie-Gabrielle-Charlotte Floyd de Kerlivio, Marie-Jeanne-Joseph Floyd, Marie-Thérèse-Joseph Floyd de Kerlouet. — A cette famille appartenait : le chevalier Floyd, l'un des commissaires chargé en 1790 d'organiser le département du Morbihan.

A la fin du XVIII° siècle les Floyd étaient représentés par Charles-Augustin, capitaine au régiment de la Reine infanterie, marié à Jeanne-Perrine-Marie Dupin, décédé en 1784, laissant deux fils : Augustin-Marie-Gabriel, né le 20 octobre 1779, et Armand-Charles-Marie, né le 28 novembre 1783.

A la même époque, on trouve à Lorient : Joseph-Marie-Antoine Floyd de la Salle, marié à Thérèse-Victoire Desmares. Il mourut à Lorient le 5 floréal an III, laissant six enfants : Alexis-Charles-Marie, émigré, amnistié le 12 floréal an XI; Guillaume, émigré; Marie-Marguerite-Charlotte, née le 17 juillet 1771 à Lesbris Pontscorff; Marie-Thérèse-Joseph-Gabrielle, née le 26 janvier 1769 au Faouet, épouse de Georges-Bernard Saint-Michel; Marie-Françoise-Michelle-Claire, née le 26 mars 1770, épouse de Jean-Marie de Langle; Jeanne-Marie Floyd, née le 8 septembre 1777 à Lesbris Pontscorff. (Notes dues à l'obligeance de M. Albert MAGE, rédacteur en chef du *Petit Breton*).

Au lieu de : D^{lle} Le Moyne, mariée à M. Tranchant des Tulais. *Lisez* : D^{lle} Marie-Henriette Le Moyne, mariée à René-Guy-Julien Tranchant des Tulais.

Au lieu de : D^{lle} Le Moyne de la Borderie, mariée à écuyer Le Voyer des Aulnais. *Lisez* : D^{lle} Thérèse Le Moyne, mariée à écuyer Jean-Baptiste Le Voyer des Aulnais.

Marie Le Moyne et Pierre Guédé du Bourgneuf eurent pour enfants : Thérèse Guédé, mariée à Ambroise Duchemin de la Geshretière ; Françoise-Suzanne Guédé, mariée à Jacques-Christophe Duchemin du Boismorin ; Julien-Marie Guédé, Marie-Anne Guédé.

Page 8, ajoutez à la Note 12 :

La succession de dame Thérèse Le Moyne, veuve de messire Jean-Baptiste Le Voyer, chevalier, seigneur des Aulnais, fut partagée le 6 décembre 1788 entre : 1° Messire Jean-Baptiste-René Le Voyer, chevalier, seigneur des Aulnais, héritier principal et noble, recueillant par droit d'accroissement les parts de Thérèse-Marie et Marie-Émilie-Henriette Le Voyer, ses sœurs cadettes, religieuses chez les Dames Hospitalières, garantissant en outre pour messire Bertrand-Joseph-Marie Le Voyer, son frère ; 2° Messire Louis-Joseph-Marie Le Voyer ; 3° Mlles Marie-Thérèse Le Voyer, Geneviève-Félicité et Anne-Marie Le Voyer. — L'acte au rapport de MESNAGE.

Page 14, ajoutez à la Note 4 :

Le contrat de mariage de Georges Brouessin (l'un des apothicaires de cette ville) et d'Andrée Frain, au rapport de ROUCHERAN et HERVÉ, notaires, fut signé le 27 décembre 1607 par l'advis et du consentement de Gervaise Le Faucheur, mère du dit Brouessin ; de noble maistre Jean Grignon, sieur de la Begace ; de maistre Jean Rubin, sieur de....., et l'un des chanoines de l'église collégiale de Champeaux ; Pierre Geffrard, sieur du Pavillon, maître apothicaire ; Jacques Le Faucheur, proches parents du dit sieur Brouessin ; d'Estienne Frain, sieur de la Poultière, frère germain de la dite Andrée ; Estienne Lambaré, sieur de la Pageottière ; Jean Frain, Guillaume Mazurais, sieur de Châlet ; Jean Taillandier, sieur de la Petite-Lande. Les fiançailles furent célébrées devant messire Jean l'Espaigneul, recteur de Notre-Dame de Vitré. Georges Brouessin dut s'établir à Saint-Aubin-du-Cormier. Il eut, d'Andrine Frain : Jeanne, ... mars 1610, nommée le 28 par noble homme Jean Grignon, sieur de la Begace et Mathurine Cleneau, dame de la Poultière. Originaire de Saint-Méloir, la famille du parrain avait paru aux montres ... 1571 ; elle portait : d'azur à une tête de léopard d'or accompagnée de deux merlettes de même. Georges Brouessin et Andrée Frain eurent en 1615 une autre fille, nommée par Jeanne Frain, épouse de Michel Guérin, de Laval.

Page 17, ajoutez à la Note 1 :

Le 29° jour d'aougst de l'an 1579, Jean Taillandier et Marye Lambaré, sa femme, vendirent à Marie Maczon, veuve de deffunct André Guesdon, deux corps de logix situés en la ville de Vitré, entre les maisons de deffunt Jean Bonnecamp (a) et la maison de la Gabusette, pour lors appartenant à M. Pierre Sanson, moyennant 14 escus en principal avec charge d'obéissance et de sept sous de rente par chacun an deubs au seigneur et baron de Vitré, davantage avecque charge de payer par chacun an 48 sous de rente deubs au chapitre de la Madeleine, au terme d'Angevine.....

(a) Jean Bonnecamp doit être le père d'André Bonnecamp, imagier, décédé à Vitré en 1615 ; le grand-père de Mathurin Bonnecamp, peintre distingué, cité dans les annales vitréennes, mancelles et nantaises ; le bisaïeul d'autre Mathurin Bonnecamp, chargé de faire le portrait du maire de Nantes. (Livre doré, tome I, page 248).

Page 19, ajoutez à la Note 3 :

8 mai 1695.

Extrait d'un procès-verbal de l'alloué de Vitré, relatant les fondations faites en faveur des hôpitaux Saint-Yves et Saint-Nicolas par Robert Coayroul, recteur de Pouancé en 1307 et par Renée Lambaré en 1632.

Le mardy, troisiesme jour de may, l'an 1695, aux neuf heures de matin, à nostre logix et par devant nous, Mathurin Charil, sieur de Pontdavy, alloué, lieutenant-général civil et criminel de la baronnie de Vitré, ayant pour adjoint Jean Rabault, commis au greffe de cette juridiction ; a comparu noble homme André Morel, sieur de la Lorye, administrateur en charge des hôpitaux et maison-Dieu de Saint-Nicolas et Saint-Yves de Vitré, demandeur en assignation, du neuvième mars dernier, signifié par Le Saulnier ;

Contre : Damoiselle Marye Martel, veuve de deffunt Jean de la Roë, sieur de la Tremblais, tutrice des enfants issus de leur mariage, héritiers pur et simple de deffunt noble homme Pierre de la Roë, leur ayeul, et en cette qualité possesseurs d'héritages au fief de Montlevrier ; noble homme René Charil, sieur des Briettes ; Dlle Catherine Le Moyne, Dlle Jeanne du Perron, Renée Douesnel et Jacques Pivert, son mari ; Julien Taburet Châtaignerais, Dlle Renée Charil et Maurice Bechu, sieur du Rocher, son fils ; maître Guy Charil, sieur du Chesnegerault ; noble homme Jean Arot, sieur de Haye-Robert ; Julien Dauphin ; les tous vassaux et détempteurs d'héritages au fief de Montlevrier.

Du dit Morel, sieur de la Lorye, parlant par le sieur Deligné son procureur, a esté dit qu'il estait ci-devant dû aux dits hôpitaux de Saint-Nicolas de Vitré une rente foncière et solidaire de seize boisseaux de seigle, soixante-quatre boisseaux d'avoine, mesure de Vitré, et huit chapons appréciés à quarante sols, par chacun an, en vertu de la donation en faite par *Robert Coayroul*, prêtre recteur de *Sainct Aubin de Pouancé*, sur les possesseurs des terres du fief de Montlevrier en la paroisse de Montreuil-sous-Péronse, par *acte de l'an 1307*, que le dit sieur de la Lorye représente par original avec quatre sentences rendues dans la juridiction de Gazon aux années 1385, 1397, 1404, 1406, et un acte de nouveau titre et reconnaissance des mêmes rentes, du trentiesme may 1458 ; aux fins desquels actes et des autres qui sont dans le trésor des archives des dits hôpitaux, elles ont été payées et continuées jusques dans l'année 1632 que *Damoiselle Renée Lambaré*, dame de Montlevrier, *ayant donné et légué au profit des dits hôpitaux les deux terres des haut et bas Montlevrier* qui estoient chargés de la plus grande partie de l'acquit des dites rentes, elles se trouvèrent réduites à six boisseaux deux mesures bled seigle, vingt-sept boisseaux d'avoine et 17 sols 6 deniers pour partie du prix des huit chapons ; ainsy qu'il s'apprend par les comptes rendus aux années 1638 et 1640 par nobles personnes Mathurin Le Moyne, sieur de la Chapronnière ; Jean Monnerie, sieur de la Vigne ; Estienne Dauphin, sieur de la Croix-Blanche et Mathurin du Verger, sieur de Boisramé, alors administrateurs des dits hôpitaux, lesquels nombre de rentes ont été payées jusque vers l'année 1683 que les vassaux du dit fief ayant cessé et refusé de les payer ; les sieurs de la Guischardière, Le Faucheur et de la Louinière Le Royer, administrateurs des dits hôpitaux, les firent assigner et condamner d'en payer les arrérages et sur leurs suites vers le dit feu Pierre de la Roë, ils le firent condamner au payement des dits arrérages solidairement avec les autres vassaux... par procès-verbal et sentence du 19e novembre 1691... et comme la charge du dit sieur de la Louinière avait cessé dès le 1er septembre 1694 et que le dit Morel, son successeur, estoit et est encore chargé des dépenses nécessaires pour la subsistance des pauvres, il serait intervenu aux fins de se faire adjuger les dits arrérages.....

Page 23, ajoutez :

Le testament de M° René Huet, sieur de la Goupillère, notaire ; où il est fait mention du révérend Père Quintin, du banc et enfeu des Le Clavier en l'église de Bréal.

L'an mil six cent quatre vingt deux, avant midy, le 23e du mois de décembre, devant nous, notaires de la juridiction de Bréal, soubsignés, a esté présent en sa personne M° René Huet, sieur de la Goupilère.

aussi notaire, âgé d'environ quatre-vingt-quatre ans et se sentant approcher du tombeau et sur le déclin de sa vie, sain toutefois d'esprit et d'entendement par la miséricorde de Dieu, quoi qu'il ait fait cy-devant son testament et fondation à l'église du dit Bréal où il a choisi sa sépulture, en date du 19ᵉ septembre mil six cent septante six, qu'il désire qu'il sorte en son plein et entier effet; la confiance qu'il a en l'assistance et protection de la glorieuse Vierge, sa bonne advocate et patronne, et qu'elle l'assiste le reste de ses jours et particulièrement à l'heure de son trépas et qu'il puisse estre bien assisté des divins sacrements et que, quand son ame sera séparée de son corps, elle la présente à Jésus-Christ, son fils et maître, favorable à son jugement, ce qu'il espère d'elle ayant l'honneur d'estre *un de ses premiers et plus anciens serviteurs en la confrairie de son saint Rozaire instituée en l'église du dit Bréal par le révérend Père Quintin*, d'heureuse mémoire; en contemplation de quoy le dit sieur Huet a donné et légué pour augmentation de son susdit testament au saint Rosaire du dit Bréal, sa maison, jardin, pré et terre du lieu des Prinses situé en cotte paroisse de Bréal, à perpétuité et à jamais; toutefois la somme dix livres de rente annuelle et perpetuelle a luy deu de sur les dites choses et qui lui sont continuées à payer par Jacques Houzé....., tout ainsy que le tout appartient au dit sieur Huet suivant la vente et transport qui luy en a esté faict par Charles Pannard et Étiennette Michonneaux, sa femme, aux fins de l'acte en faict entre les dits Pannard et femme, vendeurs, et le dit Huet, acquéreur, en date du onzième jour du mois d'août 1664, du rapport Chapeut, notaire au pays du Maine, apparu par le dit sieur Huet et luy rendu; la dite fondation et augmentation faite par le dit sieur Huet, à la charge que les premières messes de chaque moys seront dites par le curé ou sacriste aux dites Matines pour le repos de son ame; laquelle fondation ne sera exécutée qu'après le décès du dit sieur Huet, se réservant la jouissance des dites choses sa vie durant, à la charge aussi qu'à chaque messe il sera recommandé aux prières des fidèles qui assisteront, particulièrement aux cinq fêtes de la Vierge, comme fondateur principal... de la dite confrairie du Saint-Rozaire. Comme aussi il veut et ordonne qu'il soit fait, tous les dimanches à la première messe l'eau bénite et distribué au peuple tout ainsi qu'à la grande messe et que le prêtre le recommande aux prières; comme aussi la dite augmentation et fondation faicte aussi en considération, outre ce que devant, que le dit sieur Huet et les siens *jouiront du banc et enfeu qui autrefois appartenait à feu monsieur et madame de la Pageottière* (Le Clavier) advis l'autel Saint-Jean, en l'église de Bréal, lequel banc le dit Huet en..... et dont il a cy-devant acquis..... des dits feu sieur et dame de la Pageottière et monsieur de *la Lande Grimaudet*, laquelle fondation, jointe à celle de son lieu du Val cy-devant par lui faicte, il veut et ordonne qu'elle sorte en leur effet sans aucune reservation. A l'accomplissement et continuation de la dite fondation, le dit sieur Huet a affecté et hypothéqué les dits héritages obligés à la dite rente de dix livres pour le curé ou..... toucher la dite somme du dit Houzé et jouir des dits héritages ainsy que le dit Huet a voulu et consent sur..... de tous ses biens meubles et immeubles, présents et advenir et a, le dit Huet, nommé et choisi pour exécuter, pour avoir le soin de faire continuer et accomplir la dite fondation cy-dessus, la personne de Jean Duhoux, sieur de....., résidant au dit Bréal, auquel il oblige les choses et prie d'accepter la dite charge.

Faict et consenti au dit Bréal, tablier de Durand, sous le seing du dit sieur Huet pour luy; du dit Duhoux comme acceptant la dite charge, les dit jours et an. Faict en présence et du consentement de vénérable et discret messire Jean Loysel, ancien prieur; signé au registre : B. Huet, Duhoux, M. Lebigot, Loysel; et pour notaires : Lebreton et Durand.

Page 28, mettre à la suite du second alinéa :

1606.

Commerce maritime (Compte).

19 ballots de Rouans, 6 pacques de Crés, 6 ballots navalles pour compte de Monsieur de Bretonnières marqués des marques en marge, lesquelles pacques venues dedans le *Saint-Larant* et le *Saint-Julien* envoyées à Cadix; et 3 pacques venues dans le *Croissant*, envoyées à Séville; six ballots de Rouans et deux ballots navalles, envoyés à Cadix; et deux ballots navalles que le dit sieur Nicolas Miaulays a directement reçus à Cadix par le navire la *Petite-Espérance* de Saint-Malo; les autres 3 ballots Rouans, 2 ballots navalles, ay reçu et fait vente à Saint-Lucques.

Doibt 21 reaux, pour port et arrivaige au dit Saint-Luc de 3 ballots Rouans à 5 reaux par ballot, 2 ballots navalles à 3 reaux par ballot . . . . 021 »

Item, doibt 360 reaux pour la douane de Saint-Lucques, pour l'entrée de 3 ballots Rouans. . . . . 360 »

Doibt 543 reaux pour port, frêt et avarie des dits 9 ballots Rouans à 24 reaux par ballot et 3 reaux d'avarie; 3 pacques de crés venues au *Croissant*, 30 reaux et 3 reaux d'avarie par pacque; autres venues dans le *Saint-Lorent* et le *Saint-Julien*, à 36 reaux et 3 reaux d'avarie par pacque; 4 ballots navalles venus dans la *Fleur* et le *Chevalier de la Mer*, à 30 reaux et 3 reaux d'avarie, comprins 18 reaux qu'il a cousté pour faire décharger les dits 3 ballots Rouans. . . . . 543 »

Item, doibt 113 reaux pour les avaries ordinaires des dits 9 ballots Rouans, 6 ballots navalles, 3 pacques de crés; vendu le tout selon l'aprecy de la douane de Saint-Lucques, à 5 pour 100. . . . 113 »

Item, 275 reaux, pour le change de 4,581 reaux de...., provenus des dites marchandises changés à 6 pour 100, monte . . . . 275 »

Item, doibt 807 reaux 24 maravédis, pour ma commission à 2 p. 100 des dites marchandises. . . . . 807 »

2,120 20

Du mois de décembre 1606 : 38,274 reaux 14 maravédis, pour autant que monte le net provenu de la vente de ce compte, laquelle somme je fais bon à ce compte courant cy-après pour Monsieur des Bretonnières. 38,274 14

40,395 »

Doibt au dit sieur, du mois de juillet 1606 : 5,156 reaux, pour la vente de deux ballots de Rouans contenant 1,375 vares, à 3 reaux 3/4 la vare, monte à la somme de. . . . . 5,156 »

Plus, du mois d'août 1606 : 1,688 reaux, pour vente d'un ballot navalle contenant 606 vares 1/2. . . . . 1,688 »

Item, 1,686 reaux, pour vente d'un ballot navalle non battu tenant 613 vares, vendu à 3,2 3/4 la vare. . . . 1,686 »

Item, 2,547 reaux 1/2, pour la vente d'un ballot de Rouans tenant 687 vares 1/2, à 3 reaux 24 maravédis la vare. . 2,547 17

Item, 14,935 reaux, pour autant que monte le net provenu de la vente de 6 ballots Rouans vendus à Cadix par les mains du sieur Nicolas Miaulais, comme appert par son compte. . . . 14,935 1/2

Plus 6,459 reaux, pour autant que monte la vente de 4 ballots navalles vendus à Cadix par les mains du sieur Nicolas Miaulais, comme appert par son compte. . . . . 6,459 »

Item du mois de décembre 1606 : 7,923 reaux 1/2, pour 270,762 maravédis que monte le net provenu de la vente de 3 pacques de crés vendues à Séville par Messieurs Michel, Adam, Besquet, comme appert par leur compte, et 40 reaux qu'il a cousté pour port de l'argent de Séville à Saint-Lucques, à 1/2 pour 100. . . . . 7,923 1/2

40,395 1/2

Compte courant pour M⁶ des Bretonnières (a).

Doibt du 18 juillet 1606 : 2,400 reaux, pour 200 W..... en deux pochons de la marque en tête de chacun 100 W, remis par la *Françoise* de Morlaix, consignés au sieur Jean Legendre pour suivre l'ordre d.t dit sieur, et 10 reaux qu'a consté pour l'embarquaige à 5 reaux pour 100 W. . . . . 2,410 »

Doibt du mois d'octobre 1606 : 2,400 reaux, pour une chaigne d'or remise par le *Gabriel*, consignée au sieur Estienne Goret, et 10 reaux pour l'embarquaige. . . . . 2,410 »

Item du 4 novembre 1606 : 7,326 reaux, pour une barre d'argent que le sieur Nicolas Miaulais a remise par mon ordre dans le navire *l'Annonciation*, et 31 reaux pour l'embarquaige. . . . . 7,326 »

Item du 13⁶ décembre 1606 : 2,400 reaux, pour 200 W en deux pochons de la dite marque, remis par la *Patience*, 10 reaux qu'il a cousté 2,410 »

Item : 245 reaux, pour 3 vares 1/2 de drap que le dit sieur de la Maisonneuve luy a envoyées. . . . . 245 »

Item du 23 décembre 1606 : 2,400 reaux, pour deux pochons de la dite marque, de 100 W chacun, remis par la *Françoise* et 10 reaux pour l'embarquaige . . . . 2,410 »

Item du 4⁶ janvier 1607 : 5,110 reaux, pour une barre d'argent remise dans le *Bon-Espoir*, et 21 reaux pour l'embarquaige . . . . 5,131 »

Item le dit jour : 5,506 reaux, pour deux plaques d'or qu'il a reçues par le dit navire, 23 reaux pour l'embarquaige. . . . . 5,529 »

Plus 514 reaux pour lopins d'or et 2 reaux pour l'embarquaige. . 516 »

Item au mois de février 1607 : 3,600 reaux pour 300 W que le sieur Julien Burel luy a envoyés par le *Dauphin*, 12 reaux pour l'embarquaige . . . . 3,612 »

Item doibt pour des coustaiges qui ont été faits sur les 300 W. . 27 »

Item 21 reaux pour frêt du navire, coustaiges faits jusques à Vitré pour 200 W . . . . 21 »

Item 300 reaux qui sont pour un bénitier et une tasse d'argent à luy baillés. . . . . 300 »

Item 1,900 reaux que la Demoulinnes doibt de reste d'un ballot de Rouan, ainsi qu'il est porté par l'obligation de son mari que j'ay laissée au sieur Julien Burel. . . . . 1,900 »

Item 3,317 reaux pour autant que le dit sieur Nicolas Miaulais doibt de reste des marchandises qu'il a vendues à ce compte. J'ay baillé mémoire au sieur Julien Burel de recevoir le tout . . . . 3,317 »

Item 21 vares de taffetas à 7 reaux la vare et pour le port de Saint-Luc à Vitré. . . . . 150 »

37,747' »

Doibt avoir du mois de décembre 1606 : 32,274 reaux 14 maravédis, pour autant que lui fais bon au dit compte courant pour le net provenu de la vente de neuf ballots de Rouen, sais ballots de navalles, 3 pacques de crés, comme il apper' au compte cy-dessus; et outre 3 pacques de crés sont demeurées à vendre aux mains du sieur Nicolas Miaulays, à Cadix, en compte du sieur Julien Burel, pour en faire les retours et suivre l'ordre de Monsieur des Bretonnières 38,274ˣ 14

38,274
37,747
———
527

(a) André Morel, ligueur poursuivi par le sénéchal de Rennes en 1590, avait pour mère Jeanne Hardy. C'est un ancêtre des du Plessix de Grenedan et du Breil de Pontbrand. (Voir Tableau XV).

Lettre de Nicolas Miaulays à Est. Frain.

Monsieur et cousin, par cette, ferai réponse à trois vostres que j'ay reçues ensemble du 20, 23 et 25⁶ du courant. Par icelles, voy ce que m'advisez, et comme n'avez peu rien negocier par dela, de quoy suys assez fasché et qu'il fauct que les sortes de marchandises que nous avons aient sy mauvaise despaiche, comme je voy qu'ils ont.

Je n'ay peu faire avecq nos marchands quils prinsent vos deux cachons de non battus, bien qu'aujourd'hui j'en ay vendu un cachon à ung autre marchand qui n'est de la rue à trois reaulx moins quartille, encore qu'il faudra attendre un peu pour l'argent; mais pour vendre, je n'ay regardé, estant grans secure. J'ai aussy ouvert et montré l'autre cachon; mais on ne m'en a voulu donner le dit prix et je n'ose rien en rabaisser. Je procurerai le vendre s'il y a moyen à ce prix, ou le garder jusqu'à autre advis vostre. Je vous jure que je n'y ai peu faire davantage et que je n'ay fait l'argent que vous avez affaire, que je vois vous fait grand faulte. Je vous jure que si je m'étais trouvé avec des commodités, que je vous en aurais accommodé et n'aurais attendu à que eussions vendu, comme j'ay fait quelquefois; mais je vous promets que je suis fort court à présent pour mettre de l'argent en autre négoce. Après cette misère, aurons quelque chose de bon, s'il plaît à Dieu.

Pedro de Medina n'est point venu de dempuis par deça ainsi je ne luy ai peu parler. J'espère que nous ferons quelque chose par ceste flotte; ce que je vous scais dire, c'est que nous aurons des navires de bonne heure en cette ville..... Je n'ay point veu de miroir comme celuy que vous voulez acheter et l'ay encommandé au cousin Louis qui ne bouge de la rue.

Autre chose ne se présente que vous aviser... et me recommande de toute affection à vos grâces, demourant, Monsieur et Cousin, votre très humble serviteur,

Nicolas MIAULAYE.

A Cadix, ce 30e jour de mars 1609.

Guerres civiles au XVIe siècle; leurs conséquences.

Dans une Terre et ses possesseurs catholiques et protestants, page 99, nous avons montré le désordre apporté aux affaires privées par les guerres civiles du XVIe siècle. Le document cy-après suffit à prouver le trouble apporté aux transactions commerciales :

9 juin 1604.

Assurance pour le sieur Guillaume Mazurais.

D'aultant que cy devant y auroit eu plusieurs affaires entre deffunt Pierre Frain et Julienne Lambaré, sa femme, et Guillaume Mazurais, tant pour les affaires de sa sœur Guillemette Mazurais que pour le traficq et commerce, lettres de change et deubment deboursés, les uns pour les autres et reçeu en l'acquit et des uns et des autres de plusieurs personnes dont cy devant et dès le vivant du dict Pierre Frain, ils auraient compté et procompté ensemble, du contrat d'acqueet fait par le dit Mazurais d'avecq le dit Frain du lieu de la Barbotterye, et encore depuis son décès, avecq la dite Lambaré, sa femme, et Estienne Frain, son fils, et néanmoins, *à cause des guerres* et qu'ils n'auraient tous leurs papiers à ce rendu les uns aux autres; de ce jour, ont comparu devant nous, nottaires des courts de Rennes et de Vitré, ensemble concurrantes, le dit Guillaume Mazurais (a), sieur de Chàlet, marchant bourgeois de Vitré et y residant, et la dite Julienne Lambaré et Estienne Frain, son fils, demeurant au forbourg Sainct-Martin de Vitré, lesquels ont encore et ce jour loué et rattifié et promis tout ce qui feut, a esté les uns pour les autres et se sont rendus plusieurs comptes, actes, lettres, missives et memoires qu'ils avaient les ungs sur les autres et qu'ils ont recoupvert puis la paix lors que le dit Mazurais a dit que la ditte Lambaré ne luy avoit rendu au tout les actes, memoires et lettres que le dict Pierre Frain, son dict deffunct mary et elle portoient sur luy, mesme le dict Estienne Frain, leur fils, ce qu'ils ont recongneu mais disent les avoir rompues ou perdues, toutefois cognoissent et s'obligent, par la présente, que en cas qu'il s'en trouverait aulcunes que cy après entre leurs mains ou d'aultres personnes touchant les affaires d'entre eulx, soit quittance donnée par le dit Mazurais à Besnard Jourdan, Estienne Lambaré, sieur de la Paigeottière, Jean Frain le jeune ou autres personnes, pour deniers et marchandises reçeues par le dit Frain et femme; ils sont nuls et de nul effet et valleur à quelques montements et sommes que ce puissent être, pour en avoir été satisfaits par plusieurs comptes et procomptes faitets d'entre eulx, tant du vivant du dit Pierre Frain que depuis son deceix et si s'en voulloient servir ou en faire demande au dit Mazurais, ils seront tenus l'en acquitter et liberer et garantir tant en principal qu'en tous accessoires et prendre les dits proceix pour luy, à leurs perils et fortunes et pour ainsy le faire et accomplir, et le faire ratifier aux enfants des dits Pierre Frain et femme, l'ont ainsy promis et tout ce que dessus, en la présence d'honorables gens Estienne Lambaré, sieur de la Paigeottière et Jean Lambaré, sieur de la Massays, frères de la dite Jullienne Lambaré et oncles du dict Estienne Frain, son fils, se sont obligés..... à l'accomplissement de tout ce que devant vers et contre toutes personnes. Et pour ce qu'ils l'ont ainsi accepté, voulu consenty, promins et juré tenir sans y contrevenir, nous à ce faire les y avons d'autorité en nos dites cours auxquelles et à chacunes d'icelles ils se sont submins et y prorogé en juridiction pour eux et leurs hoirs, jugés et condemnés. Faict et consenty au dict forbourg Sainct-Martin, au tablier de Jean HERCÉ, l'un des dits notaires, le neufiesme jour du moys de juin, avant midy, de l'an mil six cent quatre. A ce a esté présent honneste homme Michel Guérin, marchand résidant en Laval, mary de Jeanne Frain, fille des dits Pierre Frain et de Julienne Lambaré et sœur du dict Estienne Frain, qui a consenty et voullu ce présent acte et promins y obeir sans jamais y aller au contraire; jure, renonce et condamne comme devant; et ont tous signé. Ainsi signé au registre : Lambaré, E. Frain, Julienne Lambaré, M. Guérin ; et pour nottaires : G. HERCÉ et J. HERCÉ, auquel le dict registre est demeuré.

G. HERCÉ.

J. HERCÉ.

(a) Procureur des bourgeois et député aux États de Bretagne en 1599.

9 mai 1597.

Claude du Verger de Gaillon, Floridas Le Moyne, Jacques de Sainte-Marye d'Aigneaux, armateurs de la *Bonne Adventure*.

Comme ainsy soit que Jacques Faroult dict Placidas, capitaine pour le Roy en sa marine du Penant, eust suivant le congé à lui octroié par monseigneur l'admiral de France et de lui signé soubs le cachet de ses armes, signé au bas Lichany et dabté du cinquiesme jour de septembre 1596 et verifié en la juridiction de l'admirauté de France au dit Honnefleur, le 17e du moys suyvant, faict sortir en mer le navire nommé la *Laurière*, du port de 35 tonneaux ou environ, avec sa barque, afin de faire la guerre aux Espaignols et autres ennemis de sa Majesté, ceux qui les favorisent, trafiquent pour eux et font escars, de quelque nature qu'ils fussent. Suyvant lequel congé et permission serait advenu que le dit Faroult et son esquipaige estant dedans la dite navire avec sa barque aux iles de Canaries, faisant la guerre aux ennemis et rebelles de sa Majesté, avait rencontré en mer la navire nommée la *Bonne Adventure*, du port de cinquante tonneaux ou environ, laquelle pour estre à la congnoissance du dit Faroult et son esquipaige faire retour des iles Canaries, pays des ennemis de sa Majesté, avait esté par luy saisie et après luy avoir fait commandement de par le Roy et monseigneur l'amiral de luy montrer et exiber ses congés, acquits, chartes-parties et congnoissements, afin de savoir de sa navigation et mesme sy à icelle le commandant et son équipaige avaient point contrevenu aux édits et ordonnances du Roy, avait le capitaine de la dite navire, contrevenant au dit commandement, esté refusant d'amener ses voiles et en desdaing d'iceluy luy avait dit qu'il vint à bord et qu'il serait bien receu, qui avait occasionné le dit Faroult d'aller à bord du dit navire, lequel luy aurait fait telle résistance que à coup de canons et d'arquebuse il avait tué jusqu'à trois hommes de l'esquipaige d'iceluy Placidas, lequel avait enfin obtenu la victoire de l'esquipaige du dit navire, et avec lequel il avait mesme la dite prinse, faict retour en ce port et Hàvre de Honnefleur. Auquel lieu arrivé, il avait, par devant M. le lieutenant de l'admirauté, pour sa justification de la dite prinse et afin qu'icelle et marchandises y estant, luy fussent jugées à son profit, suivant les édits et ordonnances du Roy avait, iceluy Faroult, fait son rapport en la dite juridiction et en icelle fait examiner jusqu'à sept hommes de l'esquipaige de la dite navire.

A quoy s'étoient présentés Christophe Moreau, sieur de Boissent, et noble homme Roulland Herault, sieur de Glatigny ; le dit sieur de Boissent tant en son nom que comme procureur de Claude du Verger, sieur de Gaillon, et de Loridan (Floridas) Le Moyne, sieur de la Briardière (Bréardière), bourgeois, propriétaires à la dite navire nommée la *Bonne Adventure*, à la moitié d'icelle tant pour le corps que marchandises et toutes choses dépendantes d'icelle a l'esquipollent; et le dit sieur de Glatigny, procureur de noble homme Jacques de Sainte-Marye d'Aigneaux et de la Haye, gentilhomme ordinaire de la chambre du Roy, capitaine de Granville et des iles du Chausey, bourgeois au dit corps de navire et marchandises et tout ce qui en dépend, pour l'autre moitié lesquels avaient maintenu que la delivrance leur devait estre faite de la dite navire, aggretz, appareulx, mantions et marchandises y estant, attendu que la navigation de la dite navire avait esté faite par le maistre d'icelle suivant la permission de sa Majesté et congé de Mr l'admiral.

Suivent les détails de la procédure concernant le jugement de l'Amirauté de Honfleur, en date du 18 avril 1597, par lequel la navire et les marchandises avaient été acquises comme de bonne prinse au dit

Faroult, prélèvement fait des droits du Roy et de M' l'admiral, duquel jugement les bourgeois du navire avaient porté appel, puis s'étaient désisté de leur appel; en cet état il intervint une transaction comme suit : Scavoir est que pour demeurer quitte par le dit Moreau, pour luy et comme procureur des dits du Verger et Le Moyne, et par le dit Herault, sieur de Glatigny, procureur du sieur de Sainte-Marye, tant du corps de la dite navire nommée la *Bonne Adventure*, agrès, munitions, ustensiles que même de quatre-vingt casses et demye de sucre et des 980 escus sol qui avaient été inventoriés, le dict Faroult a quitté tout ce que dessus, pour en faire leur profit ainsi qu'ils verront bien, renonçant pour luy et ses associés à jamais y rien prendre, au moyen de la somme de 2,500 escus sol, laquelle il a confessé avoir eues et reçues et dont quittance.

(Extrait des documents relatifs à la marine normande et à ses armements aux XVI⁰ et XVII⁰ siècles, recueillis et annotés par Charles et Paul BRÉARD ; publiés par la Société de l'*Histoire de Normandie*, pp. 29, 30, 31, 32. Voir dans la *Revue de l'Ouest* notre Étude sur les Vitréens et le Commerce international).

Page 34, ajoutez au cinquième alinéa :

Le 10 novembre 1726, noble homme Pierre du Verger de Gaillon, mandataire de haut et puissant seigneur messire Jean-Louis de Pontevez, chevalier, marquis de Tournon et de Marie de la Baulme le Blanc de la Vallière, vendait à noble homme René Courte de la Blanchardière, époux de dame Renée Bonnieu, la terre et seigneurie de la Berue, consistant dans les deux moulins du Feu et de Besnard, une portion de la dîme de Balazé, les fiefs de la Berue, de Montguion et autres, s'étendant en la paroisse de Balazé et autres près Vitré, moyennant 10,500 livres. L'acte au rapport de FOURNIER et MELLET, notaires.

Filiation établie pour recueillir l'héritage de Marie-Gabrielle-Bernardine de Troncq.

Jean du Verger, marié à Louise Malherbe, d'où :

Guy du Verger, sieur de la Bondie, marié à Jeanne Billon, 27 mai 1610.	Marie du Verger, mariée à Guy Martin, sieur de la Ricordais.
Jean du Verger de la Bondie, marié à Dominique-Bernarde de Moralès y Mascarines.	Jacquine Martin, mariée à Joseph du Verger de Clerheux.
Michelle-Guyonne du Verger, née au Port-Sainte-Marie (Espagne), le 29 septembre 1682, mariée à Guillaume de Troncq.	Jean du Verger, marié à Françoise Charil.
Marie-Gabrielle-Bernardine de Troncq, née à Rennes, paroisse Saint-Germain, le 4 janvier 1723, y décédée, rue des Fédérés, 27 fructidor, an VIII (a).	Joachim du Verger, marié à Marie Le Febvre.
	Suzanne-Guyonne Le Febvre, mariée à Pierre-Constant Le Mercier des Alleux. (Voir Tab. XXI).

(a) Le 21 vendémiaire, an V, elle signa le contrat de mariage de Guillaume-René-François-Charles de Farcy, chevalier, sieur de Malnoë, et de Marie-Élisabeth-Madeleine Tranchant des Tullays, petite-fille de Gilles Le Moyne de la Tàchelais et de D⁰⁰ du Verger de la Morandière. (Tableau III et généalogie de Farcy, p. 323).

TABLEAU XV, *ligne 2* :

Jean Nouail, sieur du Val, marié en premières noces à Jeanne du Verger, avait une sœur nommée Macée, mariée à Jean Le Cocq le 28 avril 1560. (Extrait du Memorial de Jean de Gennes du Mée).

Ligne 7 :

Françoise Nouail alias : Étiennette-Gilette-Renée Nouail, demoiselle de Villensault, et Guy Hay *de la* Rongerais, avocat au Parlement, fils d'écuyer René Hay, sieur de la Cercole, et d'Andrée Le Taillandier, épousèrent le 2 janvier 1742 et eurent écuyer René-Julien-François, contrôleur des Actes, marié à Julienne-Petronille **Vittu de Keraoul**, d'où : Armand-Jean-Marie Hay, nommé le 23 novembre 1773 par Jean-François **Geslin de Bourgogne**, son grand-oncle maternel. *Registres de Saint-Aubin-du-Cormier*, publiés par l'abbé P. PARIS-JALLOBERT).

TABLEAU XVI.

Ligne 8, Lisez : Jean Nouail, sieur de la Foucherie, marié à Marie Guy, d'où : missire Jean-Baptiste Nouail, prêtre, trésorier de l'église collégiale de la Madeleine et ses deux frères, comme il appert de l'Aveu cy-après.

Ligne 10, Lisez : Écuyer Jean-Baptiste Nouail, lieutenant des maréchaux de France au gouvernement de Morlaix ; Nouail, capitaine de vaisseau de la Compagnie des Indes, puis lieutenant du Roi au gouvernement de Lamballe.

Ajoutez : Marie-Barbe Nouail, sœur des précédents, née le 4 décembre 1710, décédée le 6 fructidor, an V.

L'an 1750, le 13 may, devant les notaires des juridictions des Rochers, le Pin, la Haie de Torcé et la baronnie de Vitré, comparait noble et discret missire Jean-Baptiste Nouail, prêtre, trésorier de l'église collégiale de la Magdeleine de Vitré, y demeurant en sa maison de la Trésorerie près le château, paroisse Notre-Dame, lequel reconnaît être vassal de haut et puissant seigneur messire Paul Hay, chevalier, seigneur baron des Nétumières, et de lui tenir prochement la métairie de la Petite-Foucherie, consistant en maison de retenue de haute élévation, composée de salle basse avec cheminée, porte au midy, chambre haute aussi avec cheminée, grenier en superfice, etc., etc.; comme les dits héritages situés au dit lieu et aux environs de la Bourgalerie, au dit fief de la Reauté, se poursuivent et comportent; qu'ils sont advenus au dit sieur Nouail, prêtre, et à ses deux frères, de la succession de deffunte demoiselle Marguerite Nouail, leur sœur, décédée depuis peu et desquels ils jouissent en indivis, à laquelle dite demoiselle Nouail ils étaient aussi advenus des successions de deffunt Jean Nouail et dame Marie Guy, son épouse, ses père et mère, aux fins de partage fait entre elle et ses consorts le 16e août 1715.

Les deux frères du trésorier étaient : René Neuail de la Foucherie et Étienne Nouail, écuyer, sieur de la Hunaudière.

René Nouail, sieur de la Foucherie, habitait, en la paroisse Notre-Dame, un grand corps de logis de haute élévation (actuellement hôtel de Langle), au côté vers orient de la rue de la Mériais. Dans l'Aveu qu'il rendit au baron de Vitré, il note son jardin potager; au midy, une allée plantée de charmiers et marronniers (les charmiers existent encore); le tout clos de murs avec porte de communication de la dite allée au Parc sans cependant y prétendre aucun droit, qu'autant qu'il plaira à son Altesse, conformément à la permission qui lui en a été accordée.

22 juin 1762.
Héritiers d'écuyer Étienne Nouail (côté maternel).

Partage et division en deux loties des biens réels dépendant de la succession collatérale d'écuyer Étienne Nouail, sieur de la Hunaudière, fait entre ses héritiers, qui sont : Écuyer Jean-Baptiste Nouail, sieur de la Contrie, faisant pour lui et ses consorts; messire Charles-François Geffrard, seigneur du Plessix, Athanase-Fulgence-Mathurin Geffrard, l'un et l'autre capitaines au régiment de Forest infanterie, messire Augustin-Paul Geffrard de Ponthy, Dlle Maria-Anne ou Antoinette Geffrard de la Motte, messire Joseph-Augustin-Prosper Geffrard de la Motte, major du régiment de Bresse infanterie; noble homme Richard-Jean-Charles Le Moyne, bourgeois de Paris; Dlle Jeanne-Marie du Verger de Gaillon; les tous représentant Pierre Nouail de Cohigné. — Messire Jean-François Nouail, sieur de la Ville-Gilles, lieutenant de messieurs les Maréchaux de France au département de la ville de Saint-Malo, faisant et garantissant, tant pour luy que pour ses consorts et cohéritiers représentant écuyer Jacques Nouail, seigneur du Fougeray ; Dlle Mauricette-Guillemette Godier, veuve du Parc ; noble homme Raoul-Charles Ory, faisant et garantissant, tant pour luy que pour dame Marguerite-Anne-Françoise Godier, son épouse, et pour Dlle Julienne-Anne Godier, sa belle-sœur, par représentation de dame Anne Nouail, épouse de Louis Godier de l'Aubussonnière; les tous héritiers paternels du dit écuyer Étienne Nouail de la Hubaudière.

NOTA. — Les maisons, parterre et jardin, rue Mériais, ont été vendus à M. le comte de Langle sans entrer en partage; le prix en a été partagé.

Guillemette-Mauricette Godier, veuve du Parc, avait pour fils noble Jean-Marie du Parc de Livonière, demeurant au Plessix-Kaër, paroisse de Crach, évêché de Vannes.

Héritiers d'Étienne Nouail (côté maternel).

Partage et division en deux lotties des biens réels et immeubles dépendants du côté maternel de la succession d'Étienne Nouail, écuyer, sieur de la Hunaudière, fait entre noble homme Pierre **Petit**, directeur général des Fermes de Bretagne, faisant et garantissant pour dame Anne-Marie **Guy**, veuve d'écuyer Charles-André de la Haie Morel, lieutenant de Roy de la ville de Fougères, sa belle-mère, aux fins de sa procuration, etc.; noble maître Augustin Bouvard, docteur-médecin; noble homme Mathieu Bouvard et D¹¹ᵉ Marie-Anne Bouvard; les tous enfants et héritiers de n. h. Augustin Bouvard et de dame Renée Guy, qui sœur était de la dite Anne-Marie Guy. La choisie se fit le 12 juillet 1762.

L'an 1764, le 23ᵉ jour de mars, avant midy, par devant les notaires héréditaires de la Cour et baronnie de Vitré et des juridictions des Rochers, ont comparu vénérable et discret messire Jean Martin, prêtre, chanoine de l'église collégiale de la Madeleine de Vitré, demeurant au dit Vitré, près la place du Marchix, paroisse Notre-Dame, au nom et comme stipulant pour dame Anne-Marie **Guy**, veuve d'écuyer Charles **Morel**, sieur de la Haye, en son vivant lieutenant de Roy en la ville et château de Fougères; d'écuyer Pierre Petit, conseiller secrétaire du Roy, maison et couronne de France et de dame Gillette Morel, son épouse, et de D¹¹ᵉ Catherine Morel, demoiselle de la Haie, aux fins de leurs procurations, datées à Rennes, le 21 mars 1764; a vendu, cédé, etc., à noble homme Pierre du Perron et dame Anne-Marie Jeusse, son épouse, sieur et dame des Tesnières, demeurant en cette ville de Vitré, paroisse Notre-Dame; scavoir est : les deux métairies de la Grande et Petite-Foucherie, mesme avec les terres extraites du lieu de la Bourgallerie et réunis aux dites Foucheries par le partage fait dans la succession du feu sieur Nouail de la Hunaudière entre ses héritiers paternels et maternels au prix de treize mille livres..... L'acte au rapport de HEULOT et CROSSON.

Ce contrat porte en marge les mentions cy-après :

Comme porteur de procuration de son Altesse monseigneur le duc de la Trémoille et du fermier de la baronnie de Vitré, j'ay reçu de M. du Perron, acquéreur, la somme de 42 livres 3 sols 9 deniers pour les lods et ventes, etc. Au château de Vitré, le 28ᵉ avril 1764.

CHATEAUVIEUX.

Exhibé à nous, André-Félix de Gennes, avocat et procureur fiscal du siège et baronnie de Vitré, etc. A Vitré, ce 18 juillet 1764.

DE GENNES.

Une Nouail épousa maître Sulpice Le Chevalier, juge criminel à Rennes. De ce mariage issut : Françoise Le Chevalier, mariée à messire Jacques-Gervais **Huard**, chevalier, seigneur, comte de la Bourbansais, conseiller au Parlement de Bretagne. Le 3 novembre 1756, la comtesse de la Bourbansais donnait procuration à messire René Desgrées, à l'effet de vendre des immeubles provenant de la succession de sa mère. Nanti de cette procuration, René Desgrées vendit à D¹¹ᵉ Renée **Berthois**, veuve de Jean-François Le Corvaisier de la Missonnais, plusieurs appartements au fauxbourg Saint-Martin de Vitré, moyennant 4,000 livres. L'acte au rapport de LOYER et FOUASSIER, notaires, et daté du 8 novembre 1756.

Page 44, ajoutez à l'article 8 :

Le 5 décembre 1762, monseigneur Henri-Louis-René des Noës, évêque de Rennes, donna à Joseph Nouail, recteur d'Argentré, permission de bâtir une chapelle à la Contrie (a), d'en faire la bénédiction, d'y dire la messe, sans être obligé de la fonder « en considération des services qu'il a rendus et rend depuis 34 ans dans notre diocèse ».

Le 1ᵉʳ décembre 1763, le recteur d'Argentré procéda à la bénédiction de cette chapelle en présence de Mʳˢ Hourdier de Crannes, trésorier de la Magdeleine; du Verger de la Morandière, prêtre; Fournier, professeur au collège de Vitré; Bouesse, curé d'Argentré; Louin, curé de Saint-Martin de Vitré; du Plessix-d'Argentré, Nouail de la Contrie et autres.

(a) Les terres de la Contrie appartiennent en 1890 aux enfants de M. Ch. Chevalier de la Teillais, dont la trisaieule était une Nouail, mariée en secondes noces à Charles Le Moyne du Fougeray.

TABLEAU XX.

Lisez : Jeanne Geffrard, mariée à Mathurin Berthois, sieur de la Ramerie.

Page 57.

Ajoutez à la note 1 : Pierre Geffrard, second fils de Guillaume et de Jacquine Le Faucheur, naquit en 1573 et se maria à Jeanne Déligné le 15 mai 1604.

Ajoutez à la note 6 : Olive Geffrard, mariée à N. Morel et sœur de Marguerite (voir Tableau XXI), était née le 25 avril 1657.

Ajoutez à la note 7 : Françoise Geffrard, femme de Pierre Rottier, naquit le 14 septembre 1651, épousa le 23 mars 1680 et mourut le 20 mars 1724. Sa fille, Marguerite Rottier, femme d'écuyer Charles-Richard Legge, était née le 3 mars 1688. Son fils, Pierre Rottier, était né le 21 mai 1681 et Marie Rottier, dame de Gennes de la Mathelais, naquit le 16 février 1690.

Page 60.

Ajoutez à la note 1 : Michelle Geffrard, fille de Jean, sieur de Marpalu, naquit le 29 septembre 1552. Elle épousa Jean de Montalembert, lequel, devenu veuf, se remaria à Macée Le Gouverneur, d'où : Jean de Montalembert, mort à Calais.

Ajoutez à la note 3 : Jean Geffrard des Beauses naquit le 22 novembre 1580. Il épousa Perrine Le Moyne en l'église Notre-Dame de Vitré, le samedi 3 septembre 1605, en présence de Jean Geffrard, de Mathurin Le Moyne du Tertre et autres. L'acte signé : L'Espaigneul.

Page 66, ajoutez à la Note 4 :

Prosper de La Motte Geffrard, lieutenant-colonel de Royal-Comtois; son caractère, ses démêlés avec le gouverneur de l'Ile de France.

En 1769, M. le duc de Choiseul avait fait passer le régiment de *Royal-Comtois* à l'Ile de France; M. le comte de Noé, colonel de ce régiment, eut la permission, vu le mauvais état de sa santé et ses affaires personnelles, de ne point passer en Asie avec ce régiment. Ce corps était du nombre de ceux dont l'inspection m'avait été précédemment confiée et j'avais été chargé d'en faire les revues avant son départ. La lieutenance colonelle y ayant vaqué, le duc de Choiseul y avait nommé le chevalier de La Motte, qui en était major et la majorité fut donnée au comte de Cheneault.

Le chevalier **de La Motte**, de la province de Bretagne, homme d'esprit, de connaissances de talent militaires, avait de la hauteur et le caractère un peu dur et caustique; mais il portait une grande exactitude sur toutes les parties de la discipline et du service militaire. Il avait acquis l'estime des officiers du régiment de Royal-Comtois. Le comte de Cheneault, qui le remplaça comme major, était un jeune homme d'une assez belle figure, de mœurs fort douces; tenant par des liens de parenté au chevalier de La Motte et plus encore par ceux de l'amitié. Il avait beaucoup d'aménité dans le monde; et cependant il était plein de zèle pour la régularité du service.

Le reste du corps était composé d'assez bons officiers, mais il n'y avait que trois ou quatre sujets qui eussent de l'esprit : deux surtout en avaient plutôt les inconvénients que les agréments; ils étaient durs, méchants, jaloux et portés à l'insubordination. Tous les défauts que ces officiers pouvaient avoir n'étaient d'aucune valeur en France où les troupes étaient à cette époque contenues par la discipline.

Le duc de Choiseul réunissait alors les départements de la guerre et de la marine; mais il portait la plus grande attention à maintenir ces deux départements dans leurs limites respectives... Le chevalier des Roches, capitaine de vaisseau, partait pour aller prendre possession du gouvernement de l'Ile de France et devait s'embarquer et faire la traversée avec l'état-major et une partie du régiment de Royal-Comtois qui, une fois arrivé à sa destination, devait être sous ses ordres mais pendant la traversée n'en devait recevoir que de son lieutenant-colonel auquel le duc de Choiseul fit expédier un brevet d'inspecteur temporaire de ce régiment.

Cette mesure déplut souverainement au chevalier des Roches. Il jugea qu'il trouverait en **La Motte Geffrard** un censeur incommode de ses actions et le considéra comme son ennemi. Dans une des relâches, le lieutenant-colonel et le gouverneur se séparèrent et s'établirent sur deux bâtiments différents pour le reste du voyage.

Les officiers dont j'ai parlé plus haut, et qui étaient jaloux du lieutenant-colonel, se rapprochèrent du gouverneur et, peu de temps après l'arrivée à l'Ile de France, deux partis se formèrent dans Royal-Comtois : celui du gouverneur et celui du lieutenant-colonel et la situation devint telle que le ministre se vit dans la nécessité de faire repasser le régiment en France et de rappeler le gouverneur-général.

A l'arrivée du régiment de Royal-Comtois, M. le marquis de Monteynard, alors secrétaire d'État de la guerre, prit les ordres du Roi pour faire rassembler un conseil de guerre.

Ce conseil fut composé d'un lieutenant-général, président; de deux lieutenants-généraux, inspecteurs; de cinq maréchaux de camp, inspecteurs, savoir : le comte de Muy, président; le comte de Chabo la Serre, le marquis de Lugeac, les comtes de Rochambeau et de Caraman, le baron de Viomenil, le chevalier de Sarsfield et le prince de Montbarey.

Après trois semaines de confrontations, de recollemens, le Conseil rendit un jugement très motivé qui lava entièrement et déchargea de toutes accusations le sieur de La Motte Geffrard, lieutenant-colonel et proposa à Sa Majesté les punitions que les juges croyaient être ordonnés contre les coupables et délinquants.

Extraits des Mémoires du prince de Montbarey, pages 72-73, communiqués par M. le colonel baron de Berthois.

Page 66, ajoutez à la Note 5 :

Droit de Quintaine.

Suivant aveu de 1755, Jean-Baptiste-François-Joseph Geffrard de La Motte, chevalier, seigneur de la Motte-Plessix, le Bois-Cornillé, la Motte-Rouxel, à cause de sa seigneurie de la Motte-Plessix, en Torcé, avait droit de Quintaine sur tous les nouveaux mariés, habitants de la paroisse de Torcé, qui font bans et proclamations dans l'église de la dite paroisse, lesquels doivent comparoir le jour et fête de saint Médard de chaque année, au bourg du dit Torcé, à l'endroit où est planté le pilier ou écu du dit seigneur de la Motte, garnis chacun de sa gaule en bois d'aulne, ferrée d'un roquet, et demander congé à leur dit seigneur ou officiers de prendre les éperons, la gaule ferrée, et de monter sur le cheval qui leur sera présenté de la part de leur dit seigneur, chacun à tour et rang, et ensuite courir à toute bride et pointes d'éperons et rompre la dite gaule à course de cheval en un coup de trois courses et ensuite descendre de cheval et ôter les éperons et rendre la dite gaule, et faute à chacun des dits mariés de rompre la gaule dans une des dites trois courses, ils doivent à leur dit seigneur chacun huit boisseaux d'avoine, et rompant dûment la gaule à course de cheval, ils gagnent le tiers des dites avoines, et s'ils manquent à demander congé chacun à tour et rang, ils doivent, par chaque défaut, amende de 60 sols monnoie, modérable par le juge de la dite seigneurie de la Motte-Plessix, duquel revenu de Quintaine, il tourne en avoine une tierce partie au profit de la fabrique paroissiale de Saint-Médard, desservie en l'église paroissiale de Torcé, faisant, les trésoriers de la dite fabrique, leur devoir de Quintaine; faute à eux de courir la première Quintaine, ils ne peuvent rien prétendre au dit devoir pour la dite fabrique de Saint-Médard, et s'ils n'exercent la dite Quintaine comme est cy-devant expliqué, doivent amende comme les autres.

Le dit seigneur a droit de banc fermé, d'enfeu et pierre tombale à ses armes; et la chapelle Saint-Jean, située au côté droit du grand autel, est prohibitive et appartient au dit seigneur, lequel a droit, dans la dite chapelle, de banc fermé armoyé de ses armes, de tombe, enfeu de ceinture et lizière funèbre, tant au dehors qu'au dedans de la dite chapelle.

Page 74, ajoutez :

L'Aveu de La Motte de Moutiers.

L'an 1786, le 19e jour du mois de janvier, par devant nous, notaires héréditaires du siège et baronnie de Vitré, soussignés, ont été présentes : dame Marie-Hyacinthe **de Ruis Ambito**, épouse et procuratrice générale de messire Hyppolite-Thomas-Marie **Darcy**, capitaine des vaisseaux du Roi, chevalier de l'ordre royal et militaire de Saint-Louis; la dite procuration en date du 17 mai 1783, au rapport de LECLEAU et son adjoint, notaires royaux à Brest; demeurant, la dite dame de Ruis, en qualité de pensionnaire, au couvent des dames Hospitalières de cette ville, fauxbourg du Rachapt, paroisse Notre-Dame, et dame Marie-Jacquette de Ruis Ambito, veuve de mess. e César-Aimé-Jean **Frogier de Pontlevoy**, chevalier, lieutenant-colonel du régiment d'Anjou infanterie, chevalier de l'ordre royal et militaire de Saint-Louis, demeurant à son hôtel, Grande-Rue, paroisse Notre-Dame, lesquelles dites dames ont reconnu et confessé, reconnaissent et confessent être sujettes vassales, étagères et domicilières de très haut, très puissant et très illustre prince : monseigneur Jean Bretagne, Charles Godefroy, duc de la Trémoille et de Thouars, prince de Tarente et de Talmond, pair de France, comte de Laval et Montfort, baron de Vitré, de la Ferté-sur-Perron et de Montreuil-Bellay, marquis d'Attichy, vicomte de Berneuil, président né des États de Bretagne, maréchal de camp des armées du Roy, chevalier de l'ordre royal et militaire de Saint-Louis, et de mon dit seigneur tenir et relever, prochement et noblement, à devoir de foy et hommage sans rachapt ny chambellenage, à cause de la dite baronnie de Vitré, assemblement et en indivis de partage, scavoir est :

Le château de la Motte de Moutiers, situé en la paroisse de Moutiers, consistant, savoir : la façade à l'orient; dans une cave sous la cuisine, laquelle se dessert par un escalier aux degrés de pierre qui conduit dans la cour close, une cuisine au-dessus de la cave, autre petit appartement nommé la Laverie, à l'occident de partie de la dite cuisine, une salle pavée de tuiles, au midy de la dite cuisine, chambre au-dessus de la dite cuisine, qui se dessert par un escalier de bois en rampe, dont le pied est dans le transport entre les dites salle et cuisine, la dite chambre pavée de tuiles, ayant sa porte au midy, avec un vestibule au haut de la première volée du dit escalier, autre porte à l'orient donnant sur l'escalier qui est renfermé dans la tour cy-après; autre chambre pavée de tuiles sur la dite salle, petit cabinet sur partie du transport d'entre la salle et la cuisine, petit grenier à foin sur la dite laverie, deux greniers pavés de tuiles sur les deux chambres, une tour à l'orient de la dite cuisine où est un escalier qui porte aux superfices cy-après.

La façade au midy, consistant dans une boulangerie au bout vers occident, ayant deux portes au midy, l'une ouvrant dans la dite tour et l'autre sur la cour close; petite chambre sans cheminée sur la dite boulangerie, ayant sa porte d'entrée au midy, sur l'escalier de la tour; une petite gallerie en saillie à l'occident de la dite chambre et sur partie de la dite boulangerie, laquelle conduit à..... pratiqué dans une petite tourelle faisant le coin et angle occidental et septentrional, la dite gallerie ayant une porte à l'orient sur un vestibule et transport qui donne au susdit escalier de la tour, petit cabinet servant de charbonnier au nord de partie de la dite chambre sur la boulangerie; autre chambre sur le portail au nord de la cour cy-après, sa porte d'entrée à l'occident sur le dit vestibule ou transport; un grenier pavé de terre sur la dite chambre sur la cuisine et la dite gallerie, qui se dessert par le susdit escalier de la tour; autre grenier sur la chambre du pavillon sur le portail; petit pigeonnier dans la tourelle au coin nord et occident; une écurie à l'orient du susdit portail, ayant sa porte au midy sur la cour close, une salle à l'orient de la dite écurie, une chambre sans cheminée sur la dite écurie, autre chambre sur la dite dernière salle, un grenier pavé de tuiles sur la dite chambre sur l'écurie; autre grenier pavé de terre sur la chambre sur la dite salle.

Une cour close de murs, au-devant de tous les dits bâtiments construits de pierre de taille, massonail, colombage et terrasse couverts en ardoise. A l'orient et midy de partie de laquelle cour règne un appentis en forme de porche ou gallerie, construit sur pans de bois et couvert d'ardoise et dans laquelle est un puits et un petit porche ou chapiteau sur la porte de la cave.

Un jardin, en partie muré, au midy de la dite cour; un petit terrain à présent clos et jardin au nord de la dite cuisine, un deport au nord du dit château, une petite avenue à l'occident du dit deport, un petit vivier au nord de la dite avenue, une petite motte au nord du dit vivier, plantée de hêtres ; le tout en un tenant et pourpris, joint d'orient et contenant, y compris la douve à l'orient et midy du dit jardin de retenue, un journal quarante et une cordes.

Et généralement comme les dites choses sont, se poursuivent, contiennent et comportent, avec tous leurs bois, hayes, voies, appartenances et dépendances, généralement quelconques et telles qu'elles sont échues et advenues aux dites dames déclarantes, des successions de messire Jacques de Ruis Ambito, ancien capitaine des vaisseaux du Roi, chevalier de l'ordre royal et militaire de Saint-Louis, et de dame

Louise-Jeanne du Pré Le Jay, dame de Ruis, leurs père et mère, qui en avaient fait l'acquisition d'avec messire Bernard-François-Joseph **Grout**, seigneur de Princé et des terres et seigneurie de Fourneaux, Availles, la Motte de Moutiers, Pouez, Princé en Domalain, Forges et autres, avec leurs appartenances et dépendances, aux fins du contrat du 20 juillet 1763, au rapport de Pocquet et Sohier, notaires royaux à Rennes, dûment contrôlé à Rennes, le 21 juillet 1763, insinué aux bureaux de La Guerche et Louvigné, les 16 et 17 août, dit an ; pour cause et raison desquelles choses les dites dames déclarantes ont reconnu devoir, à mon dit seigneur, foi et hommage sans rachat ni chambellenage et outre obéissance, tel que tout vassal lige le doit à son seigneur, le quels devoir de foi et hommage elles offrent faire quand requis sera, reconnaissant, les dites dames, qu'à leur dit seigneur appartient, à cause de sa dite baronnie de Vitré, droits de haute, moyenne et basse justice dans toute l'étendue de la dite baronnie : droits de tutelle, curatelle et pourvoyance de mineurs, création d'offices de justice et de notaires, desherence, succession de bâtard, confiscation et amendes, épaves, communs, pâtis et gallois, droit de présidence aux États de Bretagne et généralement tous droits appartenant aux anciens barons de Bretagne.

Fait et passé à Vitré, en l'hôtel de la dite dame de Frogier, sous les seings des dites dames et les nôtres, les dits jour et an.

De Ruis d'Arcy.
Crosson, notaire.

De Ruis de Frogier.
Mesnage, notaire.

Contrôlé à Vitré, le 1er février 1786. Reçu : 3 livres.

Budin.

Ajoutez au Tableau XX :

Jacques GEFFRARD, frère de Guyon, sieur du Bourg, marié à.....

d'où :

Jean Geffrard, marié en 1552
à Renée de la Geuche.

Gilette Geffrard, mariée le 12 septembre 1584 à Lucas Burel.	Julien Geffrard, marié en 1594 à Marie Sanson.	Jeanne Geffrard, mariée en 1586 à Jean Bouton.	René Geffrard, né le 20 mai 1554, marié à Jacquine Droyaux.

Page 60, à la Note 4, ajoutez :

13 mai 1637.

Afféagement du tiers de la lande du Fresne (savoir : 35 journaux), située en la paroisse d'Étrelles, par monseigneur Henry, duc de la Trémoille et de Thouars, pair de France, prince de Talmont, baron de Vitré, à honorable homme Pierre de Montalembert, sieur de la Mousserie et à Jacques Leremandeur, sieur de Gérard, moyennant 1,500 livres tournois pour droit d'entrée et 10 deniers monnoie de rente annuelle par chaque journal.

Page 84, ajoutez à la Note 6 :

Le 4 juin 1719, pour recevoir de M. de Montaran, trésorier des États de Bretagne, un constitut de 2,000 livres, procuration était donnée à Luc Seré du Mesnil par Julienne Guillaudeu, veuve de feu noble Gilles Seré de la Sibonnière, faisant pour son fils unique Julien Seré : noble homme Étienne Charil, sieur des Mazures ; Dlle Julienne Charil, épouse du sieur Bruneau, absent du royaume ; Mathurin Seré, mari de Gilonne Charil ; Marie-Anne Charil, veuve de noble homme Jacques-Philippe Le Faucheur, sieur de la Cocherie ; Olive Trochery, veuve d'écuyer François Bouleuc ; Luc Seré du Mesnil, mari de Marie Trochery ; tous héritiers d'Antoinette Seré, morte en la ville de Saint-Malo. Le dit Julien Seré et les sieurs Charil comme représentant de Gilles Seré, défunt, et de Gilonne Seré, frère et sœur issus de René de la Sibonnière et de Jacquine Le Fort, lequel était frère germain d'Antoinette, tous deux issus de Julien Seré et de Jeanne Monnerie ; les Trochery issus de François et de Marie Seré, sœur germaine d'Antoinette.

Page 106, à l'alinéa imprimé sous le titre Bonnes Coutumes familiales, ajoutez :

Monsieur et cher Cousin,
                                                A Rennes, ce 23 novembre 1780.

C'est avec bien de la reconnaissance que je reçois la bonté que vous m'accordez et à ma fille de vouloir bien être un de ses nominateurs. Voilà, mon cher cousin, la copie de la procuration que monsieur du Dezerseul m'a donnée et qui l'est également du comparant, que messieurs du Boberil, Le Mélorel, du Dezerseul et mon frère ont signé au greffe. Il y a au bas du comparant le modèle de procuration que je vous prie de m'envoyer, si vous agréez le comparant. C'est autant de bonté que d'indulgence qui l'a dictée à M. du Dezerseul. Je réclame la vôtre, mon cher cousin, et je vous prie de vouloir bien consentir à provoquer les comptes. Je sens parfaitement que vous ne pouvez, à cause de vos indispositions et de vos affaires, nous faire le plaisir de nous venir. Ma belle-mère vous fait mille tendres compliments,.....
                                                PINOT DE LA GAILLARDIÈRE.

Je soussigné, messire Joseph-Charles-Louis **Léziart**, chevalier, seigneur du Dezerseul, chevalier de l'ordre royal et militaire de Saint-Louis, pensionnaire du Roy et des États de Bretagne, parent du deux au trois dans l'estoc paternel de D¹¹ᵉ Reine-Guillemette-Charlotte Langlé, fille unique et mineure de feu écuyer Joseph-Augustin-Jean Langlé, sieur de la Gaillardière, capitaine d'infanterie et de dame Reine-Pélagie Pinot du Petit-Bois, déclare que sachant que la dite dame veut bien, par tendresse pour sa fille se charger de sa tutelle, je suis d'avis qu'elle soit instituée sa tutrice. Qu'elle rende son premier compte dans l'an de son institution et les autres de trois ans en trois ans. Que les dits comptes soient provoqués par M. Seré, cousin germain du père de la mineure, et examinés conjointement avec lui par monsieur du Petit-Bois, frère aîné de la mère, monsieur du Matz, son cousin germain par alliance et, au cas de l'absence de M. **du Petit-Bois**, pour son service militaire, par M. **du Boberil**, aussi cousin germain de la mère; et par amitié pour la dite mineure, ma filleule, je consens à être son curateur *ad causam*, en cas qu'il y ait des intérêts à régler entre sa mère et elle. La dite dame devra se conduire par l'avis de messieurs Boislevé et Glezen, avocats au Parlement.

Pour répéter en justice, je donne pouvoir à maître Louis Hannet, procureur au Parlement, de pour moi et en mon nom, comparaître au greffe de la juridiction de la Prévalais et partout où besoin sera.

A Rennes, ce 11 novembre 1780.
                                                LÉZIART DU DEZERSEUL.

Nous soussigné, Luc-Olivier Seré, contrôleur et receveur des domaines du Roi à Fougères, parent du deux au troisième degré dans l'estoc paternel de D¹¹ᵉ Reine-Guillemette-Charlotte Lenglé de la Gaillardière, fille mineure de feu écuyer Joseph-Augustin-Jean Langlé de la Gaillardière, en son vivant capitaine d'infanterie et de dame Reine-Pélagie Pinot du Petit-Bois de la Gaillardière, déclarons agréer et approuver le mariage proposé entre la dite demoiselle mineure et Charles-Corneille-Placide de Thierry, capitaine de cavalerie au régiment royal Lorraine, fils majeur de feu messire Pierre-Bernardin de Thierry, chevalier, seigneur de la Prévalaye, la Roche, Montbourcher, le Vangeau et autres lieux, commandeur de l'ordre royal et militaire de Saint-Louis, chef des escadres et armées navales, ancien directeur et commandant de la marine à Brest et de feu dame Marie-Jeanne-Geneviève de Robien; consentons que le dit mariage soit décrété, et pour y parvenir, donnons pouvoir et procuration à.....

Ce modèle de procuration est accompagné de la lettre suivante :

Vos bontés, mon cher cousin, m'ôtent toute crainte, dans le moment, de vous être importune; en conséquence, je vous prie de faire une nouvelle procure conforme au modèle que je vous envoie. M. de Boislevre, qui me l'a dictée, m'a dit que le mariage devant être décrété, que c'était là la forme qu'elle devait avoir, que les noms des pères et mères y étaient nécessaires. Je suis d'autant plus touchée de vous donner la peine de la récrire qu'elle n'est sûrement pas aussi honnête et flatteuse que celle que vous m'avez envoyée.

———————

Page 100, à la Note 13, ajoutez :

                                                Châteauneuf, le 19 ventôse, an VI.

Au citoyen Seré, receveur des Domaines et de l'Enregistrement à Fougères,

..... J'ay été nommé du jury de Quimper ; j'y ai mené Joseph. Je lui ai fait voir la ville, ses promenades, les quays, les barques ou petits vaisseaux, l'évêché avec les jardins d'où se voit une grande étendue de mer, la comédie, le bal des danseurs de corde. Il était bien émerveillé et en a eu pour plusieurs jours à raconter. A mon retour, j'ay appris le mariage de Mᴸˡᵉ de Keranglar, sœur de ma femme, avec M. de Roquefeuil. Il n'est pas fils de l'amiral, mais parent. C'est un ancien lieutenant de vaisseau retiré depuis plusieurs années. C'est un grand homme âgé de 55 à 56 ans. Il paraît bon mais fort vif.

SERÉ (a).

(a) On se souvient qu'il avait épousé Adelaïde de Crech'querault. (Voir Tableau XXVIII).

L'état-major d'un négrier en 1765.

Mathurin-René Seré du Mesnil avait fait son cours au collège de La Flè he. (Voir la description de la thèse qu'il y soutint dans les *Notes d'Iconographie* du comte DE PALYS, p. 42),

En embarquant sur un navire négrier, il tombait, comme il l'écrit, *du Pré dans la Lande*. Il ne put résister aux dégouts, aux mauvais traitements qu'il éprouva et mourut à la peine.

Monsieur très cher père et chère mère,

Je profite de l'occasion d'un navire français, capitaine M....., pour m'informer de vos nouvelles, de celles de ma chère tante, de mes frères et sœurs. Je souhaite que vos santés aient toujours été comme la mienne. Ce n'est pas la bonne chère ni la joie qui m'ont toujours conservé, je puis dire que le chagrin et la mélancolie règnent beaucoup chez moi, pour ne pas dire le désespoir. Je *suis tombé du pré dans la lande*. Je ne veux pas pour cela me plaindre de la nourriture quoi qu'elle soit mauvaise, le cadet est toujours de bon appétit; mais ce qui m'est plus sensible, c'est que de l'état-major, excepté le capitaine, le second et le premier lieutenant, nous sommes quatre pauvres malheureux et particulièrement trois. Quoique le moins malheureux des trois, je souffre cependant beaucoup. La mer ne me fait pas de peur: je l'aime, mais les trois nommés ci-dessus me dégoûtent terriblement. Le premier capitaine se laisse mener par un nommé Lombard, italien de naissance, homme subordonné par sa place à nous, intime ami du capitaine, ou pour mieux dire le capitaine et luy ne font qu'un. Le second capitaine, un homme de rien, ce qu'on appelle à Saint-Malo un benient, qui a passé près de vingt ans à naviguer à Terre-Neuve. Le premier lieutenant, un pedant et un fat, enflé de lui-même, croit avoir beaucoup d'esprit et n'en a point. Ce sont de ces avocats qui opinent du bonnet; il dit toujours comme le capitaine. Le premier capitaine est un ratier, un buveur, un homme presque toujours en colère; le second à plus forte raison de même, buveur, grossier, un manant; il confond l'officier, le matelot, le mousse tout ensemble, il n'a les façons que d'un paysan; le premier lieutenant, à leur exemple, en fait de même. On nous conduit les morceaux jusque dans la bouche. Il y a du vin de Bordeaux, mais c'est pour les dits trois et pour le maître d'équipage. Il ne luy manque que d'être à la table. Depuis le deux de juin que nous sommes arrivés, nous ne dormons que quatre heures une nuit et cinq heures l'autre, quoi qu'il n'y ait eu pendant un mois et demi que quatre et cinq à veiller de huit jours en huit jours, deux heures et demie par nuit. On nous a fait nager dans les canots et chaloupe et donner une hache pour couper du bois vis-à-vis des matelots, ce qu'il a bien fallu faire sans répondre, pour rendre notre sort moins malheureux. Mon frère Fontenelle avait bien lieu de se plaindre: mais voyez si j'ai plus de raison que de luy de me plaindre, je ne fais encore que passer légèrement et si Dieu me fait la grâce de vous revoir, je vous raconterai le tout en détail. Le capitaine nous a menacé, que s'il nous trouvait endormis, il nous f..... les pieds sur le ventre, excusez l'expression nouvelle. Il a recommandé aux matelots de le faire s'ils nous trouvaient endormis et à nous de leur en faire pareillement si nous les trouvions dans le même cas. Les quatre susdits mentionnés dorment toute la nuit et pour dormir le jour, ils disent avoir eu des insomnies pendant la nuit.

Je puis assurer que je ne me suis attiré aucun de ces mauvais traitements. J'ay obéi à tout, comme peut très bien l'assurer Mᵗ de la Briselaine au retour. Je n'ay plus que ma malle, mon coffre à liqueur j'ay été obligé de le donner et le capitaine, par grâce, m'a encore laissé ma malle. Je souhaite qu'il ne change point de sentiment. Dans un moment il veut, dans un autre il ne veut pas; dans un moment il est de bel humeur, dans l'autre il est rêveur et mélancolique; dans un moment un saint homme, dans l'autre un diable. Ma tante et ma sœur, si elles étaient icy, apprendraient à faire accorder le jurement avec la prière..... Je prévois que nous resterons ici six ou sept mois, cela paraît fort. Nous sommes deux navires de même société et quoique partis les premiers, nous resterons selon toutes les apparences les derniers, c'est à dire que nous ne pourrions arriver vers la Saint-Jean au cap Saint-François et au plus tôt de la Toussaint en un an en France. Pour lors, nous pourrions bien être réglés à huit onces de pain par jour et chopine de vin jusqu'au cap. Si je n'en meurs, je serai toujours bien bas d'haleine.

La dite Société est une Société...... Le capitaine, vilain et avare, voudrait les captifs pour rien, voudrait avoir de beaux captifs pendant que les autres ont de belles marchandises donnent plus cher que luy, aussi la traite ne donne pas. Nous n'avons que cent-soixante et quelques captifs et notre associé pas plus de cent trente pendant que les autres en ont de trois à quatre cents. Pour les deux navires nous comptons en prendre mille. Nous sommes loin de ce nombre, comme vous le voyez. Je vous prie de vouloir bien souhaiter une bonne fête à ma tante pour moy, de l'assurer bien de mes très humbles respects et de luy témoigner de ma part la reconnaissance que je conserve des bontés qu'elle a eues toujours pour moi. Je suis bien fâché de ne pouvoir lui écrire et à mon frère Seré, auquel je fais particulièrement bien mes compliments. Je me souviendray toute ma vie des bontés qu'il a eues pour moi. J'espère que vous ne m'oublierez pas quoique absent.

Dites à ma tante que je me recommande à ses prières et à son travail ainsi qu'à ma sœur. Je n'ay encore reçu aucune de vos nouvelles. Je n'ay trouvé l'occasion que depuis que nous sommes icy à terre (?), mais quand nous sommes à bord on ne nous laisse pas le temps d'écrire. Je vous écris de la solitude du bois. Si vous recevez la dite lettre en trois ou quatre mois, je vous prie de m'en adresser ici : Ayabinde, côte d'Angol, à M. Seré, enseigne dans la Catherine. Il est arrivé plusieurs nantais à la côte d'Angol et je n'ay reçu aucune lettre..... Mes compliments à mes frères et sœurs, cousins et cousines, assurances de respects à M. et Mme Mioulle..... Silence, je vous prie, sur tout généralement ce que je vous écris. Si je pouvais avoir espérance d'avoir quelque place d'officier dans la Compagnie (a) cela m'accomoderait bien ; faites votre possible : je continuerai à naviguer, mais pas avec de pareilles gens..... Respects à M. et Mme du Perron, à M. du Feu..... Enfin je finis en vous remerciant des bontés que vous avez eues pour moy et en vous priant de prier Dieu pour ma santé.

Je suis, avec un très profond respect, monsieur et très cher père et chère mère, votre.....

Seré du Mesnil.

(a) La Compagnie des Indes.

Page 123 :

Le 23 novembre 1790, fut partagée la succession de Mlle Hubert de Lusse entre l'estoc Le Clavier (l'estoc Cardel vacant), représenté par Jean Berny de la Corbinais, les enfants mineurs du sieur Malherbe, vivant conseiller au Présidial de Rennes, René Guiheneue, comte de Boishue et le sieur Beblin, prêtre. L'acte au rapport de MESNAGE et GUYOT.

Page 145, à la Note 14, ajoutez :

Extrait de la généalogie des de Marcille.

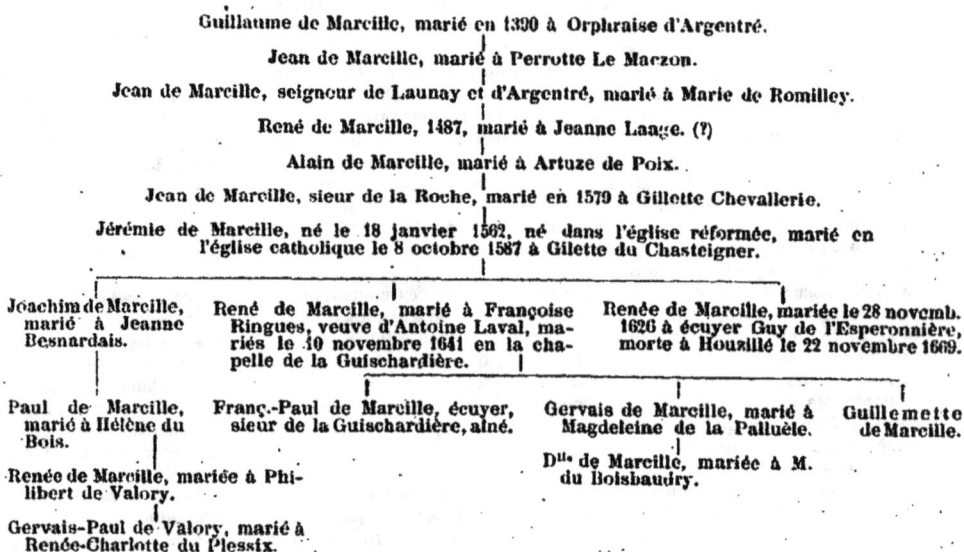

Guillaume de Marcille, marié en 1390 à Orphraise d'Argentré.

Jean de Marcille, marié à Perrotte Le Maczon.

Jean de Marcille, seigneur de Launay et d'Argentré, marié à Marie de Romilley.

René de Marcille, 1487, marié à Jeanne Laage. (?)

Alain de Marcille, marié à Artuze de Poix.

Jean de Marcille, sieur de la Roche, marié en 1579 à Gillette Chevallerie.

Jérémie de Marcille, né le 18 janvier 1562, né dans l'église réformée, marié en l'église catholique le 8 octobre 1587 à Gilette du Chasteigner.

Joachim de Marcille, marié à Jeanne Besnardais.	René de Marcille, marié à Françoise Ringues, veuve d'Antoine Laval, mariés le 10 novembre 1641 en la chapelle de la Guischardière.		Renée de Marcille, mariée le 28 novemb. 1626 à écuyer Guy de l'Esperonnière, morte à Houzillé le 22 novembre 1669.
Paul de Marcille, marié à Hélène du Bois.	Franç.-Paul de Marcille, écuyer, sieur de la Guischardière, aîné.	Gervais de Marcille, marié à Magdeleine de la Palluèle.	Guillemette de Marcille.
Renée de Marcille, mariée à Philibert de Valory.		Dlle de Marcille, mariée à M. du Boisbaudry.	
Gervais-Paul de Valory, marié à Renée-Charlotte du Plessix.			

Marcille, dit Pol de Courcy, ancienne extraction ref. 1668, neuf générations ref. de 1427 à 1513, paroisses de Gevezé et d'Argentré, évêché de Rennes. *D'argent à la bande de gueules, chargée de trois channes d'or.* Devise : *En bonne table !*

Yvon, croisé en 1248 (cabinet Courtois). — Guillaume épouse en 1390 Orphraise d'Argentré. Jean, leur fils, capitaine de cent hommes d'armes des ordonnances du Duc en 1420, épouse Perrotte Le Maczon, dont : Jean, chevalier de l'ordre de l'Épi en 1441, marié à Marie de Romilley.

4 mars 1667.

Partage et division en trois lotties des maisons, terres nobles de la Guischardière, metairies, closeryes et retenue en dépendant, situées en la paroisse Saint-Martin de Vitré, le préciput levé au préalable à l'aîné, aux termes de la coutume, entre François-Paul de Marcille, escuier, sieur de la Guischardière, fils aîné principal et noble de messire René de Marcille, escuier, sieur du dit lieu, et de deffunte dame Françoise Ringues, héritier fondé aux deux des dites lotties et préciput au préalable ; et l'autre lottie restant après sa choisie, sera à partager entre les cadets, savoir : escuier Gervais de Marcille, et Guillemette de Marcille, sauf à partager entre eux tiers à tiers les maisons et terres roturières de la dite succession. Le partage est dressé par Guy Ernaud, arpenteur royal ; Jean Beziel, François Michinneau, arpenteurs. Le préciput comprend la maison noble et principale de la Guischardière, chapelle, cour, jardin, bois de haute-futaie.

Les biens nobles sont : la Grande-Métayrie, la closerie de la Guischardière, la Grande-Foucherie, la Bourgalerie, la Réauté, la Lehorie.

Le 17e jour du mois d'avril 1679, devant nous, notaires de la baronnie de Vitré soussignés, présente en sa personne : Dlle Guillemette de Marcille, demeurant à la maison noble de Montligé, paroisse de Rannée, évêché de Rennes et étant de présent au dit Vitré ; laquelle a, ce jour, vendu, cédé, etc., à noble homme Jean Nouail, demeurant en cette ville......, savoir : 1° les maisons, lieux et métairies de la Grande-Foucherye, en la paroisse Saint-Martin de Vitré et en partie en la paroisse d'Erbrée, échue à la dite demoiselle de la succession de deffunte dame Françoise Ringues, sa mère......, comme le tout se poursuit et comporte et qu'il est deborné par la première lottie du partage d'entre la dite demoiselle et messieurs ses frères...... Et outre, a aussi vendu et transporté au dit sieur Nouail partie du lieu de la Bourgallerie ainsi qu'il est échen à la dite demoiselle de la succession de la dite Ringues par autre partage fait entre elle et Gervais de Marcille, écuyer, sieur du dit lieu...... La vente est faite moyennant six mille livres, quitte de lods et vente. La dite demoiselle reconnait que les maisons et logements sont en grande indigence de réparations, même de réfactions. L'acte au rapport de Doussin, notaire.

Il est suivi de conventions curieuses :

Le vingt-neufième jour d'octobre 1680, après midi, devant nous, not., etc., ont comparu : dame Anne Laval, dame de la Rivière, demeurant au dit Vitré, d'une part ; et Dlle Guillemette Marcille, demeurant en la maison de Montligé, paroisse de Rannée, d'autre part ; entre lesquelles, par après avoir procompté des arrérages de la rente et *fondation* qui est deue par eux et leurs consorts aux *religieux du couvent des Augustins* du dit Vitré que de toutes autres affaires, etc.; s'est trouvée, la dite demoiselle de Marcille, redevable à la dite dame de la Rivière de la somme de 147 livres 1 sol 11 deniers, y compris le principal de la dite rente de quarante livres deue aux dits Augustins pour la part et portion de la dite demoiselle de Marcille ; laquelle somme de 147 livres 1 sol 11 deniers elle consent, par les présentes, que la dite dame de la Rivière la touche d'heure en autre d'avecq noble homme Jean Nouail, acquéreur d'héritage d'avecq la dite Dlle de Marcille, à valoir sur le prix de son contrat, etc. Fait et passé à Vitré au tablier de R. Becheu, notaire, avec les seings des dites parties......

J'ai, ce jour, reçu de M. Nouail la somme de 147 livres 1 sol 11 deniers, en acquit de la dite Dlle de Marcille, ma sœur, dont je les quitte l'un et l'autre. Fait à Vitré, le 30e octobre 1680.

Anne Laval.

Le sixième jour du mois de décembre 1680, devant nous, notaire, etc., messire *René de Marcille* confesse avoir avant ce jour reçu de Dlle *Guillemette de Marcille*, sa *fille*, les ventes de ses terres qu'elle a vendues au sieur Nouail, cy-devant syndic de Vitré, nommées : la Grande-Foucherie et la Bourgalerie et en quitte sa fille comme ayant les droits de monsieur et madame la marquise de Sévigné en ce qui relève de la terre et seigneurie des Rochers..... Fait et rapporté en la demeure du dit sieur de Marcille, à Montige en Rannée, etc.....

Le septième jour du mois de décembre 1680, devant nous, notaire de la baronnie de Vitré; présente : D^lle Guillemette de Marcille, etc. Laquelle a, ce jour, compté avec noble homme Jean Nouail, acquéreur de la Grande-Foucherie et de la Bourgalerie...., et, par l'issue du procompte, le dit sieur Nouail est trouvé debvoir de reste à la dite D^lle de Marcille 5,746 livres 8 sols pour reste du prix principal du dit contrat et arrérages d'iceluy, pour laquelle somme il paira à monsieur de Montaran (a), créancier de monsieur de Marcille, frère de la dite D^lle de Marcille, la somme de seize cents livres, en exécution des sentences rendues à Vitré les 4 et 5e de ce mois et le parsur qui est la somme de 4,546 livres 8 sols, le dit Nouail l'a présentement délivré à la dite D^lle de Marcille qui l'a receu et s'en est tenue contente. ...

(a) Jacques Michau, écuyer, sieur de Montaran.

Le huitième jour du mois de décembre, après midy (1680), devant nous, notaires de la baronnie de Vitré, présent en sa personne, écuyer Étienne Guillaudeu, sieur de la Louvelais, faisant et agissant pour écuyer **Jacques Michau, sieur de Montaran,** lequel a présentement receu de noble homme Jean Nouail, en qualité d'acquéreur de D^lle Guillemette de Marcille, la somme de seize cents livres dues au dit sieur de Montaran, en qualité de créancier de messire Gervais de Marcille, auquel la dite somme était deue par la dite demoiselle venderesse, de laquelle somme le dit sieur de la Louvelais se tient content et a quitté le dit sieur Nouail, etc. Fait à Vitré, demeure du dit sieur Nouail!..... Ainsi signé : Guillaudeu et pour notaires : DOUSSIN et BECHER.

Marcille et Sévigné.

30 janvier 1677.

Le trentième jour de janvier, après midy (mil six cent soixante dix sept), devant nous, notaires de la baronnie de Vitré en Bretagne, soussignés, ont comparu en personnes : messire **René de Marcille,** seigneur du dit lieu, demeurant au bourg et paroisse de *Domalain*, evesché de Rennes, estant de présent au dit Vitré, et noble homme maistre **Jacques Vaillant,** sieur de Chambo...., advocat en la Cour, sénéchal de la juridiction des Rochers, faisant pour haut et puissant seigneur messire Charles de Sévigné, marquis du dit lieu, seigneur des Rochers et de la Haie de Torcé, etc....., auquel il promet faire ratifier les présentes dans un mois prochain venant, résidant le dit sieur Vaillant, en cette ville de Vitré, entre lesquelles parties a été faict l'acte qui en suit.

Sçavoir est que le dit sieur de Marcille, comme cessionnaire des droits de lods et ventes des maisons, terres, métairies et closeries de la Guischardière, de la Reauté, de la Bourgalerie et de la Lehorie, de la Grande et Petite-Foucherie et de leurs dépendances, comme relevant prochement de la dite seigneurie des Rochers, ensemble des métairies du Haut Pont-le-Bault et de la Mazure-Ringues, situées en la paroisse d'Étrelles, relevant aussi prochement de la seigneurie de la Haie de Torcé, en vertu du don, cession et transport que luy en aurait fait deffunt haut et puissant seigneur messire Henry de Sévigné, marquis du dit lieu, seigneur des dites seigneuries des Rochers, de la Haie de Torcé, par acte de transport sous-seing privé en date du quatrième jour du mois de juin, l'an 1647, pour et *moyennant la somme de sept cent quarante livres* et autres clauses et conditions contenues au dit acte de transport, en vertu duquel le dit sieur de Marcille prétendait être bien fondé à demander les lods et ventes, tant des dites maisons, métairies et closeries de la *Guichardière* cy-devant acquises par deffunt noble homme **Jean Ravenel, sieur de la Rivière** et demoiselle **Anne Laval,** son espouse, que des dites métairies et closeries de la *Lehorie* et la *Reauté,* acquises par honorable homme **Jean de l'Espine, sieur de la Melinais,** et la dite métairie du *Haut Pont-le-Bault,* aussy acquise par noble homme **Claude Marion,** sieur du Val, que des dites autres terres et métairies mentionnées au dit transport des dits lods et ventes. ...

Et, au contraire, le dit sieur Vaillant, au dit nom, soustenoit que le dit seigneur marquis de Sévigné estoit restituable contre le dit don et transport comme ayant été extorqué du dit deffunt sieur marquis de Sévigné pendant sa minorité et qu'il y avait circonventions et déceptions évidentes et pour plusieurs autres raisons qu'il aurait pu dire; néanmoins, pour éviter à tous les débats et discutions pour la validité ou invalidité du dit acte, qui auraient pu se faire entre les dites parties et qui les auraient portées dans une grande révolution de procédure et immensité de frais et dépens, le dict sieur de Chambonneau consent au dit nom que le dit sieur de Marcille reçoive pour une fois seulement les lods et ventes des dites terres et métairies de la Reaulté et la Lehorie, relevant prochement de la dite seigneurie des Rochers, comme aussi les lods et ventes de la dite métairie du Haut Pont-le-Bault en ce qui en relève prochement de la dite seigneurie de la Haie de Torcé, et oultre en faveur du présent accord l'a subrogé aux droits du dit seigneur, marquis de Sévigné, pour recevoir une fois seulement les lods et ventes de la dite métairie de la Mazure-Ringues, relevant de la dite seigneurie de la Haie de Torcé, appartenant à dame **Marie Laval**, dame des Vergers de France, de la succession de deffuncte dame **Françoise Ringues**, vivante dame de Marcille, et les lods et ventes des métairies de la Grande-Foucherie et de la Bourgalerie, appartenant à D^lle Guillemette de Marcille, aussi de la succession de la dite dame de Marcille, sa mère, relevant prochement de la dite seigneurie des Rochers, au cas que les dites métairies viendraient cy-après à être vendues et pour la première fois seulement.

Au moyen de quoi le dit sieur de Marcille s'est déporté et se déporte de la cession et transport qui luy auraient été faits cy-devant par le dit deffunt marquis de Sévigné et consent que le dit seigneur de Sévigné, son successeur, jouisse des lods et ventes des autres terres mentionnées dans le dit transport, à la réserve de ce que le dit sieur de Marcille a cy-devant touché en vertu d'iceluy transport, lequel à cette fin demeure sans effet.

Ce que les dites parties ont ainsi voulu, consenti, promis et juré tenir sur l'hypothèque de tous et chacuns de leurs biens, etc.....

Fait et passé au dit Vitré, en la maison du dit sieur Vaillant, sur les seings des dites parties, les dits jours et an. Ainsi signé en la minute de la présente : René de Marcille et Vaillant et pour notaires : Denois et Doussin.

Nous soussigné, après avoir leu et considéré l'acte cy-devant écrit et passé entre M. de Marcille et le sieur Vaillant en nostre nom, l'avons approuvé et ratifié, voulons qu'il sorte son effet, à l'exception toutefois que la réserve que mon dit sieur de Marcille a faict de ce qu'il a cy-devant touché n'aura lieu qu'à l'égard des terres dont le dit sieur Vaillant a consenty pour nous qu'il reçoive les lods et ventes énoncées en détail dans le dit acte et aux conditions y portées et qu'il remettra le transport des dits lods et ventes faict par notre deffunct père entre les mains du dict sieur Vaillant. Faict à Paris, ce sixième febvrier mil six cent soixante et dix sept. Ainsy signé : **Sévigné.**

Je reconnais que monsieur de Marcille m'a remis entre les mains le billet de deffunct monsieur le marquis de Sévigné pour le transport des lods et ventes, mentionnés au présent acte et ce aux fins de la ratification de monsieur le marquis de Sévigné de l'autre part. Fait à Vitré, le sixième de février 1677. Ainsy signé : Vaillant (a).

Collationné par moy soussigné, notaire de Vitré, sur l'original me mis en main pour demeurer par registre; et la présente copie délivrée à noble homme Jean Nouail, acquéreur d'héritages de D^lle Guillemette de Marcille (b), suivant la licence me faite en l'audience du dit Vitré, le 15e décembre 1679.

BECREU.

(Extrait des archives de Mme de Rengervé, née Hardy de Beauvais).

(a) « Ne manquez pas de me mander comme vous aurez été reçue à Grignan. Ils avaient fait ici une manière d'entrée à mon fils. Vaillant avait mis plus de quinze cents hommes sous les armes, tous fort bien habillés, un ruban neuf à la cravate; ils vont en très bon ordre nous attendre à une lieue des Rochers. Voici un bel incident : M. l'abbé avait mandé que nous arriverions le mardi, et puis tout d'un coup il oublie; ces pauvres gens attendent le mardi jusqu'à dix heures du soir; et quand ils sont tous retournés chez eux bien tristes et bien confus, nous arrivons paisiblement le mercredi, sans songer qu'on eut mis une armée en campagne pour nous recevoir. Ce contre-temps nous a bien fâchés..... » (*Lettres de madame de Sévigné*, 31 mai 1672).

(b) Il y a de grandes cabales à Vitré; Mlle de Croqueoison se plaint de Mlle du Cerny (Olive Lyais), parce que l'autre jour, à un bal, il y eut des oranges douces dont on ne luy fit point part; il faudrait entendre là-dessus Mlle du Plessix et la Launay (Mlle de Marcille), comme elles possèdent bien les détails de cette affaire..... » *Lettre de Madame de Sévigné*, 10 juin 1671).

Je vous ai parlé de la Launay, elle était bariolée comme la chandelle des rois et nous trouvâmes qu'elle ressemblait au second tome d'un méchant roman...... (Lettre du 5 juillet 1671).

M. du Plessix et la fille de M. de Launay (Marcille) jouent souvent à l'hombre avec mon fils. Nous avons bien des ouvriers, cela nous occupe. Quand nous voulons lire, monsieur du Plessix y tient aussi bien sa place qu'à l'hombre; il a bien de l'esprit et entend fort finement ce qui est bon.

Provisions de notaire royal.

Henry, par la grâce de Dieu, roy de France et de Navarre, à tous ceulx qui ces présentes lettres verront, salut. Scavoir faisons qu'ayant fait en notre Conseil le contrat par lequel nos amez et féaux Jean de Bournouf, sieur de Cucé, conseiller en notre Conseil d'Estat et premier président en notre Court et Parlement de Bretagne, François Harpin, sieur de Marigné, aussi conseiller en nostre Conseil d'Estat, président au dit Parlement et René Le Meneust, sieur de Breguigny, notre conseiller et sénéchal de Rennes, commissaires par nous députés pour l'exécution de notre édit du mois de may mil cinq cent quatre vingt dix sept, pour la réunion à notre domaine des offices de notaires royaux de France et arrest de notre Conseil d'Estat pour les taxes et hérédité des dits offices de notaires sans en être dépossédés, ont vendu et adjugé à notre cher bien aimé maître **Pierre de l'Espine**, l'office de notaire et tabellion royal en la sénéchaussée de Rennes, du nombre des establis en la juridiction de Vitré, pour en jouir par luy, ses hoirs et ayant cause, au dit Vitré, d'hérédité comme de son propre acquest, moyennant la somme de quatre vingt dix neuf livres tournois, à scavoir : la somme de quatre vingt dix livres pour la taxe faite par les dits commissaires pour la dicte hérédité et neuf livres pour les deux sols pour livres ordonnés être levés outre la dite taxe, le tout payé comptant par le dit de l'Espine et mis es mains de Me Estienne Audouyn, secrétaire ordinaire de nostre chambre, par nous commis à la recepte générale des dits deniers, comme il appert, tant par les dits contrats que quittance du dit Audouyn de Monthereu, en date du cinquième jour de décembre mil six cent deux, le tout cy-attaché sur nostre contre seel. De l'adveu de nostre Conseil, avons iceluy contract de vente et adjudication du dit office en hérédité au dit de l'Espine et quittance du dit payment de la taxe d'icelle loué, confirmé, rattifié, approuvé, louons, confirmons, approuvons par ces présentes, voulons et nous plaist que le dit de l'Espine, ses hoirs, successeurs et ayant cause jouissent, usent pleinement du dit estat et office de notaire et tabellion royal en la sénéchaussée de Rennes, du nombre des establis en la juridiction de Vitré et en disposent ainsy que bon leur semblera, comme de leur propre acquest au dit titre d'hérédité a faculté de rachapt perpétuel; sans qu'ils en puissent être cy-après aucunement dépossédés ny empeschés en la jouissance du dit estat héréditaire par reduction de deniers (à rente) ? ny autrement, pour quelque cause et occasion que ce soit, sinon en les remboursant actuellement a ung seul et entier paiment, de ce qu'ils auront payé tant pour la première finance du dict office que pour la dicte hérédité, frais et tous autres coûts. Et donnons en mandement à nostre senéchal de Rennes ou son lieutenant au dit Vitré, que des présentes nos lettres de ratification; ensemble le dict contract et quittance du paiment de la dite hérédité, il fasse enregistrer et du contenu en iceux souffrent et laissent jouir le dit de l'Espine, ses hoirs et ayant cause, à l'adveu, à la condition de racquit susdit, pleinement et paisiblement cessant, faisant cesser tous troubles, empeschements au contraire, nonobstant quelconques, ordonnances, règlements à ce contraire. Car tel est notre plaisir. En tesmoin de quoy avons faict mettre notre seel à ces dites présentes. Donné à Paris le 24e jour de décembre, l'an de grâce mil six cent deux et de notre règne le quatorzième.

Page 171, à la Note 5, ajoutez :

Une chapellenie dite de Brillet avait été fondée en 1445, le 26 juillet, en l'église Notre-Dame de Vitré, par Guillaume Brillet, évêque de Rennes. Elle était encore desservie en 1731. Le 15 mars de la dite année, missire Georges Olivier, prêtre originaire du diocèse d'Avranches, habitant la paroisse de Balazé, en prenait possession.

Droits honorifiques de Paul-Charles Hay des Nétumières en l'église et paroisse d'Étrelles.

Avoir banc à queue et accoudoirs, clos et fermé, joignant la dernière marche du grand autel du costé de l'évangile, armoyé de ses armes et alliances, droits de ceinture et lizière par dedans et par dehors de la dite église, chargées des écussons et armoiries, tant de ses armes que de ses alliances et les avoir aussi, tant en la principale vitre au-dessous des armoiries de son seigneur qu'en toutes les autres vitres de la dite église et des chapelles d'icelle, mesme de les avoir relevées en bosse sur pierre de taille et muraille qu'au-dessous des poteaux et entrée d'icelle, comme elles y ont été de tout temps immémorial et d'avoir les prières nominales aux prônes des grandes messes paroissiales, comme seigneur fondateur de la dite église et finalement que le dernier des nouveaux mariés de l'année doit fournir *une soulle* le premier jour de l'an à l'issue des vêpres de la dite église paroissiale d'Étrelles, laquelle lui doit être présentée ou à ses officiers et par eux jetée en son nom au dit bourg d'Étrelles où bon leur semblera, à peine de 64 sols d'amende payables par le dernier des nouveaux mariés.....

Extrait d'Aveu rendu en 1750 à messire Paul-Charles Hay par honorable homme René Ragot, demeurant au moulin d'Épinay.

Page 181, à la Note 9, ajoutez :

16 novembre 1758. Cession des droits réels indivis, dépendant des successions directes d'écuyer Louis Le Gras et D^{lle} Thérèse Le Breton, seigneur et dame de Charot et de dame Yvonne Nivet, ayeule, en tels lieux qu'ils soient, par dame Pélagie-Félicité-Judith Le Gras, dame de la Morandais, demeurant à Janzé, au profit de d'Agathe-Marie Le Gras, épouse d'écuyer Rodolphe de la Tullays, demeurant à Janzé, pour la somme de 6,000 livres de principal, 800 livres de rente viagère, devant CAURIE (?) CAMU (?) LAINÉ.

Contrat de licitation (sous seing), en date du 31 mars 1755, des biens réels dépendant de la succession directe des sieur et dame de Charot Le Gras, par missire Mathurin-René-Hylarion Le Gras, prêtre, chanoine, demeurant à Dol, au profit de messire Rodolphe-Julien-René de la Tullaye, mari de dame Le Gras, demeurant à Janzé, pour la somme de dix mille deux cent vingt et une livres de principal.

Page 184, à la Note 3, ajoutez :

Je soussigné, curé de la paroisse de Notre-Dame de Vitré, certifie avoir publié les promesses de futur mariage d'entre noble homme Jean Biard, sieur de la Gilaudais, avocat en Parlement, de la paroisse de Saint-Léonard de Fougères et D^{lle} Marguerite-Anne Bechu, demoiselle de Forges, de cette paroisse, le dimanche douze du présent mois, sans opposition venue à notre connaissance, en foy de quoy j'ai signé. Ce quinze may mil sept cent vingt six et la dite publication a été faite pour première et dernière.

R. DESGRÉES, prêtre, curé.

TABLEAU VII. Lisez-le comme suit :

JEAN LAMBARÉ, marié à Jacquine Godart, sieur et dame du Plessix.

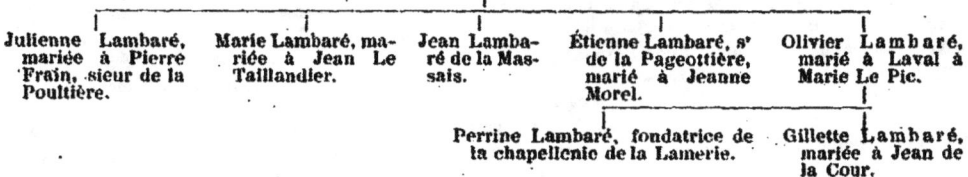

Julienne Lambaré, mariée à Pierre Frain, sieur de la Poultière.	Marie Lambaré, mariée à Jean Le Taillandier.	Jean Lambaré de la Massais.	Étienne Lambaré, s' de la Pageottière, marié à Jeanne Morel.	Olivier Lambaré, marié à Laval à Marie Le Pic.
			Perrine Lambaré, fondatrice de la chapellenie de la Lamerie.	Gillette Lambaré, mariée à Jean de la Cour.

TABLE

PAR ORDRE CHRONOLOGIQUE

DES

DOCUMENTS INÉDITS OU RARES

DU PREMIER VOLUME

TABLEAUX GÉNÉALOGIQUES

NOTICES

ET

DOCUMENTS INÉDITS

AU SOUTIEN

DU MÉMOIRE OÙ IL EST FAIT MENTION DE PLUSIEURS FAMILLES ÉTABLIES A VITRÉ

ET PAROISSES ENVIRONNANTES

AUX XVe, XVIe, XVIIe ET XVIIIe SIÈCLES

*« Ne desabvonons pas la Fortune
et condition de nos aieux et ostons ces sottes imaginations qui
ne peuvent faillir à quiconque
a l'impudence de les alléguer. »*
(MONTAIGNE).

DEUXIÈME FASCICULE

VITRÉ
Imprimerie Lecuyer frères, rue des Fossés
1891